广西一流学科（培育）建设项目

百色学院马克思主义理论一流学科（培育）资助

丛书编委会

百色精神铸魂育人体系构建与运行丛书

管理育新人
服务铸红魂

林汉文　韦幼玲　李艳萍　等　著

GUANGXI NORMAL UNIVERSITY PRESS
广西师范大学出版社
·桂林·

图书在版编目（CIP）数据

管理育新人 服务铸红魂 / 林汉文等著. --桂林：广西师范大学出版社，2021.6
（百色精神铸魂育人体系构建与运行丛书）
ISBN 978-7-5598-3954-1

Ⅰ. ①管… Ⅱ. ①林… Ⅲ. ①高校管理—研究—中国 Ⅳ. ①G647

中国版本图书馆 CIP 数据核字（2021）第 126684 号

广西师范大学出版社出版发行
（广西桂林市五里店路 9 号 邮政编码：541004
网址：http://www.bbtpress.com）
出版人：黄轩庄
全国新华书店经销
广西瑞丰印务有限公司印刷
（南宁市望州路北四里 2 号 邮政编码：530012）
开本：787 mm × 1 092 mm 1/16
印张：20 字数：345 千
2021 年 6 月第 1 版 2021 年 6 月第 1 次印刷
定价：60.00 元

建设具有百色精神的高水平应用型大学的探索与展望

（代总序）

唐拥军*

百色学院从成立之日起，就一直走在探索建设具有自身特色和优势的新建地方本科院校的道路上。百色学院对办学定位与办学模式的认识，大致经历了渐进的三种状态：从"模模糊糊的模模糊糊"，即模模糊糊觉得应该以应用型大学为定位，但对此定位下的具体办学模式模模糊糊；到"清清楚楚的模模糊糊"，即清清楚楚地知道以应用型大学为定位，但对如何实现这一定位的具体模式模模糊糊；再到"清清楚楚的清清楚楚"，即既对建设具有百色精神的应用型大学这个定位清清楚楚，也对实现这一定位采用什么模式清清楚楚。

一、"具有百色精神的高水平应用型大学"定位的探索历程

百色学院之始基，可追溯至1938年8月创建的广西省立田西师范学校①，至今已有80多年不间断的办学历史，历经百色师范学校、百色师专、百色地区师范学校、右江民族师专等阶段。直至2006年2月14日，《教育部关于同意右江民族师范高等专科学校改建为百色学院的通知》（教发函〔2006〕34号）下发，同年3月20日，广西壮族自治区人民政府下发《关于右江民族师范高等专科学校改建为百色学院的通知》（桂政发〔2006〕16号），经教育部和自治区人民政府批准，百色学院正式成

---

* 作者简介：唐拥军（1963—　），湖南人，百色学院党委书记，教授，硕士生导师，研究方向为战略管理及其实施模式、高校管理。

① 唐拥军，金长义．百色学院校史（1938—2018）[M]．桂林：广西师范大学出版社，2018：3.

(一)办学类型定位的探索

百色学院对自身办学类型定位的探索经历了三个发展阶段:

1.转型探索阶段(2006—2011)

2006年2月,百色学院成立后,自治区党委、自治区人民政府于2006年8月任命组建百色学院党政领导班子;2006年9月25日,百色学院举行庄严的揭牌仪式,接着隆重召开成立庆典大会。① 新的领导班子成立后,带领全校教职员工开展广泛调研,深入讨论,力求找准既适应国家和地方发展要求又符合学校自身实际的办学定位。

2007年6月28日,百色学院第一次教职工代表大会通过了校长所作的工作报告,其中提出了学校"十一五"期间的总体目标和定位:走多层次、多元化办学之路,培养高层次的应用型人才和高技能型人才,把百色学院建设成为全国同类高校中的一流学校。以上表述也同样出现在《百色学院"十一五"建设与发展规划》中。②

2010年1月25—26日,学校召开第二届教学科研工作大会,主题是"推动科学发展,为建设合格的多科性、应用型地方本科院校,为实现学院事业发展的新跨越而努力奋斗"③。同年4月23日,学校举行"应用型人才培养示范工程培训会";5月28日,学校遴选立项第一批应用型人才培养示范工程建设项目,包括4个示范专业、8门示范课程、4个示范基地。④ 这些举措标志着学校应用型人才培养开始进行实质性的具体试验。

2011年,《百色学院"十二五"建设与发展规划》出台,提出学校的发展定位是"紧紧围绕学校的办学定位和应用型人才培养目标,着力推进教育创新,全面提高办学质量、办学水平和办学效益,努力把学校建设成为对接东盟,辐射滇、黔、桂的多科性、应用型区域中心本科院校"。同年12月28—29日,学校召开第三届教学科研工作大会,提出了学校的办学定位:建设成为特色鲜明的多科性、应用型区域中心大学。⑤

至此,百色学院用成立后的6年时间,完成了新建本科和应用型大学转型的探

---

① 唐拥军,金长义.百色学院校史(1938—2018)[M].桂林:广西师范大学出版社,2018:145.

② 唐拥军,金长义.百色学院校史(1938—2018)[M].桂林:广西师范大学出版社,2018:146.

③ 唐拥军,金长义.百色学院校史(1938—2018)[M].桂林:广西师范大学出版社,2018:152.

④ 唐拥军,金长义.百色学院校史(1938—2018)[M].桂林:广西师范大学出版社,2018:151.

⑤ 唐拥军,金长义.百色学院校史(1938—2018)[M].桂林:广西师范大学出版社,2018:147.

索，确立了建设应用型大学的办学定位。

2.转型初成阶段（2012—2015）

2011年，教育部对院校评估政策进行调整，颁发了《教育部关于普通高等学校本科教学评估工作的意见》（教高〔2011〕9号）、《教育部办公厅关于开展普通高等学校本科教学工作合格评估的通知》（教高厅〔2011〕2号），开展新一轮新建本科院校的合格评估。百色学院在确立建设应用型大学的办学定位后，以评促建、以评促改、以评促管、评建结合、重在建设，全面开展合格评估与建设工作，于2015年底顺利获得教育部评估“通过”结论。这一时期成为百色学院应用型大学的转型初成阶段。

2012年7月9—10日，百色学院召开第二次党代会，通过党委工作报告《继续解放思想，坚持科学发展，努力建设特色鲜明的多科性应用型区域中心大学》。同年12月27—28日，学校召开主题为“围绕中心、强化特色、提高质量，推进内涵发展，建设高水平有特色应用型大学”的教学工作大会。大会正式启动合格评估评建工作。①

2014年8月，学校被确定为广西首批整体转型发展的试点高校之一。

2014年，学校在本科教学工作合格评估的“自评报告”和《百色学院发展定位规划（2013—2020年）》中明确了办学总体定位：根植百色，服务广西，面向全国，对接东盟，以百色精神办学育人，建设特色鲜明、多学科协同发展的区域高水平应用型大学。②

2014年11月20日，在教育部本科教学工作合格评估专家组反馈会上，学校迎评促建工作获得高度评价。其中包括“紧紧围绕培养具有百色精神特质的，面向生产、管理、服务一线的应用型人才这一根本任务……呈现良好发展势头”③。

2015年12月，自治区教育厅在百色学院召开广西高校转型发展试点工作总结交流现场会，对学校转型发展取得的成绩给予肯定。同年12月30日，《国务院教育督导委员会办公室关于公布2013年和2014年普通高等学校本科教学工作合格评估结果的通知》（国教督办函〔2015〕75号）印发，百色学院的评估结论为“通

---

① 唐拥军，金长义.百色学院校史（1938—2018）[M].桂林：广西师范大学出版社，2018：215-216.

② 唐拥军，金长义.百色学院校史（1938—2018）[M].桂林：广西师范大学出版社，2018：179.

③ 唐拥军，金长义.百色学院校史（1938—2018）[M].桂林：广西师范大学出版社，2018：236.

过”。[①]

3.转型深化阶段（2016年至今）

2016年7月7—9日，自治区教育厅组织专家组到百色学院开展本科教学工作合格评估整改的回访检查工作，学校的评估整改成绩得到专家组的高度肯定。[②] 合格评估整改工作的全面完成，标志着学校进入新的发展阶段，即转型深化阶段。

2016年12月27日，学校第二届教职工代表大会临时会议审议通过《百色学院“十三五”建设与发展规划（2016—2020年）》；同年12月29日，学校召开年度教学工作大会，主题为“转型提升，协同育人，为建设高水平应用型大学而努力奋斗”。

2017年6月，学校获得多项应用型人才培养方面的自治区级高等教育教学成果奖，包括《新建本科院校“双元制+双园制”应用型人才培养模式改革的探索与实践》《创新创业人才培养模式的构建与实践——以百色学院中科创业学院“洋葱模型”为例》获得一等奖，《搭实践教学平台，构建转型发展背景下四位一体的应用型人才培养模式》《百色学院创新创业教育“D-TSO”（双层“理论—模拟—实操”）模式的构建与实践》等获得二等奖。[③]

2017年12月21—22日，百色学院召开第三次党代会，通过党委工作报告《不忘初心、牢记使命，为建成具有百色精神的高水平应用型大学不懈奋斗》。

（二）人才素质定位的探索

百色学院成立后，在艰难探寻办学类型定位的同时，对凝练和培育自己的办学精神和办学灵魂孜孜以求。这个过程大致经历了三个阶段：

1.发现精神阶段（2006—2012）

作为地处革命老区的高校，在这一阶段，百色学院越来越发现思想品德和革命精神对于人才培养的极端重要性。

2007年，学校经过多方征集和征询意见，最终决定以“志远行敏，德高业精”为校训，并于2008年1月16日举行校徽、校训、校歌新闻发布会[④]，把“德才兼备”放在人才培养的首位。

2011年4月，教育部高等教育司批准增设百色学院等5所高校为红色经典艺

① 唐拥军，金长义.百色学院校史（1938—2018）[M].桂林：广西师范大学出版社，2018：237.
② 唐拥军，金长义.百色学院校史（1938—2018）[M].桂林：广西师范大学出版社，2018：237.
③ 唐拥军，金长义.百色学院校史（1938—2018）[M].桂林：广西师范大学出版社，2018：368-369.
④ 唐拥军，金长义.百色学院校史（1938—2018）[M].桂林：广西师范大学出版社，2018：343.

术教育示范基地，百色学院成为广西高校唯一的全国红色经典艺术教育示范基地。①

2012年12月27—28日，学校召开教学工作大会，确定以“革命性、民族性、边疆性”为区域主要特点的办学特色定位。②

2.凝练精神阶段（2013—2017）

在上一阶段的基础上，这一阶段，学校开始结合老区实际，有意识地凝练反映人才培养成功的关键精神因素。

2014年，学校在本科教学工作合格评估的“自评报告”和《百色学院发展定位规划（2013—2020年）》中明确了办学总体定位：根植百色，服务广西，面向全国，对接东盟，以百色精神办学育人，建设特色鲜明、多学科协同发展的区域高水平应用型大学。③

2016年，《百色学院“十三五”建设与发展规划（2016—2020年）》提出“建设具有百色精神的一流应用型大学”④。

2017年12月，百色学院第三次党代会通过党委工作报告《不忘初心、牢记使命，为建成具有百色精神的高水平应用型大学不懈奋斗》，正式提出“建成具有百色精神的高水平应用型大学”的目标。⑤

3.培育精神阶段（2018年至今）

确立了百色精神特质的人才培养目标后，学校在本阶段开始全力开展培育百色精神的工作。

2018年10月29日，百色学院向自治区教育厅申报广西“三全育人”示范校，建设项目名称为“百色精神铸红魂‘三全育人’体系构建与运行”。

2019年1月9日，学校发布实施《百色学院百色精神铸红魂“三全育人”体系建设管理办法》。

2019年3月4日，学校下发《中共百色学院委员会关于2019年实施〈百色学院百色精神铸红魂“三全育人”体系建设管理办法〉的通知》，标志着百色精神铸红魂

① 唐拥军，金长义.百色学院校史（1938—2018）[M].桂林：广西师范大学出版社，2018：347.

② 唐拥军，金长义.百色学院校史（1938—2018）[M].桂林：广西师范大学出版社，2018：147.

③ 唐拥军，金长义.百色学院校史（1938—2018）[M].桂林：广西师范大学出版社，2018：179.

④ 唐拥军，金长义.百色学院校史（1938—2018）[M].桂林：广西师范大学出版社，2018：179.

⑤ 唐拥军，金长义.百色学院校史（1938—2018）[M].桂林：广西师范大学出版社，2018：179.

“三全育人”体系建设进入规范化、制度化和常态化运行阶段。

2019年10月27日，自治区教育厅发布《关于2019年广西高等教育自治区级教学成果等次评定结果的公示》，百色学院申报的《百色精神铸红魂育人体系的探索与实践》《老区新建本科院校传承红色基因课程育人体系的构建与实践》分别获得特等奖和一等奖。

二、建设具有百色精神的高水平应用型大学的主要措施

（一）定位以及实施模式的总体框架

综合各研究成果可见，人的“精神”是指人的脑组织释放的、人类无法用现代技术观测的驱动人的行为的隐能量。精神是生命的支柱，一旦从精神上摧垮了一个人，这个人的生命就会变形。这说明，人不仅仅是活在物质世界里，而且也活在精神世界里。

中国共产党革命精神，是中国共产党在领导人民群众进行革命、建设和改革的实践过程中，在特定的历史时期和特殊的历史环境下形成的，集中体现中国共产党人政治觉悟、意志品质、思想道德和工作作风的一系列优良传统和革命风范。①

中国共产党革命精神由很多具体的革命精神形态所体现，如井冈山精神、长征精神、延安精神、百色精神等，这些具体的革命精神形态有其产生的历史条件、时代背景和鲜明特征，但是它们都具有如上所述的中国共产党革命精神的共同内涵。这些共同内涵是各个具体的革命精神形态固有的“内核”和“基因”。虽然百色精神的狭义表述是“百折不挠、奉献拼搏、团结务实、争先创新”，但其广义内涵与中国共产党革命精神相一致。百色学院以百色精神办学育人就是以中国共产党革命精神办学育人，体现了学校鲜明的地域特征和办学特色。

根据社会经济对人才的总体需求，人才分为两种基本类型：一种是服务于重大科学发现和重大集成创新的学术型（研究型）人才，另一种是服务于科学技术在生产生活中广泛应用与创新的应用型人才。假如不计身体因素的话，人才的素质结构由智力素质（“专”）和思想品德素质（“红”）组成。百色学院基于自身的外部环境与内部条件分析，确定了自己应该培养的是又红又专的应用型人才，从而形成了自己的办学定位：培养具有百色精神的高水平应用型人才。

---

① 徐魁峰.百色起义精神[M].北京：中共党史出版社，2019：3.

以2017年6月和2019年10月分别获得多项应用型人才培养和百色精神办学育人方面的自治区级教学成果奖为标志，百色学院建设具有百色精神的高水平应用型大学的定位及其实施模式得以确定，其基本框架如图1所示：

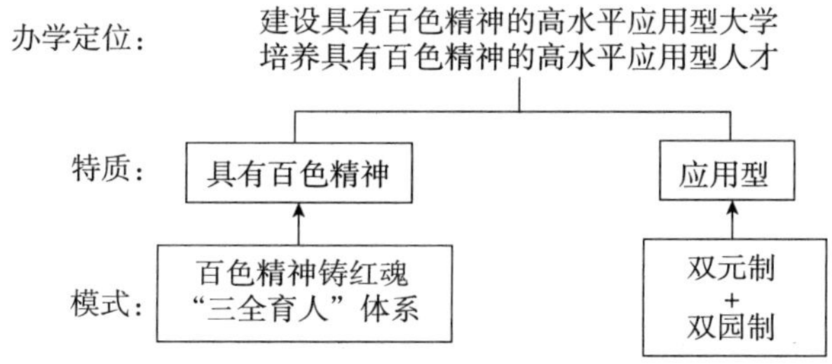

图1　百色学院办学定位及其实施模式

由图1可知，百色学院的办学定位是“建设具有百色精神的高水平应用型大学”“培养具有百色精神的高水平应用型人才”，这一办学定位由具有百色精神特质的人才素质定位与应用型人才的办学类型定位两方面组成，而实现这两方面定位，要分别通过百色精神铸红魂“三全育人”体系和“双元制+双园制”人才培养模式。

（二）构建百色精神铸红魂“三全育人”体系

百色精神铸红魂“三全育人”体系，是学校坚持以习近平新时代中国特色社会主义思想为指导，以立德树人为根本任务，以理想信念和社会主义核心价值观为教育核心，结合学校实际构建的。它是以弘扬包含百色精神在内的中国共产党革命精神为主要内容，运用十大育人途径和“四红”特色育人途径，使全校所有教职员工全过程、全方位形成组织化的“三全育人”合力，使中国共产党革命精神在大学生中入耳入脑入心，铸就红魂的育人体系。

这个育人体系的运作按照“内容—途径—组织—反馈”四位一体要素进行。

1.内容

以弘扬包含百色精神在内的中国共产党革命精神为主要内容。学校颁布《百色学院百色精神铸红魂“三全育人”体系建设管理办法》。依据该办法，编印《百色精神铸红魂“三全育人”体系育人指南》，列举了29种中国共产党革命精神及其内涵，摘取了马克思列宁主义、毛泽东思想、邓小平理论、“三个代表”重要思想、科学发展观和习近平新时代中国特色社会主义思想中关于理想信念、立德修身、学习实践、创新创业等方面的重要论述，供全校师生学习参考。同时规定，思想政治理论

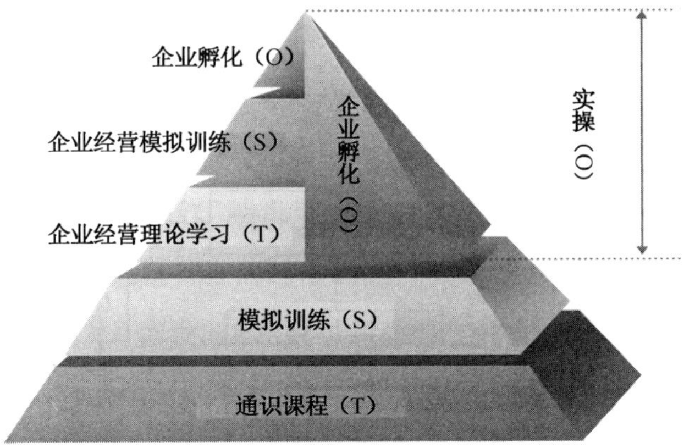

图 3　大学生创新创业教育模式(“D-TSO”模式)

全校所有学生依据培养目标与创新创业志趣划分为三大类,分别开展相应的创新创业教育。

类型一:全校所有学生,接受通识课程学习(T)。主要是开设“创商培育与测评”“创业基础”“职业发展与就业指导”3 门创新创业通识必修课程,以及各二级学院根据专业特点至少开设 1 门以上创新创业课程。

类型二:上一类型中有创新创业志趣的学生,接受模拟训练(S)。主要是依托大学生创新创业训练计划项目、“挑战杯”全国大学生课外学术科技作品竞赛、“互联网+”大学生创新创业大赛、大学生创新创业遴选大赛及创新创业学院定期举行的项目路演等活动,进行创新创业模拟训练。

类型三:上述两类学生中有志于进行创新创业实际操作的学生,开展实操训练(O)。这分为两部分:一部分经考核录入创新创业学院学习并自组创业团队进行孵化;另一部分经选拔,自组创业团队进入百色学院国家级众创空间进行孵化。

图 3“理论—模拟—实操”分为两大层次,第一层次“TSO”,是全校创新创业教育模式,由全校通识课程(T)、模拟训练(S)、实操(O)组成。第二层次“TSO”,是全校创新创业教育模式顶端左侧,即创新创业学院,也采取“TSO”模式进行培养。进入创新创业学院的学生,首先进行企业经营理论学习(T);然后开展企业经营模拟训练(S),掌握企业运营中的基本知识;最后开展企业孵化(O),学生(团队)的项目全部进入百色学院国家级众创空间进行孵化。

“双元制”和“双园制”两种模式相互交叉融合,加上保障评价体系的实时反馈、调整、再融合,形成持续协调运行的“双元制+双园制”应用型人才培养模式。

三、实施成效与成型发展展望

(一)实施成效

具有百色精神的高水平应用型大学的办学模式的实施,取得了良好的成效,主要表现在人才培养质量和师资队伍质量的提高。

1.百色精神特质培养方面

(1)百色精神特质人才培养效果显著。一是获上级表彰的学生人数增多。3名学生获得"中国大学生自强之星"称号,8名学生获此项提名奖;411名学生被评为自治区优秀毕业生、三好学生和优秀学生干部,22个班级被授予自治区先进班集体,1个团支部被授予"全国五四红旗团支部"。二是申请入党的学生逐年增多。近50%的学生递交入党申请书,近30%的在校学生参加业余党校学习。三是选择留在老少边山穷地区工作的毕业生比例增多。累计每年招收的新生近80%来自百色市外,但毕业后留在百色地区的市内外毕业生占33%。

(2)百色精神特质教职员工面貌初显。学校先后荣获全国精神文明建设工作先进单位、全国红色经典艺术教育示范基地、广西马克思主义理论研究和建设工程基地。"以百色精神办学育人"的校园文化建设和教育教学成果获奖39项,其中,获得全国高校校园文化建设优秀成果一等奖1个、二等奖2个、优秀奖1个。荣获第三届全国教育改革创新优秀奖、第四届全国高校德育创新发展研究成果三等奖。"革命老区新建本科院校课程育人体系的构建与实践"入选教育部思想政治工作司第二批高校思想政治工作精品项目名单。学校马克思主义理论学科被确定为广西一流学科(培育),思想政治教育学科被确定为广西高校优势特色重点学科。多位教师获评八桂名师、五一劳动奖章、莫振高式八桂好老师、全国学雷锋志愿服务百名最美志愿者、广西高校优秀共产党员、广西高校优秀党务工作者。

2.应用型人才培养方面

(1)学生实践能力和创新创业能力明显提高。一是学生参加各类学科专业竞赛获奖人次增多。共获得省部级及以上奖项2067项、4310人次,其中国际级奖8项、19人次,国家级奖377项、925人次,省部级奖1682项、3366人次。二是学生创新创业活动大量增加。学校建设了创业孵化基地,后被科技部确认为国家级众创空间,年均总收入500万元,累计入孵大学生创业团队128个,毕业团队50个;承办各类创新创业比赛6次，累计2239支团队、8734名师生参赛；获得中国"互联网+"大学生创新创业大赛广西赛区3金5银35铜的好成绩。学校累计获大学生创新创业训练计划项目国家级立项245项、自治区级立项804项、校级立项960项，参与师生5021人次。三是学生毕业设计或论文真题真做。工科类专业毕业设计题目60%以上来自企业或教师的科研项目，美术设计、音乐表演等人文学科毕业设计真题率接近85%，其他人文社会科学专业毕业设计题目30%以上来自实习单位。

（2）标志性教学改革成果增多。学校成为广西4所首批整体转型发展试点学校之一，还获得一批自治区级优势特色专业和专业群、特色精品课程、大学生校外实践教育基地、教学团队、重点教学实验中心、创新人才培养基地。应用型人才培养方面获得自治区级优秀教学成果一、二、三等奖共17项。2018年4月5日，国家发展改革委、财政部正式下发通知，"百色创新创业教育发展项目"入选2019年沙特、科威特、欧佩克基金贷款备选项目规划①，成为迄今为止中国大学创新创业方面唯一获得国际金融机构支持的项目。

（二）成型发展展望

2018年11月，百色学院在《中国教育报》发表文章《百色学院应用型大学成型发展的实践探索》②，阐述了对中国应用型大学成型发展的认识和百色学院向成型发展迈进的设想，认为转型发展是学术型大学向应用型大学转变和发展的过程，成型发展则是成功从学术型大学转变为应用型大学，并完全按照应用型大学的模式运行的状态。鉴于中国应用型大学的建设形势、应用型人才培养的内在规律，中国应用型大学必须实现成型发展。真正的应用型大学只能是成型定型的应用型大学，而不能是"转无成型"的应用型大学。始终处于转型发展、转无成型的大学本身就意味着还不是应用型大学，应用型大学必须尽快实现成型发展。

百色学院经过多年探索总结，找到了符合自身发展实际的定位，即建设"具有百色精神的高水平应用型大学"。这包括两方面的内涵，即百色精神特质和应用型人才。而以2017年6月《新建本科院校"双元制+双园制"应用型人才培养模式改革的探索与实践》和2019年10月《百色精神铸红魂育人体系的探索与实践》为代

---

① 参见《国家发展改革委 财政部关于2018—2019年以色列政府贷款和沙特、科威特、欧佩克基金贷款备选项目规划的通知》（发改外资〔2018〕522号）。

② 唐拥军，黄建雄.百色学院应用型大学成型发展的实践探索[N].中国教育报，2018-11-08.

表的一批应用型人才培养和百色精神办学育人方面的成果获得自治区级教学成果奖为标志，百色学院建设具有百色精神的高水平应用型大学的定位及其实施模式已经基本成型，在2020年继续一段时间的转型深化建设和改革工作后，即进入成型发展阶段。

但是，客观地说，百色学院“具有百色精神的高水平应用型大学”的成型发展，还不是定型发展，仍然存在一些成型但还不能定型的问题。

首先，在百色精神特质培养方面，百色精神铸红魂“三全育人”体系尽管已经建成并运行，但在落实到每一位教职员工都能够依托岗位发挥好育人功能这“最后一米”的细节上，还没有百分之百到位。为此，“10+4”途径的育人指南正在修改完善中，希望修订出台后，每一位教职员工，不论是专任教师还是教辅人员、管理人员、后勤员工，都明明白白知道自己应该如何履行育人职责，并在一段时间的实践后，形成真真正正全员、全过程、全方位育人的目标状态。

其次，在应用型人才培养方面，目前“双元制+双园制”应用型人才培养模式实施主要靠百色学院单方的努力，所需要的配套的校内外条件还有欠缺。一方面，与校外企业合作，实行产教融合，联合培养应用型人才还存在诸多障碍。[①] 一是企业缺乏积极性。在目前我国各级政府还没有制定关于企业配合大学培养人才制度的情形下，企业配合大学开展人才培养工作意愿不强，除了需要为自己储备人力资源的企业，很少有企业愿意与学校结成人才培养的联盟。二是产教融合存在时空冲突。企业与学校的物理距离较远，导致产教融合的实现存在空间和时间的矛盾。比如，边学边干、干中学是产教融合的典型方式，但若企业与学校相距太远，就会使课程安排出现困难。三是学校对校企合作的掌控力低。由于企业缺乏基于利益的合作愿望，加之学校与企业相距较远，因此学校难以控制校企合作的稳定性，这就难以保证产教融合的质量，当教学是在企业中进行或教学是由来自企业的教师实施时，学校对其教学过程和质量的监控就难以到位。另一方面，校园内，引企入校实现产教融合、联合培养应用型人才的最大约束是学校校园土地和建筑容量有限，无法满足所引入企业的要求，导致大量企业不愿入驻。

因此，百色学院自己能够做到百色精神特质人才的培养，但高水平应用型人才的培养，没有外部企业的鼎力支持和真心参与，实际上难以完全做到。

令人惊喜的是，2019年9月25日，国家发展改革委、教育部等六部门印发的经

---

① 唐拥军，黄建雄. 百色学院探索应用型高校的“抢跑”战略[N]. 中国教育报，2016-03-24.

中央全面深化改革委员会第九次会议审议通过、国务院同意的《国家产教融合建设试点实施方案》，有利于解决上述企业缺乏积极性、产教融合存在时空冲突、学校对校企合作的掌控力低等问题。该方案全面启动“充分发挥城市承载、行业聚合、企业主体作用”的产教融合改革新路径，若能够全面贯彻执行——通过五年左右的努力，试点布局建设50个左右产教融合型城市，在试点城市及其所在省域内打造一批区域特色鲜明的产教融合型行业，在全国建设培育一万家以上的产教融合型企业，建立产教融合型企业制度和组合式激励政策体系，那么，在试点城市，大学校园与城市的科技园（产业园）规划布局建设将相互融通，同时政府实行一系列组合式激励政策体系刺激园区内企业发展产教融合型企业制度、与大学联合培养人才的积极性，从而极大转变学校单方面向企业寻求校企合作、产教融合的尴尬局面，形成政府主导、企业主动、行业联动与学校拥抱的双向、协同的校企合作、产教融合的兴旺景象。

更令百色学院人惊喜的是，这种状况极有可能首先降临到自己头上。百色市政府几年前就为百色学院在百东新区规划了一个占地2700多亩（1亩≈667平方米）的百东校区，但由于缺乏资金一直没有得到落实。2019年10月20日，教育部学校规划建设发展中心（以下简称“规建中心”）在北京召开“百色学院产教融合合作工作推进会”，参会领导和专家11人，来自教育部规建中心、国务院发展研究中心国研智库（以下简称“国研智库”）、百色学院以及两家中央企业。会上，规建中心领导对百色学院培养“具有百色精神的高水平应用型人才”的工作给予了充分肯定，对以产教融合新理念推进学校进一步改革发展，建设高水平产教融合型大学给予了详细的指导。经过多方努力，百色市将成为广西壮族自治区产教融合型试点城市，其产教融合型城市建设的基地就在百色学院百东校区所在的百东新区。按照规建中心、国研智库与百色市政府三方主要领导多次商讨的方案，将由规建中心直接指导百东新区和百东校区的规划设计，由百色市政府划拨充足的土地，由国研智库联合中央企业投资，共同建设百色学院百东校区，把百东新区和百东校区建设成为中国产教融合型城市和产教融合型大学的示范区和示范校。

到那一天，百色学院百东校区镶嵌在企业林立的百东新区，将真正实现大学校园与科技园（产业园）融合的“一校双园”，双方合作共赢、共同执行“双元制+双园制”。那时候，百色学院应该可以定型发展了，更重要的是，它将进入中国应用型大学的先进行列。

目　录

◆绪　论◆

一、研究背景

党的十八大以来,习近平总书记提出了许多关于思想政治教育工作的重要论述,对新时代高等教育发展提出了更高的要求,提出了一些新内容、新要求,尤其强调高校在加强思想政治教育工作的过程中,应构建全员、全过程、全方位的教育(简称"三全育人")的战略目标,充分尊重学生成长规律,遵循教育规律、思想政治工作规律,并将"三全育人"理念,贯穿于高校思想政治教育工作的全过程,形成全新育人的新格局。习近平总书记在2016年全国高校思想政治工作会议上明确指出,高校立身之本在于立德树人,思想政治工作从根本上说是做人的工作,必须围绕学生、关照学生、服务学生,不断提高学生思想水平、政治觉悟、道德品质、文化素养,让学生成为德才兼备、全面发展的人才。①

理想信念铸魂是坚持和完成立德树人根本任务的关键环节。正如习近平总书记所说:"立德树人"就是要引导青年学生做到"明大德、守公德、严私德"。"德"之

① 习近平在全国高校思想政治工作会议上强调 把思想政治工作贯穿教育教学全过程 开创我国高等教育事业发展新局面[EB/OL].[2020-05-25].http://news.cctv.com/2016/12/08/ARTIihpHZs56dGPSnK5b5x5y161208.shtml.

内涵是丰富多维的,“立德”任务是广泛多向的。“灵魂”是“德性”的精华,一个真正“有德性”的人必定是“有灵魂”的人。人因德而立,德因魂而高,“魂”是“德”的统领与根基,“立德”的根本在于“铸魂”,“铸什么魂”决定着“立什么德”,“铸魂育人”决定着“立德树人”的性质和方向。“铸魂育人”最早是习近平总书记在2014年10月召开的全军政治工作会议上提出来的,强调“要把理想信念在全军牢固立起来,适应强军目标要求,把坚定官兵理想信念作为固本培元、凝魂聚气的战略工程,把握新形势下铸魂育人的特点和规律,着力培养有灵魂、有本事、有血性、有品德的新一代革命军人”①。

管理是育人,这是教育学的一条重要原理。纵观古今中外,“德”乃人才的首要标准,管理育人所谓的“育人”,正是育人之“德”,育有德之才是高校管理的内在要求、出发点和归宿。德国教育家赫尔巴特在《普通教育学》中指出:“如果不坚强而温和地抓住管理的缰绳,任何功课的教学都是不可能的。”捷克教育家夸美纽斯也认为,学校中的人员分为三部分,一部分是学习知识的学生,一部分是传授知识的教师,还有一部分是管理学校工作的人。要想将学校组织得像一座有序运行的钟,就必须对学校各类人员进行严格管理。因此,管理既是教育的前提,也是教育的手段和结果。从事管理工作者,应该既是管理者,也是教育者,在管理中进行教育,以教育促进管理,从而实现教育、管理的有机统一。管理育人对于高校人才培养工作的意义非常重大,只有将教书育人、管理育人和服务育人三者统一起来,相互协调,相互促进,才能更好地实现高校整体育人目标。

高校育人是一个系统的工程,20世纪80年代以来,我国对高校职能的认识不断深化,已经达成的共识是,高校开展工作的根本目的和任务是“育人”。一直以来,人们把管理与教学、服务并列,认为教书育人、管理育人、服务育人是现代高校培养人才最基本和最重要的方式和手段。1994年7月,《国务院关于〈中国教育改革和发展纲要〉的实施意见》中就提出“要加强德育队伍建设,不断提高队伍素质,同时,要从政策和制度上保证‘教书育人、管理育人、服务育人’的落实”。《中共中央 国务院关于进一步加强和改进大学生思想政治教育的意见》(中发〔2004〕16号)即中央16号文件明确提出:“学校管理工作要体现育人导向,把严格日常管理

① 全军政治工作会议在古田召开 习近平出席会议并发表重要讲话[EB/OL].[2020-05-25].http://www.gov.cn/xinwen/2014-11/01/content_2773991.htm.

与引导大学生遵纪守法、养成良好行为习惯结合起来。”[①]教育是民族振兴和社会进步的基石。要坚持教育优先发展,全面贯彻党的教育方针,坚持教育为社会主义现代化建设服务、为人民服务,把立德树人作为教育的根本任务,培养德、智、体、美、劳全面发展的社会主义合格建设者和可靠接班人。2017 年 12 月 4 日,中共教育部党组发布《关于印发〈高校思想政治工作质量提升工程实施纲要〉的通知》(教党〔2017〕62 号)指出,高校思想政治工作质量提升工程的基本任务是充分发挥课程、科研、实践等与学生成长成才密切相关的十个方面工作的育人功能,挖掘育人要素,完善育人机制,优化评价激励,强化实施保障,切实构建课程育人、科研育人、实践育人、文化育人、网络育人、心理育人、管理育人、服务育人、资助育人、组织育人十大质量提升体系,核心内容是构建“十大育人”体系。坚持一体化育人,就是要全面统筹办学治校各领域、教育教学各环节、人才培养各方面的育人资源和育人力量,从体制机制完善、项目带动引领、队伍配齐建强、组织条件保障等方面进行系统设计,从宏观、中观、微观各个层面一体化构建育人工作体系。在省级层面,统筹发挥学校、家庭和社会教育的育人资源,构建宏观的一体化育人体系;在学校层面,以课程育人、科研育人、实践育人、文化育人、网络育人、心理育人、管理育人、服务育人、资助育人、组织育人“十大育人”体系为基础,将高校思想政治工作融入人才培养各环节,构建中观的一体化育人体系;在操作层面,根据各项工作内在的育人元素和育人逻辑,构建微观的一体化育人体系。

管理育人是高校育人工程的重要组成部分,不少专家学者针对“管理育人”这个概念进行了大量的剖析和阐述。扬州大学刘梅认为,高校管理育人是指高校的管理部门及其工作人员,通过多种途径和中间环节对被管理者施加规章制度、行为规范、政治素质等方面的影响,使之趋向于学校德育目标的过程。[②] 三峡大学冯跃飞认为,所谓管理育人,就是管理主体通过各种管理手段和方法,借助各种有利于育人目标实现的资源,对管理客体的思想观念、政治观点、道德意识施加影响,使之符合既定育人目标的动态过程。[③] 华南理工大学阮显政等认为,所谓管理育人,就是指学校的管理部门及其工作人员根据一定的社会要求,通过一系列有目的、有计

---

① 中共中央　国务院关于进一步加强和改进大学生思想政治教育的意见[N].人民日报,2004-10-15(01).

② 刘梅.高校管理育人略论[J].盐城工学院学报(社会科学版),2005,18(4):87-89.

③ 冯跃飞.高校管理育人研究[D].宜昌:三峡大学,2006.

划、有组织的管理行为,对受教育者的知识技能、道德品质、智力、体力和行为习惯等施加影响,使之趋向于学校育人目标的过程。① 在学者们看来,无论如何理解管理育人,有三个方面的内容是必不可少的:第一,管理育人的主体是高校管理部门及其管理人员、任课教师、图书管理员以及后勤人员等,他们通过合理地组织人力、物力、财力以及其他要素,以实现学校办学和育人目标,促进学生的成长和进步。第二,管理育人的内容是思想政治教育和德育,通过管理行为,提高人的思想境界、政治素质和道德水平。第三,管理育人的媒介是管理活动,通过管理活动实现育人的目的。高校管理人员以及任课教师等在教育教学活动中通过管理行为,对学生的思想境界、政治素质和道德水平施加影响,使之趋向于高校办学和育人目标。管理育人外在表现为管理行为,育人功能融于其中,通过多种维度、多种方式对育人客体的思想政治和道德状况施加影响。

综合归纳以上所述,结合管理育人的最新发展,我们认为:所谓管理育人,就是指学校的管理部门及其工作人员根据一定的社会要求,通过一系列有目的、有计划、有组织的管理行为,对受教育者的知识技能、道德品质、智力、体力和行为习惯等施加影响,使之趋向于学校育人目标的过程;是学校管理部门及其工作人员把育人作为管理工作的出发点,通过校务行政管理、教育教学管理、科研管理、后勤管理等活动,借助于制度、教师、环境、榜样等对管理对象的政治素质与思想道德品质产生影响,使之趋向于学校既定德育目标的过程;是全员参与的德育过程。管理育人的内涵可以从广义和狭义两个方面来把握。从广义上讲,管理育人是一种充满教育意蕴的行为,其要在培养学生德、智、体、美、劳各方面过程中,通过学习生活中潜移默化的影响,形成一个全方位育人的整体系统。从狭义上讲,管理育人是指教育管理者通过行之有效的措施,借助各种教育资源,对学生的思想行为等加以显性或者隐性的积极影响,以达到育人目的。

管理是高校非常重要的环节,它涉及校园生活的方方面面,其重要性几乎可以与教学相媲美。新时期以来,人们把管理与教学、服务并列,认为教书育人、管理育人、服务育人是现代高校培养人才最基本和最重要的方式和手段。《中共中央 国务院关于进一步加强和改进大学生思想政治教育的意见》中明确提出学校管理工作要体现育人导向,坚持教育与管理相结合,把教育融于学校管理之中,从严治教,

---

① 阮显政,钟晓砺.对高校管理育人工作的认识[J].重庆与世界,2012(6).

加强管理,形成教书育人、管理育人、服务育人的良好氛围和工作格局。教书育人、管理育人、服务育人三者其实是相互杂糅在一起的,其功能很难截然分开。例如,教师在教学和辅导的过程中贯穿着对学生的管理,而专职管理人员在管理、规范学生行为的过程中也会对学生知识和技能的增长,对学生积极世界观、人生观、价值观的养成起到正面的作用。另外,无论是教师,还是专职管理人员,其工作的中心和出发点都是为了学生,都是为学生服务,为学生的身心向着健康、积极的方向发展服务。由此,承担着管理育人职能的学校工作人员不仅包括教学管理人员、学生管理人员,而且还包括实验室管理人员、图书馆管理人员和后勤管理人员等。由此可见,管理育人对于整个学校人才培养工作的意义非常重大。

管理育人作为“三育人”的重要组成部分,是一项较为复杂的系统工程,与教书育人对学生德育产生的直接作用相比较,管理育人具有间接性、全方位性、渗透性的特点。管理育人主要是通过制度、人、环境对学生产生间接影响,直接面对学生进行思想教育的管理只是冰山一角,管理者在管理过程中的思想行为表现、管理导向以及管理成果的物化形态都会对学生构成德育影响。管理者的管理范围不仅是全体学生,也包括管理人员自身、教师和校内其他职工;不仅针对作为个体的人,而且涉及党团组织和教学、科研、行政、后勤等各个部门。因此,管理育人的范围更广、平衡性要求更高,对引导和推动教书育人、服务育人的不断发展起着重要的作用。高校管理育人工作的着力点应放在将高校的人才培养与各项管理工作相融合上,坚持分层管理、分类指导。

不论是1994年的《国务院关于〈中国教育改革和发展纲要〉的实施意见》,还是2004年的《中共中央 国务院关于进一步加强和改进大学生思想政治教育的意见》都明确提出了“管理育人”这个概念。《国务院关于〈中国教育改革和发展纲要〉的实施意见》指出:“要加强德育队伍建设,不断提高队伍素质,同时,要从政策和制度上保证‘教书育人、管理育人、服务育人’的落实。”《中共中央 国务院关于进一步加强和改进大学生思想政治教育的意见》即中央16号文件提出了加强和改进大学生思想政治教育的六条基本原则,即坚持教书与育人相结合,坚持教育与自我教育相结合,坚持政治理论教育与社会实践相结合,坚持解决思想问题与解决实际问题相结合,坚持教育与管理相结合,坚持继承优良传统与改进创新相结合。从中我们可以看到,《中共中央 国务院关于进一步加强和改进大学生思想政治教育的意见》已将坚持教育与管理相结合亦即“管理育人”作为一条基本的原则纳入其中了,并对"管理育人"提出了更高的要求和更严格的规范。胡锦涛同志明确指出:"一个有远见的民族,总是把关注的目光投向青年;一个有远见的政党,总是把青年看作推动历史发展和社会进步的重要力量。"我们党和历代领导人都高度重视对青年尤其是大学生的培养和教育。这次的中央16号文件结合国际、国内形势和大学生的思想实际,深刻总结了改革开放以来党的思想政治教育的经验,立意高远,总揽全局,对新形势下加强和改进大学生思想政治教育做出了全面的部署。中央16号文件的颁布实施,充分说明了大学生思想政治教育始终是全党的一件大事,充分体现了以胡锦涛同志为总书记的党中央对大学生思想政治教育的高度重视和对大学生成才的殷切期望。中央16号文件是对十年前的《国务院关于〈中国教育改革和发展纲要〉的实施意见》的总结和发展,是在不同的历史时期下针对不同的历史条件所制订的,不仅体现了与时俱进这一马克思主义的本质属性,而且对高校的思想政治教育提出了更高更新的要求。高校的根本任务是培养德、智、体、美、劳全面发展的社会主义合格建设者和可靠接班人。高校管理是社会管理的特殊领域,它必须紧紧围绕育人目标和根本任务来进行,高校工作始终要把着眼点放在人才的培养和教育上,管理工作是高校工作的重要组成部分,高校理应担负起育人的神圣使命。德国教育家赫尔巴特把教育过程分为三个部分:管理、教学和道德教育。我国的教育家在继承历史上优秀教育理论成果的基础上,逐步形成了新的管理教育原理:"管理既是教育的前提,也是教育的手段和结果。"这就表明管理也是育人。再从一般意义上的管理与育人的关系来看,管理育人的落脚点应该放在育人上,而思想政治教育在育人过程中是不可或缺的重要手段并发挥着重要的作用。在对受教育者进行培养教育的过程中,包含着一般意义的管理工作和思想政治教育活动,二者互相包容,互为补充,同时促进管理育人目标的实现,即培养出合格的政治人、道德人和社会人。因此,管理育人至少体现了两方面的作用,一是促进社会主义精神文明建设不断前进,二是为巩固和发展社会主义事业培养合格人才。所以,可以说管理育人对推动社会主义事业不断前进具有重大意义。

服务育人是"三全育人"教育理念的重要组成部分。服务育人的出发点是服务,落脚点是育人,是高等学校育人工作的催化剂和奇兵,通过对事物的管理和对教职员工的思想政治教育及素质的培养,促进学校培养目标的实现和育人目的的达成。何谓服务育人?陆英在《高校服务育人的作用及其实施途径》一文中曾提出,高校服务育人是指学校工作人员以出色的工作和良好的形象,通过为学生提供优质的服务,帮助学生解决思想、学习和生活中遇到的各种问题和困难,引导学生树立正确的世界观、人生观、价值观,从而培养学生良好的思想道德品质和行为习惯。李献祥在《高校服务育人刍议》中认为,高校服务育人有广义和狭义之分。高等学校的服务大而言之是为教学、科研、师生员工服务,而通常所言的服务是指“教职工为学生服务”。田晓明在《高等学校服务育人工作改进研究》一文中提出,所谓高等学校服务育人是指在高等学校育人环境内,学校教育、管理、服务机构的全体教职工在日常工作中以育人为宗旨、以服务为手段,通过营造和谐、良好的生活、学习环境达到培养学生良好身心品质和行为习惯的目的。具体来说是指学校在教学、图书、实验工作以及教务、学生、后勤等各项管理工作中以真诚的工作作风、和蔼的工作态度、完善的服务措施,为学生提供优质的服务。[①] 通过优质的服务,帮助学生解决思想、学习和生活中遇到的各种问题,引导学生树立正确的世界观、人生观和价值观,从而促进学生良好的道德品质和行为习惯的形成。高校服务育人功能的发挥主要通过两个方面来实现:一方面,服务精神培育人,通过工作人员内在的职业精神,如爱岗敬业的工作态度、勤勤恳恳的工作作风、服务奉献的工作精神等,教育影响学生,使之养成良好的学习习惯和生活态度;另一方面,服务形象培育人,通过服务人员的外在服务态度、服务行为和仪容仪表等服务形象来影响服务对象。[②]

1987 年 5 月 29 日,中共中央颁布的《关于改进和加强高等学校思想政治工作的决定》(以下简称《决定》)中就指出了“服务育人”在高等学校教育中的地位和作用。《决定》中指出:“高等学校的职工对培养学生有着重要的作用。加强职工思想政治工作,帮助他们进一步树立为人民服务、为教学科研服务的思想,勤勤恳恳做好本职工作,搞好服务育人,这也是高等学校思想政治工作的重要方面。”高等学校的“服务育人”职能是围绕着“教书育人”这一中心基本职能展开的职能,其最终目的是全面贯彻党的教育方针,高质量地完成培养德、智、体、美、劳全面发展的社会主义事业的合格建设者和可靠接班人的任务。《中共中央　国务院关于进一步加强和改进大学生思想政治教育的意见》详尽阐述了加强和改进大学生思想政治教育的基本原则。其中,对“坚持解决思想问题与解决实际问题相结合”的原则进行

① 舒建华,王香. 充分发挥整体功能 真心培育合格人才——关于做好高校“三育人”工作的思考[J]. 湖湘论坛,2006(1):95-96.

② 吴新业.涂海英.高校服务育人功能思考[J].长江大学学报(社会科学版),2011(12):136-138,196 .

了说明，强调努力解决大学生的实际问题。“思想政治教育既要教育人、引导人，又要关心人、帮助人。高等学校要从严治教，加强管理，改善办学条件，提高教育教学质量，为大学生成长成才创造条件。要加强对经济困难大学生的资助工作，以政府投入为主，多方筹措资金，不断完善资助政策和措施，形成以国家助学贷款为主体，包括助学奖学金、勤工助学基金、特殊困难补助和学费减免在内的助学体系，帮助经济困难大学生完成学业。要帮助大学生树立正确的就业观念，引导毕业生到基层、到西部、到祖国最需要的地方建功立业。要进一步建立健全大学生就业指导机构和就业信息服务系统，提供高效优质的就业创业服务。通过服务育人、管理育人，把党和政府对大学生的关怀落到实处。”既讲道理又办实事，既以理服人又以情感人，增强思想政治教育的实际效果。

教育公平是国家的基本教育政策，资助育人是促进教育公平和社会公正的重要内容，“不让一个学生因家庭经济困难而失学”是党和政府的庄严承诺，是坚持党中央提出的“立党为公，执政为民”根本要求的具体体现，是实施“科教兴国”和“人才强国”战略的重要保证，是办好让人民满意的教育的重大措施，是保障社会主义和谐社会的重要举措。多年来，党和政府始终高度关注家庭经济困难学生成长成才问题，不断优化资助育人工作理念，建立健全高校学生资助政策体系，在长期的教育实践中积累了丰富且宝贵的可复制推广的经验。资助育人是高校思想政治工作质量提升工程“十大育人体系”之一，高校资助育人工作致力于服务家庭经济困难学生成长成才。立德树人是新时代高等教育的根本任务，党的十九大强调要继续坚持立德树人根本任务，推进教育公平，努力让每个孩子都能享有公平而有质量的教育，使绝大多数城乡新增劳动力接受高中阶段教育、更多接受高等教育，对推动新时代高校学生资助工作发展具有重要的理论和现实意义，是资助育人工作重要的方向。国内的专家学者对资助育人工作进行了大量的科学研究。温州大学李思思认为，资助育人是以资助为培养家庭经济困难学生成才成德的起点，以德育、能力为育人内容贯穿全过程，帮助学生树立正确的“三观”，提升其道德素养及自我发展能力，最终实现育人目标的回归。① 中国计量学院黄素君认为，贫困生资助是指政府、学校、社会组织及个人为帮助解决家庭经济困难学生的经济困扰与发展问

① 李思思.高校家庭经济困难学生资助育人体系研究[D]. 温州：温州大学，2019.

题而采取的各类资助行为。[①] 2004年9月,《国务院办公厅关于切实解决高校贫困家庭学生困难问题的通知》(国办发〔2004〕68号)提出,将“资助”与“育人”有机地结合起来,培养学生自立自强、艰苦奋斗的优良作风,把解决高校贫困家庭学生困难问题同加强学生思想政治教育紧密结合起来,形成勤奋好学、团结互助、自强自立、艰苦奋斗的好校风。2007年5月,国务院颁布实施的《关于建立健全普通本科高校高等职业学校和中等职业学校家庭经济困难学生资助政策体系的意见》(国发〔2007〕13号),建立健全了国家新资助政策体系,确保了“不让一名学生因家庭困难而失学”。2017年12月,《中共教育部党组关于印发<高校思想政治工作质量提升工程实施纲要>的通知》(教党〔2017〕62号),把资助育人的理念引向深入,推动将高校思想政治工作融入人才培养各环节,把“扶困”与“扶智”,“扶困”与“扶志”结合起来,建立国家资助、学校奖助、社会捐助、学生自助“四位一体”的发展型资助体系,构建物质帮助、道德浸润、能力拓展、精神激励有效融合的资助育人长效机制,实现无偿资助与有偿资助、显性资助与隐性资助的有机融合,形成“解困—育人—成才—回馈”的良性循环,着力培养受助学生自立自强、诚实守信、知恩感恩、勇于担当的良好品质,[②]在高校思想政治教育框架内提出了全面推进资助育人、构建资助育人的工作要求。资助育人作为理想信念教育与品德教育的一部分,在以立德树人为核心的人才培养任务中占有重要的地位。2020年4月,《教育部等八部门关于加快构建高校思想政治工作体系的意见》(教思政〔2020〕1号)明确提出“完善精准资助育人”目标任务,这充分彰显了党和政府高度重视高校资助育人工作,为新时代高校资助育人赋予了更为宽阔的战略视野和深邃的育人价值。新时代背景下,高校要把立德树人根本任务贯穿资助育人全过程,实现从满足学生的基本生活需求向学生成长成才和全面发展的转变,完成为中华民族伟大复兴培育新人的使命。概括来说,资助育人就是以经济资助为手段,以育人为目标,在教育学生的过程中,发挥引导学生树立正确的世界观、人生观、价值观,成为德、智、体、美、劳全面发展的人的效能与作用,提升高校家庭经济困难学生的思想政治教育质量,达到铸魂育人的目的,最终实现立德树人的根本任务。

高校资助育人工作是党和国家依法保障学生平等享有受教育权利的重要政策

---

① 黄素君.高校贫困生资助育人功能研究[D].杭州:中国计量学院,2013.

② 教育部.高校思想政治工作质量提升工程实施纲要(教党〔2017〕62号)[Z].2017-12-04.

措施，是国家扶贫攻坚、全面建设小康社会的重大工作任务，高校资助工作的出发点是通过物质的帮扶传递人文情怀，更好地促进贫困大学生的健康发展，帮助大学生克服思想上的包袱、心理上的自卑障碍，树立积极向上的健康人格。高校资助育人工作是思想政治教育工作的客观需要，两者紧密结合，使抽象的思想政治教育回归现实，在实际的教育教学中发挥思想政治教育的实用性。①

第一，做好资助育人工作是对社会主义新时代高校办学的政治要求。高校肩负着为党育人，为国育才的重任。高校家庭经济困难学生的资助和教育培养工作关系到学生本人，也关系到其家庭，更关系到社会的和谐稳定。习近平总书记在2017年新年贺词中指出，“新年之际，我最牵挂的还是困难群众”“部分群众在就业、子女教育、就医、住房等方面还面临一些困难，不断解决好这些问题是党和政府义不容辞的责任”。一直以来，百色学院高度重视学生资助工作，本着为学生服务的态度，认真做好家庭经济困难学生的资助工作，始终以“让党和国家满意，让广大人民群众满意，让广大师生员工满意”为出发点和落脚点，落实国家资助政策，将资助育人工作放在巩固党的执政基础，以抓好国家教育扶贫攻坚的大格局中谋划推进，努力做到帮扶一个学生，脱贫一个家庭，阻断贫困的“代际传递”，保障和改善社会民生的福祉，服务于“两个一百年”奋斗目标和中华民族伟大复兴中国梦的实现。

第二，资助育人工作是高校“三全育人”格局的现实需要，是体现学校人才培养能力的重要标志。高校资助育人具有道德品格塑造、理想信念引领、权责意识培育、精神动力激励以及素质能力拓展等功能，为学生的成长成才提供了丰富的实践方式，促进学生思想能力素质的综合提升，同时也与高校管理育人、服务育人等“十大育人体系”相互联系、相互补充，是高校人才培养的重要途径，也是新时代高校全员、全过程、全方位育人的重要内容。家庭经济困难学生是高校学生中的特殊群体，他们希望学有所教，也渴望学有所成。百色学院地处经济欠发达的革命老区、边境地区、民族地区，由于地缘的关系，许多学生来自贫困山区县市，家庭经济困难学生人数多、比例高、分布广、困难程度大，许多学生每年开学初都交不起学杂费，就是在交得起学杂费的学生当中，也有相当一部分是靠贷款或借款来交费，部分学生虽然交了学杂费，但生活费又没有着落，只能靠学校资助来维持基本生活。百色学院全日制在校家庭经济困难学生占学生总数的45%左右，家庭经济特别困难学

---

① 杨玉秀．大学生思想政治教育中加强资助育人的有效策略［J］．文化创新比较研究，2018(28)：4-5.

生占在校生总人数的22%左右，占家庭经济困难学生总人数的48%左右；建档立卡贫困户子女学生占在校生总人数的20%左右，占家庭经济困难学生总人数的45%左右。为做好资助育人工作，学校成立学生资助中心，挂靠学生工作部（处），由学生工作部（处）长直接分管学生资助工作，负责资助育人工作的组织协调、制度建设、条件保障、监督检查和宣传教育等，成立学校、二级学院、班级三级学生资助管理机构，具体负责学生资助日常工作，为进一步做好学生资助工作提供了组织保障。同时，学校逐步建立起了奖学金、助学金、国家助学贷款、勤工助学、临时困难补助、学费减免、“绿色通道”、缓缴学费“八位一体”的资助体系，并制定一系列学生资助管理制度，为学生资助工作提供了制度保障，打造“全员覆盖、全程受助、全面受益”的助困网络工作局面。

第三，资助育人工作是高校思想政治教育工作“铸魂育人”的生动实践。高校思想政治教育工作要紧密围绕“培养什么人、如何培养人以及为谁培养人”这个根本问题。始终坚持把立德树人作为中心环节，是高校的立身之本，高校各项工作都要紧紧围绕全面提高人才培养质量这个根本任务和目标。党的十九大报告指出：“要全面贯彻党的教育方针，落实立德树人根本任务，发展素质教育，推进教育公平，培养德智体美全面发展的社会主义建设者和接班人。”①高校思想政治工作要围绕学生、关照学生、服务学生，把解决思想问题同解决实际问题结合起来，在关心、帮助学生的过程中教育人、引导人，这既是高校做好资助育人工作的重要内容，也是强化高校思想政治工作的有效途径。百色学院始终将思想政治教育融入资助育人工作全过程，着力提高受助学生的思想水平、政治觉悟、道德品质、文化素养，帮助家庭经济困难学生成长成才，为老区大学生提供实现梦想的机会，着重培养他们对党、对国家、对社会的感激之情、感恩之心，教育他们自觉做社会主义核心价值观的坚定信仰者、积极传播者和模范践行者。同时，学校党委还通过宣传家庭经济困难学生“自强之星”的感人事迹，引导更多的家庭经济困难学生树立正确的世界观、人生观、价值观，成长为德才兼备、全面发展的优秀人才。

---

① 习近平.决胜全面建成小康社会 夺取新时代中国特色社会主义伟大胜利：在中国共产党第十九次全国代表大会上的报告[N].人民日报，2017-10-18(01).

二、研究目的与意义

（一）研究目的

第一，进一步贯彻落实习近平新时代中国特色社会主义思想，构建具有学校特色的育人体系。2017 年 12 月中共教育部党组《关于印发〈高校思想政治工作质量提升工程实施纲要〉的通知》（教党〔2017〕62 号）提出了高校思想政治工作创新发展的施工蓝图，坚持把破解高校思想政治工作不平衡不充分问题作为目标指向，着力构建一体化育人体系，打通育人最后一公里。编著此书的目的就是要全面统筹学校办学治校各领域、教育教学各环节、人才培养各方面的育人资源和育人力量，从体制机制完善、项目带动引领、队伍配齐建强、组织条件保障等方面进行系统设计，从宏观、中观、微观各个层面一体化构建育人工作体系，实现各项育人工作的协同协作、同向同行、互联互通；就是要通过挖掘学校各群体、各岗位的育人元素，并将其作为职责要求和考核内容融入整体制度设计和具体操作环节，着力打通高校思想政治工作存在的盲区、断点，真正把各项工作的重点和目标落在育人效果上，切实做足育人大文章，唱响育人最强音，使学校思想政治工作更好地适应和满足学生成长诉求、时代发展要求、社会进步需求，不断提升工作科学化水平。

第二，进一步完善工作体制机制，树立科学育人理念。学校铸红魂管理育人体系构建与运行，就是要把《高校思想政治工作质量提升工程实施纲要》精神进一步引向深入，就是要立足新时代，不忘教育强国之初心、牢记民族复兴之使命，不忘立德树人之初心、牢记人才培养之使命，自觉运用习近平新时代中国特色社会主义思想武装头脑、指导实践，坚持把立德树人作为中心环节，全面提高人才培养能力，深入推进高校思想政治工作领域综合改革，着力培养德、智、体、美、劳全面发展的社会主义事业的合格建设者和可靠接班人，着力培养担当民族复兴大任的时代新人，为实现“两个一百年”奋斗目标、实现中华民族伟大复兴的中国梦提供强大的人才保障和智力支撑。

第三，进一步发挥“三支队伍”在“三全育人”中的作用，促进百色学院百色精神铸红魂“三全育人”体系建设与发展。当前，“三全育人”的战略目标对新时代高等教育发展提出了更高的要求。高等学校担负着为社会主义建设培养大批有理想、有道德、有文化、有纪律的各种专门人才的艰巨任务。高校内部的三支工作队伍（教师、干部、职工）应以此作为自己的神圣职责，并为完成这一艰巨任务而努力奋斗。教师要教书育人，管理干部要管理育人，后勤职工要服务育人，这是各自本职工作的职责要求。高校党政管理干部和后勤职工，承担着学校大量的管理和服务工作，应尽心尽职为教学、科研服务，为培养人才服务，通过本职业务工作管理育人、服务育人，这是他们自身的工作职责，也是新形势下深化高教改革、改进和加强大学生思想政治工作、培养“四有”人才的新要求。

（二）研究意义

开展“百色精神铸红魂——管理育新人，服务铸红魂”研究是社会主义新时代的特点和要求在高等学校思想政治教育领域的体现，也是新时代高等学校思想政治教育适应性与可持续性的要求，具有重要的理论价值与实践意义。

1.理论价值

《中共中央　国务院关于进一步加强和改进大学生思想政治教育的意见》强调，加强和改进大学生思想政治教育的基本原则是：(1)坚持教书与育人相结合。学校教育要坚持育人为本、德育为先，把人才培养作为根本任务，把思想政治教育摆在首要位置。(2)坚持教育与自我教育相结合。既要充分发挥学校教师、党团组织的教育引导作用，又要充分调动大学生的积极性和主动性，引导他们自我教育、自我管理、自我服务。(3)坚持政治理论教育与社会实践相结合。既重视课堂教育，又注重引导大学生深入社会、了解社会、服务社会。(4)坚持解决思想问题与解决实际问题相结合。既讲道理又办实事，既以理服人又以情感人，增强思想政治教育的实际效果。(5)坚持教育与管理相结合。把思想政治教育融于学校管理之中，建立长效工作机制，使自律与他律、激励与约束有机地结合起来，有效地引导大学生的思想和行为。(6)坚持继承优良传统与改进创新相结合。在继承党的思想政治工作优良传统的基础上，积极探索新形势下大学生思想政治教育的新途径、新办法，努力体现时代性，把握规律性，坚持创造性，增强实效性。高校要坚持育人为本、德育为先的教育理念，既要把人才培养作为教育的根本任务，也要把思想政治教育摆在首要突出的位置，并将其融于学校管理之中。

党的十八大以来，党中央高度重视高校思想政治工作，坚持立德树人。2016年，中共中央、国务院印发《关于加强和改进新形势下高校思想政治工作的意见》(中发〔2016〕31号)，文件指出，要“把思想价值引领贯穿教育教学全过程和各环节，形成教书育人、科研育人、实践育人、管理育人、服务育人、文化育人、组织育人长效机制”，强调高校肩负着人才培养、科学研究、社会服务、文化传承创新和国际交流合作五大使命，要坚持全员、全过程、全方位育人。2017年12月，《高校思想政治工作质量提升工程实施纲要》(教党〔2017〕62号)详细规划了课程、科研、实践、文化、网络、心理、管理、服务、资助、组织“十大育人”体系的实施内容、载体、路径和方法,强调要以社会主义核心价值观为引领,以全面提高人才培养能力为关键,充分发挥课程、科研、实践、文化、网络、心理、管理、服务、资助、组织方面工作的育人功能,构建“十大育人”体系,大力提升高校思想政治工作质量。管理育人、服务育人和资助育人是“十大育人”体系中的重要内容,所有这些为进一步开创新时代高校思想政治工作新局面指明了方向。从“三育人”到“七育人”,再到“十育人”,高校思想政治教育始终是高校育人的题中之义,管理育人、服务育人和资助育人越来越成为思想政治教育的重要组成部分。因此,高校思想政治工作管理育人、服务育人和资助育人机制研究是人才培养的应然要求,是新时代大学生教育管理的工作要求,是“三全育人”工作的实际需要。

百色学院是2006年教育部批准成立的普通本科高校,起源于1938年成立的广西省立田西师范学校。在83年不间断的办学历史中,百色学院形成了自己独特的红色教育文化。学校坚持在“老、少、边、山、穷、库”地区办学,凝练了“团结合作、艰苦奋斗、克难攻坚、磨砺成才”的“石磨精神”,坚持以“弘扬传统、团结务实、奉献拼搏、争先创新”的百色精神办学育人,走出一条艰苦创业的发展之路;学校秉承“志远行敏、德高业精”校训,科学谋划,艰苦创业,经过“明晰思路、寻求合作、创新模式”等探索改革阶段,实现了从专科教育为主向本科教育为主、从师范教育为主向产业服务型教育为主的“两个转型”,成为广西首批4个整体转型发展试点高校之一,是广西硕士学位授予单位立项建设高校,是全国红色经典艺术教育示范基地、国家级众创空间。2019年1月9日,学校印发《百色学院百色精神铸红魂“三全育人”体系建设管理办法的通知》(百院党发〔2019〕2号),就学校深入开展百色精神铸红魂“三全育人”体系建设,全面贯彻落实习近平新时代中国特色社会主义思想,进一步推动全国高校思想政治工作会议精神落地生根做出重要的安排,有利于大力提升学校思想政治工作质量,增强全员育人、全过程育人、全方位育人工作的主动性、自觉性、科学性和有效性,把“十大育人”体系提到了应有的高度,创新人才培养体制机制。管理育人、服务育人和资助育人是个系统性的工程。为进一步巩固发展学校“三全育人”工作格局,全面总结和凝练学校百色精神铸魂育人成果,学校组织编著的“百色学院百色精神铸红魂育人体系构建与运行丛书”之“管理育新人 服务铸红魂”篇,正是在习近平总书记关于教育的重要思想指引下,以学校铸魂育人为个案,以“十大育人”为抓手,总结和凝练党的十八大以来学校“三全育人”工作在管理育人、服务育人、资助育人等方面的主要成效、基本经验和创新实践,以及学校在大力推进“三全育人”工作,全面落实立德树人根本任务方面的理论思考与实践探索,这无论是在理论上还是在实践上都具有重要意义和应用前景。

2.实践意义

思想政治教育从来就不是无源之水、无本之木的空洞说教,只有和具体的工作相结合才具有说服力。《中共中央　国务院关于进一步加强和改进大学生思想政治教育的意见》中详尽阐述了加强和改进大学生思想政治教育的基本原则,其中,对“坚持解决思想问题与解决实际问题相结合”的原则进行了说明。文件指出,解决思想问题与解决实际问题相结合,既讲道理又办实事,既以理服人又以情感人,增强思想政治教育的实际效果。

2019 年 3 月 18 日,习近平总书记在学校思想政治理论课教师座谈会上强调:“要坚持理论性和社会性相统一,用科学理论培养人,重视思政课的实践性,把思政小课堂同社会大课堂结合起来。”面对新时代社会环境和信息环境下成长起来的高等学校思想政治教育对象的新特点,提高大学生的思想政治素质,将其培养为德、智、体、美、劳全面发展的中国特色社会主义事业的合格建设者和可靠接班人,不仅需要第一课堂教育,也需要第二课堂教育;不仅需要一线专职教师的教育,也需要学校各个职能部门、广大教职员工的共同努力,形成强大的教育合力;不仅需要高等学校“教书育人”基本功能的发挥,也需要“管理育人、服务育人、资助育人”这种学校机关职能部门、附属机构后勤、资助中心等机构的育人功能在高等学校思想政治教育中发挥作用,这是一个多角度、多环节相互作用的完整系统。

我国经济发展水平不断提高、市场需求日新月异,高校的教育模式、教学理念以及教育的整体体制发生了前所未有的变革,百色学院育人体系中的各项育人机制都需要有效构建。学校以“传承红色基因,培育时代新人”为目标,管理育人、服务育人、资助育人机制的构建与完善也是必然的趋势,从外延式发展逐渐转变为内涵式发展。因此,无论是在理论上还是在现实上,研究“三育人”工作,强化德育首位和全员育人思想,都具有很强的实践意义。

三、研究现状与评述

（一）百色学院“红色文化”育人创新实践

“红色文化”是广大人民群众在中国共产党的坚强领导下，在实现中华民族解放的历史进程中形成的独特革命文化。在国家全面推进“三全育人”的背景下，为了让“立德树人”真正落到实处，解决青年大学生在价值取向、道德修养、心理健康、知行合一方面的诸多问题，学校在利用红色元素育人的环境和氛围营造方面做了积极的探索。学校遵循习近平总书记“扎根中国大地办教育”的思想，扎根革命老区，以百色精神办学育人的探索与实践已有 13 年历史。学校 2007 年 9 月决定以“志远行敏、德高业精”为校训，2011 年提出以“革命性、民族性、边疆性”为办学区域特色，2013 年提出以“百色起义精神办学育人”要求，2016 年明确提出以“建设具有百色精神的高水平应用型大学”为办学定位，2018 年实施《百色精神铸红魂“三全育人”体系建设管理办法》。百色精神铸红魂育人体系，是学校立足百色革命老区，以落实党的教育方针为使命，以立德树人为根本任务，以培育和践行社会主义核心价值观为原则，以弘扬包含百色精神（弘扬传统、团结务实、奉献拼搏、争先创新）在内的中国共产党革命精神为主要内容，以综合开发、创设或熟练运用红色微型课程、红色网络思政、红色经典艺术、红色科研及信息平台建设的“四红特色”为重点，以党委抓总、党政带头、部门联动、全校联网的组织体系为牵引和推动，通过多元并进的教育合力，铸就的能够促进革命精神在大学生中入耳入脑入心的育人体系。简言之，学校以百色精神办学育人就是以中国共产党革命精神办学育人，体现了学校鲜明的地域特征和办学特色。

（二）百色学院“红色文化”育人实践的主要内容

党的十九大报告指出：“文化自信是一个国家、一个民族发展中更基本、更深沉、更持久的力量。必须坚持马克思主义，牢固树立共产主义远大理想和中国特色社会主义共同理想，培育和践行社会主义核心价值观，不断增强意识形态领域主导权和话语权，推动中华优秀传统文化创造性转化、创新性发展，继承革命文化，发展社会主义先进文化，不忘本来、吸收外来、面向未来，更好构筑中国精神、中国价值、中国力量，为人民提供精神指引。”这为学校引入并创新发展“红色文化”提供了有力支持。学校“红色文化”育人实战归纳起来，有以下三个方面的内容。

（1）学革命先烈精神以养德。中国革命先烈，特别是百色起义革命英烈的英雄事迹和其修身励志的言行、故事，是中国革命文化的精华，有着历史的厚重感，对培养大学生的良好行为习惯、陶冶大学生的品德情操有着很好的传承引领作用，是铸红魂“三全育人”的根基。

(2)学红色经典以立志。革命文化是由中国共产党谱写的伟大史诗，里面的故事、文学、精神无不闪耀着民族的光辉，对培养大学生自信向上的积极心态、树立远大志向、爱国爱家、铸魂成才起到榜样的示范作用，是铸红魂“三全育人”的精神摇篮。

(3)学红色精神传播正能量。有关社会主义核心价值观和百色起义精神的充满正能量的小故事，可以教育大学生知行合一、修正行为，提升大学生生存能力，使大学生更自信，是铸红魂“三全育人”的行为指南。

学校升本以来，坚持以“弘扬传统、团结务实、奉献拼搏、争先创新”的百色精神办学育人，凝练了“团结合作、艰苦奋斗、克难攻坚、磨砺成才”的“石磨精神”，走出一条艰苦创业的发展之路，“红色文化”成为引领学校德育的主流文化。学校要让大学生学会与人交往，融入社会，懂得真善美，团结合作、艰苦奋斗、克难攻坚、磨砺成才，在学习和生活中关心他人，掌握生存技能，热爱祖国、热爱家乡，有理想、有担当。学校力争让所有大学生树立正确的世界观、人生观、价值观，成为自食其力、有担当、能养家的“家”脊梁；学习邓小平、张云逸、韦拔群等老一辈无产阶级革命家舍小家为大家的革命风范，成为“全心全意为人民服务”的脊梁。升本以来，学校秉承“志远行敏、德高业精”校训，为社会输送了近 14 万名“下得去、留得住、用得上、干得好”的专门人才，有力促进了区域经济社会及教育事业的发展，为边疆民族地区的经济发展、社会进步和国防巩固做出巨大贡献。

学校党委高度重视“三全育人”工作，多次召开“三全育人”综合改革工作推进会，对“三全育人”综合改革试点工作进行全面部署，发布了《中共百色学院委员会关于印发百色学院百色精神铸红魂“三全育人”体系建设管理办法的通知》以及《工作分工及任务清单》，“三全育人”综合改革试点工作在全校范围内全面启动。

学校秉承“团结合作、艰苦奋斗、克难攻坚、磨砺成才”的“石磨精神”和“志远行敏、德高业精”校训，切实抓好“三全育人”这一有效载体，系统规划、整体推进，围绕队伍建设、机制改革、标准建设三项关键任务，依托课程育人、科研育人、实践育人、文化育人、网络育人、心理育人、管理育人、服务育人、资助育人、组织育人“十大育人”体系建设，统筹开展“共识”“融入”“协同”“评价”四个攻坚行动。同时，贯彻落实“以生为本”的办学理念，不断改善学校办学条件，提升学校服务水平，实施服务大学生的“十大工程”，重点解决师生集中反映的问题，不断为广大师生提供良好的学习生活条件。编制育人工作指南，完善各单位、各岗位思想政治工作职责，健全以育人为导向的师生荣誉体系和工作评价机制，切实将思想政治工作融入办学治校全过程，落实到教职工职责规范全领域，构建内容完善、标准健全、运行科学、保障有力、成效明显的具有老区大学学风建设特色的“三全育人”工作体制机制，切实让管理工作更有温度、思想引领更有力度、立德树人更有效度。

当今世界正经历百年未有之大变局，国内外形势正在发生深刻而复杂的变化，高校思想政治工作面临着极为复杂的教育环境。学校要始终坚持以立德树人为核心的具有系统性、全面性、过程性特征的“三全育人”模式，从育人队伍、育人阶段、育人机制三个方面入手，以提升思想政治工作的实效性。

学校在发挥全员育人优势的同时，十分注重加大全员育人的宣传力度，使育人全员化、全过程化和全方位化，并且制定了合理、系统的工作准则。学校根据本校的实际情况，发挥各级党组织的指导作用，除强化辅导员育人工作外，还充分发挥专职教师在课堂中的教育作用，鼓励行政工作人员积极开拓社会资源，为高校资助工作挖掘更多的社会资源，做到全校参与，全员育人、全过程育人、全方位育人。为了激励工作人员参与育人工作，学校明确考核细则，将帮扶、教育大学生纳入其中，对思想育人方面表现突出的个人或者集体进行表彰。

四、研究思路与方法

（一）研究思路

1.以教书育人为核心

“师者，所以传道授业解惑也。”《中共中央　国务院关于进一步加强和改进大学生思想政治教育的意见》中明确提出“高等学校各门课程都具有育人功能，所有教师都负有育人职责”。教师不仅承担传授大学生科学文化知识的职责，而且肩负培养中国特色社会主义事业的合格建设者和可靠接班人的任务。因此，学校积极主动地将思想政治教育融入大学生专业知识学习的各个环节，深入发掘各类课程所蕴含的思想政治教育资源，并将其广泛运用于教学、科研和社会服务各个方面，在教授专业知识的过程中不断强化思想政治教育，努力深化教书育人实践，发挥教书育人在全员育人工作中的核心地位。

2.以管理育人为根本

管理育人,即高校管理部门及其工作人员围绕立德树人的根本任务,通过一定的政策、规章、制度、机构、措施等,将思想政治教育融入学校管理之中,使大学生树立坚定的理想信念、培养良好的思想品质、高尚的道德情操、严谨的法律素养和规范的日常行为,促进大学生全面和谐发展。

管理育人突出大学生的主体性地位,大力拓展大学生参与高校管理的途径和平台,逐步建立和完善师生共同参与的管理机制,充分发挥大学生自我教育、自我管理、自我服务,尤其是在政治发展、奖助评定、纪律规范、宿舍管理、就业创业等与大学生切身利益相关的重大事项上的积极主动性。学校确保管理育人在全员育人工作中的根本地位,编制育人工作指南,将管理育人的理念融入各类管理活动中,准确把握管理育人的主要内容,完善各类管理制度,形成良好的管理氛围,在管理工作中培养大学生良好的行为习惯和思想品德,最终实现立德树人的目标。

3.以服务育人为基础

服务育人,即学校服务机构及其工作人员围绕立德树人的根本任务,通过服务行为、服务形象、服务环境和服务规范等,使大学生在接受服务的过程中受到深刻影响,潜移默化地接受思想政治教育,全面有效提升自身的素质与能力。服务育人在全员育人工作中发挥基础性作用。学校服务工作绝不是一项简单的一般性的社会服务工作,而是以服务育人为工作的出发点和立足点,广泛挖掘各类服务工作中的育人元素和思想政治教育资源,努力发挥服务育人功能。因此,学校要求各服务机构及其工作人员要正确认识自身价值,增强服务育人的责任感和自豪感,积极发挥自身优势,为大学生提供一系列温馨体贴、精益求精、高效优质的人性化服务,并且在服务理念、工作纪律和文明风尚等方面感染、影响大学生,寓育人于服务之中,使大学生形成正确的世界观、人生观、价值观,实现全面和谐发展。

4.以资助育人为抓手

学校在开展学生资助工作时,充分挖掘育人要素,使大学生在获得资助的同时受到德育熏陶。学生资助育人要将思想教育放在首位,从思想教育入手,帮助大学生解决经济方面的困难和思想认识方面的问题,要通过资助工作坚定大学生的理想信念,提升大学生的学习动力,让大学生树立正确的价值观,这样可以从根本上帮助大学生解决贫困问题。这几年学校主动营造出助人的和谐氛围,借助资助工作让经济困难大学生深刻体会到国家对他们的关爱,进一步激发大学生的使命感与责任感，实现资助的教育作用。

（二）研究方法

1.文献研究法

文献研究法是科学研究的基本方法之一，文献调研贯穿本书研究的始终，主要目的在于找到本书的研究基础和出发点，主要任务是了解该课题国内外研究的现状，寻找课题相关资料，并对其进行整理、加工、分析和提炼，用理论指导实践。依据党和国家关于思想政治教育的指导性文件，查阅“三全育人”与“十大育人”发展的相关文献，所涉及的文献包括思想政治教育学、教育学、管理学、各级各类重要文件和政策中关于大学育人的理论观点和论述，也包括国内外学者对大学生德育及思想政治教育的研究论文、著作及其他研究成果。这些文献为本书客观地分析新时代背景下高校管理育人、服务育人和资助育人存在的主要问题及解决办法提供了极具价值的参考。

2.理论与实践结合法

本书作者是学校一线大学生思想教育工作人员，既是管理育人、服务育人和资助育人的研究者，也是“三育人”的具体实践者、行动者，集理论研究和实践行动于一身。他们担任过一线专职辅导员，从事一线大学生教育管理、学生资助服务工作，对当前高校“三育人”工作实践有一定的了解，在理论分析和实践工作的基础上，将“三育人”理念与学校“全员育人、全过程育人、全方位育人”工作相结合，总结归纳构建新时代百色学院“三育人”的育人模式。

3.问卷调查法

本书为实证研究，采用了问卷调查、个案访谈等形式，主要采用问卷调查法和统计法。本书问卷调查法是通过由一系列问题构成的调查表来收集资料以测量人的行为和态度的基本研究方法。本书参照国内外有关大学生满意度调查问卷的设计思路，提炼出针对当前社会背景的指标体系，在此基础上设计出调查问卷。最终通过对问卷结果的统计分析，找到影响大学生对学校满意度的主要因素和亟待解决的问题。同时，通过电话访谈与部分大学生家长交流，再通过网络调查问卷更大范围调查家长对学校各方面的了解情况，以了解新时代百色学院“三育人”功能的实践现状，为本研究的开展提供有力可靠的数据支撑。

本次调查对象是学校 2016—2019 级全日制在校大学生。本研究采用网络调查问卷开展调研，学校共 23066 名在校大学生，发放问卷共 23066 份，回收 11104 份

(其中 2016 级 1678 份,2017 级 2678 份,2018 级 2817 份,2019 级 3931 份),回收率为 48.14%,回收数据具有真实性和可靠性。

4.案例法

以百色学院为例,尝试展现新时代百色学院“三育人”大学生教育管理模式。搜集与该项目课题有关的实际案例,在课题研究中选取了大量的典型案例,为相关理论观点的论证提供了事实依据。通过对案例的阐述与分析,来说明新时代百色学院“三育人”体系建设取得的成效。

5.跨学科研究法

跨学科研究法是近来科学方法讨论的热点之一,跨学科研究本身也体现了当代科学探索的一种新范式。高校“三育人”实践研究是关于教育人的问题,因此研究势必涉及哲学、教育学、政治学、心理学、社会学等诸多学科。本书的研究以习近平新时代中国特色社会主义思想为指导,采用跨学科、多视角整合研究的方法,坚持马克思主义的基本立场、观点和方法,充分运用教育学、心理学、社会学、管理学等学科的基本理论和方法,阐释百色精神铸红魂“三全育人”体系的构建与运行等问题,有利于拓宽研究的思路,开阔研究的视野,以便综合创新新时代百色学院“三全育人”体系理论与实践的成果。

第一章

铸红魂管理服务资助育人理论和政策依据

一、管理育人的理论和政策依据

（一）管理育人的理论内涵

自人类社会产生以来，管理就一直伴随着人类社会的发展和进步。管理本身就是一种手段或方法，是一个整合性的系统过程。马克思在《资本论》中指出："一切规模较大的直接社会劳动或共同劳动，都或多或少地需要指挥，以协调个人的活动，并执行生产总体的运动——不同于这一总体的独立器官的运动——所产生的各种一般职能。"恩格斯指出，管理就是通过"指挥""协调"，使"许多力量融合为一个总的力量，用马克思的话来说，就是造成'新的力量'，这种力量和它的一个个力量的总和有本质的差别"。马克思、恩格斯精辟地阐述了管理的含义，即用最少的投入获得最大的产出，用最快的时间赢取最好的效绩。

管理育人，就是管理主体通过各种管理方法和手段，借助各种有利于育人目标实现的资源，对管理客体的思想观念、政治观点、道德意识施加影响，使之符合既定育人目标的动态过程。管理育人具有三个特点。首先，管理育人的主体和客体具有二重性。学校教职员工是管理的主体，对大学生具有主导性；大学生是管理的客体，但不能排除大学生也会对学校教职员工产生反影响。同时，各种管理规章制度在约束管理客体的同时也对管理主体起着规范作用,这就使得这些规章制度在某种程度上成了物化的管理育人主体,而原本意义上的管理育人主体转变成了管理育人的客体。由此看来,这种主体和客体的二重性决定了在一定条件下二者是可以相互转化的。其次,管理育人的时空具有延展性和连续性。管理育人理论与马克思主义关于人的全面发展理论是一脉相承的。马克思主义关于人的全面发展理论学说指出,人类的进步是不断全面发展的过程。当管理育人主体对客体施加有形或无形的影响后,管理客体不一定能当时产生预期效果,可能在不同的场合受到其他各种影响,也可能通过一段时间的自我反思和他人的影响而发生正向或反向变化。管理育人工作不受时空的具体限制,时空具有无限延展性和连续性。管理育人的时效具有不确定性。人是具有主观能动性的,接受什么样的思想和意识是有选择的,而选择的思想和意识有可能包含彼此矛盾和相悖的成分,因此,很难保证一两次管理育人活动就能够产生预期的效果。

(二)管理育人的政策来源

1994 年 7 月,《国务院关于〈中国教育改革和发展纲要〉的实施意见》中就提出"要加强德育队伍建设,不断提高队伍素质,同时,要从政策和制度上保证'教书育人、管理育人、服务育人'的落实"。

2004 年 5 月,《中共中央国务院关于进一步加强和改进大学生思想政治教育的意见》提出了加强和改进大学生思想政治教育的六条基本原则,即坚持教书与育人相结合,坚持教育与自我教育相结合,坚持政治理论教育与社会实践相结合,坚持解决思想问题与解决实际问题相结合,坚持教育与管理相结合,坚持继承优良传统与改进创新相结合。从党中央提出的六条基本原则中可以看到,坚持教育与管理相结合亦即管理育人已经作为一条基本的原则纳入大学生思想政治教育工作中,并对管理育人提出了更高的要求和更严格的规范。

2017 年 2 月,中共中央、国务院印发的《关于加强和改进新形势下高校思想政治工作的意见》提出"全员、全过程、全方位育人",即"三全育人"目标,指出高校要把立德树人作为根本任务,融入思想道德教育、文化知识教育、社会实践教育各环节,把思想政治工作贯穿教育教学全过程,把思想价值引领贯穿教育教学全过程和各环节,形成教书育人、科研育人、实践育人、管理育人、服务育人、文化育人、组织育人长效机制,明确提出了管理育人的目标。

2017 年 2 月,教育部第 41 号令颁布的新修订的《普通高等学校学生管理规定》

中第一条指出“培养德、智、体、美等方面全面发展的社会主义建设者和接班人”是我国高校学生管理和培养的根本宗旨,指明学生管理的根本目的是为育人目标服务。

(三)高校管理育人的内涵

高校管理育人是高校各职能部门和教辅单位等部门工作的管理职能。高校后勤工作者既是劳动者、管理者,又是教育者,他们的工作具有教育属性,对大学生世界观、人生观、价值观的形成起着重要作用。高校管理工作是一项涉及教学、科研、后勤、人事、财务、信息、制度等方面的系统性工程。然而,一直以来,高校管理者对管理育人的功能定位存在一定的误区和偏差。传统意义上将高校管理育人的内涵限定为高校管理者在开展各项管理活动中,强化大学生思想政治教育,以此塑造大学生良好的思想道德素养和行为规范。这种观点突出强调了思想政治教育在管理育人中的重要地位,虽然契合新时代党中央对做好高校思想政治工作的要求,但在一定程度上缩小了管理育人的内涵范围,限制了管理育人功能的发挥,致使管理育人在高校立德树人中的重要性无法得到充分彰显。

治理能力现代化是当前我国深化改革的重要目标,党的十九大报告明确提出“推进国家治理体系和治理能力现代化”的目标要求,凸显了其在社会公共事务管理和处理社会关系中的重要地位。大学治理现代化作为国家治理现代化的重要组成部分,对于深化高等教育改革,办好中国特色社会主义大学有着极为重要的意义。大学治理区别于大学管理,有着更为丰富的内涵。大学治理是在突出大学利益主体多元化的前提下,以利益主体共同遵循的准则和制度安排为基础,协调各利益主体之间的相互关系。作为大学治理体系重要组成部分的管理育人同样被赋予新的内涵。传统的管理育人是为实现教育目标所进行的各类管理活动,具有一定的行政化色彩。

治理现代化下的管理育人,一是强调教育管理者与受教育者之间的有效互动。教育管理者一方面要努力倾听与吸纳大学生的诉求,另一方面要在制定涉及教育培养等相关政策时,鼓励受教育者积极提出意见建议,让管理活动更具成效。二是强调管理育人的规范化。制度不仅规范管理者的行为,还应让受教育者积极运用制度评价教育管理行为。三是强调教育管理育人主体与客体之间的权利与义务应统一。总之,治理现代化下的管理育人是以治理理念为核心,以推动管理与育人有机结合为手段来实现育人工作为社会主义建设服务的。

二、服务育人的理论和政策依据

(一)“三育人”概念的提出及服务育人的内涵

20世纪80年代,高校提出的“三育人”,即“教书育人、管理育人、服务育人”,是对大学职能的重新界定,也是对大学使命的重新认识。“三育人”提出之初,服务育人更多的还是局限在食堂、宿舍、图书馆等领域。现在,服务育人的内涵得到不断扩展,教书育人、管理育人也属于服务育人范畴的认识得到越来越多专家的认同,这是因为,从本质上讲,教育与管理也是服务。服务育人内涵的扩展,推动了高校全员育人、全过程育人、全方位育人的原则得以真正落实,促使高校育人质量和育人水平不断提升。

习近平总书记指出:“我国高等教育肩负着培养德智体美全面发展的社会主义事业建设者和接班人的重大任务。”①这一任务的完成必须靠高校管理层强有力的领会和执行才能实现。将服务育人简单地理解为后勤、图书馆等机构的育人工作是一种片面的、狭义的理解,应当从更广义的服务范畴来理解和把握高校服务育人。服务育人与管理育人、教书育人一样,同是途径,又是理念,更是方向。高校的服务育人有广义和狭义之分。狭义上的服务育人强调教辅、后勤等服务保障部门的服务职责,在具体的服务工作中达到育人的目的;广义上的服务育人强调“大服务”的理念,即高校的各个工作部门都和大学生息息相关,所有工作环节都具有服务大学生的意义,因而都具有育人功能,都具有服务育人义务。从这一角度而言,“三育人”是一个有机整体,三者具有内在的逻辑联系,服务育人是连接管理育人、教书育人的重要纽带。服务育人的内涵绝不仅仅表现在后勤、图书馆这一类基础服务上,而是体现在“大服务育人”上。

中共中央、国务院《关于加强和改进新形势下高校思想政治工作的意见》把“坚持全员、全过程、全方位育人”作为加强和改进高校思想政治工作的五项基本原则之一,明确提出“把思想价值引领贯穿教育教学全过程和各环节,形成教书育人、科研育人、实践育人、管理育人、服务育人、文化育人、组织育人长效机制”②。高校的办学宗旨和中心任务是为国家和社会培养和输送大批高素质的社会主义事业的合

---

① 习近平.在全国高校思想政治工作会议上的讲话[N].人民日报,2016-12-09.

② 中共中央、国务院印发《关于加强和改进新形势下高校思想政治工作的意见》[N].人民日报,2017-02-28(01).

格建设者和可靠接班人。服务育人是社会赋予高校每位教职员工的一种责任，每位教职员工都不单是学校的一名服务者，同时还是一名教育者，高校的每位教职员工，无论是学校领导，还是具体的专任教师、行政管理人员、学生管理人员、财务管理人员、后勤管理人员，都肩负着育人的责任，学校的一切工作都必须以育人为出发点。而这也正是我们所一直追求的“大思政教育”体系或者“三全育人”模式。服务育人是新时代高校育人工作的基本要求，服务是育人的根本，贯穿于育人过程的始终。高校应坚持以生为本，践行服务育人理念。“以学生为本”就是要以大学生为中心，体现出以大学生发展和大学生成长成才为重点，强调激发大学生潜能，重视培养大学生能力；“以服务为本”就是要在教育与管理的过程中，增强教师服务大学生的主动性、针对性，提升教师的服务意识以服务学生个性化发展，满足大学生的不同的合理需求。所以，新时代的高校应在传统的“三育人”理念基础上树立“大服务”理念。

（二）深刻认识服务育人的重要意义

习近平总书记在全国教育大会上指出，要在党的坚强领导下，全面贯彻党的教育方针，坚持马克思主义指导地位，坚持中国特色社会主义教育发展道路，坚持社会主义办学方向，立足基本国情，遵循教育规律，坚持改革创新，以凝聚人心、完善人格、开发人力、培育人才、造福人民为工作目标，培养德智体美劳全面发展的社会主义建设者和接班人，加快推进教育现代化、建设教育强国、办好人民满意的教育。[①] 这应当成为新时代高校治学办校尤其是育人工作遵循的根本目标和行动指南。

第一，高校服务育人是时代发展的需要。当前，全球化进程不断加快，国家间的经济、政治、文化交流日益频繁，再加之互联网和信息技术的迅猛发展，信息来源十分复杂，各类文化的表达有着更广泛的载体，对高校服务育人工作提出了严峻的挑战。西方国家从未放松对我国意识形态领域的渗透和侵蚀，国内各种社会思潮多元多样多变。面对复杂的社会环境、文化环境，构建服务育人体系已成为各高校面临的一项重大而紧迫的任务。

第二，高校服务育人是适应市场经济和改革开放发展的需要。随着我国对外

---

① 习近平在全国教育大会上发表重要讲话[EB/OL].[2018-10-15]. http://xuexi.cctv.com/2018/09/10/ARTIqH5hOEmQQEkaEkKRMBxF180910.shtml.

开放不断扩大、社会主义市场经济不断深入，大学生思想观念逐渐出现新的变化。一方面，大学生的成长成才需求和全面发展新动能不断增强；另一方面，部分大学生不同程度地存在着政治信仰迷茫、理想信念模糊、价值取向扭曲等思想问题。因此，在新形势下，各高校只有不断更新服务育人理念、改革服务育人内容、改进服务育人方式、改善服务育人环境、拓展服务育人渠道，才能有效地发挥思想政治教育功能，不断提升大学生的思想政治素养和道德品质，正确认识和理解中国特色社会主义的“四个自信”。

第三，高校服务育人是办好人民满意教育的需要。实现好、维护好、发展好大学生的根本利益，办人民满意的教育，这是高校践行习近平总书记系列讲话精神的重要内容。践行习近平总书记系列讲话精神，办好中国特色社会主义大学，必须致力于构建高校服务育人新体系，营造有利于大学生发展和培养合格人才的机制、环境和氛围，努力提高人才培养的质量。高校要努力构建服务育人新体系，这关系到科教兴国和人才强国战略的全面实施，关系到“四个全面”战略布局和“两个一百年”宏伟目标的实现。

第四，高校服务育人是适应高等教育内涵发展的需要。改革开放以来，我国高等教育体制改革发生了历史性的深刻变化。历史表明，只有紧扣时代脉搏，洞悉时代精神，把握时代要求，建立与社会主义市场经济体制相适应的高等教育管理体制，才符合高等教育发展规律。高等教育要坚持“四个服务”原则，遵循高等教育的发展规律，适应高等教育发展要求，就要不断增强高校的服务育人功能。只有强化服务育人功能，才能更有力地促进高等教育体制改革，推动高等教育内涵式发展。

高校各项工作的具体职责和侧重点不同，但归根结底都是为大学生的成才服务。高校领导和广大教职工要深刻学习领会习近平总书记在全国教育大会上的重要讲话精神，强化服务育人理念，增强服务育人成效，通过思想引领和体制机制建设，形成从学校干部到广大教职工都能自觉坚持服务育人的良好风尚，凝聚强大育人合力，为培养德、智、体、美、劳全面发展的社会主义事业合格建设者和可靠接班人做出积极贡献。

三、资助育人的理论和政策依据

资助育人是高校思想政治工作质量提升工程“十大育人”体系之一，是对“以生为本”理念的深化与拓展。高校资助育人工作不仅是教育部“十大育人”体系的重要组成部分,也是脱贫攻坚、促进社会公平的重要内容和举措。

(一)资助育人的概念及内涵

温州大学李思思认为,资助育人是以资助培养家庭经济困难大学生成才成德为起点,以德育、能力提升为育人内容,帮助大学生树立正确的"三观",提升其道德素养及自我发展能力,最终实现育人目标的回归。概括来说,资助育人就是以高校家庭经济困难大学生为主体,以资助为手段,以育人为目标,做好家庭经济困难大学生思想政治教育工作,提升高校家庭经济困难大学生的思想政治教育质量,实现立德树人的根本任务。

中国计量学院黄素君认为,贫困生资助是指政府、学校、社会组织及个人为帮助解决家庭经济困难大学生的经济困扰与发展问题而采取的各类资助行为。资助育人功能是指贫困生资助对于大学生形成正确的世界观、人生观、价值观,成为德、智、体、美、劳全面发展的人的效能与作用。这种育人功能以经济资助为起点,以思想道德教育为核心,以解决心理困难、形成健康品格为重点,以提升素质为补充,通过人文关怀的方式,实现育人目的 。

资助育人的概念本身表明,资助是手段,育人是目标,学生资助工作除具有经济资助功能之外,还具有教育功能,要把社会主义核心价值观融入对受资助大学生的全方位教育中。高校学生资助制度应当兼具民生功能和教育功能。民生功能是高校学生资助制度的基础性功能。民生即人民的生计,生计是指维持生活的办法。俗语说"扶贫一时,扶志一世","扶贫先扶志",我们还应加强对贫困生的教育,将"助贫"与"育人"有效结合,充分发挥高校的教育主体功能,通过各种形式的教育和引导,培养家庭经济困难大学生的自立、自强、自信意识,提高他们的综合素质,培养他们健全的人格,助推贫寒学子向高素质、国际化、创新型、技能型人才发展。高校学生资助制度的出发点在于帮助"本人及其家庭所能筹集到的资金,难以支付其在校学习期间学习和生活基本费用的学生",即帮助家庭经济困难大学生顺利入学并完成学业。[①] 2004 年,《国务院办公厅关于切实解决高校贫困家庭学生困难问题的通知》提出,将"资助"与"育人"有机地结合起来,把解决高校贫困家庭大学生困难问题同加强大学生思想政治教育紧密结合起来,形成勤奋好学、团结互助、自强

① 沈秋欢,胡友志.高校"资助育人"的功能分析与价值确证——基于教育制度伦理学视角[J].重庆高教研究,2019(3):110-118 .

自立、艰苦奋斗的好校风。2017年，为大力提升高校思想政治工作质量，全面提高培养能力，《高校思想政治工作质量提升工程实施纲要》（以下简称《实施纲要》）提出一体化构建高校思想政治工作质量体系，形成全员、全过程、全方位育人格局。《实施纲要》要求充分发挥课程、科研、实践、文化、网络、心理、管理、服务、资助、组织方面工作的育人功能，切实构建"十大育人"体系，推动将高校思想政治工作融入人才培养各环节，[①]这是首次在高校思想政治教育框架内明确提出全面推进资助育人、构建资助育人质量提升体系。在2018年全国教育大会上，习近平总书记再次强调了教育工作的根本任务以及教育现代化的方向目标是培养德智体美劳全面发展的社会主义建设者和接班人，[②]资助育人作为理想信念教育与品德教育的一部分，在以立德树人为核心的人才培养任务中的地位也是不容忽视的。

（二）资助育人的重要意义

高校资助育人的对象是大学生，高校家庭经济困难大学生的资助和教育管理工作既关系到大学生本人，也关系到其家庭，更关系到社会的和谐稳定。资助育人的目的，是引导家庭经济困难大学生树立科学的世界观、人生观、价值观，培养高尚的人格品质和道德素养，着力提升自信心，提升综合能力，磨炼意志，塑造良好品质。换句话讲，高校资助育人的目的就是教会大学生如何做人，如何做一个对社会有价值的人。做人是一个人安身立命之根本，而感恩是做人的基本道德准则。感恩教育与高校资助育人工作的性质是相似的，它们都是教会大学生如何做人，引导大学生积极向上和奋力拼搏。可以说，感恩教育是高校资助育人工作的重要组成部分，在大学生的思想政治教育中具有极其重要的地位。在大学生中开展感恩教育，有利于丰富和完善资助育人工作的内容。

第一，思想引领。高校学生资助育人有思想引领的作用，主要体现在引导大学生积极追求人生价值和树立责任观念上。首先，引导大学生积极追求，努力实现自我的人生价值。通过资助育人活动，可以设置科学的目标来引导大学生追求正确的世界观、人生观、价值观，在解决大学生实际问题的同时解决大学生的思想问题。其次，引导大学生树立责任观念，主要体现在一些具体资助政策上，通过它们来"引

---

① 教育部.高校思想政治工作质量提升工程实施纲要（教党〔2017〕62号）[Z].2017-12-04.

② 新华社.习近平出席全国教育大会并发表重要讲话[EB/OL].[2020-05-21].http://m.cnr.cn/news/20180910/t20180910_524355911.shtml? _adFA0.07849272570263377.

导大学生赴中西部地区基层就业,激励和帮助高校学生投身国防建设"。在一些资助政策的引导下,不少大学生开始把自身的前途命运和国家的发展联系在一起,把报效祖国、振兴国家视作自己的责任,在毕业后选择到基层、西部以及艰苦的行业去建功立业。除此之外,有些大学生在受到他人的帮助后,也加入帮助他人的队伍中去,并将这份爱心不断地传递下去。这都深刻地表明了大学生的责任观念得到了积极的调动,对国家、社会和个人都是极其有益的。

第二,心理疏导。高校学生资助育人具有心理疏导的作用,主要表现为培养大学生良好的心理品质、增强大学生的抗挫折能力。首先,培养大学生良好的心理品质。贫困生因受到家庭经济困难的影响,极易引发一些心理问题,比如自卑与自尊的双重性格冲突、人际交往缺乏信心、自强自立意识薄弱。而大学是人一生中的一个重要时期,在这个时期,不仅大学生的心理、生理发生了很大的变化,他们所处的外部环境也发生了很大的变化。倘若大学生不能积极适应这些变化,就会出现不同程度的心理问题,若它们没有得到及时解决,就会直接影响大学生成长成才。资助育人活动是资助者对资助对象开展的专项救助活动,有利于培养资助对象良好的心理品质。资助者在资助过程中不仅可以对受助者进行正面的引导,还可以鼓励受助者积极参与奖学金评比、勤工助学等活动,帮助他们不断认识自身存在的价值和意义,从而不断增强他们的自信心;大学生可以通过参与勤工助学,积极和同学、老师以及资助管理人员打交道,从中学会人际关系处理的技巧,不断改善自身的人际关系,增强适应能力;大学生通过参与这些有偿资助活动,可以从中明白只有付出才能有回报的道理,转变被动接受资助的心理,从而不断强化自我的创造意识和独立意识。其次,增强自身的抗挫折能力。人的一生不会都是一帆风顺的,每一个人都会在生活、学习、工作中遇到或大或小的困难,在面对这些困难的时候,抗挫折能力弱的人往往会被所遇到的困难打败,而抗挫折能力强的人就会迎着困难向上,最终取得成功。然而,抗挫折能力并不是人们一出生就有的,更多的是人们在多次挫折中锻炼出来的。当代社会竞争日益激烈,对人们的抗挫折能力也提出了更高的要求。而大学生在进入大学前很少会遇到重大挫折,也很少有机会接受挫折教育,这直接导致很多大学生的抗挫折能力较差,也给大学生的心理健康教育带来很大的挑战。高校学生资助活动则为挫折教育提供了契机和实践的平台,它不仅能引导大学生正确认识困难与挫折的重要意义,还能帮助大学生合理分析困难与挫折的重要作用,从而引导大学生战胜挫折。

第三,促进大学生成才成长。首先,资助活动有助于提高大学生的综合素质,主要体现在对大学生学识素养的提升和综合能力的培养上。随着社会的发展,社会对人才的要求不再仅仅局限于某一方面的专业技能,而是要求人们能够掌握和运用不同领域的知识,它们的关系也就是俗话说的“专才”和“通才”。当今社会对“通才”有着强烈的需求,学校也开始重视对“通才”的培养。国内外部分高校开设一些通识课程,也是为了满足社会对“通才”的需求。但仅仅通过课本学习来的知识是不够的,还需要通过一些实践的途径来拓展大学生的学识,加深大学生对自己所学知识的理解,从而提升学识素养。高校学生资助就为此提供了一定的平台,比如通过勤工助学、专业知识讲座等方式来拓展大学生的学识,提升大学生的学识层次。其次,综合能力的培养。综合能力的培养主要是对大学生职业技能、科研创新能力、社会实践能力、社会交往能力等方面的培养。

第二章

铸红魂管理服务资助育人体系的构建

一、铸红魂管理育人体系的内容

（一）以法律为准绳，依法管理学校教育事务

健全依法治校、管理育人的制度体系，制定完善学校教育的规章制度，保障师生员工的合法权益。

1.铸红魂管理育人法治化管理的必要性

依法治校的重中之重是制度建设，以大学章程为核心的高校规章制度，是现代大学制度的基石，是依法治校的制度保障。俗话说“无规矩不成方圆”，要想培养大批德、智、体、美、劳全面发展的人才，就必须制定系统、完善的规章制度。邓小平同志曾经提出：人与制度相比，制度更重要，更带有根本性。学校的管理制度规定了大学生该做什么不该做什么、提倡什么反对什么，所以，管理制度本身就具有鲜明的导向作用，它是一种有形的教育方式，也是育人的重要手段。党的十八届四中全会提出，要“推动全社会树立法治意识，深入开展法治宣传教育，把法治教育纳入国民教育体系和精神文明创建内容”。党的十九大报告强调，要“建设社会主义法治文化，树立宪法法律至上、法律面前人人平等的法治理念”。教育部《全面推进依法治校实施纲要》强调，“要深入开展学生法制教育的理论与实践研究，不断丰富法制

教育的形式与内容,使学生通过课堂教学、主题活动、社会实践等多种方式,掌握法律知识,培养法治理念”。《国家中长期教育改革和发展规划纲要(2010—2020年)》第十三章(建设现代学校制度)明确要求:适应中国国情和时代要求,建设依法办学、自主管理、民主监督、社会参与的现代学校制度,构建政府、学校、社会之间新型关系。高等学校按照国家法律法规和宏观政策,自主开展教学活动、科学研究、技术开发和社会服务,自主设置和调整学科、专业,自主制定学校规划并组织实施,自主设置教学、科研、行政管理机构,自主确定内部收入分配,自主管理和使用人才,自主管理和使用学校财产和经费。高校是高素质人才的培育者、科技创新的引领者、社会发展的推动者、优秀文化的传承者,与推进全面依法治国、建设社会主义法治国家具有密切的联系。从全局来看,全面推进依法治校,是贯彻落实党的十九大精神的必然要求,是依法治国总体布局的重要环节;从教育发展来看,高校要培养德、智、体、美、劳全面发展的高素质人才,而高素质专业人才的社会主义法律素质和法治能力是基础素质。因此,加强铸红魂管理育人工作有必要建立和完善制度。

2.完善学校铸红魂管理育人规章制度建设,做到有法可依、有章可循

第一,建立健全学校规章制度,做到依法依规办事。规章制度是学校管理育人的依据,也是大学生和教职工必须遵守的行为准则。依法治校,是贯彻依法治国基本方略的必然要求,是加强教育法制建设的重要内容,是实现教育事业改革与发展的有效保障。学校作为实施教育教学活动的社会组织和机构,是实施教育的主阵地,因而加强学校的管理工作,实施依法治校是实施依法治教的关键,是依法治教工作顺利进行的一个切入点和突破口,依法治校必须建立健全各项规章制度。学校的规章制度包括学校章程、教育教学、学籍管理、人事管理、学生管理、资产管理等各项制度,为学校教育事业的可持续发展提供重要的制度保障。依法治校是学校管理的基本理念,也是学校管理的基本方式,学校制度一经确定落实,则必须严格遵守、执行,制度面前人人平等。

第二,深化对规章制度建设重要性的认识,树立依法治校的管理理念,强化依法行政。教育部早在1999年就提出了依法治校的要求,2003年印发了《教育部关于加强依法治校工作的若干意见》,2013年又发布《全面推进依法治校实施纲要》。从《全面推进依法治校实施纲要》来看,全面提升学校依法治校的能力和水平被摆上了学校的议事日程。在依法治校过程中,学校管理者树立明确的法治观念,充分

认识依法治校的重要性和迫切性，是学校实施法治化管理的前提和基础。学校管理者应当把依法治校上升到依法治国的高度来充分认识，要进一步转变观念、改变思想作风和管理方式，改变传统的管理手段与体制，要从过去主要依靠权力、运用行政手段的“家长式”管理，逐步转移到依靠法律、法规、规章和学校章程实行管理，严格行政执法程序，明确执法范围，不断提高学校管理的法治化水平。树立起依法治校的管理理念，建立和完善学校各项规章制度，做到有法可依；坚持以制度管事，以制度育人，做到依法行政。制度是管理的基本保障，只有完善制度建设，管理才能有法可依，有章可循。因此，必须针对教职工和大学生制定各种规章制度，严格依法治教，开足开齐各门课程，促使学校管理日趋目标化、规范化、法治化，每项工作、每件事情的处理均有法可依、有章可循、有据可查，各部门运作有序，各环节管理有条不紊。此外，提高思想认识是全面推进依法治教的首要任务，必须提高运用法治思维和法治方式推动学校改革发展、化解矛盾、维护稳定的能力，运用健全有效的规章制度规范各类关系，维护学校良好秩序，激发师生的积极性和创造性，提高管理效率，促进学校发展。同时，在工作实践中，必须树立管理育人工作的法治思维，切实依法保护学校和师生员工的合法权益。法治思维是指管理者在法治理念的指引下，立足法治精神和客观事实，运用法律法规来分析和解决问题的思维方式。将依法治国的总要求严格落实到教育领域，需要在所有领域实现全覆盖，大学生教育管理领域应该抓住契机，积极深入推进依法治校的进程，真正实现依法治校。

第三，加强以大学章程为核心的制度体系建设，尤其是和大学生事务管理密切相关的制度，比如，《高等教育法》《普通高等学校学生管理规定》等。大学生事务管理要在依法治校的框架内，严格履行对应职责，将大学生事务置于公平公正公开的环境，积极构建和谐校园。

依法行政的同时，要依法保护学校和师生员工的合法权益。加强教师管理，强化师德师风建设，防止出现教师违法行为；加强教师的法制教育，实施教师承诺制度，建立教师师德档案，提高教师遵纪守法和规范自身行为的自觉性；建立教师违法行为的防范、警示和责任追究制度。同时，学校要严格按照上级规定确保教师各项权利的实现，当教师的合法权益受到侵害时，要运用法律武器保护教师权益，遏止违法行为的侵害；严格保护大学生的受教育权及其他各项权利，完善保护机制，保护大学生合法权益。学校在日常教育教学活动中要树立以人为本的理念和安全第一的意识,依法维护大学生受教育权,尊重大学生人格及其他人身权利和财产权利。保障大学生参加各项教育教学活动,无体罚或者变相体罚及侮辱、歧视大学生和其他侵犯大学生人身权利的现象。依法依规向大学生收取相关费用,无乱收费现象。采取各项防范措施,预防和减少大学生伤害事故,建立大学生安全和伤害事故的应急处理程序和报告制度,依法妥善处理大学生伤害事故。建立和完善校内学生申诉制度,确保学生提出的问题能得到公平合理的解决。同时,加强对大学生的权利义务教育、自我保护教育和安全教育。学校要严格保护大学生的受教育权;对大学生的处分应当做到事实清楚、证据充分、依据合法、符合规定程序等。

第四,加强规章制度管理。学校规章制度必须从文本走向实践效用,这样才能体现其价值。首先,规章制度要公开、透明、稳定,相关政策让师生得以知晓内容,应当赋予教职工和大学生查阅、复制或摘抄的权利。其次,应建立校内规章制度定期清理机制,适应新时代要求,与时俱进,及时修订和清理各类规章制度。再次,要注重程序正当,遵循程序正义和实体正义相统一的原则,妥善处理师生违规违纪案件,依法保障师生的知情权、陈述权、申辩权、申诉权等各项法定权,最大限度地保证处理结果的公平正义。最后,建立规章制度解释和实施监督制度,对执行中出现歧义或者需要进一步明确的问题,由制定部门及时予以解释。同时,还应加强对规章制度实施情况的监督,保证规章制度能够得到严格实施。

(二)编制学校铸红魂岗位育人指南

围绕百色精神铸红魂,充分挖掘红色元素和各管理岗位的育人元素,编制具有学校特色的岗位育人指南。按照《高校思想政治工作质量提升工程实施纲要》的要求,结合学校“百折不挠、奉献拼搏、团结务实、争先创新”百色精神办学育人的实际,根据各职能部门工作职责和规章制度,梳理学校各管理岗位的育人元素,编制岗位育人指南,明确管理育人的内容和路径,丰富完善不同岗位、不同群体的工作要求,编制形成学校“三全育人 ”工作指南。

1.课程育人工作指南,由教务处牵头负责,各单位配合实施

第一,针对大学生群体,主要完成以下几个方面的学习任务:一是在校学习期间,每个大学生至少选修 2 门红色经典微型课,并获得 1 个学分。二是学习思政课,结合百色红色文化,提高大学生思想素质和综合能力,每学年撰写一篇心得体会。三是每学期每个大学生均需参与课程评教活动。

第二,对教师的工作要求:一是每名教师在编制课程教学大纲和设计每章节教

学活动时,要把习近平新时代中国特色社会主义思想融入课堂,要充分挖掘和运用该课程蕴含的思想政治教育元素,把中国共产党革命精神、百色精神等育人要素作为教材讲义必要章节、课堂讲授重要内容。二是每门课程至少建有2个育人案例。三是在开展课程考核与评价时,将体现中国共产党革命精神、百色精神等的育人要素作为重要评价指标。四是积极推进习近平新时代中国特色社会主义思想进课堂,组织部分教师努力开设1—2门习近平有关教育的重要论述的选修课。

第三,对各二级学院的管理要求:一是紧紧围绕立德树人根本任务,坚持以百色精神办学育人,科学、合理设置课程,编制人才培养方案。二是每学期组织开展教学研讨、教学竞赛、作品(教学大纲、教学设计)展、教师自评与互评等活动不少于1次。三是积极组织教师申报以红色文化教育为主题的教学改革研究项目和教学成果奖。四是每个学院每年完成1本课程育人案例汇编。

第四,对业务主管部门(教务处)的管理要求:一是遴选建设一批校级思政课“特色示范课堂”。二是在校内选取不少于20门校级课程开展课程育人改革试点。三是负责遴选建设若干门校级“学科育人示范课程”。四是每年面向思政课教师设立一批思想政治理论课教学改革创新专项项目。

2.科研育人工作指南,由科研处牵头负责,各单位配合实施

主要内容:一是组织教师开展百色精神等红色文化科学研究,并在校级科学研究课题中设立红色文化创新研究专项项目3—5个。二是创新体制,加快推进科教融合、科研反哺教学,遴选3—5个红色文化研究成果转化为课堂教学资源,开展特色育人示范项目。三是整合校内外资源,搭建“科研、教学、创新创业”融合平台,遴选1—3个红色文化科研成果转化为创新创业教育资源,创新科研育人示范团队。四是各二级学院负责邀请校内外专家开展红色文化学术讲座,并组织大学生聆听,每年至少1次。五是教师在课堂教学过程中,需将红色文化与课程教学内容有机融合,强化课程思政效果。六是教师在指导学生毕业论文、大创项目及协助自己开展科研时,需将争先创新等百色精神有机融入大学生学术诚信教育过程,以身作则、言传身教,让大学生树立红色的科研态度、学术观念,每年至少1次。七是大学生每年需参加红色文化学术讲座至少1次。

3.实践育人工作指南,由校团委牵头负责,相关单位配合实施

主要内容:一是各二级学院指导每名大学生每年至少参加2次红色实践、志愿服务或红色艺术等活动。二是校团委每年指导学生会、各团支部、各学生社团开展

50次红色主题活动。三是校团委每年遴选百色精神铸红魂社团精品活动项目至少10个。四是校团委每年遴选至少5支以红色文化为主题的实践团队。五是校团委、各二级学院每年派出3000人次的志愿者服务校内外活动。六是校团委、各二级学院做好“志愿服务西部计划”工作，引导大学生到基层就业。七是校团委每年在科技文化艺术节中设置征文、红色故事讲述等2个红色艺术经典比赛项目。八是校团委、各二级学院每年组织开展新生唱校歌红歌比赛1次。九是校团委、美术与设计学院每年推出20件反映百色精神的漫画、版画、挂件等红色文化产品。十是校团委、音乐与舞蹈学院每年推出1场红色舞蹈演出。

4.文化育人工作指南，由党委宣传部牵头负责，各单位配合实施

主要内容：一是各二级学院结合中国传统节日组织开展一系列优秀传统文化教育活动。二是各二级学院利用重大纪念日契机组织开展一系列红色文化教育活动。三是各二级学院广泛开展红色文化精品创建活动，实现“一院一品”的红色校园文化精品，每年申报红色校园文化建设优秀成果至少1项，鼓励其他部门积极申报。四是各单位培育、选树和宣传一批践行社会主义核心价值观的先进典型，践行百色精神，传承红色基因。五是校工会每年开展最美家庭评选活动1次，将践行百色精神作为评选条件之一。六是党委宣传部、学生工作部（处）积极开展红城大讲台、道德讲堂、学工讲坛等一系列文化讲堂活动，宣传红色文化。七是图书馆组织开展“书香校园”读书节活动，开展诵读红色家书、品读红色经典活动，营造书香浓郁的校园氛围。八是博物馆、校史馆组织开展校史校情教育，展示学校办学理念和办学成就。九是支持和鼓励师生开展原创红色歌剧、舞剧、音乐、影视等活动，传承红色经典艺术。

5.网络育人工作指南，由易班发展中心牵头负责，各单位配合实施

主要内容：一是各二级学院每年在易班轻应用“快搭”平台至少做1期红色育人成果专栏。二是各二级学院每年在易班“易瞄瞄”平台至少组织1次红色网络活动。三是各二级学院每年开展网络安全教育主题班会或讲座至少2次。四是各二级学院积极创编体现百色革命老区特色的作品，每年参加全区大学生网络文化节和全区高校教师网络教育优秀作品推选展示活动。五是各二级学院每年组织开展网络素养或应用技能比赛至少2次。六是易班发展中心每年打造3门“红微课”，推动网络思政课程、工作案例和名师入库工作。七是党委宣传部、易班发展中心每年打造3个校园网络名站名栏，建立一批“网络名篇名作”。八是易班发展中心每年开展1次网络文化节,促进师生遵守网络行为规范,养成文明网络生活方式。九是易班发展中心打造一支学习型、创造型“网络红军”,开展网上思想价值引领和舆论导向工作,唱响网上主旋律,传播社会正能量。

6.心理育人工作指南,由学生工作部(处)牵头,各二级学院配合实施

主要内容:一是每年结合重大节日,利用红色文化资源开展心理健康主题教育班会至少4次。二是每年组织新生参加心理普查1次,将“团结合作、艰苦奋斗、克难攻坚、磨砺成才”的“石磨精神”融入心理健康教育过程中,强化追踪和回访,建立大学生心理健康档案。三是利用红色文化资源开展心理健康精品创建和申报活动,实现“一院一精品”。四是以红色精神培养心育委员等大学生骨干,加强大学生纪律观念教育,突出红色文化精神。五是每年结合百色精神开展“5·25”心理健康活动月、“七一”建党活动、新生入学教育等,组织大学生参观百色起义纪念馆等,开展革命传统教育。

7.资助育人工作指南,由学生工作部(处)牵头,各二级学院配合实施

主要内容:一是开展“百色精神铸红魂,自立自强好青年”系列资助宣传教育活动,通过“十大自强之星”评选等活动,号召广大青年学生传承百折不挠的红色基因,养成自立自强、拼搏奋斗的精神。二是开展“百色精神铸红魂,脚踏实地勇担当”实践活动,通过深入基层开展资助政策宣传、扶贫实践、义务劳动、志愿服务等活动,培养大学生乐于奉献、勇于拼搏、有担当、有作为的品格。三是开展“百色精神铸红魂,感恩诚信有作为”教育活动,通过征文、讲座、培训等方式,培养大学生“受助回报、获奖思进、传递爱心、服务社会、健康成才”的良好品德。四是开展“百色精神铸红魂,争优创新促发展”教育活动,通过资助政策知识竞赛、资助征文比赛、资助演讲比赛等各类比赛,鼓励大学生夯实基础,争优创新,不断发展前进。五是通过每年的勤工助学岗位设置,培养大学生务实肯干的精神,抓好校院两级勤工助学组织,发挥勤工助学铸红魂的育人成效。

8.管理育人工作指南,由人事处牵头负责,各单位配合实施

主要内容:一是各单位认真梳理各管理岗位的育人元素,编制岗位说明书,明确管理育人的内容和路径,在管理服务中展示百色老区高校形象。二是健全教师招聘、人才引进考察制度,严把教师聘用、人才引进思想政治考核关。三是健全师德考核制度,落实师德师风在职称评审、职务晋升、评优评先、人才培养计划、专家遴选等环节的“一票否决”制。四是每年组织开展1次新教师入职培训,在培训中设置百色精神铸红魂教育专题。五是各单位每学期组织开展1次管理人员红色教育培训，切实提高学校管理人员的思想水平和政治素养。六是各单位每学期结合工作实际，组织本单位教职工学习党和国家教育政策法规、百色精神、学校各项规章制度1次。七是建立管理育人示范岗制度，发挥管理者的示范作用，每年开展“管理育人示范岗”评选1次，把弘扬百色精神融入评选条件。

9.服务育人工作指南，由人事处牵头负责，各单位配合实施

主要内容：一是树立管理即服务的意识，各单位要认真研究梳理各类服务岗位育人元素，将弘扬百色精神作为岗位工作职责要求，明确岗位育人职能。二是弘扬百色起义革命先辈廉洁节约精神，总务处组织开展“节粮节水节电”“节能宣传周”等主题教育活动，大力建设节约型校园和绿色校园。三是机关工作人员和后勤人员认真践行“百折不挠，奉献拼搏，团结务实，争先创新”精神，及时解决师生遇到的问题和困难。四是图书馆要优化服务空间，增设红色主题教育读物服务区，每年稳步提升图书馆藏资源，及时更新红色图书，并通过每年的入馆教育，着重介绍红色主题教育图书，提高馆藏资源利用率和服务效率。五是学校卫生所与学生工作部（处）联合制订健康教育教学计划，实现每届大学生健康教育1次；开展传染病预防、安全应急与急救等专题健康教育活动，在教育过程中展现革命先辈奉献拼搏的精神。六是武装保卫处与学生工作部（处）将“石磨精神”融入安全教育教学计划，每年开展1次法治安全专题教育和1次消防安全演练，提高安保效能，培养师生安全意识和法治观念。七是将红色元素融入校园环境建设，积极创建干净、整洁、有序、优美的校园学习生活环境。八是各单位着力优化简化办事流程，完善服务标识，突出党员先锋模范作用，落实“限时办结制度”。九是建立优质服务示范岗制，选树一批服务育人先进典型模范，培育一批“服务育人示范岗”。

10.组织育人工作指南，由党委组织部牵头负责，各单位配合实施

主要内容：一是党委组织部每年开展1次基层党组书记抓党建述职评议，将利用红色精神铸魂育人情况列入述职评议内容。二是校团委、学生工作部（处）每年开展1次红色社团、红色班级、红色宿舍评选工作，将利用红色精神铸魂育人情况列为评选的主要条件之一。三是各二级党组织将“三全育人 ”纳入年度工作计划，一年内至少召开2次围绕利用红色精神铸魂育人的专题研究会议。四是校团委每年开展1次星级学生社团评比活动、举办1次社团文化月活动，学生社团活动中至少有1次与红色教育有关。五是党校将红色课程列为主要课程，培养党员、入党积

极分子的红色特质。六是各基层党支部在“三会一课”中融入红色教育。七是各二级党组织有1个相对固定的党建阵地，至少有1个按“六有”标准建设的党员活动室，活动室要配置有关红色图书资料；有网上党建园地，党建园地围绕百色精神创建。

（三）加强师德师风建设，保障管理育人目标落实

建立和完善党委统一领导、党政齐抓共管、院系具体落实、教师自我约束的师德师风建设领导体制和工作机制，努力培养锻造坚持“四个相统一”的师资队伍。2016年习近平总书记在全国高校思想政治工作会议上的讲话指出：要加强师德师风建设，坚持“四个相统一”，即教书和育人相统一，言传和身教相统一，潜心问道和关注社会相统一，学术自由和学术规范相统一，教师要以德立身、以德立学、以德施教。他还说，“广大教师要做学生锤炼品格的引路人，做学生学习知识的引路人，做学生创新思维的引路人，做学生奉献祖国的引路人”，“扎实的知识功底、过硬的教学能力、勤勉的教学态度、科学的教学方法是老师的基本素质，其中知识是根本基础”。总书记的讲话点明了教师的角色与作用，为提高教师培养培训质量指出了方向。加强师德师风建设的“四个相统一”要求，成为高校师德建设的根本遵循，为学校师德建设指明了方向。

1.加强领导，构建师德师风组织保障

教师是立教之本，兴教之源。以习近平同志为核心的党中央高度重视教师队伍建设，强调用习近平新时代中国特色社会主义思想铸魂育人是贯彻党的教育方针、落实立德树人根本任务的关键。习近平新时代中国特色社会主义思想为加强新时代教师队伍建设指明了方向，提供了根本遵循。学校党委高度重视教师队伍建设，始终坚持把立德树人作为根本任务，把教师思想政治工作和师德师风建设作为常态性、经常性、日常性基础工作，压实领导责任，明确党委书记和校长为学校师德师风建设第一责任人。成立中共百色学院教师工作委员会及其办事机构，由校党委书记、校党委副书记、校长担任主任，其他校领导担任副主任，成员由党委办公室、校长办公室、党委组织部、党委宣传部、党委统战部、人事处、教务处、科研处、学生工作部（处）、教师教学发展中心、马克思主义学院、工会、团委、图书馆、信息办主要负责人以及机关党委、各二级学院党委（党总支、党支部）书记组成。需要履行的主要工作职责是：负责指导全校教师思想政治、师德师风建设以及管理和服务工作。设立党委教师工作部，配强专职工作力量，形成党委统一领导、党政齐抓共管、

部门分工合作的工作格局。各学院成立师德建设工作小组，党政主要负责人担任双组长，将师德师风建设列入学院党政联席会议事内容，确保抓细抓实。注重发挥学术组织专业优势，依规提供甄别指导和咨询建议，确保事关师德师风的重大事项决策科学民主。学校成立师德建设与监督委员会，由校党委书记、校长担任主任，副主任由其他校领导担任，其中分管校领导任常务副主任，成员有党委办公室、校长办公室、党委组织部、党委统战部、党委宣传部、纪检监察室、党委教师工作部、工会、团委、人事处、教务处、教师教学发展中心、教学质量评估中心、科研处、学生工作部（处）、绩效办等部门主要负责人和教师代表。同时，各二级学院成立师德师风建设与监督工作小组，学院党政领导担任组长，成员由分管教学、科研、学工、工会等工作的负责人及教师代表组成。学校建立完善的管理体系和运行通畅的体制机制是形成师德建设合力的关键，为学校做好师德师风建设提供了基本的保障。

2.规范制度建设，筑牢师德师风制度基础

根据《中华人民共和国高等教育法》《中华人民共和国教师法》《新时代高校教师职业行为十项准则》等有关文件精神要求，围绕落实《中共中央国务院关于全面深化新时代教师队伍建设改革的意见》《教育部关于建立健全高校师德建设长效机制的意见》《关于全面落实研究生导师立德树人职责的意见》等文件精神，制定实施了《中共百色学院委员会关于建立健全师德师风建设长效机制实施办法（试行）》《百色学院师德师风考核实施办法（试行）》《百色学院师德师风负面清单及失范行为处理办法（试行）》等规章制度，就师德师风建设工作机制、组织保障、考核办法、失范行为处理等做出细化规定，进一步加强师德师风建设。同时，为加强师德师风日常管理，倡导“立德树人、德识相长”的师德要求，找准学校师德师风建设中存在的突出问题，强化师德师风管理，严格执行教师职业道德规范，学校制定了《百色学院师德师风调研制度实施办法（试行）》，健全师德考评制度和师德档案制度，认真开展师德调研。要求学校领导每学期到二级学院进行师德师风的调研不少于1次；各职能部门领导每学期到二级学院进行师德师风的调研不少于2次；各二级学院领导、教研室主任每学期进行师德师风的调研不少于4次；教学督导员每学期进行师德师风的调研不少于4次。加强调研信息的反馈及处理，及时将评价意见反馈给教师本人及其所在单位，以便帮助其改进师德师风；发现问题应及时向所在单位、学校党委宣传部、学校人事处等相关部门反映。各小组成员对教师在教学中存在的师德师风主要情况和问题要进行整理汇总，凡属于本单位问题的，由本单位采取措施及时解决;涉及其他单位问题的,应及时向相关单位反映,同时向学校人事处反映,以便协调解决。

3.立足立德树人,弘扬师德风尚,强化师德师风激励引导

第一,建立健全教师违反师德师风行为的惩处机制。规范高校教师履职履责行为,落实立德树人根本任务,弘扬新时代高校教师道德风尚,努力建设有理想信念、有道德情操、有扎实学识、有仁爱之心的高校教师队伍。学校党委根据《中共中央国务院关于全面深化新时代教师队伍建设改革的意见》《教育部关于建立健全高校师德建设长效机制的意见》《新时代高校教师职业行为十项准则》《教育部关于高校教师师德失范行为处理的指导意见》以及学校实际情况,制定实施了《百色学院师德师风负面清单及失范行为处理办法(试行)》,界定了师德师风负面清单范畴,在思想政治纪律、教育教学、学术道德、工作和生活作风、廉洁从教从业等方面明确规定禁止和限制行为,以期为全校教职员工职业行为提供高线引领和底线要求,规范全校教职工履职履责行为,落实立德树人根本任务,提高教职工思想政治素质和职业道德修养,努力建设有理想信念、有道德情操、有扎实学识、有仁爱之心的教师队伍。

第二,建立完善师德师风奖励机制。为引导广大教师自觉提高师德师风素养,激发其教书育人的责任感和使命感,根据《中共百色学院委员会关于建立健全师德师风建设长效机制实施办法(试行)》有关规定,将师德师风表现作为评奖评优的首要条件。对每年评选产生的师德师风先进典型在教师节庆祝大会上予以表彰和奖励,在同等条件下,对师德师风表现突出的教师,在职务(职称)晋升、岗位聘用以及骨干教师、学科带头人、专家(导师)选拔培育和各类高层次人才申报推荐中,予以优先考虑。

第三,加强新教师入职师德师风教育和入职仪式感教育。学校将师德师风教育摆在教师队伍建设的首位,把践行社会主义核心价值观贯穿教师职业生涯全过程,重视理想信念教育、法治教育和心理健康教育,以习近平总书记提出的“四有”“四个引路人”“四个相统一”标准作为新进教师入职培训的核心内容,并将其贯穿于校情认知、教学实务、素质拓展等培训主题中,在新入职教师岗前培训中开展师德师风、理想信念、校史校情等专题教育。依托学校博物馆、校史馆,由党委教师工作部统一部署,各二级学院、各部门具体负责实施,组织新入职教师参观学习,增进教师对学校及其发展历程的了解,增强新入职教师对学校的归属感和对学校教育

事业的使命感。依托百色红色文化优势，通过讲座、小组学习、集体讨论、参观纪念馆纪念园等方式，学习红色优秀文化，提升教职员工的思想政治素质，增强爱国情感和历史责任感，着力引导新入职教师尽快完成角色转化，以德立身、严谨治学，为职业生涯发展打下良好基础。同时，将入职宣誓仪式作为引导青年教师坚定职业理想，增强责任感和荣誉感的重要活动。由党委教师工作部负责实施师德师风承诺制度，举行新入职教师入职宣誓仪式和老教师荣休仪式，进行忠诚党的教育事业、弘扬高尚师德、传承校训精神的庄严宣誓，并签订《师德承诺书》，增强教师的责任感和职业荣誉感，弘扬尊师重教精神，体现学校尊重人才、以人为本的理念。

4.注重师德考核，严格师德师风考核监督

学校积极探索建立教师师德师风常态化评价机制，印发了《百色学院师德师风考核实施办法（试行）》，从教师的思想政治素质、职业道德水平等视角全方位、立体化进行评价。坚持价值引领，以社会主义核心价值观为教师崇德修身的基本遵循；坚持师德为上，以立德树人为出发点和立足点，增强师德建设的针对性和可操作性；坚持以人为本，尊重教师主体地位，激发教师的责任感、使命感；坚持公平公正，通过对师德师风考核、年度考核、聘期考核结果的综合运用，发挥教师的示范引领作用，将师德建设纳入教师考核体系，建立师德诚信档案，记录教师师德考核结果，考核结果与职称评聘、评优奖励、工资晋级等挂钩，以此引起教师对师德建设的重视，自觉涵养职业道德。建立学校、教师、大学生、家长和社会多方参与的师德监督体系，公开设立监督信箱和举报电话等师德师风投诉举报平台，多渠道及时掌握师德师风信息动态，及时纠正不良倾向和问题；建立师德师风监督与失范行为应对处置部门联动机制。加强部门联动，实现师德师风全方位监督与师德师风失范行为分层次、分类别处置。出现师德重大问题及师德舆情，由党委教师工作部、党委组织部、党委宣传部、纪检监察室、失范行为人所在单位依法进行应对处置；失范行为涉及教学事故的，由党委教师工作部、教务处、教学质量评估中心、教师教学发展中心、失范行为人所在单位联合应对处置；失范行为涉及科研工作的，由党委教师工作部、科研处、失范行为人所在单位联合应对处置；失范行为涉及学生工作的，由党委教师工作部、党委学生工作部（处）、失范行为人所在单位联合应对处置；党委宣传部负责师德师风舆情信息管理和发布，统筹各类媒体资源，做好舆论引导。各单位对外发布的信息必须经党委宣传部和党委教师工作部审核，或由党委宣传部统一发布。同时，将师德考核贯穿教职工管理和职业发展全过程，在招聘引进、岗位聘任、绩效考核、职务晋升、职称评定、推优评先、表彰奖励等环节提出明确要求。完善考核指标体系，规范师德考核档案，将师德考核要求写进聘用合同和教师手册。探索改进评价方式，运用党组织负责人谈话、档案审查、知情人了解和原单位出具鉴定等多种手段做出综合研判。严格实行师德失范行为“一票否决”，制定负面清单，完善师德失范行为调查处理程序。强化师德考核结果运用，对考核基本合格及以下等次的做出不同程度处理，对连续两年考核不合格的按规定予以解聘，构建学校、教师、大学生、社会共同参与的师德师风监督格局，为提高教师的师德水平创造良好的校园环境和社会环境。

二、铸红魂服务育人体系的内容

服务育人有广义和狭义之分。狭义上的服务育人主要是指业务管理、后勤等服务保障部门在具体的服务工作中达到育人目的的行为活动。《高校思想政治工作质量提升工程实施纲要》提出的狭义的服务育人的内容包括后勤保障服务、图书资料服务、医疗卫生服务、安全保卫服务等狭义服务育人形式。广义上的服务育人，简单地说就是高校的党政部门、教学部门、科研部门和其他管理部门与学生工作相关的服务活动。

服务育人是新时代高校育人工作的基本要求，服务是育人的根本，贯穿于育人过程的始终。《高校思想政治工作质量提升工程实施纲要》提出服务育人的基本任务是“把解决实际问题与解决思想问题结合起来，围绕师生、关照师生、服务师生，把握师生成长发展需要，提供靶向服务，增强供给能力，积极帮助解决师生工作学习中的合理诉求，在关心人、帮助人、服务人中教育人、引导人”，学校各项工作的具体职责和侧重点不同，但归根结底都是为大学生的成才服务。学校服务育人体系内容主要包括以下方面。

（一）高校党建工作服务育人

高校的党建服务育人工作是一项复杂的系统工程，要实现教书育人、管理育人和服务育人的“三育人”目标，就必须充分调动高校各级党组织、团组织和广大教职工的力量，营造积极向上的环境，从思想上引领大学生向党组织靠拢，积极的环境是大学生形成优秀的思想品德和实现党建工作服务育人目标的基础。党组织要通过完善的党员发展程序、丰富的学习活动、模范典型的示范作用，使党建工作覆盖到育人工作的各个方面，贯穿育人的整个过程，营造和谐融洽的育人环境和氛围，形成巨大的吸引力。在社团中要发挥党组织的战斗堡垒作用,党组织的成立有利于促进社团规范发展,有利于大学生成长成才,有利于提高党建工作的活力和生命力。在高校,广大青年学生积极向党组织靠拢,毕业后进入社会各行各业,成为国家建设的力量。经过高校党组织的培养,广大青年学生具备较强的党性修养和理论素养。高校党建工作要把社会主义核心价值观融入育人的每个过程和环节,主要包括两个方面:一是要引领人才培养的正确政治方向,并且能够引导社会发展进步;二是坚持立德树人,在社会主义核心价值观中凸显高校引领社会发展的作用,培养社会主义事业的合格建设者和可靠接班人。

思想引领是高校党建工作的核心,是党组织坚守马克思主义意识形态的重大政治责任。育人为本是我国高等教育的根本理念,把一代代大学生培养成为中国特色社会主义事业的合格建设者和可靠接班人,是高校办学方向的本质要求,也是党组织的重要政治责任。目前,高校每年发展党员的数量超过全国每年发展党员总数的三分之一,成为党员队伍的最重要来源。要构建科学的党建服务育人体系,党建工作要始终围绕育人这个中心,做好党员的教育和管理工作。要加强党员的理论学习和党的路线、党的基本知识的教育,严格执行组织生活和民主生活制度,认真做好党内评优工作,不断提高党员的思想政治素质,充分发挥大学生党员在教学、科研和其他各项工作中的先锋模范作用。

(二)高校学生工作服务育人

高校学生工作服务育人的内容涉及管理、心理健康教育、就业、资助等方面。一是管理服务育人。高校各项管理服务工作要扎实服务,促进大学生的成长成才。比如,认真做好大学生日常管理及安全、文明、法治教育等工作,做好大学生突发事件处理、备案及教育工作。这些管理服务工作体现了教育引导和帮助。同时,要强化大学生日常管理,确保教学秩序稳定,促进教学工作正常有效运转。积极做好大学生日常管理工作是高校教学正常运转的基本保证。因此,学生工作部(处)应当充分地调动大学生的积极性和主动性,促进学风建设,确保日常思想政治教育与管理规范化。比如,要做好迎新工作的统筹规划、安排和协调,做好寒暑假、节假日大学生安全教育及返校情况统计工作,关心大学生的人身和财产安全,做好大学生集体外出活动登记、备案工作,预防突发事件发生。针对大学生管理中存在的问题,学生工作部(处)要定期开展大学生管理专项整治工作,下大力气整顿大学生纪律,加强大学生日常管理。这些管理手段是为了更好地服务教学,让广大学生全身心地投入学习和实践中。另外，要做好大学生勤工助学管理服务，教务处等部门办理大学生休学、复学、退学等手续，也是服务大学生的工作。各管理部门要积极协调配合，做好管理服务工作。

二是心理健康教育服务育人。高校的心理健康教育工作者要运用心理学的理论和方法，针对大学生成长过程中出现的心理问题，采取行之有效的干预措施，如咨询辅导、心理疏导等，解决大学生的心理问题，使其成为心理健康的人。

大学阶段是大学生心理素质形成的关键时期，这一时期的大学生可塑性强，高校应当及时对大学生开展心理指导或训练。大学生的心理问题与思想道德问题是不同的，但心理健康教育对大学生良好品德形成的促进作用是十分明显的。良好品德的形成与大学生的理想、信念有密切关系，能够促进他们形成积极的社会道德认识情感、态度和行为评价等。

在心理健康教育方面，学生工作应当从大学生的心理需求出发，有针对性地进行主体性和自我内化体验等培育，提高育人的效果，促进大学生良好品德的形成。高校的心理健康教育要坚持以人为本，强调尊重、理解和信任大学生，使大学生感受到自身的价值，认识到自身的优点与不足，有针对性地确立人生的发展目标，选择成长成才之路，在学校期间学会处理与社会、他人的关系，完善和升华人格品质。人的心理和行为是密切联系的，良好的行为习惯来源于良好的心理素质，同样，良好的行为习惯又转化为良好的心理素质。人的心理素质一旦形成，在特定的情境中就会产生条件性反应，进而表现为相应的适应能力。高校可以根据大学生行为中出现的问题采取科学有效的心理健康教育方法，提高大学生的社会适应能力。

三是就业服务育人。高校要做好毕业生资格审查、就业推荐材料审查及就业材料管理工作，做好优秀毕业生就业工作先进集体和先进个人的评优表彰工作。同时，收集、整理和提供双方的信息，拟定毕业生就业方案，向就业主管部门报送毕业生资源信息，做好毕业生的推荐就业服务工作。高校就业部门负责开拓就业市场，接待用人单位在校内举办专场招聘会，组织毕业生参加各类人才招聘活动。另外，向家庭经济困难大学生提供求职补贴，为就业困难群体提供就业指导与帮助：负责毕业生的就业派遣及派遣后的跟踪调查，了解用人单位对学校专业设置、大学生培养方面的意见与建议，并向学校相关部门反馈；协调、组织毕业生文明离校，提供服务工作，让他们感受到学校的关心和帮助，在就业后传承学校良好的服务理念,为就业单位做出自己的贡献。

四是资助服务育人。学生资助管理服务工作包括:开展家庭经济困难大学生认定工作,建立和维护家庭经济困难大学生档案,建立健全家庭经济困难大学生资助政策体系;起草和修订学生资助工作各项规章制度,管理学生资助工作队伍建设,让大学生自我管理与服务,进行自助和互助;发挥资困助学的实效,激励大学生奋发向上;做好国家助学贷款的组织申请资格审核工作,配合银行做好贷款发放、贷后管理和诚信教育工作,做好各级各类奖助学金的设立、评审和发放工作,完善相应的评选评审管理办法,发挥奖惩管理的激励效应;等等。另外,基层就业资助、临时困难补助、减免学费、新生入学"绿色通道"等特定资助工作,也是资助服务育人工作的重要内容。高校通过资助服务,让贫困大学生感受到国家和社会对他们的关爱,让他们懂得感恩,懂得回报社会。高校"奖助贷"管理服务的出发点在于通过评奖评优和正面引导的方式,为广大学生树立榜样,以调动广大学生的积极性,形成良好的德育环境和氛围,从而达到资助服务育人的目的。个人在社会生活中具有希望得到别人尊重和赞扬的心理需求,而这种对荣誉的需求在人生道路中形成巨大的内在驱动力。大学生随着年龄的增长、心理的逐渐成熟和个人独立意识的形成,对荣誉具有更高层次的需求。

高校应当建立和完善"奖助贷"体系,制定更加科学的奖学金、助学金评比细则,使助学贷款的流程更加符合大学生实际,勤工助学的内容和范围更加专业化,保险理赔工作更加简化,"奖助贷"各部分之间联系发展,从而形成较为完善的资助体系,确保贫困大学生能顺利完成学业,使他们在获得资助的同时,实践能力得到提高,人际交往能力得到锻炼。同时,学生工作部(处)要加强资助教育引导,增强服务者的服务意识,引导大学生树立感恩意识,使家庭经济困难大学生表现出积极进取、自强不息和勤奋学习的良好精神风貌。

(三)高校团建工作服务育人

高校团建工作是共青团组织为广大学生服务的又一"桥梁",对教书育人工作起到良好的辅助作用。高校要积极发挥团组织的党的助手和先锋模范作用,生动活泼地开展团的思想教育工作,教育引导大学生团员树立共产主义理想和正确的世界观、人生观和价值观,提高思想政治素质。高校团建工作主要可以从以下几个方面开展服务育人:指导校学生社团联合总会、校级学生社团开展各项工作;组织大学生开展"大学生志愿服务西部计划"等志愿服务活动,开展暑期"三下乡"、社区挂职等社会实践活动,开展就业创业见习活动等;推进志愿服务基地、社会实践基地、就业创业见习基地建设,让大学生在实践中得到教育和锻炼;组织大学生开展丰富多彩的校园文化活动,鼓励大学生积极主动参与学校文化建设;组织开展团员思想教育和团员意识教育,开展团员教育评议活动,让团员进行自我教育;全面开展大学生骨干培养工作,培养思想品德高尚、业务素质优秀的大学生并推荐入党,指导基层团组织做好发展新团员等工作,为党组织和团组织不断输送优秀人才;组织大学生开展学术科技创新竞赛活动,营造浓厚的学术科技创新氛围;组织大学生参加全国“挑战杯”课外学术科技作品竞赛、“挑战杯”创业计划竞赛等学术科技创新竞赛,培养和提高大学生的创新意识和创新能力。高校通过开展团建教育活动,提升广大团干和团员的思想政治修养,教育引导他们积极为学校和师生服务,这既能锻炼个人,又能促进团组织的作用发挥。同时,要鼓励优秀团员积极向党组织靠拢,向更高层次的服务人民、服务社会主义现代化建设的目标前进。

(四)行政、教学、科研服务育人

1.行政服务育人

从行政服务的理论视角看,高校行政管理体制改革的目标是建立服务型高校。服务型高校建设体现了以师生为本的服务理念。创新行政服务管理模式,对于提高我国高校行政管理整体水平和服务广大师生具有重要意义。大学生的绝大多数时间都是在校内度过的,高校管理者的工作态度、责任心时时刻刻对大学生产生潜移默化的影响,高校管理者是他们走出校园、迈入社会前活生生的榜样。高校应当开展合理的制度规范管理,提升职能部门工作人员的业务技能、职业道德标准和服务水平,力求在教学科研等方面为师生提供优质的服务。

高校管理者在起草各项规章制度时,应当将服务育人和立德树人的理念落实到管理的各个细节之中。高校的行政管理服务和教学育人是不能截然分开的,教育与管理服务的目标具有统一性。因此,高校在起草管理制度,特别是与大学生相关的校规校纪奖惩等方面的管理制度时,应当体现思想教育功能和以德治校的理念。

高校各项管理服务制度应当从有利于大学生能力提升,有利于大学生智力发展,有利于大学生身心健康出发。高校各项规章制度不能仅仅用于管制、处罚大学生,而应该发挥制度服务育人的功能。高校行政管理工作必须紧紧围绕教育管理服务的目标和任务,始终立足于人才培养,促进高校各项事业的发展。

2.教学服务育人

高校教学管理的根本宗旨是以师生为本，为广大师生服务。坚持教学服务育人，就是要在整个学校的育人工作中凸显大学生的主体地位，为大学生的专业学习和实践提供优质服务，这是高校教学管理的主要内容。教学服务育人主要通过课堂教育把育人的理念传递给大学生，提高大学生的思想道德修养，帮助其建立专业知识体系。高校要面向全体大学生开展通识教育，帮助大学生树立正确的世界观、人生观、价值观，培养大学生的社会责任感、创新精神和实践能力，把他们培养成为中国特色社会主义事业的合格建设者和可靠接班人。“以人为本”这一理念在我国高校范围内体现为“以师生为本”，这也是我国高等教育及教育管理的理念。高校各教学管理部门应从健全管理制度和营造人性化的教学氛围出发，增强服务意识，端正服务态度，在提供优质服务的过程中培养大学生良好的道德素质和高尚的道德情操。通过现代技术的应用，高校的管理方式与手段发生相应转变，能够大大节约办学资源，促进各部门间的协作，提高服务师生的工作效率。高校教学管理改革的创新，对高校提出了更高的现代化、信息化、便捷化要求，高校教学管理的建设与实施必须有利于高校教学管理服务育人的开展。

3.科研服务育人

在科研服务育人体系中，通过科研管理服务工作促进科研管理体系建设，不断实现科研服务体系的统筹布局和有效开展。高校通过增强思想保障、健全组织保障、加强效能保障及夯实科教基础等方面来构建科研服务体系，引导师生树立和增强科研服务的意识和理念，同时将科研服务的理念融入广大师生日常学习和生活中，引导师生自觉践行科研服务育人理念。高校要构建科研服务育人质量体系和提高科研服务育人的创新价值，建立科学高效的科研服务育人平台的运行机制尤为关键。高校要鼓励大学生参与学校的各级各类科研平台的建设，参与教师的科研项目研究，要在开展科研服务工作的过程中，从细处着眼，从实处着力，建立规范有效的动态协调机制和师生间互利共赢的动力机制，在遵循人才培养规律的基础上，真正实现协同育人的目标。首先，高校要积极出台大学生参与科研项目的管理制度，鼓励大学生申报各类科研项目，提高科研创新能力。其次，高校要为广大学生开设各种科研讲座，提供学术交流服务，促进大学生创新思维的开发。最后，高校要为科技成果的转化和推广提供资金和技术支持，鼓励教师带领大学生深入社会和科技生产第一线，使大学生了解国家战略发展要求和社会需求，为将来投身社会主义现代化建设做好智力准备。

4.实施后勤员工素质提升计划,切实提高后勤保障水平和服务育人能力

学校持续开展“节粮节水节电”“节能宣传周”等主题教育活动,大力建设节约型校园和绿色校园,不断提升后勤服务质量,扎实推进后勤服务“十大工程”,改善育人环境。

第一,全面提升水电木的维修效率,加强大学生宿舍安全管理,完成日常门诊医疗服务,加强对食堂经营、食品安全和饮水安全的监管,确保食堂卫生安全和饭菜价格稳定。加强疾病和群体突发事件的应急处理,提升后勤服务质量,对师生反映的涉及后勤事务的问题能够迅速处理。

第二,校园基建工作取得新突破。基本建成建筑面积达 36 万平方米的澄碧校区,实现了在澄碧河畔再造一个百色学院的战略目标。2019 年,澄碧校区扩建工程完成,投资约 3.91 亿元。另外,亚行项目全部竣工验收,并投入使用,大大改善了学校的教学和办公条件。

第三,三期大学生公寓 3#、5#、6#楼及其附属用房竣工并投入使用,新增 2760 个床位,解决了大学生床位不足的问题。大学生服务中心、活动中心、学生食堂及其他附属设施配套工程竣工验收合格后投入使用;大学生公寓 8#楼至田径场道路扩建、大学生公寓 8#楼东侧道路扩建等工程相继完工,并投入使用。

第四,抓住大学生烦心事,改善大学生生活条件,推进服务大学生“十大工程”。广大师生员工切实感受到生活新气象、新变化。一是装空调、修水电,加快完善大学生公寓基础设施。全面安装空调,改善大学生公寓住宿条件,各部门协同努力完成空调安装配电改造和空调采购工作,东合校区学生公寓 1#、3#、4#、5#、6#、9#、10#,附中公寓 1#、2#、3#等宿舍楼已全部完成空调安装并投入使用;完善大学生公寓水电设施,澄碧校区完成抽水房建设,抽水站新装 2 台抽水机,完成一期、二期学生公寓(共 24 栋)楼层开关改造,二期 A 区大学生公寓二次供水管道改造,大学生公寓热水系统和直饮水维修项目;完善大学生公寓设施,已对澄碧校区二期大学生公寓插座进行改造,增设晾衣杆;对报修的小型水电木设施和空调故障,已及时安排相关维修人员完成检修维护。各项基础设施项目陆续竣工,极大地改善了大学生的居住环境,提高了大学生学习环境的质量。二是招商铺、通信号,积极改善校园生活配套设施。为更好地服务大学生,完善校园生活配套设施,学校将澄碧校区一期、二期大学生公寓架空层改造成 63 间商铺(含原大学生创业园 30 间),并招租营业。商铺总面积约为2728.032平方米,包括文印店、餐饮店、百货超市(日用品)、水果店等。澄碧校区升级改造智慧校园基础网络,大学生公寓全光纤网络和通信信号已完成全面覆盖。积极改善校园生活配套设施,进一步为大学生日常学习生活购物提供便利条件,加快学校智慧校园的建设进程,为更好地服务师生提供了有效保障。三是出办法、引智能,提升校园安全管理服务水平。确定实施智能化安防、消防标准化建设工程,安装智能化门禁系统,安装智能化消防系统,建设智能化安防指挥中心,下坡路段增设减速带,出台《百色学院校园电动车、摩托车管理暂行办法(试行)》,印发《关于规范校园电动车停放和充电的通知》,规范校园内电动车停放和充电管理,重新划分停车区域,健全校园停车收费制度,保障学校师生安全有序出行,进一步提升学校安全防范能力和水平,提高为师生优质服务水平。四是专项整治校园卫生环境,做好垃圾分类,提升食堂服务水平。做好校园垃圾分类管理,组织安装生活垃圾箱;建设校内生活垃圾中转站。针对大学生集中反映的学校食堂饭菜的质量和价格问题,学校相关部门制定应对方案。装修改造澄碧校区第三食堂,增加服务窗口;加强从业人员业务培训,进一步规范员工日常行为,提高学校食堂服务质量;开展评选优质服务窗口活动,评选优秀窗口、优秀食堂,表彰食堂先进管理人员,树立榜样。进一步提升校园环境卫生,保障食品安全,为广大师生提供良好的生活环境和就餐体验。

5.加强图书情报管理工作,建设文献信息资源体系和服务体系

(1)学校重视图书资料工作,进一步提升图书馆为学校学科建设、人才培养、科学研究等工作的文献信息保障水平。

学校图书馆建设以服务教学为中心需要,进一步优化馆藏结构,根据专业建设和师生需求采购图书,主动服务学校教学科研等工作;增强共建意识,以合作进取的态度,图书馆与各部门合力建设文献资源库,共同助力学校学风建设,为人才培养、科研发展做贡献。利用知网、百度文库等平台,加大馆藏资源宣传力度,有效提高图书资源利用率。目前,学校图书馆分东合校区和澄碧校区两个馆舍,东合校区馆舍面积约6800平方米,澄碧校区馆舍面积约2600平方米,总建筑面积约9400平方米。在职工作人员35人,馆内业务部门分为馆务办公室、资源建设部、资源推广部、读者服务部、技术支持部、澄碧校区分馆六个部门。开设的服务窗口有借还书处、期刊阅览室、特藏工具书阅览室、电子阅览室等。馆藏纸质图书近120万册,涵盖哲学、经济、文学、教育、艺术、外语、工业技术、农业科学、数理化等22大类;电子

图书包含教学、人文、科技等近 200 万册；每年订购报刊 2100 余种；网上包库订购有中文资源（中国知网系列数据库【含博硕士学位论文】、维普期刊平台、读秀中文学术搜索等）、外文资源（外研社外语资源库、国道外文特色数据库、EBSCO 外文数据库等）、教学资源（KUKE 音乐库、起点考试网等）、创业就业数据库等；珍稀文献资料有《四库全书》《古今图书集成》《中国野史集成》《英格兰大百科全书》以及各种地方史志等。图书馆采取大流通开放模式，每周开馆时间都在 94 小时以上。2012 年购进校外访问系统，实现馆藏数字资源每天 24 小时面向全校师生开放；2014 年使用门禁系统管理；2017 年开通移动图书馆，读者可以随时随地上网访问图书馆资源。东合校区、澄碧校区五间阅览室安装了空调，为广大师生到馆学习提供舒适的环境。

（2）开展以“红色书香百院”为主题的专项图书服务系列活动。

第一，2018 年组织开展以“不忘初心，砥砺前行”为主题的“红色书香百院”读书节系列活动。主要活动内容有：一是展出系列特荐好书展板（共 7 期），分别为传统节日清明节和“三月三”、“五四之魂”青年节、“你若读书，风雅自来”、“致童心未泯的你”、新生专辑、热烈庆祝广西壮族自治区成立 60 周年、“校友文献”特藏库图书推荐。“应时”出版的“好书推荐”很有氛围和感染力，为读者做了很好的导读。二是举办读书分享会 2 场，分别以“学者修炼之路：骨感生活下的阅读与思考”和“不忘初心”为主题，邀请相关老师为主讲。主讲老师结合自己的阅读经历与教学经验，引导大学生爱上阅读，爱上学习，把读书—学习—思考—人生讲解得浅显而透彻，环环相扣，引人入胜。三是组织开展以“阅读红色经典，传承红色基因”为主题的“红色经典”书评和经典诵读活动。书评是阅读体验的重要反映，评书论人，也是阅读交流与分享的重要渠道。本次书评征集评选活动通过发布 100 种红色经典图书荐读书目，引导师生阅读好书，并在阅读后撰写书评。活动最终评选出一等奖 10 篇、二等奖 20 篇、三等奖 40 篇。

第二，2019 年组织开展以“红城百色，书香百院”为主题的“红色书香百院”读书节系列活动。主要内容有：一是举办以“创意无限·设计生活”为主题的文化创意产品设计大赛，分时尚生活类和生活非遗类两个主题进行，重在发掘地方特色文化资源，弘扬中华优秀文化，传承中华文明，体现人文精神，展现创新成果。二是为了纪念百色起义，传承红色文化，开展以“不忘初心、牢记使命、奋发青春，共筑中国梦”为主题的红色海报、手抄报制作比赛活动。三是举办以“追忆红色经典，编织魅力青春”为主题的读书节演讲比赛，目的是纪念百色起义胜利90周年，弘扬百色红色精神，展现百院学子风采，营造良好的校园文化氛围。四是举办“百色起义精神”知识竞赛活动。2019年是百色起义胜利90周年，为了牢记历史、弘扬百色起义光辉事迹、学习传承百色起义精神，学校图书馆联合起点考试网举办了网上百色起义知识有奖竞赛。

6.加强大学生生命健康教育，培养师生公共卫生意识和卫生行为习惯

（1）大学生生命健康教育是人才培养的基础。

大学阶段是大学生世界观、人生观、价值观形成的关键时期，也是身心健康问题的频发时期，如何把大学生培养成为既具有青春活力，又能适应社会、服务社会的综合性高素质人才，一直是我们教育工作者思考的问题，在校大学生的生命健康教育越来越受到重视。大学生生命健康教育的目的不仅在于引导大学生认识生命、尊重生命、珍爱生命，而且在于促使其以积极的生命姿态投入现时与未来的学习、生活之中。高校应从创新课堂融入模式、开展专题教育活动、增强活动体验以及整合生命教育资源路径出发，构建生命健康教育新载体，帮助大学生树立正确的生命观，提升其生命质量与价值。

2010年《国家中长期教育改革和发展规划纲要（2010—2020年）》明确提出“重视生命教育”，把生命教育纳入国家教育和发展的重要议程，为生命教育的开展提供了支持，为促进生命教育发展提供了历史契机。习近平总书记曾指出：“党的十八大提出实现中国梦，这是我们每一个中国公民的骄傲与自豪。我们青少年是祖国的未来，民族的希望，更应该提升内涵，展示风采，关注世界，关注未来，增强历史责任感，用自己的实际行动与梦想同行。”2016年12月7日，在北京举行的全国高校思想政治工作会议上，习近平总书记再次强调：“思想政治工作从根本上说是做人的工作，必须围绕学生、关照学生、服务学生，不断提高学生思想水平、政治觉悟、道德品质、文化素养，让学生成为德才兼备、全面发展的人才。”[①]中共教育部党组《关于印发〈高校思想政治工作质量提升工程实施纲要〉的通知》（教党〔2017〕62号）指出：“在医疗卫生服务中，制订健康教育教学计划，开展传染病预防、安全应急与急救等专题健康教育活动，培养师生公共卫生意识和卫生行为习惯。”习近平新时代中国特色社会主义建设需要心智健全、品德高尚、信仰坚定的人才。大学生生

---

①　习近平.习近平谈治国理政（第二卷）[M].北京：外文出版社，2017：377.

命健康教育既是人才培养的重要组成部分,也是人才培养的基础。因此,把促进大学生健康成长作为学校一切工作的出发点和落脚点,从单纯的知识灌输到关注整个生命的成长,必将有利于促进大学生自由而全面地发展,也有利于推动大学生思想政治教育的创新与发展。生命健康教育是一种全面关照生命多层次的人本教育,不仅要教会大学生敬畏人的生命与尊重人的精神,更重要的是理解生命的意义和价值,让生命更加精彩。大学生生命教育理论可以作为高校思想政治工作的基础理论,也可以视为在新时代、新形势下对思想政治教育工作的理论创新。习近平总书记在全国高校思想政治工作会议上强调要遵循思想政治工作的需要:因事而化,因时而进,因势而新。加强大学生生命健康教育,有助于学校思想政治工作的创新与发展,有助于提高学校铸红魂人才培养质量。一是有利于提高大学生珍爱生命的意识。大学生这一群体有其自身的特性,他们身体发育几乎成熟,但是心理尚未成熟,大学这几年正是其形成世界观、人生观、价值观的关键时期。再加上近几十年来我国社会发展迅速,各行各业竞争激烈,大学毕业生数量连年增高,很多大学生面对学业、就业、家庭、恋爱等问题,感到迷茫而手足无措,不知道自己该往哪个方向努力,也不知该如何去努力,以致他们处于焦虑不安的状态。如果这种焦虑和压力逐步积累而没有得到疏导,久而久之,容易引发大学生的心理问题,甚至直接导致极端事件的发生。生命教育可以从世界观、人生观、价值观等角度给予大学生引导和帮助,帮助他们有效地疏导和排解焦虑和压力,其做出极端事件的想法会自然消失,会更加珍爱生命。二是有助于推动文明和谐校园建设。当今的大学生绝大多数是“00后”,其成长的时代正是中国社会经济发展日新月异的新时代,社会主要矛盾已经转化为人民日益增长的美好生活需要和不平衡不充分的发展之间的矛盾,人们生活的各个方面发生了很多变化。虽然在同一所大学、同一个环境下学习,但是每个大学生的个体差异十分明显。“00后”是追求个性解放的一代,个体与个体之间、个体与群体之间容易产生分歧甚至发生矛盾冲突,再者多数大学生之前并未遭受过挫折,如果在大学期间遭受挫折容易产生不适应的状况,这些都可能导致大学生与周围的同学、老师产生冲突,在一定程度上影响和谐校园的建设。加强大学生生命健康教育可以让大学生更好地适应大学生活,学会与同学和老师和谐相处,构建新型和谐校园,使校园内的个体与群体、学生与老师之间的关系更加和谐融洽。

(2)大学生生命健康教育的内容。

第一,依托课程教学开展教育。通过开设“大学生心理健康教育”“思想道德修养与法律基础”等课程进行普及化的知识传授。大学生正处于青春期后期,不同年级的大学生所面临的问题有所不同,有生活适应问题、自我认识问题、学业问题、人际关系问题、升学择业问题等。一年级——学会适应,适应新学校、新生活、新同学(室友);认识新的学习、生活环境;了解进入大学后的角色变化,并适应这种角色变化。认识自我,了解自己眼中的自己、别人眼中的自己、集体中的自己;了解自己的生理和心理特点;形成正确的自我认知,了解自己的优点、缺点。人际交往,包括同朋友、老师、父母的交往;理解“朋友”的意义:学会与父母、老师沟通,建立积极健康的交往方式。二年级——学会学习,了解学习情趣、目的、策略;形成良好的学习习惯,掌握科学的学习方法,培养健康的学习兴趣。挫折教育,学会面对挫折、抵制诱惑;正确认识挫折,培养应对压力与挫折的能力,不断训练自我意志力,提升心理素质和自我控制、平衡的能力。情绪教育,了解情绪的组成,正确表达、控制自己的情绪;学会正确地宣泄、疏导情绪;学会体察他人情绪,明白如何用正确的情绪去看待周边的人与事物。恋爱与性教育,了解青春期性心理现象,正确对待异性交往;树立正确的恋爱动机,培养正确的恋爱观,增强道德感和责任感。三年级——自信心教育,通过优点轰炸、自我积极暗示、成功体验等方法,展开消除自卑、增强自信心的训练。四年级——职业生涯规划教育,根据自己的兴趣、能力和个性特点,树立正确的择业观、职业观、创业观;做好就业的心理准备,主动应对就业挑战。

第二,通过专题讲座或主题班会的形式传播知识。针对当前信息化时代青年学生因“手机控”影响身心健康的问题,为了更好服务大学生身心健康成长,学校邀请广西中医药大学第一附属医院东葛院区康复医学科负责人、干部保健科常务副主任、副主任医师、副教授陈广辉为师生开展健康知识普及讲座。陈广辉副教授的讲座以“‘低头族’和‘手机控’与脊柱常见疾病的防治与保健”为题,指出随着手机的普及和信息技术的发展,人们在生活中对手机的依赖程度加深。长时间低头使用手机,容易引发身体不适,导致视力下降、大脑记忆力迟缓、身体免疫力下降,容易造成颈椎病。陈广辉通过脊椎病案例,帮助师生们了解颈椎病变可以刺激周围的神经、血管,引起心脏不适等疾病症状。陈广辉现场分享了脊椎病自我排查的步骤:一望颈部皮肤褶皱,二按压颈部之处的肌肉检查是否有疼痛感,三运动检测颈椎活动是否受限。陈广辉希望师生们树立身体健康的意识,合理使用电子产品,重视脊柱常见疾病的防治与保健，防患于未然，拥有健康体魄和美好生活。

针对女生生命健康安全，邀请专业人士开展防性骚扰教育和“关注健康，珍爱自我”女大学生健康教育讲座。解放派出所女警官柯樱在防性骚扰安全教育知识讲座中，以案说法，教导女大学生增强自我保护意识，勇敢向性骚扰说“不”。柯警官分析了多起性骚扰案例，讲解了性骚扰存在的基本现象与情况，介绍了遇到性骚扰后的正确处理方法，建议女大学生不要因为害怕而放弃举报，应该整理有力举报材料，从社会支持系统中寻求帮助，通过法律途径捍卫自身权益。学校通过讲座，让女大学生对性骚扰行为及危害有了更加清楚的认识，增强了女大学生的自我保护和防范意识，帮助其掌握面对性骚扰行为的正确方法与措施，对学校建设平安和谐校园具有积极意义。国家二级心理咨询师、学校卫生所主治医师麻秀明对女性生理知识及疾病防疫等进行详细讲述，使全校女生系统详细地了解了女性生理健康的知识。她希望女大学生在日常生活中养成良好的卫生习惯，增强健康意识，提高自身对疾病的认识，积极锻炼，以良好的身体素质投入学习生活中，通过学习，加强自身的情感修养，树立正确的恋爱观，正确处理恋爱与学习的关系，做一名品学兼优的大学生。

为加强大学生对结核病防控知识的深入了解，打造健康、文明、平安的校园环境，学校邀请百色市疾病预防控制中心专家、结核病防治科科长高建华为师生们和饮食服务工作人员开展“结核病防治知识进校园”知识讲座。高建华结合百色市近年来结核病防治案例，强调结核病应坚持进行正规治疗，早发现、早报告、早隔离、早治疗能及时阻断病源，提高治愈概率。高建华就结核病的传播途径、结核病的特点、如何预防结核病等向师生们进一步介绍结核病知识，指出近年来高校成为结核病频发地，日常生活中师生们应当注意个人卫生，保持良好的生活习惯，降低校园结核病的传播。高建华介绍了百千万志愿者结核病防治知识传播行动，希望师生们通过加强锻炼增强自身免疫力，在有效防治结核病的同时，积极加入志愿者行列，宣传结核病防控知识。高建华还为师生们传授了简单易行的结核病防治办法，引起师生们的强烈兴趣，师生们在高建华的指导下认真进行学习。此次讲座对加强校园结核病防治，广泛普及结核病防治知识，降低校园结核病的传播，将起到积极推动作用。

为进一步加强校园“防艾”宣传教育工作，培养大学生的健康意识，使大学生养成积极的生活态度和健康的生活方式，学校邀请百色市皮肤病防治医院副院长李海、百色市皮肤病防治医院专家蒋建荣，开展性病、艾滋病防治知识讲座，他们为学校师生讲授了性病、艾滋病的防治知识。李海以“性病、艾滋病离我们并不遥远”为主题，就性病、艾滋病的症状、传播途径、危害和预防等做了详细的讲解，教育大学生平时要养成良好的个人卫生习惯，洁身自爱、严禁吸毒、不共用针具及血制品、勤洗手、勤洗晒被子、常开窗通风、多参加户外运动等，以增强自身预防疾病的能力，让大学生明白性病、艾滋病是可防可控不可怕的。此次讲座加深了师生们对性病、艾滋病的了解，强化了师生们对性病、艾滋病的防范意识，提高了学校防艾影响力，对引导广大师生树立正确的人生观和价值观，养成健康的生活习惯，自觉增强预防性病、艾滋病的能力起到了积极作用。蒋建荣介绍了痤疮的概念、临床表现、病因学及发病体制、病因学总结、治疗方法、可能伴发的疾病、预后及疾病的特点，并希望大学生要注意皮肤的清洁保养及美容护理的方法，选择合适的护肤品。

第三，校园文明习惯养成教育。为保持校园文明和谐，营造优美的教书育人环境，改善校园面貌，推动建设“美丽百院”，加强疫情防控期间大学生校园文明卫生监督，规范大学生行为，净化校园风气，优化育人环境，促进大学生成长，使大学生养成遵守法规、尊重他人、自觉维护良好校园秩序的习惯，全面提升大学生综合素质，积极构建学校百色精神铸红魂“三全育人”体系，学校在日常教育管理中开展大学生文明习惯养成教育。主要有以下几个方面措施：

①开展校园文明卫生习惯养成教育主题活动。通过形式多样的教育活动，引导大学生养成良好行为习惯，做到诚实、朴实、充实，追求高雅、高尚、崇高，努力推进和谐校园、文明校园建设。

②各班级以文明卫生班级创建为主题召开2—3次主题班会。要求大学生结合日常行为自查自检，制定班级和个人卫生文明公约，以进一步增强大学生荣辱观念，提高大学生文明修身意识。

③各班级开展文明创建基础知识学习竞赛活动。深入学习《公民道德建设实施纲要》《普通高等学校学生管理规定》《高等学校学生行为准则》《百色学院学生管理规定》《百色学院校园行为规范》《百色学院学生违纪处分管理办法》《百色学院学生宿舍管理规定》《百色学院学生工作部(处)关于严明疫情防控工作期间学生纪律要求的规定》等相关制度，组织开展竞赛活动，加强大学生日常行为规范教育，教育和引导大学生不断提高思想道德水平。

④各学院根据学院实际，开展文明礼仪、卫生知识宣讲活动。充分利用节假

日、入学教育、毕业教育等契机，开展不同形式的文明习惯卫生养成教育活动，充分发动本学院大学生抵制各种不文明、不卫生现象，倡导文明卫生新风尚。对所有大学生开展文明礼仪、卫生知识宣讲活动，使广大学生学习文明礼仪、卫生常识的基本规范，提高礼仪修养，树立文明风范。

⑤各学院组建校园文明先锋队，在全校范围内对大学生文明卫生行为进行全程检查督导，及时匡正不文明、不卫生现象。涉及的教育内容有教室文明卫生、宿舍文明卫生、食堂文明卫生以及其他公共场所文明卫生要求等，如自觉保持教室整洁，营造良好的学习环境；保持宿舍内务整洁，物品摆放有序，被子叠放整齐，被褥及个人衣物要定期洗涤、定期晾晒；遵守作息时间，按时就寝、起床；节约粮食，不铺张浪费，不随意丢弃饭菜；讲究卫生，养成良好的卫生习惯，勤洗手，不随地吐痰，不吸烟，不酗酒，不乱扔废弃物，咳嗽或打喷嚏时用纸巾或肘部遮住口鼻；注意校园垃圾分类要求，正确投放垃圾。

通过开展形式多样的养成教育活动，把大学生文明礼仪和行为规范教育贯穿到日常教育管理中，师生参与，一抓到底，常抓不懈，确保做实做好校园文明习惯养成教育，文明习惯养成教育活动切实使大学生教育管理工作效果有明显的提升。

7.强化校园治安服务，创建和谐安全稳定的育人环境

(1)建立健全安全防控体系，营造校园安全环境。

学校贯彻落实党的十九大精神，以创建平安和谐校园为目标，认真贯彻落实维护安全稳定和治安综合治理目标管理规定，深入开展扫黑除恶专项斗争、安全保卫和维护稳定工作，严密构筑治安防控和维稳意识的坚固阵地，巩固安全稳定的校园秩序及团结和谐的校园局面，有力推动平安校园创建工作的有序进行，为营造安全稳定的校园环境提供强有力的保障。

第一，落实校园安全稳定责任。学校领导思想上高度重视校园安全稳定工作，坚持将平安校园创建工作列入安全稳定工作重点，强调各学院、各部门要高度重视预防各种邪教组织对学校的渗透，教育在先，预防在前，确保校园政治稳定、治安稳定、局面稳定。

第二，在校园安全稳定工作中，要求各单位、各部门实行“谁主管谁负责”和“党政同责，一岗双责”的原则，明确职责，落实安全稳定工作责任制。学校与学校领导班子成员分别签订安全稳定工作责任书，学校与各单位签订年度维护校园安全稳定目标管理责任书，明确一把手负总责和实行“党政同责，一岗双责”制度，落实安全稳定责任制。

第三,校园治安管理推行“人防、物防、技防、联防”四位一体的管理体系,以此提高安保效能。一是人防,配备足够的安保力量。学校武装保卫处主要负责全校治安管理工作,现有在编保卫干部10人、各类安保人员62人,保卫人员严格执行每日至少1次实地检查校园设施安全的制度,做到重点部位的安全检查情况记录在案,台账清楚。目前,已初步制定校园安保社会化工作方案,推进校园安保改革,优化校园安保服务。二是物防,配备必要的校园治安用品及物资。根据校园安全管理要求,配备钢叉17把、防暴盾牌12张、警棍40条、对讲机30部、校园巡逻警用摩托车2辆。三是技防,学校投入499.09万元用于校园安防和技改以及加强信息网络建设与网络安全监控。全校共有两套视频监控系统,其中东合校区有80个视频监控摄像、澄碧校区有268个视频监控摄像,校园技防智能化建设已完成,校园监控已实现全覆盖,学校安保和技防水平得到进一步提升。四是加强联防联控,主动与百色市公安、交警等职能部门对接,实现信息互通,共同做好校园周边治安、交通、摊点等综合治理工作,实现区域联防。

(2)经常性开展系列安全稳定专项工作,促进良好校园秩序建设。

第一,根据季节和相关节日的特点,开展专项突击检查工作,减少安全隐患。如冬春火灾防控等系列工作;岁末年初、元旦、春节和寒假期间学校安全稳定工作;扫黑除恶专项斗争工作;防汛、防台风等各项汛期安全工作;校园消防安全检查整治工作;防范邪教渗透校园专项排查整治工作;等等。

第二,推进消防标准化建设,做好消防安全工作。一是加强防火检查和巡查。严格执行消防管理制度,落实校卫队队员的每日防火巡查责任。二是规范各种消防标识,更换使用说明墙贴、消防栓使用方法说明墙贴、灭火器维护期限标签,完善消防通道疏散示意图,保证校园消防通道通畅。三是加强消防设施检查与维护,发现有损坏或过期的设备,及时进行更换,确保消防设施达到标准要求。四是组织开展消防安全实操培训演练,进一步增强广大师生消防安全意识,提高学校消防应急反应能力、处置能力和师生自救、互救、逃生能力。五是完成校园消防可视化建设。

第三,加强日常治安巡查管理,维护校园安全稳定。一是加强对重点要害部位的检查、防范。保卫人员严格执行每日至少1次实地检查校园设施安全的制度,做到重点部位的安全检查情况记录在案,台账清楚。负责巡逻检查的队员定点、定时签到,及时纠正一些单位、部门下班后没有关好门窗、公共设施安全管理不到位的现象。二是采取措施,保障师生安全。进一步严格门卫和校园巡逻检查制度,完善相关岗位工作职责,规定门卫严格禁止闲杂人员、闲杂车辆进入校园,登记携贵重物品外出情况;规定巡逻队员值班时段的定点定时重点监控和正常巡查的签到制度;规定监控室人员定时传呼岗位人员或进行实地检查等,内部防范措施有力。近年来,为维护校园的安全稳定,学校加大对学生宿舍区域的监控力度,如在大学生宿舍通报安全情况,张贴安全温馨提示标语,制止并赶走到学生宿舍推销商品的外来人员,劝阻大学生酒后打架、闹事等。

第四,严格管理校园道路,维护校园交通秩序。一是加强校园智能化门禁系统建设,实现两校区三个校门数据互通。强化对车辆进出校园的规范管理,禁止共享单车进入校园,制止外来车辆进入校园停放或借道通行的行为。二是加强校园交通安全疏导。在校园醒目处设置规范交通标识,漆画主干道中心线和斑马线,漆画215个停车位、260个摩托车车位,规范校园车辆停放管理,纠正车辆乱停乱放现象。三是加强校园周边道路管理工作。与公安交警部门联系,加强横过校园的公路、街道的交通管理,在举办大型校园活动如双选会、毕业典礼、新生入学、校运会时设置锥筒警戒线,进行交通疏导。

(3)全面开展安全教育,培养师生安全意识和法治观念。

一是安全教育从新生入学即开始。从大学生的实际需要出发,在每年新生入学之前,学校就制定相应的大学生安全教育计划,通过课程教学、主题班会、课外活动等方式,让大学生学习、掌握其所必需的安全知识,使大学生逐步具有比较稳固的安全知识和理念,养成重视安全的行为习惯。二是提高师生政治意识和国家安全意识。严防境内外敌对势力、非法宗教势力、民族分裂势力对学校的渗透,加强大学生思想政治教育工作,开展爱国主义教育,培育和弘扬民族精神,传承百色起义精神,维护校园政治稳定。三是深入开展同"法轮功"等邪教组织的斗争,提高师生政治意识和国家安全意识。积极开展"校园拒绝邪教"宣传教育活动和"法轮功"等邪教组织不稳定因素排查活动,采取有力措施,严密防范"法轮功"等邪教势力向高校渗透。同时,加强校园值班巡逻,经常开展排查活动,严密防范"法轮功"等邪教分子非法串联、聚会、散发反动传单等。四是积极化解矛盾纠纷。学校坚持矛盾排查和处理制度,开展矛盾纠纷、安全隐患和可能影响稳定问题的排查工作,发现问题及时化解。此外,武装保卫处坚持领导干部深入岗位参与岗位值班制度,经常指导队员在日常校园治安巡查时,认真排查、整改安全隐患,迅速、及时和妥善处理各种矛盾纠纷,把安全隐患消灭在萌芽状态。

三、铸红魂资助育人体系的内容

2017年12月4日,中共教育部党组印发了《高校思想政治工作质量提升工程实施纲要》,将构建资助育人质量提升体系列为十大基本任务之一,明确指出,要把“扶困”与“扶智”、“扶困”与“扶志”结合起来,建立国家资助、学校奖助、社会捐助、学生自助“四位一体”的发展型资助体系,构建物质帮助、道德浸润、能力拓展、精神激励有效融合的资助育人长效机制,实现无偿资助与有偿资助、显性资助与隐性资助的有机融合,形成“解困—育人—成才—回馈”的良性循环,着力培养受助大学生自立自强、诚实守信、知恩感恩、勇于担当的良好品质。

(一)成立专门工作机构,负责大学生日常思想政治教育及管理和服务

学校家庭经济困难大学生的资助工作实行学校、二级学院、班级三级学生资助管理组织机构管理制度。一是实行“一套人马两个牌子”,党委学生工作部和学生工作处是在学校党委、行政直接领导下的负责学生工作的职能部门,其合署办公,主要负责大学生思想政治教育和日常事务管理、心理健康教育及学生资助工作等。二是成立学生资助管理中心,推进和落实学校以国家助学贷款为主体的高校贫困家庭大学生资助政策和措施的基础性工作。根据《教育部关于进一步加强高等学校学生资助工作机构建设的通知》(教人〔2006〕6号)的精神,结合学校资助贫困生的工作实际,2006年9月22日,学校成立了学生资助管理中心,作为常设机构,由校级领导直接负责,统一归口管理全校的国家助学贷款、奖学金、勤工助学、特殊困难补助、学费减免等资助贫困家庭大学生工作,以及落实学校“三全育人”、资助育人及百色精神铸红魂等工作。二级学院学生资助工作领导小组组长由二级学院分管学生工作的领导担任,成员由辅导员(班主任)、团委书记、大学生代表担任。班级学生资助工作领导小组组长由辅导员(班主任)担任,成员由班级学生代表担任,成员人数不少于班级总人数的10%。学生资助管理中心挂靠学生工作部(处),由学生工作部(处)长分管学生资助工作,为进一步做好学生资助工作提供了组织保证。

（二）加强制度建设，建立资助管理规范，修订和完善学生资助管理制度

为使家庭经济困难大学生资助工作规范化、制度化，学校修订了《百色学院家庭经济困难大学生资助管理办法》《百色学院家庭经济困难大学生认定工作实施办法》《百色学院国家奖学金管理办法》《百色学院国家励志奖学金管理办法》《百色学院自治区人民政府奖学金管理办法》《百色学院国家助学金管理办法》《百色学院勤工助学管理办法》《百色学院新生享受“绿色通道”的有关规定》等一系列学生资助管理制度，为学生资助工作提供了制度保障。

（三）完善勤工助学管理办法，构建精准的资助工作体系

学生资助工作事关社会公平、教育公平，是民生领域的热点话题，始终受到党中央、国务院和人民群众的高度关注。党的十九大报告明确强调“健全学生资助制度”，其中，勤工助学是高等学校学生资助政策体系的重要组成部分，是提升大学生综合能力和素质的有效途径，是实现全员育人、全过程育人、全方位育人的有效平台，是适应新时代学生资助工作的需要而出现的。学校采取了一系列措施来完善勤工助学的管理：一是以习近平新时代中国特色社会主义思想为指导，贯彻落实党的十九大精神，突出立德树人根本任务，健全学生资助制度，全面推进精准资助和资助育人工作。二是适应经济社会发展需求，根据勤工助学特点和大学生个体发展需要调整勤工助学方式，使其体现促进创新创业、规范管理、提高报酬等新要求。三是针对勤工助学发展的新变化，在总结实践经验、现实问题的基础上，理顺管理体制，明确工作责任，修改、补充和完善相关制度，使高校勤工助学得到更规范、有序的管理。

为培养大学生的劳动观念和自我服务、自我管理、勤工助学的能力，保证家庭经济困难大学生能够得到必要的资助，帮助家庭经济困难大学生顺利完成学业，规范学校学生勤工助学的管理，根据教育部、财政部联合印发的《高等学校勤工助学管理办法（2018 年修订）》精神，制定了《百色学院勤工助学管理办法》（百院字〔2019〕222 号），该办法共 8 章 25 条，围绕以大学生为中心的理念，积极搭建勤工助学全员育人、全过程育人、全方位育人的有效平台，着力培养家庭经济困难大学生自立自强、创新创业精神，将“扶困”与“扶智”、“扶困”与“扶志”结合起来，增强大学生社会实践能力，发挥勤工助学资助育人功效，实现无偿资助与有偿资助的有机融合，形成“解困—育人—成才—回馈”的良性循环。该办法主要凸显了四个方面

的内容。一是突出资助育人要求。贯彻党的十九大报告“健全学生资助制度”的要求，落实习近平总书记在全国高校思想政治工作会议上的讲话精神，坚持立德树人，全面推进资助育人，以勤工助学活动为实践载体，加强对大学生特别是家庭经济困难大学生的思想教育，培养大学生热爱劳动、自强不息、创新创业的奋斗精神，提高大学生综合素质，充分发挥勤工助学育人功能。二是规定勤工助学报酬和工时。结合社会经济发展和在校大学生消费水平，适度提高勤工助学酬金标准，对按小时计酬的，原则上不低于12元/时。学生参加勤工助学的时间原则上每周不超过8小时，每月不超过40小时。三是合理满足大学生需求。校内勤工助学岗位按照以工时定岗与以需求定岗相结合的原则设置，校内勤工助学岗位以校内教学助理、科研助理、行政管理助理和学校公共服务等为主。以每个家庭经济困难大学生月平均上岗工时原则上不低于20小时为标准，测算出学期内全校每月需要的勤工助学总工时数（20工时×家庭经济困难大学生总数），统筹安排、设置岗位。岗位设置既要满足大学生需求，又要保证大学生不因参加勤工助学而影响学习。寒暑假期间，学校可根据具体情况适当延长勤工助学时间。四是规范勤工助学管理。优化勤工助学管理方式，充分发挥学校统筹管理作用，设立勤工助学专项资金，结合校内情况制定岗位报酬标准和资金使用与管理办法。在校内开展勤工助学活动，应严格遵守国家及学校勤工助学相关规定。在校外开展勤工助学活动，学校组织与用人单位和大学生三方应签订具有法律效力的协议书，明确各方的权利和义务及争议解决方式。

（四）丰富资助教育内容

坚持资助育人导向，在奖学金评选发放环节，全面考察大学生的学习成绩、创新发展、社会实践及道德品质等方面的综合表现，培养大学生的奋斗精神和感恩意识。

1.感恩教育

通过学生资助活动解决大学生生活中所遇到的实际困难，从而激发大学生的爱党爱国情感和感恩情怀。首先，激发大学生爱党爱国的情感。当代大学生生活在一个和平的美好年代，没有经历过那段同党和国家一起奋斗、同甘共苦的血与火的年代，大多数大学生对党和国家的认知还比较肤浅。党和国家对高校学生的资助，不仅解决了贫困生上学难的问题，还体现了党和国家对大学生成长的关怀。大学生作为资助的直接受益者，能够切身感受到党和国家对他们成长成才的关爱，高校德育工作者可以根据这一点深入开展爱国主义教育，唤起大学生内心深处对党和国家的热爱之情，引导大学生做出正确的爱国行为。其次，激发大学生的感恩情怀。感恩是人性善的反映，是人应该有的基本道德素质和做人起码的修养。中华民族是一个具有感恩传统的民族，自古就有“饮水思源，知恩图报”“滴水之恩，当涌泉相报”的说法。大学生正处于人格的发展和完善期，教育大学生学会感恩，不仅关乎大学生的健康成长，还关系到中国未来的发展。资助育人作为一种充满爱心的育人方式，对于激发大学生的感恩情怀有着很大的优势。不同于传统感恩教育的理论说教方法，这种“爱心传递式”的感恩教育方式，更容易被大学生接受，也更容易激发大学生的感恩认识和感恩情怀，有助于加强大学生的感恩行动能力。资助所提供的不仅是物质上的帮助，还有很多的实践机会，这些实践机会有利于提升大学生的综合素质和能力，而大学生能力的提升有助于增强大学生的竞争力，进而提升他们的感恩行动能力，让他们将来有更多的能力传递感恩的品质，实施感恩行为。

2.诚信教育

通过学生资助活动加强大学生诚信、自强等品格的塑造。首先，塑造诚信的品格。所谓诚信，简单来讲就是诚实守信。诚实守信是中华民族的传统美德，也是做人的基本要求。众所周知，诚信对个人、用人单位、社会都是极其重要的，不少用人单位在招聘大学生时提出“德才兼备”的要求，其中“诚信”是“德”的应有之义，是否具备诚信的品质已经成为许多用人单位选聘人才的重要条件之一。对于具有较高学历的大学生来说，诚信是其必备的基本素质之一，而对于即将走上工作岗位的大学生而言，诚信则是他们踏出成功的第一步。但现今，由于受到社会诚信环境、就业环境以及诚信教育不足等原因的影响，高校学生普遍存在着诚信缺失的现象，作为高校学生特殊群体的贫困大学生也未能避免诚信缺失的问题，主要表现为：夸大自己的贫困，过分依赖学生资助；面对自身所欠的助学贷款逾期不还、恶意欠费；学习考试中作弊，生活中爱慕虚荣；求职简历造假，对签订的就业协议随意毁约。利用学生资助工作所包含的诚信教育资源能够有力地塑造大学生的诚信品质，《国家助学金奖学金管理办法》明确指出将“诚实守信，道德品质优良”作为国家奖学金、国家助学金的基本申请条件，因此，可以在奖助学金的评比过程中以及助学贷款办理中开展诚信教育。其次，帮助大学生塑造自强的品格。受我国传统教育体制的影响，我国相当大比例的大学生还没有树立自立自强的意识。他们依旧认为依靠父母、其他亲朋好友的支持来完成自己的学业是理所当然的,忽视了自己作为一个成年人应该承担的责任。此外,还有不少家庭经济困难的大学生,受"只要学习就能够成才"思想的影响,在不知不觉中形成了一种依赖心理。这非常不利于其自身成长和社会的发展,也不符合社会对人才的期许。而通过勤工助学则可以引导大学生塑造自强的品格,因为在勤工助学的过程中,通过自己的劳动来获取用于改善自己学习和生活条件的报酬,也需要依靠自己的努力去解决工作中所遇到的问题,所以勤工助学不仅能有效地引导大学生树立独立自强的意识,还能培养大学生独立生活、独立思考以及独立解决问题的能力。

3.通过奖助学金评选,托起百院贫困学子成长成才的蓝天

近年来,学校资助工作成绩显著,逐步构建并完善了"奖、助、贷、勤、补、免、绿、缓"八位一体的学生资助政策体系。大学生根据在校表现和家庭经济困难情况,可获得国家奖学金、国家励志奖学金、国家助学金、国家助学贷款、学费减免、困难补助、生活补贴、勤工助学等多种形式的资助。目前,已经形成了以国家助学贷款和国家奖(助)学金为主体,以勤工助学、特困助学金、临时困难补助、物价(节日伙食)补贴等一系列校内助学措施和校外资助(助学金)为辅的资助体系。新生报到时,学校以"绿色通道"、国家助学贷款申请等形式为其入学提供便利。大学生在读期间,学校积极组织贫困大学生申报国家奖学金、国家励志奖学金、国家助学金和国家助学贷款等资助项目。校级补助方面,学校以校内外勤工助学、临时困难补助为主,辅之以各类专项补助,如春节慰问、路费补助、"绿色通道"等,充分考虑了大学生日常学习生活的方方面面,实现了学校"不让一个学生因家庭经济困难而失学"的郑重承诺。近 8 年来(2012—2019 年),学校为大学生争取国家助学贷款 28249.89 万元;学校学生获得国家各类奖助学金 14232.7 万元;发放学校奖学金 60 万元;开辟校内勤工助学岗位超过 5686 个,累计发放勤工助学酬金 1010.04 万元;累计为 1801 位大学生提供各种形式的困难补助(例如考研路费补贴、寒假返乡路费补贴、家庭经济困难临时补贴、孤儿补助等),补助金额达 179.68 万元;为学校学生争取到恒大助学金、新长城助学金、百色市工商奖学金、中建八届奖学金等各类社会资助,受助大学生达 230 人,受助总金额为 82.72 万元。学校的资助体系确保了家庭经济困难大学生不仅能够通过"绿色通道"上学,还能在国家助学贷款、勤工助学等资助下度过大学生活,顺利完成学业。

此外,学校还通过定期开展家访活动等多种形式,在精神上关心贫困生的成

长,不仅关注贫困生的眼前困难,更着眼于他们的长远发展,为他们成长为祖国栋梁之才提供全方位的资助。

(五)依托活动载体,创新资助育人形式,红魂铸就时代新人

一是评选“大学生自强之星”,树先进典型。党的十八大提出“把立德树人作为教育的根本任务,培养德智体美全面发展的社会主义建设者和接班人”。2018 年 5 月 2 日,习近平总书记在与北京大学师生座谈时又指出:“要把立德树人的成效作为检验学校一切工作的根本标准,真正做到以文化人、以德育人,不断提高学生思想水平、政治觉悟、道德品质、文化素养,做到明大德、守公德、严私德。要把立德树人内化到大学建设和管理各领域、各方面、各环节,做到以树人为核心,以立德为根本。”①

为激励学生自立自强、奋发成才,进一步挖掘和宣传学生积极进取、拼搏奋进的感人事迹,在青年学生中树立一批勤奋学习、不畏困难、勇于进取的先进典型,引导更多的大学生向身边的榜样学习,努力成长为中国特色社会主义的合格建设者和可靠接班人,学校在前几年工作的基础上,根据共青团中央、全国学联的要求,结合自身实际继续组织开展了“大学生自强之星”评选活动,并推荐其参加全国评选。开展“大学生自强之星”评选活动的目的在于弘扬革命老区的革命精神,树百院学子自立自强、奋发成才的先进典型,引导广大青年学生向身边可亲、可敬、可信、可学的榜样学习,弘扬自强不息、艰苦奋斗和扶贫济困的精神。评选的对象主要是在压力、挫折和磨难面前表现出顽强的毅力、勇于与命运抗争,或者有较长时间勤工助学经历,政治思想素质好,为人正直、积极进取、乐观向上,具备勤俭节约、诚实可信的优秀品质,学习态度端正、成绩优良的在校大学生。学校共有 4 位大学生获“中国大学生自强之星”称号,1 位大学生获“中国大学生自强之星提名奖”;多位大学生获中国大学生新东方自强奖学金。他们是:陆秋玲获 2007 年度“中国大学生自强之星”称号;吴庚敏获得 2009 年度“中国大学生自强之星提名奖”;陆康获 2013 年度“中国大学生自强之星”称号;张琼玉获 2014 年度“中国大学生自强之星”称号;黄海秋获 2016 年度“中国大学生自强之星”称号。吴庚敏获 2010 年“中国大学生新东方自强奖学金”;黄童和雷小妹获得 2013 年度“新东方西部特困大学生专项

① 习近平在北京大学师生座谈会上的讲话[EB/OL].[2020-06-07].http://cpc.people.com.cn/n1/2018/0503/c64094-29961631.html.

助学金”；苏峰与李美莲获得2014年度“新东方西部特困大学生专项助学金”；李静衍获得2016年度“新东方西部特困大学生专项助学金”。

二是开办家庭经济困难大学生考研和全国大学英语四、六级考试(CET)培训班，提高家庭经济困难大学生的专业技能和就业能力。为落实家庭经济困难大学生资助政策，更好地帮助家庭经济困难大学生学习，增强其学习自信，提升其综合能力，提高“三全育人”实效，中共教育部党组印发《高校思想政治工作质量提升工程实施纲要》(教党〔2017〕62号)，广西壮族自治区教育厅、广西壮族自治区财政厅印发《广西高等学校助困资助经费管理办法》(桂教规范〔2018〕5号)，要求把“扶困”与“扶智”、“扶困”与“扶志”结合起来，构建物质帮助、道德浸润、能力拓展、精神激励有效融合的资助育人长效机制，实现无偿资助与有偿资助、显性资助与隐性资助的有机融合，形成“解困—育人—成才—回馈”的良性循环，着力培养受助大学生自立自强、诚实守信、知恩感恩、勇于担当的良好品质。学校以资助铸红魂，以服务大学生成长成才为基点，以培养大学生的综合素质为目标，为促进家庭经济困难大学生的全面发展，提升家庭经济困难大学生的能力和素质，举办了面向家庭经济困难大学生的考研辅导班和英语四、六级考试培训班。2019年共有107人参加考研培训，国家线通过率为19%，升学率为13%。英语四级考试培训班共有103人参加培训，其中19人顺利通过考试，通过率为18.45%；同期全校在校生总共有5130人报名参加英语四级考试，其中384人通过了英语四级考试，全校英语四级过级率为7.48%。大学英语六级考试培训班共有61名学员接受培训后报名参加考试，其中10人顺利通过，通过率为16.39%；同期全校在校生总共有727人参加了英语六级考试，其中64人通过，通过率为8.8%。对比可知，大学英语四、六级考试培训效果明显，为提高家庭经济困难大学生英语四、六级过级率做出了积极贡献，实现了“资助育人”的目标。

四、铸红魂管理服务资助育人体系的组织

(一)学校党委统一领导，落实“一岗双责”

1. “一岗双责”最早是在贯彻落实党的党风廉政建设责任制时提出的

中共中央、国务院《关于党风廉政建设责任制的规定》明确规定，领导班子主要负责人是职责范围内的党风廉政建设第一责任人，对职责范围内的党风廉政建设负总责，应当重要工作亲自部署、重大问题亲自过问、重点环节亲自协调、重要案件

亲自督办。领导班子其他成员根据工作分工，对职责范围内的党风廉政建设负主要领导责任。

“一岗双责”，顾名思义就是一个岗位，两种责任。“一岗”就是个人职务所对应的岗位，“双责”就是相关人员不仅要对所在岗位承担的具体业务工作负责，还要对所在岗位承担的“其他管理责任”负责。“一岗”就是领导干部所处岗位，“双责”是指既要负责所在岗位应当承担的具体业务工作，又要以同等精力抓好所在岗位的党风廉政建设。对于党政领导干部来讲，就是既要承担业务工作，确保各项目标任务圆满完成，又要承担党风廉政建设和反腐败工作，确保队伍廉洁高效，通过多层次、多角度和卓有成效的协调联动，实现业务工作与党风廉政建设同步发展，实现做事、管人、促廉相结合，实现提高工作水平与保持队伍清正廉洁相协调。

中共中央、国务院印发的《关于加强和改进新形势下高校思想政治工作的意见》(中发〔2016〕31号)(以下简称《意见》)指出，高校肩负着人才培养、科学研究、社会服务、文化传承创新、国际交流合作的重要使命。加强和改进高校思想政治工作，事关办什么样的大学、怎样办大学的根本问题，事关党对高校的领导，事关中国特色社会主义事业后继有人，是一项重大的政治任务和战略工程。《意见》强调，要加强和改善党对高校的领导，要完善高校党的领导体制，坚持和完善普通高校党委领导下的校长负责制。高校党委对本校工作实行全面领导，履行管党治党、办学治校的主体责任，切实发挥着党的领导核心作用。因此，要按照社会主义政治家、教育家标准，选好配强高校领导班子特别是党委书记和校长。高校党委书记主持党委全面工作，履行高校思想政治工作和党的建设第一责任人的职责。校长是学校的法人代表，在党委领导下组织实施党委有关决议，行使高等教育法等规定的各项职权。其他党委班子成员履行“一岗双责”，结合业务分工抓好思想政治工作和党的建设工作。要强化院(系)党的领导，发挥院(系)党委(党总支)的政治核心作用，履行政治责任，保证监督党的路线方针政策及上级党组织决定的贯彻执行。认真执行民主集中制原则，通过院(系)党政联席会议讨论和决定本单位重要事项，健全院(系)集体领导、党政分工合作、协调运行的工作机制，提升班子整体功能和议事决策水平。要加强高校基层党建工作，建立健全高校基层党组织，加强教师党支部、大学生党支部特别是研究生党支部建设，充分发挥党支部战斗堡垒作用。坚持党的组织生活各项制度，组织党员深入开展“两学一做”学习教育，认真做好在高校优秀青年教师、高校学生中发展党员工作，加强党员日常管理监督。要健全地方党委抓高校思想政治工作制度，切实加强组织领导和工作指导，坚持和完善党委定期研究、领导干部联系高校等制度，建立部门协作常态机制，形成党委统一领导、党政齐抓共管、职能部门组织协调、社会各方积极参与的工作格局。高度重视民办高校、中外合作办学中党的建设和思想政治工作，探索党组织发挥政治核心作用的有效途径，完善政策保障和经费支持，为加强和改进高校思想政治工作创造良好条件。

党的十九大报告明确指出“要全面贯彻党的教育方针，落实立德树人根本任务，发展素质教育，推进教育公平，培养德智体美全面发展的社会主义建设者和接班人”。习近平总书记在全国高校思想政治工作会议上强调，“要坚持把立德树人作为中心环节，把思想政治工作贯穿教育教学全过程，实现全程育人、全方位育人，努力开创我国高等教育事业发展新局面”。中国共产党历来十分重视高等学校党的建设，特别是党的十八大以来，党中央就加强高校党的建设、推进全面从严治党做出了一系列重大部署，为抓好高校党的建设指明了努力方向、提供了根本遵循。高校党委全面领导学校工作，全面负责学校党的建设，认真履行管党治党、发展学校的主体责任；党委的主体责任不是抽象的，而是体现在每一位领导干部的“一岗双责”实践中。“一岗双责”是全面从严治党的要求，是落实党内监督的手段之一，是领导干部的岗位职责所在。高校各级领导干部要带头履行“一岗双责”，坚持两手抓“双责”，两手都要硬，对反腐倡廉与业务工作进行共同研究、规划、安排、检查、评估和问责，完善工作机制，层层压实责任并推进落实。

习近平总书记在2016年全国高校思想政治工作会议上强调，做好高校思想政治工作，必须坚持党的领导，使高校成为坚持党的领导的坚强阵地。牢牢掌握党对高校工作的领导权，加强和改进高校党的建设，是办好高校的根本保证。体现在思想政治工作上，就要求各级党委加强领导和指导，掌握工作主导权，党委（党组）书记要多走进高校，多接触师生，多加强同高校知识分子的联系，形成党委统一领导、各部门各方面齐抓共管的工作格局。高校党委承担着管党治党、办学治校主体责任，只有加强高校党的基层组织建设、抓好高校思想政治工作队伍建设，才能使在党爱党、在党言党、在党为党蔚然成风，保证高校思想政治工作队伍后继有人、精力充沛。

坚持全面从严治党，切实履行“一岗双责”，坚决贯彻落实党中央关于全面从严治党的要求和部署，完善工作机制，层层传导压力，层层抓好落实，使管党治党真正走向严紧硬。基层党组织要切实承担起管党治党、办学治校主体责任，把方向、管大局、做决策、保落实，以管党治党的新成效为推进办学治校提供坚强政治保障，使党的领导在各方面、各领域工作都得到充分体现和切实加强，使基层党组织成为引领发展、贴近发展、服务发展的坚强核心。牢固树立“党政同责、一岗双责”意识，切实把全面从严治党贯彻到分管领域的各项业务工作中，为改革发展提供强有力的保障和支撑。

2.落实全面从严治党主体责任规定

学校贯彻落实《党委（党组）落实全面从严治党主体责任规定》精神，学校党委深入贯彻习近平新时代中国特色社会主义思想，增强“四个意识”，坚定“四个自信”，做到“两个维护”，不忘初心、牢记使命，不折不扣落实全面从严治党主体责任，提高战胜各种风险挑战的能力，以全面从严治党新成效推进教育治理体系和治理能力现代化。学校党委结合学校实际落实全面从严治党主体责任，制定学校党委落实全面从严治党主体责任相关实施细则，推动全面从严治党主体责任落深落细落实；党委常委会专题研究全面从严治党工作，紧紧围绕学校改革发展任务分析研判形势，做好全面从严治党工作安排部署。

（1）制定相应制度和办法。

学校为了全面落实党委全面从严治党主体责任，推动全面从严治党向纵深发展，根据《中国共产党章程》《党委（党组）落实全面从严治党主体责任规定》《中国共产党普通高等学校基层组织工作条例》和有关党内法规，制定了《中共百色学院委员会落实全面从严治党主体责任实施办法（试行）》（百院党发〔2020〕15 号），要求全校各级党组织深入贯彻习近平新时代中国特色社会主义思想，增强“四个意识”，坚定“四个自信”，做到“两个维护”，不忘初心、牢记使命，守责、负责、尽责，一以贯之、坚定不移全面从严治党。全校各级党组织和广大党员干部要充分认识全面从严治党的重大意义，切实增强全面从严治党责任感、紧迫感，严格落实全面从严治党主体责任。学校党委要充分发挥党的领导核心作用，党委工作部门要充分发挥具体职能作用，各二级分党委（党总支）要充分发挥政治核心和保证监督作用，党支部要充分发挥战斗堡垒作用。各级党组书记要严格履行全面从严治党第一责任，亲自抓、负总责；分管领导要严格履行分管责任，强化组织协调，具体抓、抓落实；班子其他成员要严格履行“一岗双责”，切实抓好分管领域和联系单位的党建工作，把全面从严治党要求落细落小落实；广大党员要严格履行党员义务，强化责任担当，发挥先锋模范作用。

（2）明确各层级的“一岗双责”工作内容。

第一，学校党委领导班子的责任内容。学校党委是学校全面从严治党的领导者、执行者、推动者，应当坚持党建工作与业务工作同谋划、同部署、同推进、同考核，加强对学校全面从严治党各项工作的领导，层层传导压力，逐级压实责任。一是坚决做到“两个维护”。坚决维护习近平总书记党中央的核心、全党的核心地位，坚决维护党中央权威和集中统一领导，坚决贯彻执行党中央决策部署以及上级党组织决定。二是加强党对学校工作的全面领导。充分发挥学校党委把方向、管大局、保落实的领导作用，认真宣传和执行党的路线方针政策，确保党的理论和路线方针政策在学校贯彻落实。三是坚持把党的政治建设摆在首位。要求各级领导干部旗帜鲜明讲政治，牢固树立政治意识、大局意识、核心意识、看齐意识。严肃党内政治生活，严格执行《关于新形势下党内政治生活的若干准则》，推进“两学一做”学习教育常态化、制度化，严格落实“三会一课”、组织生活会、谈心谈话、民主评议党员、领导干部双重组织生活会等制度，确保党内政治生活的政治性、时代性、原则性、战斗性，营造良好政治生态环境。严守政治纪律、政治规矩，把纪律和规矩挺在前面，教育和督促党员干部始终在政治立场、政治方向、政治原则、政治道路上同党中央保持高度一致。强化理论武装，坚持和完善党委理论学习中心组学习制度，按照上级要求开展党内专题学习教育活动，组织各级党组织和广大党员认真学习党章党规，学懂弄通做实习近平新时代中国特色社会主义思想。领导学校思想政治工作和德育工作，坚持用中国特色社会主义理论体系武装师生员工头脑，培育和践行社会主义核心价值观，引导全校师生坚定理想信念，提高政治定力。加强党对意识形态工作的领导，严格落实意识形态工作责任制，定期分析研判、及时协调解决重大问题，牢牢掌握党对意识形态工作的领导权、管理权和话语权，维护学校安全稳定，促进和谐校园建设。四是完善民主决策机制。认真贯彻落实党委领导下的校长负责制，严格执行《全委会、常委会议事规则》《书记办公会议事规则》《校长办公会议事规则》和重大事项决策程序，健全集体领导和党政分工合作、协调运行的工作机制。实行重要情况报告、决策全程记录等制度。坚持重大事项先调研论证，先征求意见，先评估风险；坚持公开决策过程、决策执行、决策结果，保障师生知情权、参与权和监督权。

加强基层党组织建设。强化基层党组织政治功能和服务功能，充分发挥基层党组织政治核心、战斗堡垒作用,推进学习型、服务型、创新型党组织建设。选优配强管好分党委(党总支)领导班子。推进基层党组织标准化建设,充分发挥教师党支部书记“双带头人”作用,持续整顿软弱涣散基层党组织,切实解决基层党建工作重点难点问题。加强党员队伍教育管理监督服务,推动广大党员发挥先锋模范作用。健全党内激励、关怀、帮扶机制。

坚持党管干部原则。按照干部管理权限负责干部的选拔、教育、培养、考核和监督,依照有关程序推荐校级领导干部和后备干部人选。加强各级领导班子建设、干部队伍建设和人才队伍建设。完善干部选拔任用监督工作机制和信息公开制度,坚决防止和查处选人用人上的不正之风和腐败问题。

深化作风建设。继承发扬党的优良传统和作风,严格贯彻落实中央八项规定精神,持续开展作风整治工作,防范和查处各种隐性、变异的“四风”特别是形式主义、官僚主义问题,反对特权思想和特权现象。对发现的苗头性、倾向性问题,及时约谈、诫勉纠正,问题严重的及时报告上级党组织和纪检监察机关。大兴调查研究之风,推动党员干部经常深入基层,发现并解决不正之风和腐败问题,切实维护师生利益。落实领导班子成员联系基层支部制度、听课制度、接待日制度,推动作风建设常态化、长效化。

强化权力运行制约监督。坚持党务公开、校务公开、信息公开等制度,加快推进制度“废改立”工作,着力构建系统完备、科学规范、运行有效的党的建设制度体系,不断规范权力运行。健全制度可行性论证、合法性审查等机制,不断加强法律监督、民主监督和舆论监督,加强内控体系建设,分类排查廉政风险。

加强党风廉政建设和反腐败工作。抓好统筹谋划、安排部署、制度建设、督查考核等工作。支持纪委严格落实监督责任,聚焦主责主业,深化转职能、转方式、转作风,强化监督执纪问责。重大案件及时研究,重大问题及时解决,重要情况及时听取汇报,做到有案必查、有腐必惩。支持纪律审查,落实述职述责述廉、民主生活会、组织生活会、谈话、函询和领导干部报告个人有关事项等党内监督各项制度。主动接受校纪委对党委领导班子及成员的监督。

加强党的统一战线工作。认真执行《中国共产党统一战线工作条例(试行)》,强化党对统一战线工作的领导,督促落实统一战线方针政策和相关法律法规,充分发挥统一战线的智慧和力量。注重发现、培养、使用、管理好党外代表人士,支持民主党派和无党派人士履行职责、发挥作用。加强对民主党派基层组织建设情况的研判，协助各民主党派加强自身建设。加强思想政治引领，不断深化党外人士对中国特色社会主义道路、理论、制度、文化的认同和对学校党委重大决策部署的拥护与支持。

加强和改进对群团工作的组织领导。贯彻落实《中共中央关于加强和改进党的群团工作的意见》，健全和落实党委统一领导群团组织的制度，把群团建设纳入党建工作总体部署。完善党建带群建工作机制，支持群团组织按照有关规定开展工作，推进党的群团工作改革创新，充分发挥群团组织作为党联系人民群众的桥梁和纽带作用，保持和增强政治性、先进性和群众性。

加强对离退休工作的领导。落实学校《关于进一步加强和改进离退休党组织建设工作的实施意见》，切实加强对离退休工作的领导，充分发挥老同志在学校改革发展稳定中的作用。勇于和善于结合学校实际，切实解决影响全面从严治党的突出问题。

第二，学校党委书记工作职责。党委书记履行全面从严治党第一责任人职责，应当做到重要工作亲自部署、重大问题亲自过问、重点环节亲自协调、重要案件亲自督办；应当管好班子、带好队伍、抓好落实，支持、指导和督促领导班子其他成员、各二级分党委（党总支）书记履行全面从严治党主体责任，发现问题及时提醒纠正。带头学习贯彻上级关于全面从严治党工作部署和要求，做好学习传达、研究谋划、动员部署、责任分解、督办落实、责任追究等组织领导工作。对全面从严治党、党风廉政建设和反腐败工作的安排部署、责任分工、推进落实以及专项工作的请示或报告、述职述责述廉报告等文件材料把关审签，提出明确意见。涉及人事、资金和资源等重要权力运行问题、党务政务公开问题、纪检监察改革问题、群众反映强烈突出问题等，亲自过问把关，认真组织研究解决。对全面从严治党、党风廉政建设工作计划部署、重要问题的研究分析、考核评价及结果运用等重点环节，亲自协调督促。亲自处理重大群众来信来访事件。对上级纪检监察机关交办和学校纪委查办的大案要案，亲自督办。每年主持召开专题会议不少于 2 次，分析研判学校全面从严治党工作形势，研究部署和落实相关工作；每年至少讲 1 次党课。管好班子、带好队伍。对班子成员和二级单位领导班子主要负责人实行严格教育管理监督，及时了解掌握其思想、工作动态和干部群众的评价反映，督促班子成员廉洁从政，发现班子成员有违纪违法问题，及时向上级党组织和纪检监察机关报告。抓好主体责任落实。每年围绕全面从严治党同班子成员、二级分党委（党总支）书记至少谈话1次,督促其履职尽责。带头贯彻民主集中制。认真贯彻党委领导下的校长负责制,支持校长开展工作,严格执行“三重一大”集体决策机制等制度。严格党内组织生活,组织召开领导班子民主生活会,参加所在党支部组织生活会,带头开展批评和自我批评。模范遵守党纪国法,特别是严守党的政治纪律和政治规矩,带头执行《中国共产党廉洁自律准则》《中国共产党纪律处分条例》以及中央八项规定精神,带头接受和支持学校纪委、群众等的监督,管好配偶、子女和其他亲属。每年带头如实向自治区党委组织部报告个人有关事项。加强对查办违纪违法案件的领导,及时听取重大案件情况汇报,支持学校纪委依纪依法办案。加强对全面从严治党的调查研究,了解工作推进情况,发现和解决实践中的突出问题。调查研究应当注重听取党的代表大会代表、党员、干部、基层党组织和群众关于全面从严治党的意见建议。每年按规定向自治区教育工委和百色市委作抓基层党建工作述职;组织领导学校抓基层党建工作述职考评,听取基层党组书记述职。

第三,党委领导班子其他成员主要工作职责。党委领导班子其他成员根据工作分工对职责范围内的全面从严治党工作负重要领导责任,按照“一岗双责”要求,领导、检查、督促分管部门和单位全面从严治党工作,对分管部门和单位党员干部从严进行教育管理监督。履行全面从严治党“一岗双责”。学习贯彻上级和学校党委关于全面从严治党、党风廉政建设工作部署要求,立足自身职责,协助党委书记落实全面从严治党主体责任。严格履行“一岗双责”,自觉把全面从严治党各项要求融入分管业务工作之中,同步推进落实。督促检查指导分管部门和单位落实全面从严治党主体责任工作情况,结合实际制定加强纪律建设、作风建设、廉政教育等具体措施,研究、推动建立健全各项规章制度,抓好落实。研究安排分管部门和单位重点工作和重大事项,尤其是涉及选人用人、大额资金和专项资金使用等事项,严格执行相关法规制度,做好廉政风险防控。每年至少与分管部门和单位的领导班子成员谈话1次,及时了解掌握主体责任落实情况和党员干部廉政情况,提出廉政要求。发现苗头性、倾向性问题时,及时约谈提醒。每年至少开展1次全面从严治党专题调研,针对分管部门和单位的热点难点问题、重点工作推进等情况深入调研。每年在分管范围至少讲1次党课。严格党内组织生活,积极参加领导班子民主生活会和所在党支部组织生活会,结合工作分工,严格对照检查,深入开展批评和自我批评。模范遵守党纪国法,特别是严守党的政治纪律和政治规矩,严格执行《中国共产党廉洁自律准则》《中国共产党纪律处分条例》以及中央八项规定精神，管好配偶、子女和其他亲属。每年如实向自治区党委组织部报告个人有关事项。

第四，学校纪委是学校全面从严治党的监督者、检查者、协助者，对落实主体责任负监督责任。学校纪委在履行全面从严治党监督责任的同时，应当通过重大事项请示报告、提出意见建议、监督推动党委决策落实等方式，协助党委落实全面从严治党主体责任。协助学校党委制定党风廉政建设和反腐败工作规划及年度计划，部署安排具体工作；将党风廉政建设和反腐败工作任务进行分解，督促检查各单位落实惩治和预防腐败工作任务，经常进行检查监督。严格执行《中国共产党廉洁自律准则》《中国共产党纪律处分条例》《中国共产党问责条例》等法规制度，把纪律和规矩挺在前面，准确把握和运用监督执纪“四种形态”。监督检查党的纪律执行情况，坚决维护党章和其他党内法规，严明政治纪律、组织纪律、廉洁纪律、群众纪律、工作纪律、生活纪律。持之以恒反对和纠正“四风”，加强对中央八项规定精神和学校相关规定贯彻落实情况的监督检查，严肃查处违反党规党纪和作风建设规定的行为。认真落实党内监督条例，加强对各级领导班子及领导干部履行职责和行使权力情况的监督。切实加强对人、财、物管理的重点领域和关键环节的监督，严格执行干部选拔任用、工程项目招投标、政府采购等制度规定。加强党内监督、民主监督、社会监督、舆论监督等制度建设，强化对权力运行的监督与制约。深入开展党风廉政教育，加强理想信念、宗旨观念、廉洁自律教育，深化示范教育、警示教育和岗位廉政风险教育，筑牢拒腐防变的思想道德防线。加强党风廉政建设相关制度的建设，强化用制度管权管事管人的各项措施，推进惩治和预防腐败体系建设。严肃查处党员干部违纪违规案件，严格落实案件查办以上级纪委领导为主，线索处置和案件查办在向学校党委报告的同时必须向上级纪委报告的规定。实行“一案双查”，强化责任追究。对因领导不力、监管不严而导致不正之风长期滋生蔓延，或者屡屡出现重大腐败问题而不制止、不查处、不报告的，既追究当事人责任，又追究相关领导责任。

第五，党委工作部门的主要工作职责。党委各工作部门是党委抓全面从严治党的具体执行机关，应当在党委统一领导下充分发挥职能作用，在职责范围内抓好全面从严治党相关工作。

党委办公室要发挥参谋助手作用，收集信息、调研论证，就基层党建工作及时向党委提出建设性的意见建议。发挥综合协调作用，牵头做好党委研究确定的基层党建重要工作,协调解决基层党建工作中遇到的困难和问题,组织安排学校落实全面从严治党主体责任的重要活动和会议。发挥督查督办作用,对各部门和基层党组织贯彻执行党委决策部署情况进行督导检查,确保党委的每一项决策部署都落到实处。

党委组织部要推动全面从严治党主体责任向基层延伸,抓好校内基层党组织和党员队伍建设,落实发展党员和党员教育管理监督服务制度,确保全面从严治党要求落实到每个党支部、每名党员。严明组织人事纪律,选拔、调整和任用干部充分征求纪检监察部门意见,坚决防止选人用人上的不正之风和腐败问题。抓好校内各级领导班子和干部队伍建设,强化领导干部问责工作,及时向学校党委提出调整不适宜担任现职领导干部的意见。把党员干部党风廉政监督纳入干部日常管理监督,统筹安排,检查考核。监督分党委(党总支)执行党内政治生活的有关规定,指导开好领导班子民主生活会。负责领导干部个人有关事项报告工作,开展抽查核实,对违反规定的干部提出处理意见。受理反映领导干部政治、思想、作风、廉洁自律及选人用人方面的问题,做好调查核实工作,及时向学校党委报告党员领导干部违纪违法问题线索并移送纪检监察部门。开展党组书记落实全面从严治党主体责任和党风廉政述职评议考核工作,并加强结果运用。加强党建理论研究,及时总结学校全面从严治党实践经验和理论经验,打造党建工作特色品牌。

党委宣传部要加强理论武装,推动党员干部系统掌握马克思主义基本理论,尤其是习近平新时代中国特色社会主义思想,筑牢拒腐防变的思想理论基础。加强理想信念教育,培育和践行社会主义核心价值观,增强党员干部全面从严治党的思想自觉和行动自觉。牵头协调全校意识形态工作,抓好指导、组织、协调和督查工作,推动分党委(党总支)落实好意识形态工作责任制。把全面从严治党、党风廉政建设的宣传教育纳入整个宣传思想文化工作的总体部署,统筹安排,督促落实。做好校党委中心组秘书工作,把全面从严治党、党风廉政建设作为中心组学习的重要内容,并组织实施。督促指导分党委(党总支)中心组按要求组织相关学习。加强校园网、官方微信微博、校报、广播、报告会、研讨会、讲座、论坛等宣传阵地建设,把握正确舆论导向,注重宣传学校加强全面从严治党的决策部署、进展成效和正反典型,做好热点、敏感问题的舆论引导工作。加强校园文化规划建设,推进大学文化传承创新,打造校园廉政文化精品,宣传廉洁理念,推进廉政文化建设,形成良好的政治生态、文化生态和价值导向。充分利用新媒体推动学校全面从严治党工作,完善信息发布与反馈机制，做好全面从严治党相关舆情信息汇集、分析、研判、预警和处置。

党委统战部要密切联系统战成员，加强对党外人士的廉政教育，引导统战成员中的领导干部严格执行廉洁自律各项规定。加强和改进党外政协委员、党外人大代表的推荐工作，完善相关机制，防止政协委员、人大代表产生过程中出现不正之风和腐败现象。发挥党外人士监督作用，认真听取党外人士的意见建议，强化对权力运行的民主监督，促进权力规范运行。做好党外干部的选拔、培养工作以及党外知识分子、归国留学人员的相关服务工作。全面贯彻党的民族政策，深化民族团结进步教育。全面贯彻宗教工作基本方针，做好抵御和防范宗教渗透工作。

机关党委要加强机关业务部门的思想政治教育，增强落实主体责任的自觉性和主动性。落实学校全面从严治党各项工作部署和要求，推进机关业务部门落实主体责任。发挥机关党组织的示范作用，引领全校各基层党组织落实主体责任。贯彻落实中央八项规定精神，持续深入推进作风建设。配合组织部门对机关领导干部进行考核和民主评议。加强机关文化建设，不断完善和创新机关文化建设机制，建设廉洁型机关。

党委教师工作部要牵头贯彻落实上级和学校党委关于高校教师思想政治工作的决策部署，加强学校教师的思想政治教育工作，不断提升教师思想政治素质，增强教师立德树人、教书育人的责任担当。牵头开展师德师风建设工作，建立健全学校教师职业道德规范和师德师风建设长效机制，组织开展师德师风先进人物评选、师德典型宣传等活动。建立健全教师思想政治和职业道德表现考察制度，负责组织开展教师的思想政治和职业道德评价，协助相关部门做好教师个人课题申报、职称评审、岗位评聘、年度考核、评优评先、职务（级）晋升等事项中的思想政治和职业道德的鉴定工作。做好引进人才（包括引进海外人才，也包括聘用客座教师和兼职教师）的思想政治表现考察工作，协调教学、科研等相关单位开展新入职教师的思想政治、品德学风的综合考察和评价鉴定工作。负责组织开展教师思想政治、职业道德以及管理服务的调查研究工作，组织搜集教师思想动态，抓好涉及教师意识形态的相关工作，指导二级单位开展教师思想教育和管理服务工作。

党委学生工作部要加强大学生思想政治教育，培育和践行社会主义核心价值观，教育引导广大青年学生坚定理想信念、练就过硬本领、勇于创新创造、矢志艰苦奋斗、锤炼高尚品格，培养又红又专、德才兼备、全面发展的中国特色社会主义事业的合格建设者和可靠接班人。加强中华民族优秀文化和时代精神教育，引导大学生在时代和社会的发展进步中汲取营养，培养爱国情怀、改革精神和创新能力。深入进行公民道德教育，引导大学生自觉遵守爱国守法、明礼诚信、团结友善、勤俭自强、敬业奉献的基本道德规范。深入进行素质教育，促进大学生思想道德素质、科学文化素质和健康素质协调发展，引导大学生勤于学习、善于创造、甘于奉献，培养担当民族复兴大任的时代新人。健全和完善大学生安全稳定工作体系和突发事件应急处理机制，定期召开会议研究分析大学生安全稳定形势，维护大学生稳定。配合党委组织部，加强大学生党支部建设，创新支部活动方式，丰富活动内容，不断增强凝聚力、向心力、战斗力；注重党员队伍建设，加强对入党积极分子、大学生党员的教育培养；加强对大学生党支部书记的教育培训。配合党委武装部，组织大学生军训和国防教育。

党委武装保卫部组织开展大学生军事理论教学和军事技能训练等国防教育活动。负责开展平时国防宣传动员准备工作。协助地方武装部开展兵役登记和征兵工作。协调落实“拥军优属、拥政爱民”工作。组织开展法治、国家安全、保密、维护政治稳定、治安保卫、安全防范的宣传教育和应急演练。负责维护校园政治稳定，预防和制止敌对势力的渗透和破坏。负责搜集、整理、研判和报告敌情、社情以及网络舆情信息。协助国家安全部门，制止和查处危害国家安全的行为。

第六，二级学院分党委（党总支）工作职责。二级学院分党委（党总支）是各学院全面从严治党的领导者、执行者、推动者，发挥政治核心作用和保障监督作用，对本单位落实主体责任负全面领导责任。认真履行管党治党责任，每年年初根据学校党建工作安排部署制定党建工作任务并进行责任分解，坚持做到党建与业务工作同部署同落实，加强压力传导，推动工作任务落实。分党委（党总支）书记主动协调与行政班子之间的工作关系，支持行政班子开展工作，坚持民主集中制和党务公开，严格执行党政联席会议等领导班子议事规则和重大事项决策程序，严格执行“三重一大”事项集体决策制度，不断健全议事决策机制，充分发挥领导班子的整体合力。突出抓好党的政治建设。认真落实党中央、自治区党委、百色市委和学校党委关于基层党建工作的重大部署，用习近平新时代中国特色社会主义思想统领教育工作，加强对师生的政治引领，引导师生在政治立场、政治方向、政治原则、政治道路上同以习近平同志为核心的党中央保持高度一致，牢固树立“四个意识”，坚定“四个自信”，坚决做到“两个维护”。坚持中心组学习、教职工理论学习制度。认真贯彻上级和学校党委关于意识形态工作的决策部署，加强意识形态队伍建设和师生思想政治教育，强化课堂教育教学管理、宣传思想阵地管理、网络意识形态管理、有关项目资金管理、重点人员教育管理、各类社团管理，抵御和防范宗教渗透。推进校园文化建设，认真完成承担的文明校园创建工作任务。加强基层党组织建设。深入实施基层党建质量提升计划，贯彻落实《广西高校基层党组织建设标准(试行)》和《2020年全区党支部标准化规范化建设重点任务清单》，深入实施"党员觉悟提高"工程和开展"党建工作再规范化再提高"行动。督促党支部落实"三会一课"，严肃党内生活，定期召开民主生活会和组织生活会，扎实开展党内专题学习教育活动，强化党员党性锻炼，引导广大党员立足本职岗位做贡献。认真贯彻落实《中国共产党发展党员工作细则》，注重从青年骨干教师和优秀大学生中发展党员，严格执行发展党员工作责任制，严格党员政治标准，确保党员发展质量。组织开展党支部书记抓党建工作述职。结合学院实际，加大创新力度，凝练特色做法，打造特色品牌，抓好本单位党建特色项目建设。加强学生工作制度建设、队伍建设和团组织、学生会建设，严格大学生日常教育管理，高度重视大学生就业创业，大力开展丰富多彩的团学活动，提高大学生综合素质，确保学生工作稳定。积极创建基层服务型党组织，建立健全联系服务群众的长效机制，完善和落实二级党组织班子成员联系党支部工作制度，倾听党内外群众的意见和呼声。关心支持青年教师成长，建立困难党员动态管理台账，做好家庭经济困难师生党员帮扶工作。健全党内激励关怀帮扶机制，增强党组织的凝聚力和党员的归属感。开展在职党员进社区"双报到"活动，组织在职党员到社区开展服务活动。

深入贯彻落实中央八项规定精神，持续开展"四风"问题尤其是形式主义、官僚主义突出问题的治理。深化廉政风险防控工作，加强督促检查，着重加强对评优评先、入党、干部选拔、招聘、职称评定、奖助贷困补评定等工作的监督。运用好监督执纪"四种形态"尤其是"第一种形态"，健全日常约谈制度，强化日常关心和监督，发现苗头性、倾向性问题及时谈话提醒。

高度重视安全稳定工作，大力开展安全防范和法制教育，开展大学生心理咨询和心理健康教育，建立健全治安、消防工作预案和防控机制，做好矛盾纠纷调处工作，确保学校大局稳定。扎实做好统战、群团和教代会工作，配合做好处科级干部选拔任用、教育培训、考核考察等工作。

分党委(党总支)书记认真履行第一责任人职责，带头学习贯彻校党委关于党建工作的安排部署和要求，及时做好学习传达、研究谋划、动员部署、责任分解、督办落实、责任追究等组织领导工作，组织制定本单位党建工作任务。每学期至少召开1次专题会议研究党建工作，到所辖党支部专题调研2次党建工作。坚持民主集中制，严格执行党政联席会、“三重一大”集体决策机制等制度。严格执行党内组织生活制度，每年组织召开领导班子民主生活会，积极参加所在党组织生活会，带头开展批评和自我批评。每学期与所辖党支部书记至少谈话1次，督促其履职尽责，落实相关党建责任。指导督促落实“三会一课”、党员发展等工作，不断增强基层党组织凝聚力和战斗力。指导开展党建特色项目申报工作，带头组织申报党建课题每年至少1项。落实抓意识形态工作责任制，加强宣传思想阵地建设，深入开展社会主义核心价值观教育和精神文明创建，每年至少为党员干部、师生员工上1次党课，牢牢把握宣传思想工作和意识形态工作领导权。带头严守政治纪律和政治规矩，带头贯彻落实中央八项规定精神，持续推进作风建设。带头执行联系支部制度、听课制度等，定期深入基层一线调查研究，听取师生员工意见、建议，切实维护群众利益。认真履行党风廉政建设第一责任人责任，严格落实“一岗双责”，加强对领导班子成员和本单位中层负责人的日常教育管理和监督，认真落实廉政谈话、廉政党课、检查考核等制度，有针对性地提出具体要求，督促其履职尽责。对于苗头性、倾向性的问题，抓早抓小，及时谈话提醒并督促整改；对于问题比较严重的，及时向学校党委、纪委报告。主动配合和服从校纪委对班子成员的监督，配合和保障校纪委依纪依法办案。支持本单位纪委书记（纪检委员）的工作。抓好群团和统战工作，加强对群团工作的指导，强化党建带团建成效。每年向校党委作抓基层党建工作述职；组织领导本单位党支部书记抓基层党建工作述职考评，听取所辖党支部书记述职。

其他班子成员认真履行分管领域党建工作责任，将党建工作与分管业务同步推进落实。每学期至少深入基层专题调研1次党建工作，为单位党员干部和师生上1次专题党课或作1次形势报告。积极协助分党委（党总支）书记做好基层党建工作，认真完成基层党组织分解的各项党建工作任务。主动听取分管领域党建工作汇报，及时解决工作中的问题。严格党内组织生活，积极参加领导班子民主生活会和所在党支部组织生活会，结合工作分工，严格对照检查，深入开展批评和自我批评。密切联系群众，定期深入基层一线调查研究，听取师生员工意见、建议，切实维护群众利益。每年至少与分管领域教职工谈话1次，及时了解掌握其思想和工作状况，了解群众反映、主体责任落实情况和党员干部廉政情况，并提出具体要求。发现苗头性、倾向性问题时，及时约谈提醒和纠正，并留下记录；对于问题比较严重的，及时向党委报告。严格遵守党的政治纪律和政治规矩，带头贯彻落实中央八项规定实施细则精神和廉洁自律各项规定，认真履行党风廉政建设“一岗双责”。

第七，党支部是具体落实全面从严治党主体责任的组织者、实施者、执行者，要发挥战斗堡垒作用，除认真贯彻落实《党支部工作条例》有关要求外，重点履行好落实、引导、教育、监督、管理责任。突出政治功能。宣传贯彻执行党的主张、决定，团结动员广大师生群众，推动学校改革发展。落实好思想政治工作。用习近平新时代中国特色社会主义思想武装党员师生头脑，坚定理想信念。针对师生群众实际，做好思想政治工作。从严教育管理党员。按照上级要求扎实开展党内专题学习教育活动，结合本单位、本支部实际，定期组织开展主题党日活动，强化党员党性锻炼，引导广大党员立足本职岗位做贡献，充分发挥广大党员的先锋模范作用。创新党员管理手段和方式，切实提升党员管理科学化水平。落实好群众工作。密切联系师生群众，经常听取意见建议，了解、分析并反映师生员工思想状况，维护党员师生群众正当权益。严格组织生活。认真落实“三会一课”、民主生活会、组织生活会、民主评议党员、谈心谈话、主题党日、领导干部讲党课等组织生活制度。严格按照《中国共产党发展党员工作细则》和学校党委的相关要求，做好党员发展工作，严格掌握标准和程序，确保党员发展质量。党支部书记和支委成员带头践行党的群众路线，带头改进工作作风，不断增强党的意识、党员意识，在党建工作和业务工作上充分发挥示范引领作用。

党支部书记全面负责党支部的日常工作，具体承担落实全面从严治党要求的责任。带头学习贯彻上级党组织关于党建工作的安排部署和要求，制定支部党建工作任务，加强对本支部党建工作的领导，落实主体责任。负责抓好党支部学习，将党章和党内有关规定列入学习计划，带头学习，带头讲党课，全面提高支部成员的思想政治认识、廉洁自律意识、业务能力和决策水平。改进工作作风，坚决纠正师生党员的“四风”行为，推进师德师风建设和学风建设，提高师生党员的党性修养。严格执行党内组织生活制度，组织落实好“三会一课”制度，定期组织召开组织生活会，带头开展批评和自我批评。认真做好发展党员工作，确保程序严谨、材料规范。带头遵守党纪国法、校规校纪，立足岗位，率先垂范，并自觉接受组织、师生监督。加强对党支部成员的监督，发现倾向性、苗头性问题要及时指出纠正，及时提醒告诫。按照上级要求,向上级党组织作抓基层党建工作述职,全面准确地报告有关情况,接受监督和评议。督促指导支部其他委员开展工作。

党支部委员在党支部委员会的集体领导下,按照分工,主动支持配合支部书记开展工作,协助支部书记抓好支部建设,做好党员发展和党员教育管理监督服务工作,积极了解、分析党员思想状况,经常听取党员和群众的意见和建议,并及时向党组织反映。

全体党员在履行党章规定的义务外,要对照"四讲四有"合格党员标准,立足岗位实际,主动为师生群众办实事、做好事、解难事,充分发挥党员先锋模范作用,争做优秀共产党员,为学校改革发展做出优异成绩。党员干部要带头践行党员干部行为规范,不断提高适应新时代、实现新目标、落实新部署的能力,不断加强作风建设,以身作则、发挥示范带头作用。党员教师要发挥专业优势,立德树人、教书育人,对青年教师传帮带,指导大学生成长成才,争做"四有"好老师,争当"四个引路人",坚持"四个相统一"。党员大学生要爱党爱国爱校、向真向善向美、勤学修德明辨笃实,成为有理想、有本领、有担当的时代新人。

(3)在教育管理工作中落实好"一岗双责"。

按照中央部署深入学习贯彻党的十九大精神,根据学校工作提出的新要求,教育管理者要坚持公道正派,提高道德修养,树立良好形象,着力解决在政治坚定性、品德纯洁性、行为先进性等方面存在的突出问题,把教职员工打造成一支落实"一岗双责"、坚持廉洁从政的队伍,使其更好地为学校教育事业发展服务。一是增强责任意识。责任意识是任何职业道德规范的基本要求。只有增强责任感,履行职责的意识才能强,反之亦然。所以,管理队伍的责任意识至关重要,它直接决定着教育的成败、大学生的个人发展。二是增强大局意识。大局就是大势,也就是发展趋势。增强大局意识就要认识大局、把握大局、服从和服务大局,始终做到工作目标围绕大局来制定,工作思路围绕大局来谋划,工作措施围绕大局来落实,工作成效围绕大局来考核。大局意识要求我们分析问题、解决问题时要站在全局的高度,坚持学生利益、学校利益高于一切。那些只盯着自己具体分工,不考虑与分工联系紧密且有连带责任的工作,违背"一岗双责"要求的现象,就是缺乏大局意识的表现。三是增强协作意识。同心山成玉,协力土变金。一个单位,如果组织涣散、人心浮动,人人自行其是,集体一盘散沙,何来生机与活力,哪有形象与成绩?在一个缺乏凝聚力的环境里,个人再有雄心壮志,再有聪明才智,再有丰富的经验,也不可能得到很好的发挥！团结协作历来是日常教学的一大法宝，能否坚持好“一岗双责”，在很大程度上取决于有无团结协作意识。要建立和谐的信赖关系，营造良好的人际氛围，必须积极参加集体活动，增强团结协作意识。参加集体活动，可以增强我们的团结协作意识，进而产生协同效应。当我们在工作中遇到困难，内心彷徨、犹豫不决的时候，同事之间发自内心的鼓励和帮助，可使我们感受到团队的巨大力量。四是要增强创新意识。围绕工作中的热点、难点问题积极探索，拓宽创新途径。真抓实干，丰富创新手段，把心思和精力凝聚到干事业、抓落实上，以调查研究为推动工作的基本方法，及时发现工作中带有倾向性的问题。

（二）依法治校，制度约束，政策保障到位

党的十八大报告提出要完善中国特色社会主义法律体系，我国目前正在全面推进法治建设，社会各项事业都在贯彻依法治国的重要精神。依法治校的开展，是对这一政策方针的切实落实，在推进社会主义法治建设过程中，使法治在高校的运行管理中充分发挥作用。

1.全面推进依法治校，完善学校法人治理结构

2019 年 11 月 7 日，教育部网站发布了《中共教育部党组关于教育系统学习贯彻党的十九届四中全会精神的通知》（以下简称《通知》）。这份由教育部党组成文于 11 月 6 日的《通知》，根据党中央部署，结合教育系统实际，就教育系统认真学习贯彻党的十九届四中全会精神有关工作和要求做了全面部署。《通知》指出，教育是“国之大计、党之大计”，在我国国家制度和国家治理体系中具有基础性、战略性、全局性、先导性的重要作用。全面落实全会精神，要坚持以习近平新时代中国特色社会主义思想为指导，紧密结合教育实际，抓紧就党中央明确的国家治理急需的制度、满足人民对美好生活新期待必备的制度进行研究和部署。要聚焦全党共同推进的改革任务、教育系统专责推进的改革任务、需要教育系统协同推进的改革任务、需要率先探索的改革任务、需要教育系统对重大改革提供研究咨询评价服务五种类型，推进制度创新和治理能力建设，为坚持和完善中国特色社会主义制度、推进国家治理体系和治理能力现代化提供人才智力支撑。《通知》指出：“提高运用法治思维和法治方式抓治理的能力。全面推进教育法治建设，切实增强广大干部师生尊法学法守法用法意识。加快推进教育立法，增加制度供给，研究制定学前教育法，推动修订教育法、职业教育法、教师法、学位条例。加强教育行政执法工作，健全依法行政机制，完善教育制度实施体系。全面推进依法治校，完善学校法人治理

结构,提升学校内部治理水平。加强青少年宪法法治教育,提高教育系统普法水平。”

第一,依法提升学校治理能力现代化。全面推进依法治校,完善高校依法治理体制机制,优化内部治理结构,是完善现代大学制度、推进高校治理能力现代化、实现可持续发展的内在需要和客观要求。学校要不断增强法治思维,着力加强依法治校的体制机制建设,深化教育综合改革,持续推进学校治理能力现代化。

第二,营造崇尚法治的校园环境。党的十九届四中全会提出,必须弘扬社会主义法治精神,建设社会主义法治文化,增强全社会厉行法治的积极性和主动性,形成守法光荣、违法可耻的社会氛围,使全体人民都成为社会主义法治的忠实崇尚者、自觉遵守者、坚定捍卫者。高校作为培养社会主义事业的合格建设者和可靠接班人的基地,要大力弘扬法治精神,营造浓厚法治文化氛围,形成守法光荣、违法可耻的校园环境,这不仅是贯彻党的十九届四中全会精神的必然要求,也是推进依法治校的前提和保障,更是高校人才培养的前瞻之举。

第三,章程是高等学校建设发展的核心指导纲领,也是高校实现依法治校的重要工具,其法律地位和效力得到了相关法律法规的确认,是高校日常运行中一切管理和教学工作必须遵守和执行的最高准则。近年来,国家对高等教育的发展日益重视,颁布了各种文件来规范高校建设,提出了“依法治校,按章办学”的指导思想,要求高校不断建设和完善学校章程,明确了高等学校章程建设的重要性。高等学校章程是高校管理和运行的核心文件,它将国家法律法规和学校规章制度结合在一起,是高校依法治校的基础和依据,对高校建设管理的各项工作起到总体的约束和指导作用。

第四,依法治校是落实全面依法治国在高校治理中的具体体现。依法治校是学校治理的基本理念,也是学校管理的基本方式。教育部早在1999年就提出了依法治校的要求,2003年印发了《教育部关于加强依法治校工作的若干意见》,2013年又发布《全面推进依法治校实施纲要》。从《全面推进依法治校实施纲要》来看,全面提升学校依法治校的能力和水平被提上了教育部门和学校的议事日程。在这样的大背景下,对于高校学生事务而言,需要运用法治思维和法治方式,实现依法治理,进而推动高校学生事务的发展。

一是高校学生事务管理的法治思维。法治思维是指管理者在法治理念的指引下,立足法治精神和客观事实,运用法律法规来分析和解决问题的思维方式。这是一种不同于依靠主观意识进行判断和决定的思考方式。高校学生事务的法治思维主要包含以下几个方面的内容：首先，将依法治国的总要求严格落实到教育领域，真正实现依法治校。众所周知，依法治国是中国特色社会主义建设的基本方略，它需要在所有领域实现全覆盖。教育领域应该抓住契机，积极深入推进依法治校的进程。其次，加强以大学章程为核心的制度体系，尤其是和高校学生事务管理密切相关的制度建设，如《高等教育法》《普通高等学校学生管理规定》等。制度是管理的基本保障，只有完善的制度建设，管理才能有法可依、有章可循。最后，高校学生事务管理要在依法治校的框架内，严格履行对应职责，将高校学生事务置于公平公正公开的环境，积极构建和谐校园。

二是在高校学生事务管理中运用法治思维有着现实意义。首先，全国上下都处在积极推进依法治国的大背景下，在高校学生事务中运用法治思维符合时代要求。其次，随着高校学生事务管理对象的诉求日渐增多，高校学生事务管理工作要求越来越精细、越来越规范。最后，高校学生事务管理工作也在实践中不断总结，由过去相对零散转向如今相对成熟和完善。

2.依法治校，推进治理体系和治理能力现代化，加快实现高水平应用型大学成型发展

2020 年 6 月 23 日，学校党委书记唐拥军在第三届教职工代表大会暨工会会员代表大会第四次会议闭幕式上指出，为贯彻落实党的十九届四中全会精神，推进学校治理体系和治理能力现代化，需要注意几点事项和把握好几个原则问题，并提出了工作要求和希望。

第一，深刻领会党的十九届四中全会的重大意义，正确认识高校治理体系和治理能力现代化与国家治理现代化的关系。

党的十九届四中全会是我们党站在“两个一百年”奋斗目标历史交汇点上召开的一次十分重要的会议，会议从党和国家事业发展的全局和长远出发，明确了坚持和完善中国特色社会主义制度、推进国家治理体系和治理能力现代化的总体目标。即到我们党成立一百年时，在各方面制度更加成熟更加定型上取得明显成效；到 2035 年，各方面制度更加完善，基本实现国家治理体系和治理能力现代化；到新中国成立一百年时，全面实现国家治理体系和治理能力现代化，使中国特色社会主义制度更加巩固、优越性充分展现。全校师生员工必须站在党和国家事业发展全局高度，充分认识这次全会的深远历史意义，准确领会党的十九届四中全会精神，进一步增强“四个意识”，坚定“四个自信”，做到“两个维护”，切实把思想和行动统一到全会精神上来。

高校治理体系和治理能力现代化是国家治理体系和治理能力现代化的重要组成部分，是新时代中国大学推进内涵式发展、提升综合竞争力的内在需求。高校肩负着“人才培养、科学研究、社会服务、文化传承创新、国际交流合作”的重要使命，承担着“为人民服务，为中国共产党治国理政服务，为巩固和发展中国特色社会主义制度服务，为改革开放和社会主义现代化建设服务”的重托，高校治理体系和治理能力现代化直接关系到“培养什么人、如何培养人、为谁培养人”的根本问题。因此，我们学校也要审时度势、顺势而为、乘势而上，通过理念、制度、能力、方法等的革故鼎新，不断完善治理体系、提升治理能力；要把深入学习贯彻党的十九届四中全会精神，推进学校治理体系和治理能力现代化，当成现阶段和今后工作的重大任务。

第二，坚持党对学校工作的全面领导，不断完善内部治理制度和组织架构，推进学校治理体系现代化。

党的十九届四中全会强调，坚持党的全面领导是保持政治稳定、确保国家始终沿着社会主义方向前进的根本保证。这也是我们学校治理现代化体现社会主义办学方向、为中国特色社会主义现代化建设服务的根本保证。习近平总书记指出：“办好我国高等教育，必须坚持党的领导，牢牢掌握党对大学工作的领导权，使大学成为坚持党的领导的坚强阵地。”

高校治理现代化，就是在学校党委领导下的校长负责制的基本制度下，在法治思想的指导下，不断健全学校内部治理制度，通过科学有效的制度，协调处理好政治权力、行政权力、学术权力和民主权力等各种权力之间的关系，提高规范管理学校各项事务和增强依法治校、民主治校的综合能力，包括培养高素质创新人才的能力、吸引和集聚高水平师资的能力、科学研究与自主创新的能力。所以，治理体系和治理能力现代化的前提是有法可依，有制度可循。高校治理的“法”已有《中华人民共和国教育法》《中华人民共和国高等教育法》等国家法律法规，在国家法律法规框架指导下，内部治理制度就是我们治理体系的重要内容和规范各种权力运行的主要依据。我们要建立健全新时代大学制度体系，推进学校治理现代化。

近年来，学校的内部治理制度随着学校的发展不断完善，基本能满足内部治理的需要，但相对于成型发展的“高水平应用型大学”和治理能力现代化的要求还存在一定的差距。尽管我们依法治校、民主治校的理念意识已经初步形成,并不断强化,但由于学校发展太快,积淀积累不够,导致内部治理制度还有缺失或急需改革完善的地方,比如,大的方面,我们的内部控制制度、档案管理制度、绩效工资分配制度、应急管理制度、校园传染病防治制度、干部职工成长激励制度等,都还须不断完善;小的方面,各学院、各部门针对日常运行中常见的事务制定的制度和流程还很不够,按传统习惯办事的情况多,按成文制度和流程办事的情况少。

推进学校治理现代化,健全完善治理制度是前提,同时要有与之相匹配的治理组织架构,如此,制度才有载体,才不会变成一纸空文。当前,学校治理组织架构"定岗、定编、定人"的框架已基本形成,但一些治理一线的单位还存在"有岗无责""有责无岗"或岗位之间职责划分不清等问题,工作中推诿扯皮现象时有发生。二级学院、各职能部门是推进学校治理现代化的前沿阵地,是我们健全完善治理组织架构的重点对象,我们要在机构设置、人员配置和相应的职责设置上下功夫,按照科学治理原理,结合学校目标需求和发展实际,构建责权利相适配的组织体系。

第三,狠抓制度贯彻落实,切实提升治理效能,推进学校治理能力现代化。

治理能力现代化就是执行者、管理者高效贯彻落实制度,让治理制度功能得到充分发挥,进而转化成治理效能,使综合治理能力得到有效提升,推动治理体系不断优化升级的良性循环过程。推进学校治理体系和治理能力现代化,健全完善制度和组织架构是前提和基础,狠抓制度贯彻落实是关键。

如何狠抓制度贯彻落实,切实提升治理效能呢?那就要做到"有法可依、有法必依、执法必严、违法必究"。"有法可依"是前提和基础,即前面所讲的要尽快梳理健全各种治理制度和组织架构,形成科学规范并行之有效的治理体系,让学校各项事务管理实现有章可依、有度可循。"有法必依"是中心环节,要想制度发挥作用,学校任何组织和个人都必须遵守规章制度,按制度办事,用制度管人。"执法必严"是关键,制度的功能发挥得好不好,关键看执行得严不严、落实得到不到位。制度制定了却不严格执行,制度就会变成纸上谈兵,毫无作用。"违法必究"是保障,是维护制度尊严,使制度公平公正发挥治理功能的保障。对违反制度的行为不能做和事佬,不能怕得罪人,该罚的要罚,该追究责任的要严肃追究责任。

在完善的治理体系和高效的治理能力下,学校日常运行应该是按制度和流程自动、自主、自我循环的,而不是靠领导推动的。因此,各学院、各部门要按照"有法可依、有法必依、执法必严、违法必究"的要求,树立法律至上、制度至上的意识,不能以“约定俗成”的传统或惯例代替学校治理制度，要以法律制度作为学校治理的准绳；“法不授权不可为”，要在法律制度规定的范围内行使权力，要严格履行法律制度赋予的权利义务；要增强法律制度面前人人平等的观念，不管是领导干部还是普通职工，都应严格遵守并认真贯彻学校的治理制度，不允许有超越法律制度之上的特权，违反制度规定或贯彻执行不到位的，都应一视同仁承担相应的责任。

第四，在健全制度和治理组织架构的过程中，要把握好以下几个原则：

一是要紧扣立德树人这一根本任务，全面贯彻《中华人民共和国教育法》《中华人民共和国高等教育法》和习近平总书记关于教育的重要论述，充分尊重教育发展规律和人才成长规律。

二是以百色学院章程为核心，以建设具有百色精神的高水平应用型大学、培养具有百色精神的高水平应用型人才目标为导向。

三是要本着“于法周延、于事简便”的原则，充分开展调查研究，民主征求意见，多倾听民意；要追求系统完备、科学规范、运行有效、能够准确体现党的主张和师生意愿的法律制度和组织架构。

第五，实施“治理体系和治理能力现代化建设年”的希望和要求。

一是希望全校师生员工增强责任感和使命感。希望大家把自己的命运和学校的兴衰荣辱密切联系起来，以高度的主人翁责任感和使命感积极参与建章立制、高效履职的行动。如果大家都有“舍我其谁”的责任感和“时不待我”的紧迫感，学校的治理制度体系就会迅速建立健全、治理效能就会快速提升、改革发展就会快马加鞭，就能及时抢抓发展机遇，推动各项事业高质量发展。

二是希望党员领导干部充分发挥先锋模范作用。孔子曰：“子帅以正，孰敢不正。”党员领导干部是学校的风向标，具有鲜明的引领、导向作用。制度制定、执行得好不好，工作落实得到不到位，很大程度上取决于各级党员领导干部有没有充分发挥表率和模范作用。充分发挥党组织和党员领导干部的先锋模范作用，能在全校形成一种上行下效、比学赶超的良好氛围，促使广大师生员工团结一致、上下齐心推动各项工作向前发展。

三是希望建立和执行严格的考评奖惩制度。建立完善考评奖惩制度的目的是激发工作热情、促进工作落实、提高工作效能。如果考评奖惩制度制定不好，执行不严或者不公平、不公正，就会打击教职员工的积极性。只有建立健全激励干部职工新时代新担当新作为的一系列制度体系，才能引导全校上下同心，抢抓机遇，创造条件，排除万难，各施所能，实现持续、健康的快速发展。

（三）配齐建强党建和思想政治工作队伍，人员保障到位

1.大学生思想政治教育工作队伍的选拔、培养和管理机制

（1）大学生思想政治教育工作队伍主体是学校党政干部和共青团干部、思想政治理论课和哲学社会科学课教师，以及辅导员和班主任。

《中共中央国务院关于进一步加强和改进大学生思想政治教育的意见》指出，思想政治教育工作队伍是加强和改进大学生思想政治教育的组织保证。学校党政干部和共青团干部负责大学生思想政治教育的组织、协调、实施；思想政治理论课和哲学社会科学课教师根据学科和课程的内容、特点，负责对大学生进行思想理论教育、思想品德教育和人文素质教育；辅导员、班主任是大学生思想政治教育的骨干力量，辅导员按照学校党委的部署有针对性地开展思想政治教育活动，班主任负有在思想、学习和生活等方面指导大学生的职责。要采取切实措施，培养一批坚持以马克思主义为指导，理论功底扎实，勇于开拓创新，善于联系实际，老、中、青相结合的哲学社会科学学科带头人和教学骨干队伍，使他们在大学生思想政治教育中发挥更大的作用。所有从事大学生思想政治教育的人员，都要坚持正确的政治方向，加强思想道德修养，增强社会责任感，成为大学生健康成长的指导者和引路人。在事关政治原则、政治立场和政治方向问题上不能与党中央保持一致的，不得从事大学生思想政治教育工作。

广大教职员工都负有对大学生进行思想政治教育的重要责任。要制定完善有关规定和政策，明确职责任务和考核办法，形成教书育人、管理育人、服务育人的良好氛围和工作格局。教师要提高师德和业务水平，爱岗敬业，教书育人，为人师表，以良好的思想政治素质和道德风范影响和教育大学生。学校管理工作要体现育人导向，把严格日常管理与引导大学生遵纪守法、养成良好行为习惯结合起来。后勤服务人员要努力搞好后勤保障，为大学生办实事办好事，使大学生在优质服务中受到感染和教育。

按照政治强、业务精、纪律严、作风正的要求，坚持专兼结合的原则，研究和制定加强高校思想政治教育工作队伍建设的具体措施，吸引更多的优秀教师从事大学生思想政治教育工作。要加强思想政治教育学科建设，培养思想政治教育工作专门人才。实施大学生思想政治教育队伍人才培养工程，建立思想政治教育人才培养基地。选拔推荐一批从事思想政治教育的骨干进一步深造，攻读思想政治教

育相关专业的硕士、博士学位,学成后专职从事思想政治教育工作。采取有效措施,组织他们参加社会实践、挂职锻炼、学习考察等活动,不断提高其工作能力和水平。要建立完善大学生思想政治教育专职队伍的激励和保障机制。完善思想政治教育队伍的专业职务系列,从思想政治教育专职队伍的实际出发,解决好他们的教师职务聘任问题,鼓励支持他们安心本职工作,成为思想政治教育方面的专家。建立专项评优奖励制度,定期评比表彰思想政治教育工作先进集体和个人,树立、宣传、推广一批先进典型。

要采取有力措施,着力建设一支高水平的辅导员、班主任队伍。院(系)的每个年级都要按适当比例配备一定数量的专职辅导员,每个班级都要配备一名兼职班主任,鼓励优秀教师兼任班主任工作。辅导员、班主任工作在大学生思想政治教育第一线,任务繁重,责任重大,学校要从政治上、工作上、生活上关心他们,在政策和待遇方面给予适当倾斜。

(2)加强教师队伍和专门力量建设,落实人员编制。

《关于加强和改进新形势下高校思想政治工作的意见》(中发〔2016〕31 号)指出,要加强教师队伍和专门力量建设。强调要提升教师思想政治素质,加强思想政治工作,建立中青年教师社会实践和校外挂职制度,加强师德师风建设,增强教师教书育人的责任担当。要完善教师评聘和考核机制,增加课堂教学权重,引导教师将更多精力投入课堂教学中,完善教师职业道德规范,实施师德"一票否决"。高校思想政治工作队伍和党务工作队伍具有教师和管理人员双重身份,要纳入高校人才队伍建设总体规划,形成一支专职为主、专兼结合、数量充足、素质优良的工作队伍。

《教育部关于进一步加强高等学校学生资助工作机构建设的通知》(教人〔2006〕6 号)指出,各高校要加强学生资助管理中心人员队伍建设。原则上按学校全日制普通本专科生、研究生在校生规模 1∶2500 的比例,在现有编制内调剂落实编制,并配备相应的专职工作人员。要切实加强学生资助工作人员的选拔、培养和使用工作,不断提高他们的思想政治素质、政策业务水平和实际工作能力,为进一步做好资助家庭经济困难学生工作提供组织保证。要求各高校要根据核定的学生资助管理中心的人员编制,足额安排全面做好学生资助工作所需的工作经费,提供必要的办公场所,配备必需的办公设备,提供相应的保障条件。高校每年从学费收入中按 10%的比例提取经费由学生资助管理中心专项用于学生资助工作。

教育部《普通高等学校辅导员队伍建设规定》(43 号令)规定,高等学校应当按总体上师生比不低于 1∶200 的比例设置专职辅导员岗位,按照专兼结合、以专为主的原则,足额配备到位。专职辅导员是指在院(系)专职从事大学生日常思想政治教育工作的人员,包括院(系)党委(党总支)副书记、学工组长、团委(团总支)书记等专职工作人员,他们具有教师和管理人员双重身份。高等学校应参照专任教师聘任的待遇和保障,与专职辅导员建立人事聘用关系。高等学校可以从优秀专任教师、管理人员、研究生中选聘一定数量兼职辅导员。兼职辅导员工作量按专职辅导员工作量的三分之一核定。

根据《广西高校学生心理健康教育工作基本建设标准实施意见(试行)》(桂教思政〔2013〕23 号)规定,大学生心理健康教育师资队伍要按 1∶4000 的师生比(全日制在校本专科生、研究生)配备高校心理健康教育专职教师。在校生总数少于 1 万人的高校,每校至少配备 2 名专职教师,并根据学校的实际情况配备兼职教师。专兼职教师必须持证上岗,专职教师每年须接受不低于 40 学时的专业培训和参加 1 次以上自治区级心理专业学术会议,兼职教师每年须接受不低于 10 学时的专业培训。

(3)辅导员队伍能力建设及工作要求。

一是辅导员职业能力标准。教育部《高等学校辅导员职业能力标准(暂行)》指出,高校辅导员是履行高等学校学生工作职责的专业人员,要经过系统的培养与培训,具有良好的职业道德,掌握系统的专业知识和专业技能,并制定了高校辅导员队伍职业能力标准。

辅导员职业一般分为三个等级,分别为初级、中级、高级;职业能力特征主要是政治强、业务精、纪律严、作风正。辅导员要求具备思想政治教育工作相关学科的宽口径知识储备,较强的组织管理能力和语言、文字表达能力,以及教育引导能力、调查研究能力等。其职业守则主要有:①爱国守法。热爱祖国,热爱人民,拥护中国共产党的领导,拥护中国特色社会主义制度。遵守宪法和法律法规,贯彻党的教育方针,依法履行教育职责,维护校园和谐稳定。不得有损害党和国家利益以及不利于大学生健康成长的言行。②敬业爱生。热爱党的教育事业,树立崇高职业理想,以献身教育事业、引领大学生思想和服务大学生成长为己任。真心关爱大学生,严格要求大学生,公正对待大学生。不得损害大学生和学校的合法权益。在职责范围内,不得拒绝大学生的合理要求。③育人为本。把握思想政治教育规律和大学生成长规律,引导大学生树立正确的世界观、人生观和价值观。增强大学生社会责任感、创新精神和实践能力。尊重大学生独立人格和个人隐私,保护大学生自尊心、自信心和进取心,促进大学生全面发展,努力培养社会主义事业的合格建设者和可靠接班人。④终身学习。坚持终身学习,勇于开拓创新,主动学习思想政治教育理论、方法及相关学科知识,积极开展理论研究和实践探索,参与社会实践和挂职锻炼,不断拓展工作视野,努力提高职业素养和职业能力。⑤为人师表。学为人师,行为世范。模范遵守社会公德,引领社会风尚,以高尚品行和人格魅力教育感染大学生。不得有损害职业声誉的行为。

二是辅导员工作的要求和工作职责。

辅导员工作的要求:恪守爱国守法、敬业爱生、育人为本、终身学习、为人师表的职业守则;围绕大学生、关照大学生、服务大学生,把握大学生成长规律,不断提高大学生思想水平、政治觉悟、道德品质、文化素养;引导大学生正确认识世界和中国发展大势、正确认识中国特色和国际比较、正确认识时代责任和历史使命、正确认识远大抱负和脚踏实地,成为又红又专、德才兼备、全面发展的中国特色社会主义事业的合格建设者和可靠接班人。

辅导员的主要工作职责:第一,思想理论教育和价值引领。引导大学生深入学习习近平总书记系列重要讲话精神和治国理政新理念新思想新战略,深入开展中国特色社会主义、中国梦宣传教育和社会主义核心价值观教育,帮助大学生不断坚定中国特色社会主义道路自信、理论自信、制度自信、文化自信,牢固树立正确的世界观、人生观、价值观。掌握大学生思想行为特点及思想政治状况,有针对性地帮助大学生处理好思想认识、价值取向、学习生活、择业交友等方面的具体问题。第二,党团和班级建设。开展大学生骨干的遴选、培养、激励工作,开展大学生入党积极分子培养教育工作,开展大学生党员发展和教育管理服务工作,指导大学生党支部和班团组织建设。第三,学风建设。了解熟悉大学生所学专业的基本情况,激发大学生学习兴趣,引导大学生养成良好的学习习惯,掌握正确的学习方法。指导大学生开展课外科技学术实践活动,营造浓厚的学习氛围。第四,大学生日常事务管理。开展入学教育、毕业生教育及相关管理和服务工作。组织开展大学生军事训练。组织评选各类奖学金、助学金。指导大学生办理助学贷款。组织大学生开展勤工俭学活动,做好大学生困难帮扶。为大学生提供生活指导,促进大学生和谐相处、互帮互助。第五,心理健康教育与咨询工作。协助学校心理健康教育机构开展心理健康教育,对大学生心理问题进行初步排查和疏导,组织开展心理健康知识普及宣传活动,培育大学生理性平和、乐观向上的健康心态。第六,网络思想政治教育。运用新媒体新技术,推动思想政治工作传统优势与信息技术高度融合。构建网络思想政治教育重要阵地,积极传播先进文化。加强大学生网络素养教育,积极培养校园好网民,引导大学生创作网络文化作品,弘扬主旋律,传播正能量。创新工作路径,加强与大学生的网上互动交流,运用网络新媒体对大学生开展思想引领、学习指导、生活辅导、心理咨询等。第七,校园危机事件应对。组织开展基本安全教育。参与学校、院(系)危机事件工作预案制定和执行。对校园危机事件进行初步处理,稳定局面控制事态发展,及时掌握危机事件信息并按程序上报。参与危机事件后期应对及总结研究分析。第八,职业规划与就业创业指导。为大学生提供科学的职业生涯规划和就业指导以及相关服务,帮助大学生树立正确的就业观念,引导大学生到基层、到西部、到祖国最需要的地方建功立业。第九,理论和实践研究。努力学习思想政治教育的基本理论和相关学科知识,参加相关学科领域学术交流活动,参与校内外思想政治教育课题或项目研究。

三是辅导员任职条件。第一,具有较高的政治素质和坚定的理想信念,坚决贯彻执行党的基本路线和各项方针政策,有较强的政治敏锐性和政治辨别力。第二,具备本科以上学历,热爱大学生思想政治教育事业,甘于奉献,潜心育人,具有强烈的事业心和责任感。第三,具有从事思想政治教育工作相关学科的宽口径知识储备,掌握思想政治教育工作相关学科的基本原理和基础知识,掌握思想政治教育专业基本理论、知识和方法,掌握马克思主义中国化相关理论和知识,掌握大学生思想政治教育工作实务相关知识,掌握有关法律法规知识。第四,具备较强的组织管理能力和语言、文字表达能力,以及教育引导能力、调查研究能力,具备开展思想理论教育和价值引领工作的能力。第五,具有较强的纪律观念和规矩意识,遵纪守法,为人正直,作风正派,廉洁自律。

2.学校思政工作队伍管理及人员配备情况

第一,制定相关管理制度。根据教育部相关规定,结合学校实际,制定了《百色学院辅导员队伍建设实施办法(试行)》,对辅导员队伍岗位职责与工作要求、配备与选聘等问题做了要求。

第二,思政队伍配备。校级人员主要由学生工作部(处)下设的机构人员,主要是思想政治教育管理科、学生日常事务管理科、学生资助中心、学生心理健康教育与咨询中心等部门人员，以及校团委人员，隶属学生工作部（处）管理的大学生宿舍管理员等人员组成，目前共有近 140 人。二级学院人员主要由学工组长（副书记）、学工办主任、辅导员、分团委书记等人员组成，17 个二级学院共有近 100 人。

3.经费投入有保障

（1）国家对大学生思想政治教育工作经费的保障要求。

《中共中央国务院关于进一步加强和改进大学生思想政治教育的意见》指出，要不断完善大学生思想政治教育的保障机制。要建立健全与法律法规相协调、与高等教育全面发展相衔接、与大学生成长成才需要相适应的思想政治教育和管理的制度体系。要加大大学生思想政治教育工作的经费投入，教育行政部门和学校要合理确定思想政治教育工作方面的经费投入科目，列入预算，确保各项工作顺利开展。学校要为开展大学生思想政治教育工作提供必要的场所与设备，不断改善条件，优化手段。要把大学生思想政治教育工作作为对高等学校办学质量和水平评估考核的重要指标，纳入高等学校党的建设和教育教学评估体系。

《关于加强和改进新形势下高校思想政治工作的意见》（中发〔2016〕31 号）强调，要加强和改善党对高校的领导，完善政策保障和经费支持，为加强和改进高校思想政治工作创造良好条件。《教育部关于进一步加强高等学校学生资助工作机构建设的通知》（教人〔2006〕6 号）要求高校每年从学费收入中按 10%的比例提取经费由学生资助管理中心专项用于学生资助工作。自治区财政厅、教育厅《关于印发广西高等学校助困资助经费管理办法的通知》（桂教规范〔2018〕5 号）第二条规定：公办普通本科高等学校要按 5%的比例，从教育事业收入总额中提取助困资助经费，专项用于学费减免、国家助学贷款风险补偿、勤工助学、校内无息借款、校内奖助学金、特殊困难补助、贫困大学生家庭慰问和资助育人及宣传，以及贫困生参加求职考研、创新创业、社会实践、专业技能培训、外出实习、访学交流等活动支出。

《广西高校学生心理健康教育工作基本建设标准实施意见（试行）》（桂教思政〔2013〕23 号）规定，高校要将心理健康教育工作经费纳入学校年度预算单列，按照不低于每生每年 6 元的标准足额安排，实行专账核算和管理，保障心理健康教育工作正常开展。在校生总数少于 1 万人的学校，年度心理健康教育工作经费预算应不低于 5 万元。心理健康教育工作经费主要用于大学生心理咨询室建设、相关培训、大学生心理健康测评、组织开展团体心理辅导和各类大学生心理健康教育活动。

(2)学校提供充足的经费保障。

学校在保障正常办公经费的同时,按在校生人数,每年从经费预算中,划拨每生每年40元,专门用于大学生各项教育管理活动,此项经费每年近100万元。按照资助经费划拨比例要求,每年用于资助工作专项经费有300多万元,主要用于开展全校资助育人管理各项活动。同时,平均每年投入心理健康教育与咨询工作经费达20万元,主要用于大学生心理健康教育工作条件建设。

(四)大学生教育与管理机制

高校学生管理制度是调节和控制大学生学习、生活及与之相关的各种社会关系的准则和规范的总称,目的是通过制度的运行,把大学生教育和培养成德、智、体、美、劳全面发展的人;是高校管理者、教师、大学生等相关力量沟通并且博弈而形成的一种契约,其核心是发挥制度育人的功能,实现制度育人的价值。育人作为高校学生管理制度的核心价值取向需要被重新确立,为此,可以通过以下四种主要途径来实现。

1.引导师生正确认识大学生管理制度

恩格斯曾指出:“在社会发展某个很早的阶段,产生了这样一种需要:把每天重复着生产、分配和交换产品的行为用一个共同规则概括起来,设法使个人服从生产和交换的共同条件。这个规则首先表现为习惯,不久便成了法律。”这道出了制度的产生、发展及作用,说明制度是一种历史性的客观存在物,是社会交往的产物,是一切社会关系的中介。高校学生管理制度作为调节与控制大学生学习、生活及与之相关的各种社会关系的准则和规范,目的是促进大学生全面发展,核心价值取向是育人。要实现高校学生管理制度的育人价值,首先,要求高校教师特别是管理者树立这样的制度观念:大学生管理制度并非规制学生的工具,而是大学生接受教育和促进发展的一种保障,是以制度的形式保证他们得到自由发展;对违反相关规定的大学生的惩罚不是目的,而是手段,通过这些手段达到教育大学生的目的,制度内化为大学生的一种行为需要才是制度存在的目的。其次,通过新生入学教育等途径引导大学生树立这样的制度意识:大学生管理制度是他们正当利益的保障,任何利益包括自由,都要在制度的规范中实现,而不是在规范之外实现。我们生活在这种制度的规范之中,制度保障每个人的权益,这种权益甚至自由是以接受其规范为前提的,也就是说,人要享有制度对其利益和自由的保护,就要牺牲一些自己的利益和自由,否则就会出现“公地悲剧”的困境,最后大家的利益和自由都得不到保障。一旦大学生树立这样的制度观,外在的大学生管理制度才会内化为大学生行为的需要,其育人的价值取向就会在“润物无声”中实现。

2.大学生管理制度的内容要在合法的前提下以生为本

大学生管理制度要实现其育人价值,前提是制度本身必须合法。法律法规授予高校一定的自由管理权,这种管理权包括自主设立自身的大学生管理制度的权利,那么,高校在创立学生管理制度时,不能逾越法律法规的规定,在精神上、内容上必须与法律法规保持一致,这是大学生管理制度的合法性。大学生管理制度的合理性及其育人价值的实现,是以其合法性为前提的。

以生为本是“以人为本”理念在大学生管理工作中的体现和要求,它要求在大学生管理中要“相信学生、尊重学生、依靠学生、发展学生,尊重学生生命成长的规律和合理要求,以学生的发展尤其是作为教育对象的具体的个人的和谐、完善的发展作为教育和管理之本”。制度是大学生管理工作的规范和依据,其内容必须以生为本,保护大学生、教育大学生、发展大学生。首先,保护大学生的合法权益和保障大学生身心健康是大学生管理制度的出发点和落脚点。在制度设计上,应该把大学生合法权益和合理发展作为基本诉求,围绕如何更好地保护大学生的学习权、受教育权等权利和如何更好地促进大学生发展,尊重大学生的个性要求,对学校的管理行为进行规范,对大学生进行导向性引导,而不仅仅是约束大学生的行为。其次,大学生管理制度应该保障大学生更多自由发展的空间。高校是人才培养基地,而人才是具有较高综合素质的人,大学生管理制度作为一种规范,应该是保障大学生更多自由发展空间的制度环境。当前大学生需求具有多样化的特点,有制度的保障,才能把大学生培养成为“一专多能”的综合性人才。最后,大学生管理制度要体现正义和公平,给予每位学生合理发展的平等机会。邓小平曾经指出:“制度好可以使坏人无法任意横行,制度不好可以使好人无法充分做好事,甚至会走向反面。”好的大学生管理制度,就是以生为本,能够保障每位大学生都能得到平等的发展;不好的大学生管理制度就会人为地给大学生造成发展的障碍,造成发展的不平衡。比如有些高校为了追求大学英语四级考试的高通过率,在大一时根据大学生高考时的英语成绩把大学生分成英语快、慢班,允许快班大学生在大一参加大学英语四级考试,而慢班的大学生要到了大二才能参加大学英语四级考试。这种制度就是非公平正义的,是坏制度,扼杀了部分大学生考试的机会。因此,大学生管理制度应该确保每位大学生都能得到平等的发展机会,公平地对待每位大学生,这样才能真正体现以人为本。

3.大学生管理制度的制定过程要遵循道义原则

所谓道义是指道德和正义,大学生管理制度的道义原则是指大学生管理制度制定过程中必须遵守制度本身的道德和正义的原则,这种道义表现在大学生管理制度的制定要让大学生、教师参与其中。大学生、教师、高校管理者是大学生管理制度的主体,同时也是客体,一项大学生管理制度的出台,应该是这三者之间沟通和博弈的结果,而不仅仅是某一方的主观意愿。传统的大学生管理制度往往是高校管理者出于维护学校的教育教学秩序和生活秩序、方便学校对大学生的管理而制定的,它排除了学生的参与,因而偏离了学生学习生活的真实根基。排除大学生参与制定过程的大学生管理制度却用来规范大学生的行为,这本来就是一种不道德的行为,不符合道义原则,难以达到预设的教育效果。为什么制度的制定者在制定制度时的出发点良好,但是执行起来却达不到预设效果呢?其原因就在于欠缺对大学生实际需要的考虑。因此,大学生管理制度的制定要从大学生接受教育和制度的育人取向出发,吸纳大学生、教师参与其中,多方听取大学生、教师的意见,特别是大学生的意见,不能仅仅听取大学生干部、大学生党员等大学生代表的意见,也要大范围地听取普通大学生的意见,让大学生对将要出台的制度进行深入讨论,这对大学生来说本身也是一种教育的过程。虽然这样可能会导致制度出台的低效率,但是,它的意义远远大于只有管理者匆忙形成的管理制度。一项充分融合高校管理者、教师、大学生意见的大学生管理制度,自然会得到大家的认同,被大家接受和遵守。

4.大学生管理制度的执行要有弹性和张力

弹性和张力都是物理学名词,弹性是指物体受外力作用变形后,除去作用力时能恢复原来形状的性质;张力指物体受到拉力作用时,存在于其内部而垂直于两邻部分接触面上的相互牵引力。弹性和张力相对于制度来说就是制度的柔性化,在这里主要指大学生管理制度及其执行要柔性化。柔性相对于刚性而言,它的基本特征就是以人为本,制度的人性化,在稳定性基础上,充分考虑大学生及其行为的特点,注重大学生管理制度本身的灵活性、适应性和多样性,这在《普通高等学校学生管理规定》中有充分的体现,比如对大学生的纪律处分有“警告、严重警告、记过、留校察看、开除学籍”5种情形,又规定“对有违法、违规、违纪行为的大学生,学校应当给予批评教育或者纪律处分”。因此制度本身是有弹性和张力的,那么我们在执行制度时，同样需要有弹性和张力。大学生管理制度的执行要有弹性和张力，要求我们在执行制度时，要以教育大学生为中心，通过对制度的执行使大学生受到教育，突出制度的教育取向，发挥制度的教育功能。邓小平同志曾说过："对于犯了错误的人，有的需要有适当的惩处。但不要强调惩处，要强调帮助，满腔热情地帮助他们改正错误，帮助他们进步。"也就是说对制度的执行要有弹性，以教育为原则。大学生违反大学生管理制度，对其进行惩罚是必要的，但是惩罚绝对不是目的，而仅仅是一种教育的手段，教育才是目的。因此，要弹性地执行惩罚制度，在张力范围内，应该给予大学生批评教育的，不要给予纪律处分；应该给予纪律处分的，不能过重或者过轻，要体现"惩前毖后，治病救人"的教育原则。关键是在这个过程中，要让大学生认识错误，理解制度的作用，给予大学生接受教育和改正错误的机会，使制度从外在的他律转化成为大学生自身需要的内在的自律，这就是制度的育人作用。

（五）就业指导与服务机制

高校毕业生就业服务体系的建立和完善，应该是对目前毕业生各项就业工作的高度整合，更应该是着眼于未来毕业生就业工作的新情况、新问题，对毕业生就业工作的领导体制和运行机制的全面创新。高校毕业生是国家宝贵的人才资源，是现代化建设的生力军。采取积极有效的措施促进高校毕业生就业，使用好、开发好高校毕业生这一宝贵的人才资源，对于落实科学发展观，构建社会主义和谐社会，为经济社会发展提供人才保证具有重要意义。在 2010 年 7 月全国教育工作会议上，胡锦涛总书记明确提出了"建立和完善高校毕业生就业服务体系"的重要指示。《国家中长期教育改革和发展规划纲要（2010—2020 年）》中也提出了"加强就业创业教育和就业指导服务"的战略部署。"建立和完善高校毕业生就业服务体系"和"加强就业创业教育和就业指导服务"将成为全国高校毕业生就业系统当前和今后一个时期的中心任务和核心工作。

从高校毕业生就业工作实践看，高校毕业生就业服务体系的研究内容包括：毕业生就业管理的体制运行机制、高校毕业生就业指导、毕业生就业信息平台及就业市场的建设和运行、困难家庭高校毕业生就业援助、就业项目的实施与管理、大学生创新创业六个方面。毕业生就业管理的体制运行机制研究，包括政府、高校对高校毕业生就业工作宏观管理、组织运行、政策制定等内容。它的研究将推进"市场导向、政府调控、学校推荐、大学生与用人单位双向选择"的毕业生就业制度的完善，保证毕业生就业各项工作有效开展。高校毕业生就业指导，包括职业发展教育与就业指导课程建设、就业指导教师队伍建设、实习实训等内容。它的研究有助于发挥课程教学的主渠道作用，加强大学生职业发展意识，提高求职择业能力。毕业生就业信息平台及市场的建设和运行，包括高校毕业生就业有形市场和无形市场（依托于信息技术构建的，没有实体场地的职业供求平台）的建设和规范，它的研究有助于发挥高校毕业生就业市场在大学生就业中的基础作用，并能延伸市场功能，增强高校毕业生就业市场的反馈和预警功能，提高高等教育人才培养的社会适应性。“双困”高校毕业生的就业援助，是指对就业困难和家庭困难高校毕业生在经济、心理、政策等方面提供援助，使其充分就业。它是政府调控就业，体现社会公平、正义的重要举措，它的研究有助于援助政策的真正落实，有助于高校毕业生特殊群体成功、顺利就业。就业项目的实施与管理，是指引导高校毕业生面向基层就业而实施的“农村教师特岗计划”“三支一扶”等国家、省（市）就业项目的管理，它的研究有助于建立基层就业的长效机制，真正做到“下得去，干得好，留得住”。

1.搭建创新创业平台

国家搭建的“大众创业、万众创新”平台，助推青年创新创业，是落实党的十九大“以创业带动就业”政策的重要举措，是解决大学生就业问题的创新举措。2018年9月，《国务院关于推动创新创业高质量发展打造“双创”升级版的意见》（国发〔2018〕32号）指出，创新是引领发展的第一动力，是建设现代化经济体系的战略支撑。近年来，大众创业、万众创新持续向更大范围、更高层次和更深程度推进，创新创业与经济社会发展深度融合，对推动新旧动能转换和经济结构升级、扩大就业和改善民生、实现机会公平和社会纵向流动发挥了重要作用，为促进经济增长提供了有力支撑。当前，我国经济已由高速增长阶段转向高质量发展阶段，对推动大众创业、万众创新提出了新的更高要求。为深入实施创新驱动发展战略，进一步激发市场活力和社会创造力，现就推动创新创业高质量发展、打造“双创”升级版提出以下意见：

“推进大众创业、万众创新是深入实施创新驱动发展战略的重要支撑、深入推进供给侧结构性改革的重要途径。随着大众创业、万众创新蓬勃发展，创新创业环境持续改善，创新创业主体日益多元，各类支撑平台不断丰富，创新创业社会氛围更加浓厚，创新创业理念日益深入人心，取得显著成效。但同时，还存在创新创业生态不够完善、科技成果转化机制尚不健全、大中小企业融通发展还不充分、创新创业国际合作不够深入以及部分政策落实不到位等问题。打造‘双创’升级版，推动创新创业高质量发展，有利于进一步增强创业带动就业能力，有利于提升科技创新和产业发展活力，有利于创造优质供给和扩大有效需求，对增强经济发展内生动力具有重要意义。”

大学生职业发展与就业指导服务体系建设路径。建立大学生职业发展与就业指导相结合的课程体系。一是强化职业生涯教育，使大学生认识到就业和职业发展的影响，以及二者之间相互促进的关系和作用，将职业发展与就业指导有机结合贯穿于大学生培养的全过程。二是在课堂教学中，要结合各年级不同专业的特点，开展分层次、分阶段、个性化的就业咨询，帮助大学生树立正确的择业观和就业观，并通过改革教学模式、拓展多样性的教学方法，调动广大学生的学习兴趣。三是将用人单位的人力资源管理者、成功求职的毕业生，以及事业成功或职业发展出色的校友请上讲台，为大学生讲解真实的选人用人标准，传授求职成功的经验，讲授精彩的奋斗历程和职业发展进程，通过亲切互动实现大学生在学习效果、就业知识、求职技能、职业自主发展能力等多方面的提升，切实提高大学生的就业竞争力。

2.构建高度整合、精准推送的就业信息综合服务平台

一是根据毕业生和用人单位双方的供需要求，实现职位供需的智能化匹配，将招聘信息精准推送给条件匹配且有需要的大学生，提高大学生的求职效率。二是完善现有的就业信息网、微信公众号、微博、校内论坛等新媒体平台的功能，开发与之配套的手机 App，着力打造多通道的就业信息综合服务平台。三是利用就业信息综合服务平台，充分挖掘校友资源，邀请毕业校友入驻平台，发挥校友对学校的反哺作用，提供更贴合本校大学生实际情况的招聘信息，从而大幅度提升大学生的求职成功率。四是邀请优秀校友在平台内分享成功的就业经验或开设职业发展与就业指导“微课堂”，帮助大学生对未来行业和职业有更清楚的认识。五是利用平台开展动态调查，对就业大数据进行科学统计与分析，并依托信息综合服务平台，建立健全高校就业状况统计与反馈机制，从行业需求、就业率、就业质量、满意度等多个维度进行反馈，通过就业层面对大学生招生专业和培养效果进行回应，从而实现大学生招生、培养、就业三方的有机联动和科学互动，系统化助推大学生就业与职业发展。

3.升级完善就业指导工作，建立精细化的就业指导体系

一是根据国家和行业发展要求，结合大学生培养过程和大学生需求，提供单位实习、专业实践、专项培训、就业咨询、个性化辅导等全程式就业服务。二是根据就业形势、用人市场需求、大学生特点变化等及时调整常态化的就业工作导向，更新工作内容，创新方式方法，提升就业工作效果。三是帮助大学生了解就业形势、最新的国家政策及导向、行业发展趋势、市场人才需求情况、企业用人标准等相关信息，对这些信息进行解读和分析，使大学生能够从宏观和微观上对就业相关情况有较为全面的了解和正确的认识，从而对就业和未来职业发展有相对科学合理的预判。四是根据大学生的个性化需求，结合专业的职业测评系统，开展个性化的咨询与辅导，帮助大学生正确认识自己的工作能力、价值观和优劣势，从而更好地制定适合个体发展的职业发展规划和就业计划。五是对困难毕业生进行点对点的重点帮扶，找出困难的具体原因，坚定不移地贯彻精准帮扶理念，实现“一生一策”动态管理。

4.培育和践行大学生创新创业引领长效机制

一是培养大学生的创业精神。高校要更新创新创业教学理念，结合大学生特点将创新创业教育与专业教育融入教育培养的全过程，并注重创新教学模式，构建新型的创新创业课程体系和培养方案，将学生吸引到创新创业教育课堂，科学引导其进行理性创业。二是培养大学生的创业意识和能力，加强自主创业指导，挖掘大学生的创业潜力，鼓励大学生参加创新创业大赛，积累实战经验。三是培养大学生的实践能力。高校要借助“互联网+”平台，整合多方资源，将国家要求、产业发展、学校教学、专业研究、实践应用进行有效对接和系统融合，建立基于“互联网+”的“政产学研用”五位一体创新创业教育实践平台，有效提高大学生的创新创业实践能力。四是制定大学生自主创业指导保障机制，解决大学生创业的后顾之忧。五是不断创新大学生创新创业引领长效机制的服务内容和方法，引导社会资金和金融资本向大学生创新创业领域倾斜。

5.健全大学生职业发展与就业指导人才保障机制

一是设立大学生职业发展与就业指导工作室，并制定相应的政策和制度保障工作室的正常运行，包括设施设备、场地、经费支持等。二是组建具备专业素养和专家水平的就业指导专业团队。团队成员要具有人力资源、心理学、管理学、教育学等相关专业背景，并具备较好的授课能力、咨询辅导能力以及就业指导相关工作经验。三是依托工作室和专业团队，对大学生的职业发展与就业开展系统化、专业化的咨询与指导。四是注重对人才团队职业能力的培养，提高工作的规范化，并有效激励工作室人员的积极性,充分发挥就业指导工作室的核心引领作用,实现就业工作水平和人才专业能力的双提升,从而以更高的质量、更快的效率和更好的效果指导大学生的职业发展和就业。

6.构建多维度评价标准,完善就业质量评价机制

就业后质量评价体系应从国家、用人单位、毕业生、高校四个层面进行构建。国家层面通过产业结构发展与人才匹配、人力资源需求与差距、社会生产率、总产量增长、社会收益等指标进行评价。用人单位层面通过用人单位满意度、工作质量、晋升情况、能力素质、岗位匹配度、稳定性等指标进行评价。毕业生层面通过个人工作满意度、发展空间、能力素质、岗位匹配度、薪酬满意度、工作环境、保障性、稳定性、工作幸福感等指标进行评价。高校层面通过社会认可度、行业影响力、毕业生成就、毕业生发展状况、校友评价等指标进行评价。就业后质量评价体系为高校教育发展规划的顶层设计提供了方向性的参考,为人才培养和教学改革提供了现实参照,为就业工作指出了新的发展方向和工作重心,即构建职业发展教育与就业指导相融合的综合教育服务体系。此外,高校应建立动态的评估与反馈机制,对就业指导工作效果进行持续跟踪与评估,并建立合理的评估标准与评估体系,将评估结果及时反馈给相关部门,从而及时调整完善相关工作,全方位推动大学生的职业发展与就业。

(六)学术指导与服务机制

1.学术指导

学术指导思想最早可以追溯到19世纪末20世纪初英国牛津大学和剑桥大学的本科生导师制。而在美国,哈佛大学校长艾略特(CharlesW.Eliot)为了加强对学生选课和专业发展的指导,并受到英国导师制度的影响,在1823年推行了选课制和学分制,而后在1916年建立了“学术顾问指导制度”(Academic Advice System)。时至今日,经过不断的发展与完善,美国的大学已经形成了完整且规范的制度和体系。因此更需要制定相应的指导制度,通过为学生制定个性化发展策略,跟踪其学术需求,从而提高学生学习的积极性和持久性,达到提高教学质量和人才培养质量的目的。当前我国正处于高等教育大众化时期,由于大规模的扩招而不可避免地带来教育教学质量、人才培养质量的下降,加之社会大背景对人的要求越来越全面,人们自身也在不断地追求个性的解放。因此,大学也应该把教育的视线转向关注大学生的个性发展和全面发展上,人尽其才,因材施教。但因为大学生数量的增

多，大学的教育更多的是一种产品流水线似的批量生产，这使得走向社会的大学生都是“千人一面”。为了解决这种局面，高校采取了相应的措施，学术指导可以说就是其中一个重要的举措。到目前为止，国内大多数高校在学术指导方面做了大量工作并取得了显著成绩。有学者就目前学习改革的实践与探索做了总结，可以归纳为以下几种：

一是开设学术指导课。早在1984年，上海大学和西安交通大学就为学生开设了学习方法课，此后陆续有一百多所高校将学术指导纳入课程体系。从课程性质来看，有的学校将其作为全校必修课程，如长沙大学等；有的学校则将其作为选修课程，如北京交通大学、北京化工大学等；也有的学校以不定期的讲座形式开设。在教学组织上，有的是大班上课（有的班级规模达230人），授课时间相对集中，这样有利于形成学习改革的氛围；有的则是小班开课，教学时间相对较长，一般是开设一个学期，有的甚至开设了一学年，便于进行深入细致的个别化指导。从开课时间来说，有的安排在第一学年，有的则分散在大学四年的不同阶段。课程名称也多种多样，有的直接叫学术指导课，有的则取名“学习的智慧”“自主学习导论”“大学生学习学”等。课程内容有的侧重于学习观与学习策略，有的则偏重于学习方法或专业学习的指导。这种学术指导课程主要还是对大学生学习的指导，应该说这样的指导内容是不够全面的，而且也不易引起所有学生的重视，有的学生可能就会把它当作普通的选修课一样去对待，只有当学生迫切需要的时候，才能起到应有的作用。

二是建立专门的学术指导机构。为了使学术指导常规化、制度化，有的学校成立了专门的学术指导机构。如安徽工业大学教务处、学工部、关工委等部门联合成立了大学生学术指导中心，负责组织开设“大学生学术指导”系列课程，把广大教师、管理工作者、高层次研究人员以及关工委的老同志和离退休教师都组织到学术指导的队伍中来，对不同的学生进行有针对性的个别化辅导。也有的大学建立了学术科技指导中心，主要负责学生参加课外科研、学术的管理等。此类学术指导中心还没有真正走到学生的身边，其服务对象仅仅局限于一些在学术和科研上有诉求的本科学生，而且大部分挂靠在团委等机构名下，这样会冲淡学术气息，显得功利性很强。

三是学术指导蕴含在教学和学校的管理之中。这种情况多为零散的形式，比如组织一场新生见面交流会、一场关于如何利用学校资源的讲座，更为广泛的则可能是针对学生就业、考研或者心理方面的指导等。上述做法是目前我国大学中比较常见的学术指导的实践形式，但是在具体的能够真正走进每一个学生学习生活当中的指导则显得有些力量不足。我国的大学学术指导有些流于形式，未上升到制度层面，且在指导理念、思想和涉及的范围方面有待于提升与完善。

2.如何在教学、管理、学术指导上体现当代大学生的特点

大学是一个培养知识化、专业化人才的地方，而大学生在年龄结构、知识结构和社会角色等方面都有自己的特点，成为当代中国社会中的一个独特而耀眼的群体。大学生年龄一般都在二十岁上下，他们精力充沛，是社会中最活跃的一个群体，充满了热情与活力。就全社会而言，大学生又是一个文化素质较高的群体。正因如此，大学生也承载了更多的社会责任与家庭责任，社会和家庭都对大学生寄予了很高的期望。

高等教育的目的是培养知识化、专业化人才，而作为培养对象的大学生，在年龄、个性、知识背景和社会角色等方面都有自己的特点，他们文化素质较高，承载了更多的社会责任与家庭责任，随着高等教育的扩招，他们又面临着就业的巨大压力。作为高等教育的管理者，有必要深入思考当代大学生的思想特点，在此基础上，针对其需要，在教学、管理、学术指导上进行系统的规划设计。当代大学生的主要特点有：

(1)自我自主但独立能力缺乏。

当代大学生追求个性、强调自主、思维独立，不愿意接受别人强加的观点和想法，对未来生活目标的认识和积极性并不强。

(2)勇于担当但吃苦能力欠缺。

当代大学生在多种社会活动中的积极作为给社会留下了深刻的印象。他们并不是年长者所误解或担心的“垮掉的一代”，他们同样具有高度的社会责任感，对国家和民族的未来与命运充满归属感和认同感。但也有不少人由于吃苦体验缺失导致吃苦精神缺乏，心理承受能力偏低。

(3)个性自信但遵守规则的能力弱。

当代大学生有个性、自信，敢于向传统与权威挑战。我们应该看到“00后”正是由于自主意识过强，过分强调个性，过分表现自信，在其背后有着自负的客观问题，在思想与行动上表现出一系列的矛盾。他们独立自主，懂得用法律的、规则的手段维护自己的利益，却又要为个性违反规定，或者不考虑他人或学校管理的利益而付出代价，甚至对付出的代价还表示不理解。他们规则意识突出，但遵守规则的能力比较弱。

(4)能力突出但功利意识强。

当代大学生思维敏捷、头脑灵活、眼界开阔，接受新事物的意识和能力非常强。他们在参加各项活动时会直接考虑对自己的好处、具体能得到些什么，功利色彩更浓，目标性更清晰。

当代大学生多为“90后”“00后”，他们在特殊的发展时代出生、成长，经历着我国改革巨变带来的各方面的影响，他们虽有很多问题，但也有自身独特的优势和优点，也能很好地承担起社会责任。我们必须充分考虑高等教育大众化的阶段特征和大学生思想变化的新特点，有针对性地提出改善大学生思想特点的办法：加强对大学生的素质教育，不仅要让大学生“学会知识”，更要让大学生“学会生存”“学会做人”。

高校学生工作者，特别是处于学生工作一线的高校辅导员，要加强理论学习，提高专业理论素养，不断更新观念，突破传统的“学生管理者”和“学生思想政治教育者”的角色定位，增强为大学生服务的意识和指导大学生学习的意识。另外，积极主动地与学术事务工作者，如专业课教师加强合作，使大学生活动具有促进大学生学习的作用。2014年3月，教育部印发了《高等学校辅导员职业能力标准(暂行)》(以下简称《能力标准》)。《能力标准》将辅导员的职业功能定位为思想政治教育、党团和班级建设、学业指导、日常事务管理、心理健康教育与咨询、网络思想政治教育、危机事件应对、职业规划与就业指导、理论与实践研究九大块，每一块少则有三四项工作内容，多则有七八项工作内容，仅从数量上来看，初级辅导员要完成的工作内容就有三十项之多，需要具备的理论和知识跨心理学、教育学、管理学、法学、美学、社会学、政治学等多个学科领域。

2019年9月29日，教育部发布了《教育部关于深化本科教育教学改革全面提高人才培养质量的意见》，其中强调了推动科研反哺教学，强化科研育人功能，推动高校及时把最新科研成果转化为教学内容，激发学生专业学习兴趣。教育部倡导加强对学生科研活动的指导，加大科研实践平台建设力度，推动国家级、省部级科研基地更大范围开放共享，支持学生早进课题、早进实验室、早进团队，以高水平科学研究提高学生创新和实践能力。这也是为深入贯彻习近平新时代中国特色社会主义思想和党的十九大精神，全面贯彻落实全国教育大会精神，紧紧围绕全面提高本科人才培养能力这个核心点，加快形成高水平本科人才培养体系而发布的指导性意见。

3.加强学术指导，全面提高人才培养能力和人才培养质量

为深入贯彻习近平新时代中国特色社会主义思想和党的十九大精神，全面贯彻落实全国教育大会精神，紧紧围绕全面提高人才培养能力这个核心点，加快形成高水平人才培养体系，培养德、智、体、美、劳全面发展的社会主义事业的合格建设者和可靠接班人，教育部颁布《教育部关于加快建设高水平本科教育全面提高人才培养能力的意见》（教高〔2018〕2 号）和《教育部关于深化本科教育教学改革全面提高人才培养质量的意见》（教高〔2019〕6 号），就加快建设高水平本科教育、全面提高人才培养能力方面提出了指导性意见。

（1）充分认识习近平新时代中国特色社会主义人才培养的重要意义和形势要求。

一是建设教育强国是中华民族伟大复兴的基础工程。建设高等教育强国必须坚持“以生为本”，加快建设高水平本科教育，培养大批有理想、有本领、有担当的高素质专门人才，为全面建成小康社会、基本实现社会主义现代化、建成社会主义现代化强国提供强大的人才支撑和智力支持。

二是准确把握建设高水平本科教育的形势要求。当前，我国高等教育正处于内涵发展、质量提升、改革攻坚的关键时期和全面提高人才培养能力、建设高等教育强国的关键阶段。进入新时代以来，高等教育发展取得了历史性成就，高等教育综合改革全面推进，高校办学更加聚焦人才培养，立德树人成效显著。但人才培养的中心地位和本科教学的基础地位还不够巩固，一些学校领导精力、教师精力、学生精力、资源投入仍不到位，教育理念仍相对滞后，评价标准和政策机制导向仍不够聚焦。高等学校必须主动适应国家战略发展新需求和世界高等教育发展新趋势，牢牢抓住全面提高人才培养能力这个核心点，把本科教育放在人才培养的核心地位、教育教学的基础地位、新时代教育发展的前沿地位，振兴本科教育，形成高水平人才培养体系，奋力开创高等教育新局面。

（2）遵循新时代建设高水平本科教育的指导思想和目标原则。

一是以习近平新时代中国特色社会主义思想为指导，全面贯彻落实党的十九大精神，全面贯彻党的教育方针，坚持教育为人民服务、为中国共产党治国理政服务、为巩固和发展中国特色社会主义制度服务、为改革开放和社会主义现代化建设服务，全面落实立德树人根本任务，准确把握高等教育基本规律和人才成长规律，以“回归常识、回归本分、回归初心、回归梦想”为基本遵循，激励学生刻苦学习，引导教师潜心教书育人，努力培养德、智、体、美、劳全面发展的社会主义事业的合格建设者和可靠接班人，为建设社会主义现代化强国和实现中华民族伟大复兴的中国梦提供强有力的人才保障。

二是新时代大学生学术指导和服务基本原则。第一，坚持立德树人，德育为先。把立德树人内化到大学建设和管理各领域、各方面、各环节，坚持以文化人、以德育人，不断提高学生思想水平、政治觉悟、道德品质、文化素养，教育学生明大德、守公德、严私德。第二，坚持学生中心，全面发展。以促进学生全面发展为中心，既注重“教得好”，更注重“学得好”，激发学生学习兴趣和潜能，激励学生爱国、励志、求真、力行，增强学生的社会责任感、创新精神和实践能力。第三，坚持服务需求，成效导向。主动对接经济社会发展需求，优化专业结构，完善课程体系，更新教学内容，改进教学方法，切实提高高校人才培养的目标达成度、社会适应度、条件保障度、质保有效度和结果满意度。第四，坚持完善机制，持续改进。以创新人才培养机制为重点，形成招生、培养与就业联动机制，完善专业动态调整机制，健全协同育人机制，优化实践育人机制，强化质量评价保障机制，形成人才培养质量持续改进机制。第五，坚持分类指导，特色发展。推动高校分类发展，引导各类高校发挥办学优势，在不同领域各展所长，建设优势特色专业，提高创新型、复合型、应用型人才培养质量，形成全局性改革成果。

三是新时期高校学术指导和服务要把思想政治教育贯穿大学教育全过程。第一，要坚持正确办学方向。要全面加强高校党的建设，毫不动摇地坚持社会主义办学方向，办好高校马克思主义学院和思想政治理论课，加强面向全体学生的马克思主义理论教育，深化中国特色社会主义和中国梦宣传教育，大力推进习近平新时代中国特色社会主义思想进教材、进课堂、进头脑，不断增强学生的道路自信、理论自信、制度自信、文化自信。第二，要坚持德才兼修。把立德树人的成效作为检验学校一切工作的根本标准，加强理想信念教育，厚植爱国主义情怀，把社会主义核心价值观教育融入教育教学全过程各环节，全面落实到质量标准、课堂教学、实践活动和文化育人中，帮助学生正确认识历史规律、准确把握基本国情，掌握科学的世界观、方法论。深入开展道德教育和社会责任教育，引导学生养成良好的道德品质和行为习惯，崇德向善、诚实守信，热爱集体、关心社会。第三，要提升思政工作质量。加强高校思想政治工作体系建设，深入实施高校思想政治工作质量提升工程，建立健全系统化育人长效机制，一体化构建内容完善、标准健全、运行科学、保障有力、成效显著的高校思想政治工作质量体系。把握师生思想特点和发展需求，优化内容供给、改进工作方法、创新工作载体，激活高校思想政治工作内生动力，不断提高师生的获得感。第四，要强化课程思政和专业思政。在构建全员、全过程、全方位“三全育人”大格局过程中，着力推动高校全面加强课程思政建设，做好整体设计，根据不同专业人才培养特点和专业能力素质要求，科学合理设计思想政治教育内容。强化每一位教师的立德树人意识，在每一门课程中有机融入思想政治教育元素，推出一批育人效果显著的精品专业课程，打造一批课程思政示范课堂，选树一批课程思政优秀教师，形成专业课教学与思想政治理论课教学紧密结合、同向同行的育人格局。

四是新时期高校学术指导和服务要围绕激发学生学习兴趣和潜能深化教学改革。第一，要改革教学管理制度，深化教育教学制度改革。坚持从严治校，依法依规加强教学管理，规范本科教学秩序。推进辅修专业制度改革，探索将辅修专业制度纳入国家学籍学历管理体系，允许学生自主选择辅修专业。完善学分制，推动健全学分制收费管理制度，扩大学生学习自主权、选择权，鼓励学生跨学科、跨专业学习，允许学生自主选择专业和课程。学分制是以学分来衡量学生学习质量和数量，为学生提供更多选择余地的教学制度。支持高校进一步完善学分制，扩大学生学习自主权、选择权。鼓励学生通过参加社会实践、科学研究、创新创业、竞赛活动等获取学分。建立健全本科生学业导师制度，安排符合条件的教师指导学生学习，制订个性化培养方案和学业生涯规划。推进模块化课程建设与管理，丰富优质课程资源，为学生选择学分创造条件。支持高校建立与学分制改革和弹性学习相适应的管理制度，加强校际学分互认与转化实践，以学分积累作为学生毕业标准。完善学分标准体系，严格学分质量要求，建立学业预警、淘汰机制。学生在基本修业年限内修满毕业要求的学分，应准予毕业；未修满学分，可根据学校修业年限延长学习时间，通过缴费注册继续学习。支持高校按照一定比例对特别优秀的学士学位获得者予以表彰，并颁发相应的荣誉证书或奖励证书。第二，要推动课堂教学改革。以学生发展为中心，通过教学改革促进学习改革，积极推广小班化教学、混合式教学、翻转课堂，大力推进智慧教室建设，构建线上线下相结合的教学模式。因课制宜选择课堂教学方式方法，科学设计课程考核内容和方式，不断提高课堂教学质量。积极引导学生自我管理、主动学习,激发求知欲望,提高学习效率,提升自主学习能力。第三,要加强学习过程管理。加强考试管理,严格过程考核,加大过程考核成绩在课程总成绩中的比重。健全能力与知识考核并重的多元化学业考核评价体系,完善学生学习过程监测、评估与反馈机制。加强对毕业设计(论文)选题、开题、答辩等环节的全过程管理,对形式、内容、难度进行严格监控,提高毕业设计(论文)质量。综合应用笔试、口试、非标准答案考试等多种形式,全面考核学生对知识的掌握和运用,以考辅教、以考促学,激励学生主动学习、刻苦学习。第四,要强化管理服务育人。按照管理育人、服务育人的理念和要求,系统梳理、修订完善与在校大学生学习、生活等相关的各项管理制度,形成依法依规、宽严相济、科学管用的学生管理制度体系。探索建立大学生诚信制度,并与国家诚信体系建设相衔接。探索建立反映大学生全面发展、个性发展的国家学生信息管理服务平台,为大学生升学、就业、创业提供权威、丰富的学生发展信息服务。高度重视并加强毕业生就业工作,提升就业指导服务水平,定期发布高校就业质量年度报告,建立就业与招生、人才培养联动机制。第五,要深化创新创业教育改革。把深化高校创新创业教育改革作为推进高等教育综合改革的突破口,面向全体、分类施教、结合专业、强化实践,促进学生全面发展。推动创新创业教育与专业教育、思想政治教育紧密结合,深化创新创业课程体系、教学方法、实践训练、队伍建设等关键领域改革。强化创新创业实践,搭建大学生创新创业与社会需求对接平台。加强创新创业示范高校建设,强化创新创业导师培训,发挥"互联网+"大赛引领推动作用,提升创新创业教育水平。鼓励符合条件的学生参加职业资格考试,支持学生在完成学业的同时,获取多种资格和能力证书,增强创业就业能力。第六,要提升学生综合素质。发展素质教育,深入推进体育、美育教学改革,加强劳动教育,促进学生身心健康,提高学生审美和人文素养,在学生中弘扬劳动精神,教育引导学生崇尚劳动、尊重劳动。把国家安全教育融入教育教学,提升学生国家安全意识和提高维护国家安全能力。把生态文明教育融入课程教学、校园文化、社会实践,增强学生生态文明意识。广泛开展社会调查、生产劳动、志愿服务、科技发明、勤工助学等社会实践活动,增强学生表达沟通、团队合作、组织协调、实践操作、敢闯会创的能力。

(3)严格教育教学管理,把思想政治教育贯穿人才培养全过程。

一是坚持把立德树人成效作为检验高校一切工作的根本标准,用习近平新时代中国特色社会主义思想铸魂育人,加快构建高校思想政治工作体系,推动形成

“三全育人”工作格局。把思想政治理论课作为落实立德树人根本任务的关键课程，推动思想政治理论课改革创新，建设一批具有示范效应的思想政治理论课，不断增强思想政治理论课的思想性、理论性和亲和力、针对性。把课程思政建设作为落实立德树人根本任务的关键环节，坚持知识传授与价值引领相统一、显性教育与隐性教育相统一，充分发掘各类课程和教学方式中蕴含的思想政治教育资源，建成一批课程思政示范高校，推出一批课程思政示范课程，选树一批课程思政优秀教师，建设一批课程思政教学研究示范中心，引领带动全员、全过程、全方位育人。

二是激励学生刻苦学习。高校要切实加强学风建设，教育引导学生爱国、励志、求真、力行。要提升学业挑战度，强化人才培养方案、教学过程和教学考核等方面的质量要求，科学合理设置学分总量和课程数量，增加学生投入学习的时间，提高自主学习时间比例，引导学生多读书、深思考、善提问、勤实践。合理增加学生阅读量和体育锻炼时间，以适当方式纳入考核成绩。积极组织学生参加社会调查、生产劳动、志愿服务、公益活动、科技发明和勤工助学等实践活动。

三是全面提高课程建设质量。立足经济社会发展需求和人才培养目标，优化公共课、专业基础课和专业课比例结构，加强课程体系整体设计，提高课程建设规划性、系统性，避免随意化、碎片化，坚决杜绝因人设课。实施国家级和省级一流课程建设“双万计划”，着力打造一大批具有高阶性、创新性和挑战度的线上、线下、线上线下混合、虚拟仿真和社会实践“金课”。积极发展“互联网+教育”，探索智能教育新形态，推动课堂教学改革。严格课堂教学管理，严守教学纪律，确保课程教学质量。

四是加强学生管理和服务。加强高校党委对学生工作的领导，健全学生组织思政工作体系，坚持严格管理与精心爱护相结合。加强学生诚信教育和诚信管理，严格校规校纪刚性约束。配齐建强高校辅导员队伍，落实专职辅导员职务职级“双线”晋升要求，积极探索从时代楷模、改革先锋、道德模范、业务骨干等群体中选聘校外辅导员。积极推动高校建立书院制学生管理模式，开展“一站式”学生社区综合管理模式建设试点工作，配齐配强学业导师、心理辅导教师、校医等，建设师生交流活动专门场所。

五是严把考试和毕业出口关。完善过程性考核与结果性考核有机结合的学业考评制度，综合应用笔试、口试、非标准答案考试等多种形式，科学确定课堂问答、学术论文、调研报告、作业测评、阶段性测试等过程考核比重。加强考试管理，严肃考试纪律，坚决取消毕业前补考等“清考”行为。加强学生体育课程考核，不能达到《国家学生体质健康标准》合格要求者不能毕业。科学合理制定本科毕业设计（论文）要求，严格全程管理，严肃处理各类学术不端行为。落实学士学位管理办法，健全学士学位管理制度，严格学士学位标准和授权管理，严把学位授予关。

4.学校秉承铸魂育人理念，围绕红色元素，设计教学课程，培养具有红色特质的人才

学校升本以来，坚持以“百折不挠、奉献拼搏、团结务实、争先创新”的百色精神办学育人，坚持在“老、少、边、山、穷、库”地区办学，凝练了“团结合作、艰苦奋斗、克难攻坚、磨砺成才”的“石磨精神”，走出一条艰苦创业的发展之路；秉承“志远行敏、德高业精”校训，为社会输送了近 14 万名“下得去、留得住、用得上、干得好”的专门人才，有力促进了区域经济社会及教育事业的发展，为边疆民族地区的经济发展、社会进步和国防巩固做出巨大贡献。

一是拓展红色教学体验实践课堂，提升能力增长才干。每年新生入学教育，开展系列红色教育活动，组织师生到百色起义纪念馆、革命英雄纪念故园开展体验式教学活动，让其穿越时空，体验革命先烈的爱国爱党情怀。以“重走红军路”为主题，组织师生参观百色起义纪念馆和纪念碑、红七军兵工厂旧址，走小平道等，以强烈的时空感受，激发师生爱国爱党情感，参观瞻仰深切缅怀革命先烈，寄托哀思、继承遗志。同时开展“红色五个一”主题活动，褒扬革命先烈，传承爱国爱党情怀。为了营造红色革命精神教育氛围，传承爱国爱党情怀，每年开展“唱一首红歌、讲一个红故事、舞一个红舞蹈、走一段红军路、演一个红色小品”的红色经典文化艺术节活动。通过舞台艺术效果，展示革命先烈的英雄主义情怀，传承革命精神。

二是依托红微课堂，让红色精神永放光芒。学校围绕立德树人目标体系，在学校办学定位中，突出“以百色精神办学育人”，将以“百色起义精神”为主要内容的红色文化融入人才培养全过程，依托红色经典微型课堂，以红微课堂为平台，开展红微课程教学，拓展实践课堂，围绕立德树人的根本任务，培育以“红色”为底色、符合时代要求、特色鲜明的大学精神，培养具有老区大学红色特质的德智体美劳全面发展的高素质应用型人才。学校充分利用和挖掘红色文化资源，以红微课堂为依托，以课程教学为主渠道，创新红微实践课堂路径，把课堂教学与红色资源的挖掘利用结合起来，以共产主义理想信念教育为核心，以革命传统教育为主要内容，以“红色”主题教育活动为抓手，开展“红色”校园文化建设，激活红色基因，传承百色革命精神。以红微课程教学为主渠道，陶冶情感传承革命情怀。学校充分挖掘和利用得天独厚的红色文化资源，从 2012 年秋季起对学生选修红微课做了明确具体的规定：将红微课列为学生的选修课，每个学期开设 15—20 门，每门课程 0.5 个学分，10 个学时，每位学生必须选修完成 1 个学分（2 门课）方可毕业。截至 2020 年底，红微课程已经达 161 门，选修课程的学生已达 5.76 万人。通过课堂教学，师生感悟百色起义革命精神的内涵，传承革命先烈的坚定理想信念和爱国爱党情怀。

（六）资助认定工作机制

学生资助是脱贫攻坚、促进社会公平的重要内容和重要举措。高校贫困生认定是国家学生资助政策有效落实的基础工作，是推进学生资助精准化的重要内容。自 2007 年新资助政策体系实施以来，我国已实现了家庭经济困难大学生资助全覆盖，资助形式与内容逐渐多样化。高校贫困生身份的精准认定是高校落实精准化资助的前提，是保证资助资源得以公平分配的基础。精准认定家庭经济困难大学生是做好学生资助工作的重要前提，是决定资助政策落实效果的基础性工作。

1.高校贫困生认定工作的意义

（1）高校贫困生认定工作直接关系着国家学生资助政策落实的有效性。

高等教育学生资助政策旨在帮助贫困家庭学生享受到良好的高等教育资源，扫除大学生求学路上因经济困难遇到的“拦路虎”，力求使贫困学生在高等教育阶段实现“三不愁”，建立了国家奖助学金、国家助学贷款等相结合的资助政策体系。高校贫困生认定是资助工作的基础性工作，主要涉及对贫困生身份的确认和对贫困生困难程度的认定。高校贫困生认定工作直接关系着国家学生资助政策的资助对象以及资助力度，直接影响着资助政策落实的有效性。

（2）高校贫困生认定工作是推进学生资助精准化的重要内容。

教育部部长陈宝生在《进一步加强学生资助工作》中提出，精准不仅是扶贫工作的基本要求，也是学生资助工作的基本要求。精准资助，就是要做到资助对象精准、资助标准精准、资金发放精准。资助对象精准，是通过多种手段建立和完善家庭经济困难大学生识别认定机制；资助标准精准，是结合实际确定家庭经济困难大学生的资助标准，使资助标准与贫困生的受助需求相适应。贫困生认定工作有效服务于资助对象精准与资助标准精准，是推进学生资助精准化的重要内容。

（3）围绕红色精神，为家庭经济困难学生成才成长提供保障。

学校地处经济欠发达的革命老区，由于地缘的关系，许多学生来自贫困山区县市，家庭经济困难大学生占在校生总人数的40%，家庭经济困难大学生人数多、比例高、分布广、困难程度大，许多大学生每年开学初都交不起学杂费，就是在交得起学杂费的大学生当中，也有相当一部分是靠贷款或借款来交费，部分大学生虽然交了学杂费，但生活费又没有着落，只能靠学校资助来维持基本生活。为此，学校通过贫困生认定工作，加大家庭经济困难大学生资助政策宣传，通过宣传贫困生成长成才的先进事迹，积极开展评选家庭经济困难大学生“十大自强之星”等活动，为学校家庭经济困难大学生成才成长保驾护航。

2.高校贫困生认定工作的政策依据

高校贫困生资助认定是开展高校资助工作的前提与基础。教育部要求各高校要建立健全四级资助认定工作机制。高校制定严格的贫困生身份认定工作程序，学校学生资助工作领导小组、学校学生资助管理机构、院（系）认定工作组、年级（或专业）认定评议小组按照各自的职能分工共同完成认定工作。全国各地对于高校贫困生资格确认的依据及方法有所不同，基于我国高校实践，主要有三级证明法、相关困难证件法、班主任和辅导员评判、班委会选举产生、通过家庭经济情况直接认定、消费水平和饭卡监控法、居民最低生活保障线界定、根据贫困程度区分、暑期家访和家庭问卷调研、设定贫困认定组定期复查和抽查十种具体的资格认定方法。

（1）家庭经济困难大学生认定标准。

根据《关于进一步加强和规范广西高等学校家庭经济困难大学生认定的指导意见》（教资助〔2017〕21号）文件精神，将家庭经济困难大学生情况分为三档，具体认定标准设为：

一是农村建档立卡家庭经济困难学生、农村特困救助供养学生、城乡居民最低生活保障家庭和农村特困群众最低生活保障家庭的学生以及家庭经济困难孤残学生，属于“特别困难”。

二是因家庭遭遇重大疾病、重大自然灾害和事故等突发事件，导致学生本人及其家庭所能筹集到的资金，难以支付其在校学习期间的学习和生活基本费用的学生，属于“突发事件特殊困难”。

三是来自低收入家庭（以家庭人均月纯收入不高于高等学校所在地城镇居民最低生活保障标准20%为限）的学生，属于“困难”。

（2）家庭经济困难大学生认定工作机制。

建立健全四级资助认定工作机制，规范工作程序，做到公开、公平、公正，将班级辅导员（班主任）、院（系）资助工作负责人作为认定工作的主要责任主体，并理清岗位职责，建立问责机制。

一是学校成立学生资助工作领导小组，全面领导、监督本校家庭经济困难大学生的认定工作。

二是学校学生资助管理机构具体负责组织、审核和管理全校的认定工作，建立校内家庭经济困难大学生档案，对学生的贫困情况和受资助情况进行记录，并实行动态管理。

三是院（系）成立以分管家庭经济困难大学生资助工作的院（系）领导为组长，院（系）学生辅导员、院（系）资助工作负责人等担任成员的认定工作组，负责认定的具体组织和审核工作。

四是以年级（或专业）为单位，成立以学生辅导员为组长、学生代表担任成员的认定评议小组，负责认定民主评议工作。认定评议小组成员中，学生代表人数视年级（或专业）人数合理配置，应具有广泛的代表性，一般不少于年级（或专业）总人数的10%。认定评议小组成立后，其成员名单应在本年级（或专业）范围内公示。年级（或专业）学生人数较多的学校可参考成立班级评议小组，班级评议小组成员一般不少于班级总人数的10%。

（3）家庭经济困难大学生认定程序及工作要求。

学校应制定严格的认定工作程序，由学生本人提出申请，实行民主评议和学校评定相结合的原则。学校学生资助工作领导小组、学校学生资助管理机构、院（系）认定工作组、年级（或专业）认定评议小组，按照各自的职能分工，认真、负责地共同完成认定工作。家庭经济困难大学生认定工作每学年进行一次。

一是高校应全面、认真部署每个学年的家庭经济困难大学生认定工作。学校在向新生寄送录取通知书时，应同时寄送《高等学校学生及家庭情况调查表》；在每学年结束之前，应向在校学生发送《高等学校学生及家庭情况调查表》。需要申请认定家庭经济困难的新生及在校学生要如实填写《高等学校学生及家庭情况调查表》，并持该表到家庭所在地乡、镇或街道民政部门加盖公章（如乡、镇或街道民政部门无专用公章，可由政府代章），以证明其家庭经济状况（城乡居民最低生活保障家庭需提供民政部门颁发的低保证复印件，遭遇重大突发事件经济困难家庭需提供相关事件发生材料）。

二是每学年开学时，学校学生资助管理机构布置启动全校认定工作。认定评议小组组织学生填写《高等学校家庭经济困难大学生认定申请表》,并负责收集《高等学校学生及家庭情况调查表》。

三是认定评议小组根据学生提交的《高等学校家庭经济困难大学生认定申请表》和《高等学校学生及家庭情况调查表》,以学生家庭人均收入对照本指导意见第六条中的认定标准,并结合学生日常消费行为,以及影响其家庭经济状况的有关情况,认真进行评议,确定本年级(或专业)各档次的家庭经济困难大学生资格,报院(系)认定工作组进行审核。认定评议小组进行民主评议时应着重考虑孤残学生、烈士子女,以及家庭成员长期患重病、家庭遭遇自然灾害或突发事件等特殊情况的家庭经济困难大学生;民主评议不得采取让学生当众诉苦、互相比困的方式,评议小组成员要注意保护申请学生的隐私;农村建档立卡贫困户家庭大学生一经确认身份,不需要经过评议环节,直接认定为"特别困难",并进入公示环节。

四是院(系)认定工作组要认真审核认定评议小组申报的初步评议结果。如有异议,应在征得认定评议小组意见后予以更正。

五是院(系)认定工作组审核通过后,要将家庭经济困难大学生名单及档次,以适当方式、在适当范围内公示 5 个工作日,公示不得涉及学生个人及家庭的隐私。如师生有异议,可通过有效方式向本院(系)认定工作组提出质疑。认定工作组应在接到异议材料的 3 个工作日内予以答复。如对院(系)认定工作组的答复仍有异议,可通过有效方式向学校学生资助管理机构提请复议。学校学生资助管理机构应在接到复议提请的 3 个工作日内予以答复。如情况属实,应及时做出调整。

六是学校学生资助管理机构负责汇总各院(系)审核通过的《高等学校家庭经济困难大学生认定申请表》和《高等学校学生及家庭情况调查表》,报学校学生资助工作领导小组审批,并建立家庭经济困难大学生信息档案。

七是学校和院(系)每学年应定期对全部家庭经济困难大学生进行一次资格复查,并不定期地随机抽选一定比例的家庭经济困难大学生,通过大数据分析、个别访谈、信件、电话、实地走访等方式进行了解核实。对困难、特别困难两类贫困生,应按一定比例予以抽查;对突发事件特殊困难类贫困生应尽可能逐个核实,其中有条件的可进行走访慰问。如发现弄虚作假现象,一经核实,取消资助资格,收回资助资金。情节严重的,学校应依据有关规定进行严肃处理。

3.学校家庭经济困难大学生认定工作情况

(1)建立健全机构,完善资助认定工作制度,为学生资助工作提供组织保障。

学校党委和行政十分重视家庭经济困难大学生资助工作，由分管学生工作的学校领导具体抓，制定和完善了学生资助管理体系，由学生工作部（处）、财务处负责具体组织实施，其他职能部门密切配合，各院（系）、班级层层落实，并把开展帮扶家庭经济困难大学生工作取得的成绩作为各部门、各教职工考核评优的重要依据，以此调动各部门、各教职工的积极性，确保家庭经济困难大学生帮扶工作顺利进行。

一是成立各级学生资助工作领导小组。学校成立了由学校主要领导担任组长，分管学生工作的校领导任副组长，相关部门领导和各院（系）分管学生工作的领导为组员的家庭经济困难大学生资助工作领导小组，全面领导学生的“奖、贷、助、补、减、免”等资助工作及国家助学贷款的工作；各院（系）成立学生资助工作领导小组；各班级成立家庭经济困难大学生认定小组。形成三级学生资助工作管理体系。

二是成立学校学生奖助学金评审领导小组和评审委员会，全面领导全院的奖助学金评审工作；各院（系）成立学生奖助学金评审领导小组；各班级成立学生奖助学金评审小组。建立三级学生奖助学金评审体系。

三是成立学校学生资助管理中心。学生资助管理中心挂靠学生工作部（处），由 1 名副处长分管学生资助管理中心工作，配备专职人员具体负责学生资助日常工作，有独立的办公室，有电话、打印机、电脑，为进一步做好学生资助工作提供了组织保障和物质保障。

四是加强制度建设，建立和完善学生资助工作管理制度。为使家庭经济困难大学生资助工作规范化、制度化，学校制定了《百色学院家庭经济困难大学生资助管理办法》《百色学院家庭经济困难大学生认定工作实施办法》《百色学院国家奖学金管理办法》《百色学院国家励志奖学金管理办法》《百色学院自治区人民政府奖学金管理办法》《百色学院国家助学金管理办法》《百色学院勤工助学管理办法》等一系列学生资助工作管理规定，为学生资助工作提供了制度保障，建立了包括助学金、奖学金、勤工助学、特殊困难补助和学费减免在内的“奖、助、补、勤、减、免、绿、缓”的资助政策体系。

（2）建立和规范家庭经济困难大学生认定和档案管理。

每年 9 月，学校按照家庭经济困难大学生认定的有关办法对家庭经济困难大学生进行认定，网上审核，并将纸质材料归类，科学规范地建立家庭经济困难大学生档案。认定程序：第一，学生个人书面申请，网上填写并打印《百色学院家庭经济困难大学生登记表》,凭《百色学院家庭经济困难大学生登记表》《高等学校学生及家庭情况调查表》或地方政府民政部门相关证明以及本人身份证复印件进行申请,班级按照《百色学院家庭经济困难大学生登记表》要求进行评议,利用《百色学院家庭经济困难大学生认定民主评议表》进行无记名评议,确定家庭经济困难大学生贫困档次并排序。班级评议小组对班级评议结果与民政部门证明情况进行复对,不一致的班级评议小组要进行详细调查核实,进行调整;班级评议小组填写评议鉴定。第二,院(系)级认定工作领导小组评审,确定学生家庭经济困难档次;院(系)内公示 3 个工作日以上,对有争议的学生再进行调查核实;院(系)级认定工作领导小组填写鉴定。第三,学生资助管理中心审核;校内公示 5 个工作日;对有争议的学生再进行调查核实。第四,学校学生资助管理工作领导小组审批。第五,学生资助管理中心网上审核登记,归档。

五、铸红魂管理服务资助育人体系的评价与反馈

(一)学生日常行为评价

学生日常行为评价,是高校教育管理工作的重要环节,也是教育管理的重要手段。它的目的不是给学生贴上标签,而是通过客观、公平、公正的评价,促进学生综合素质的发展和完善。在高校教育管理过程中,科学的学生日常行为评价显得十分重要。

1.学生日常行为评价的内容

学校参照教育部、自治区教育厅的相关规定,制定了《安全文明公约》《学生校园行为规范》《学生奖励管理办法》《学生资助管理办法》《学生违纪处分管理办法》《学生操行评定管理办法》《学生综合素质测评管理办法》《学生考勤管理办法》《学生宿舍管理办法》《大学生社会实践管理办法》等规定,对涉及学生日常行为的方方面面进行了规范。

2.学生日常行为评价的意义

学生日常行为评价有多方面的意义。对学生的日常行为进行评价,对于学校来说,可以记载和积累学生日常行为表现的资料,作为考核学生的重要依据;对于辅导员或者班主任来说,可以及时了解学生各方面的表现,以及教育管理工作的效果和反馈信息,以分析管理方式的优缺点,更好地提高管理水平;对于学生本人来

说,可以明确自己日常行为表现中的长处和不足,从中受到激励与警示,以扬长补短。

当然,学生日常行为评价也有其局限和问题,这也是我们应该了解、警惕和防范的。各项学生日常行为管理规定大体上囊括了学生各方面的表现,但总有某些方面未涉及;对学生行为表现进行评价是很复杂的事情,测量和评价也只能是近似值,而对于学生的能力、创造性与思想品德的测量尤其不准确。因此,开展学生日常行为评价要慎重,既要注意观察眼下的事实,又要注意评价学生的实际情况、一贯表现与既往成绩,力求比较全面和准确。

3.学生日常行为评价的种类

学生日常行为评价常见的分类有以下两种。

第一,教师评价。主要是指辅导员与班主任以及科任教师对学生日常各方面的行为表现进行的评价。评价方式除了较为正式的考查、测验、考试外,还包括教师在教育管理学生的广泛接触过程中,特别是在个别指导、咨询、答疑和谈话中,对学生有意识地进行的不拘一格的评价。教师对学生的直接性评价,丰富多彩,灵活机动,客观公正,切合学生实际,其效果比较好。当然,若使用不当,也会出现偏颇,甚至出现师生对立的情况。

第二,学生自我评价。是指在教师的指导下,学生参照各项行为准则对自己的行为做出的评价。学生学会自我评价,在教育管理中具有重要意义。这意味着学生开始懂得要有意识地检讨和反省自己的行为,肯定自己的优点,发现和正视自己的不足。有些学生有了自我评价的意识和习惯之后,就更能重视和深刻领悟教师对自己的评价,从而将两者结合起来,用以规范个人行为。当然,学生的行为和习惯的形成,需要一个较长的悉心培养过程,教师要给予耐心指导。

(二)学生日常行为评价的原则

1.客观性原则

对学生的日常行为进行评价要全面客观、公平公正、科学合理,决不能掺杂个人感情或主观臆断,不然将会出现评价不符合实际的情况。只有做到以上几点,才能使学生心悦诚服,才能更好地发挥评价的积极作用。故客观性是评价能否发挥其功能的基础,如果做不到客观,将会丧失评价的意义。为了提高学生日常行为评价的客观性,在评定中,应该反复确认标准和反复核查。特别要注意避免成见效应,即给名声较好的学生比名声较差的学生评定更高的名次或者分数。

2.发展性原则

我们对学生日常行为进行评价的最终目的是促进学生的全面发展和进步,着眼处应是学生各方面行为表现的改进和能力的提高,以此来调动学生的积极性,规范学生的日常行为。例如,某位学生之前经常旷课、旷操,经过老师和同学们的帮助,现在已经基本能做到不缺勤,这样的学生相对于班级里的其他学生可能不算优秀,但是跟他过去相比却有了明显的进步,在评价的时候,要给予肯定和表扬。

3.科学性原则

学生日常行为评价还应符合科学性的原则,高校学生日常行为评价是一门研究学生行为、思想等方面的学科,有其独特的发展规律。研究学生行为发展的思想轨迹,设立科学合理的评价指标和评价方法,是做好高校学生日常行为评价的基础,是高校学生管理工作取得良好效果的保障,高校学生日常行为评价必须遵循学生身心发展的规律和实施教育的规律,运用发展的、联系的、辩证的观点建构大学生日常行为评价体系。

(三)学生日常行为评价的途径

1.建立考核组织,明确责任人

二级学院应是大学生日常行为表现考核的主要部门。学生日常行为表现的内容非常丰富,范围十分广泛,涉及方方面面,不论是任课教师、思政教师、班主任还是辅导员,都难以单独对学生做出全面的了解和评价。因此,二级学院应是大学生日常行为考核的责任主体,二级学院应组织任课教师、思政教师、班主任、辅导员和学生干部一起建立一套有效的考核评价机制,组织相关教师和学生干部各司其职做好各方面的考核,落实好既定的评价方案。

2.明确日常行为的考核内容

学生日常行为考核应包括以下几方面的内容。一是遵纪守法行为,大到对国家法律法规的遵守,小到对学校各项规章制度的遵守,例如是否遵守上课纪律,有无迟到、旷课等情况;二是学生个人的素质和行为习惯,例如是否爱护教室、宿舍、校园的卫生等;三是学生参加课外活动,例如体育活动、文艺活动、各类专业技能比赛以及社会公益活动等的相关情况,这些都是学生个人素质的拓展,也应该纳入日常行为评价的考核中;四是团结协作、集体主义、助人为乐等行为,这些行为可以体现学生的道德水平和综合素质;五是诚信、感恩方面的行为,我国在帮助贫困大学生完成学业方面做了很多努力,国家助学贷款、国家助学金覆盖面很广,基本上所有的贫困生都能享受,但是有部分贷款学生缺乏诚信、感恩意识,毕业后不按时还助学贷款,造成很不好的影响。

3.做好日常行为的考核记录

学生日常行为的各项考核记录,是评价学生日常行为的依据,因此考核记录在评价中就有了很重要的作用,如果考核记录不实,将会直接影响考核结果,评价将失去意义和价值,因此,记录各项考核就需要实事求是、扎扎实实。“为了将日常行为的考核记录做扎实,需要做好三方面的工作:一是明确责任及时统计上报,既可以避免遗忘也能起到及时激励的作用;二是定期公开加强监督,增加考核记录的透明度,把日常行为的考核置于全体学生的监督之下;三是履行考核记录的签字手续,作为存档依据备查。”①例如,学生上课的考勤记录,由纪检委员等学生干部专门负责,如有学生缺勤,纪检委员可如实上报二级学院,并让该学生确认。

(四)学生思想表现评价

大学生思想表现呈多样性特征,受诸多因素影响,既有生理因素和心理因素,又与主观和客观等原因息息相关,其复杂性和多样性决定了在对大学生思想表现进行评价的过程中会遇到很多问题,因此对大学生思想表现进行评价前,需厘清相关概念和遵循相应的原则。

1.影响大学生思想表现的四大因素

影响大学生思想表现的因素主要有四个,即家庭因素、学校因素、认知态度和意志状态。家庭因素,家庭对一个人的影响毋庸置疑,一个家庭的情绪氛围、父母的教养方式和方法、家庭的经济状况等,对一个人的性格形成和思想表现都有巨大的影响。学校因素,大学生在校学习的时间很长,学校思政课程,政治辅导员的思想引导,与老师、同学、室友的交流沟通等,都会影响到学生的思想表现。认知态度,认知是指人们看待事物的方式,包括人的观念、评价是非的标准、对人对事的基本信念、思考的方式等。不同的学生,由于家庭教养方式不同,生活和教育经历不同,所形成的思想观念也会不同,认知大多对大学生的思想表现起支配作用,只有正确的认知才能指导正确的思想和行为。意志状态,即我们常说的自制力,对大学生的思想和行为有约束的作用,良好的意志状态,可以帮助大学生在一定的行为过

---

① 娄季春.将大学生日常行为纳入德育评价探究[J].学校党建与思想教育(高教版),2007(1):54-55.

程中，自觉遵守相关法律法规，自觉克服障碍和困难，坚持不懈，努力保持自己行为的稳定性。

2.学生思想表现评价的内容

学生的政治思想、学习态度、道德品行方面的表现，均属于学生思想表现评价的范围。

具体评价内容如下：

第一，热爱党、热爱社会主义祖国，坚持四项基本原则，拥护中国共产党的领导，拥护党的路线、方针、政策，积极支持和参加改革，具有坚定正确的政治方向，在大是大非面前具有较高的政治觉悟。

第二，努力学习马克思列宁主义、毛泽东思想、中国特色社会主义理论体系，认真落实科学发展观，深入学习习近平新时代中国特色社会主义思想和治国理政新理念新思想新战略。

第三，积极参加政治学习和党团组织生活，认真学好思想政治理论课，思想进步，勇于批评与自我批评，自觉抵制资产阶级腐朽思想，敢于同不良现象作斗争。

第四，学习目的明确，态度端正，刻苦学习，勇于探索，积极实践，努力掌握现代科学文化知识，学好专业技能。

第五，树立正确的世界观、人生观和价值观，努力为人民服务，关心集体，积极参加集体活动，热心助人，尊敬师长，团结同学。

第六，遵守宪法、法律、法规，遵守学校管理制度，讲文明，懂礼貌，遵守社会公德，维护公共秩序。

第七，有艰苦奋斗、勤俭节约的良好作风和正确的劳动观点，爱护公物，勤俭节约，积极参加劳动和社会实践活动，积极参加清洁大扫除，讲究集体和个人卫生。

第八，积极完成学校、二级学院、班级交给的各项任务，对所承担的社会工作认真负责，坚持原则，在各方面起积极带头作用。

3.学生思想表现评价的标准

热爱社会主义祖国，拥护中国共产党的领导，具有良好的道德品质；遵纪守法，遵守学校的各项规章制度；积极参加政治理论学习，参加党团组织活动及校、院、班组织的集体活动；积极参加社会实践活动；学习目的明确，勤奋学习，努力掌握现代科学文化知识；尊敬师长，团结同学，诚实守信，关心集体，乐于助人，爱护公共财物；自觉维护社会稳定和校园正常的教学、生活秩序，敢于同各种不良行为作斗争；

劳动态度端正,按时参加劳动课;积极参加体育锻炼。如学生参加志愿者或者献血等活动,还可以进行相应加分;如学生旷课、缺勤、受处分、打架、酗酒、聚众闹事、破坏公物等,会进行相应扣分。

4.学生思想表现评价的原则

(1)全面性与发展性相结合的原则。

高校思政教育涉及教育学、心理学、行为学等,在对大学生进行思想表现评价时,要求高校教育工作者细致观察学生的日常行为表现,深入研究大学生的心理,分析其内在规律,整体上把握大学生思政教育的全过程,抓住各要素的内在联系,把握全局,做出全面的判断。同时,我们还应注意,我们所评价的对象是动态的、发展的,他们处在特殊的年龄阶段,容易受外界影响,思想变化比较快,因此,我们还需以发展的眼光去看待大学生思想教育的实际状况,不断解决发展中的问题。全面性和发展性结合,动静结合,才能更准确地把握大学生思政教育的规律,提高大学生思政教育的时效性。

(2)目的性和导向性相统一的原则。

提高大学生的思想道德素质是进行大学生思想表现评价的目的,高校思政工作者要帮助学生端正认识,分清正误,提高辨别是非的能力,还要及时对学生错误的思想和行为进行批评指正,并帮助其树立积极、健康的人生态度。紧紧围绕党的基本路线和党的根本任务是大学生思想政治教育工作的导向性原则,坚持正确的思想导向,是党的教育方针的集中体现。坚持目的性与导向性相统一的原则,就是根据思想政治教育的客观要求,在掌握思想政治教育内在规律的基础上建构大学生思想政治教育的评价体系,以客观、科学的态度开展评价活动,只有这样才能充分发挥评价的优化整合作用,促进学生不断自我调整和完善。

(3)形成性评价与终结性评价相结合的原则。

形成性评价是指在学生思想政治教育实践过程中进行的评价,用于了解思想政治教育实施过程中的效果,及时了解思想政治教育过程中存在的不足,并有针对性地提出合理建议,明确改进方向,不断调整。“形成性评价的特征是:评价—反馈—调节—矫正。要最大限度地发挥好形成性评价的效果,关键是建立反馈性机制,将评价过程中形成的结论,不论是优点还是缺点,都及时反馈给评价对象,以利其扬长补短，形成正确的政治立场和良好的思想道德品质。”[①]“终结性评价是指在某项思想道德教育教学或思想道德实践活动结束后对评价对象所获结果的终结评价与鉴定，或是一个阶段结束后对评价对象的阶段性思想道德教育成效的总结评价与鉴定。”[②]通常来说，它是整体的、全面的、定性与定量的测评结果，是终结性的定论评价。大学生思想表现评价是一个极其复杂的工程，因此我们在对学生进行思想表现评价时，既要重视评价结果，又要注意评价过程，将形成性评价与终结性评价结合起来。

5.学生思想表现评价的办法

学生思想表现评价一般由二级学院负责完成，评价由学生自评、班级评价、教师评价三部分组成，如果三种评价结果相差较大，需要核实。

（1）学生自评。

先由学生本人按照学校学生手册及其他相关文件中关于思想表现评价的内容和条件，对自己一学年的政治思想表现和道德品质行进行认真总结，对照评定标准自行评定操行成绩。

（2）班级评价。

班级的学习小组和班委会根据各项考勤、评奖评优等记录，对每个学生进行班组鉴定和操行评定，班主任或者辅导员要做好此项工作的监督，保证评价工作公平、公正、公开，有序进行。

（3）教师评价。

辅导员或者班主任依照各项规定，在参考学生本人自评、班级评价的基础上，结合学生平常在思想方面的表现，给出思想表现评语和确定思想表现成绩。

学生思想表现评价要与学生学籍管理、先进个人评比等联系起来。思想表现成绩为优秀，方有资格参评“三好学生”“优秀学生干部”；专科生的思想表现评价必须两年以上为优秀，本科生的思想表现评价必须三年以上为优秀，方有资格参评“优秀毕业生”。

学生各学年的思想表现评价还将计入学年鉴定、毕业鉴定材料，存入学生

---

① 王克仁，张剑，陈澜祯.大学生德育评价工作现状及评价体系重构原则新探[J].党史文苑，2005(12)：59-60，79.

② 胡聪干，王茂盛.以科学发展观为统领重构大学生思想道德水平评价原则[J].沈阳教育学院学报，2011(1)：49-52.

档案。

(五)建立健全科学的管理考核评价体系

1.按照好干部标准,选好配强各级领导干部和领导班子

2018 年 11 月 26 日,习近平总书记在主持十九届中央政治局第十次集体学习时引用“为政之要,唯在得人”等经典,指出我国历朝历代都重视官吏选拔和管理,在吏治方面留下了很多思想和做法,其中不乏真知灼见。

“为政之要,唯在得人”是唐朝典籍《贞观政要》中的一句名言,意思是说,治理国家的关键在于得到人才,这句经典指出了人才对于治国安邦的重要性,同时也为新时代好干部立了标准。2013 年 6 月 28 日,习近平总书记在全国组织工作会议上首次提出好干部标准,这就是“信念坚定、为民服务、勤政务实、敢于担当、清正廉洁”的二十字好干部标准。习近平总书记指出,信念坚定,就是要求党的干部必须坚定共产主义远大理想,真诚信仰马克思主义,矢志不渝为中国特色社会主义而奋斗,坚持党的基本理论、基本路线、基本方略、基本经验、基本要求不动摇。为民服务,就是要求党的干部必须做人民公仆,忠诚于人民,以人民忧乐为忧乐,以人民甘苦为甘苦,全心全意为人民服务。勤政务实,就是要求党的干部必须勤勉敬业、求真务实、真抓实干、精益求精,创造出经得起实践、人民、历史检验的实绩。敢于担当,就是要求党的干部必须坚持原则、认真负责,面对大是大非敢于亮剑,面对矛盾敢于迎难而上,面对危机敢于挺身而出,面对失误敢于承担责任,面对歪风邪气敢于坚决斗争。清正廉洁,就是要求党的干部必须敬畏权力、管好权力、慎用权力,守住自己的政治生命,保持拒腐蚀、永不沾的政治本色。

在好干部标准中,习近平总书记突出强调信念坚定和敢于担当。信念坚定是好干部第一位的标准。如果理想信念不坚定,不相信马克思主义,不相信中国特色社会主义,政治上不合格,经不起风浪,这样的干部能耐再大也不是我们党需要的好干部。坚持原则、敢于担当是党的干部必须具备的基本素质。是否敢于担当,反映干部的胸怀、勇气、境界,敢于担当才能干成大事。担当就是责任,好干部必须有责任重于泰山的意识,坚持党的原则第一、党的事业第一、人民利益第一,做到无私无畏,敢于较真碰硬,对工作任劳任怨、尽心竭力,善始善终、善作善成。此后,在不同场合,习近平总书记又进一步提出,做党和人民需要的好干部,要自觉践行“三严三实”,要心中有党、心中有民、心中有责、心中有戒,要忠诚、干净、担当,要具有铁一般信仰、铁一般信念、铁一般纪律、铁一般担当,等等。这些要求,是好干部标准

的具体化,进一步丰富了好干部标准的内涵。

干部标准是评价和选拔干部的依据,是干部工作的首要问题。我们党一贯坚持的干部标准是"德才兼备、以德为先"。在不同历史时期,对干部德才的具体要求有所不同。革命战争年代,对党忠诚、英勇善战、不怕牺牲的干部就是好干部;社会主义革命和建设时期,懂政治、懂业务、又红又专的干部就是好干部;改革开放初期,拥护党的十一届三中全会确定的路线方针政策,有知识、懂专业、锐意改革的干部就是好干部。习近平总书记提出的二十字好干部标准,是对"德才兼备、以德为先"干部标准的深化,凸显了干部标准的时代内涵,为加强干部队伍建设指明了方向。党的十八大以来,各级党委及组织部门认真贯彻落实好干部标准,大力纠正选人用人上的不正之风,切实解决"四唯"等突出问题,培养选拔了一大批党和人民需要的好干部,为统筹推进"五位一体"总体布局和协调推进"四个全面"战略布局,为进行具有许多新的历史特点的伟大斗争,为实现中华民族伟大复兴的中国梦,提供了坚强的组织保障。

高等学校担负着"为党育人、为国育才"的重任,其干部队伍素质对于高校提高办学质量,落实立德树人根本任务,培养担当民族复兴大任的时代新人至关重要。学校党委依据新时代好干部标准,按照《党政领导干部选拔任用工作条例》,严把选人用人政治关、品行关、能力关、作风关、廉洁关,创新观念,加强干部队伍管理,努力营造风清气正的和谐的良好政治生态环境,选好配强各职能部门、二级学院领导干部和领导班子。

(1)创新管理观念,营造风清气正的和谐的良好干部管理生态环境。

学校党委以思想解放和观念创新为先导,坚持"以人为本、民主办学、依法治校"的办学理念和新时代的干部管理观念,引导广大干部群众大力支持和积极参与学校干部管理的改革创新,营造风清气正的和谐的良好干部管理生态环境。学校党委坚持公道正派地选人,选公道正派的人,在干部的选拔方式、选拔程序、选拔标准上力求做到客观、公正、透明、科学,坚决打破传统干部选拔过程中的封闭、神秘和暗箱操作的格局,把群众公认、业绩突出且具有一定管理经验的优秀干部选拔出来,把那些政治上靠得住,工作上有本事,成绩突出的干部选拔到领导岗位上,充实到学校教学、科研第一线,以良好的工作作风为学校教育事业发展提供强有力的组织保障,有力地推进了学校各项事业有条不紊地发展。

(2)创新干部管理制度,实现干部管理工作的科学化和规范化。

加强干部管理,必须创新干部管理制度。学校党委根据新时代党的干部政策,结合学校干部管理工作的实际,创造性地开展了一系列的干部管理工作。

首先,处理好“三个关系”。一是正确处理干部队伍建设和师资队伍建设的关系,兼顾两支队伍的协调发展。在制定高学历、高职称、教学能力强、科研素养好的人才竞争管理岗位制度时,创新出台相关规章制度鼓励学术潜力大、教学效果公认度高的优秀人才继续安心致力于科研与教学,实现人才资源的合理配置。二是处理好选拔任用和聘后管理的关系,把任用和管理放在同等重要的位置。在干部管理中,强化岗位目标责任制和干部考核制度,实行干部任用与干部考核有机结合。三是正确处理干部竞争上岗与后备干部队伍建设的关系,把后备干部的管理与现任干部的管理放在同等重要的位置。对后备干部实行公开选拔、滚动管理、注重培训、勤加锻炼、备用结合,同时努力营造公平竞争氛围,促进在岗干部更加努力工作,使后备干部能获得晋升机会,从而有利于干部资源的合理流动与配置。

其次,落实“四个结合”。一是创新制度与执行党的干部政策和学校实际情况相结合。既保证党的干部政策在竞争中得到贯彻执行,又结合学校实际对竞聘岗位提出明确要求,做到把党的方针政策创造性地运用到学校的具体实践中。二是民主推荐与综合评议相结合。既不单纯以票取人,也不单纯以考核组的意见取人,实行聘任结果决策的多元化。三是组织考察与群众监督相结合。在竞争上岗过程中,纪委、监察、督察和工会等相关成员全程参与,确保竞争上岗工作的公正性。拟任人选确定后,实行任前公示,广泛听取群众意见,自觉接受广大教职工监督。四是选拔任用与合理分流相结合。聘任前对现有的岗位进行适应学校发展要求的合理规划与重构,聘任期间对少数干部实行轮岗、高职低聘、低职高聘等分流,促进干部人才资源在众多岗位上的合理流动。

最后,严格落实五项工作。一是遵循原则。严格遵守有关干部选拔任用的基本原则,结合学校实际,坚持以工作需要为主,兼顾个人志愿,统筹解决干部队伍与师资队伍建设中的矛盾。二是坚持标准。在干部竞聘上岗的实施方案中对竞争上岗干部所需的基本任职条件、任职资格等方面做出了具体的规定,坚持把政治标准放在首位,对竞聘上岗干部的综合能力素质提出了明确的要求,牢牢把握资格审查关和“入口关”。三是稳定事业。通过制度创新对干部竞聘的时间和人员进行认真的讨论界定,克服了干部工作中的随意性和盲目性,保持了干部队伍、师资队伍的稳定和学校事业发展的连续性。四是规范程序。规范干部选拔任用程序,有利于增强程序的公开性和可操作性,保证“执行程序不走样”。五是严肃纪律。严格规范干部选拔任用和管理中的纪律要求,有利于干部管理制度改革健康有序地推进。

(3)完善考核监督机制,强化干部的岗位责任感。

考核机制是干部管理机制的重要组成部分。学校党委通过对干部进行年度考核、试用期满和任期届满考核,采用模糊综合评价的办法,把定期考核和平时考核相结合,把定性考核与定量考核相结合,把领导班子团队考核和班子成员考核相结合,初步形成了“两级考核、三级测评”的考核机制,强化了干部目标责任制,使得干部的岗位责任意识不断增强。

2.加强管理干部培训,提高各类管理干部育人能力

干部教育培训是建设高素质干部队伍的先导性、基础性、战略性工程,是打造高素质专业化干部队伍的关键性举措。学校自升本以来,始终坚持不懈狠抓党员领导干部队伍建设,为学校各项事业的建设发展提供了坚实的组织保障,此次培训也将促进全校领导干部进一步解放思想、改革创新、扩大开放、担当实干,不断推动学校高质量发展。

(1)成立干部教育培训机构,健全培训教育机制,增强干部管理创新能力。

实现干部“用养并举”是加强干部队伍建设的指导原则,学校党委十分重视干部培训机制创新,大力加强干部培训工作,初步形成了干部培训教育体系。为了加强干部教育培训,学校党委决定成立独立设置的百色学院干部学院。百色学院干部学院的主要工作职责:规划并实施干部学院的发展战略;加强对外联系,落实委托培训和联合办班工作,拟订培训计划并组织实施;负责培训教学过程、后勤保障的管理工作;负责培训项目的市场开发和宣传推广;承担学院的项目洽谈和签约工作。干部学院代表学校统筹管理干部培训工作。

(2)加强干部业务能力培训,增强干部管理创新能力。

在干部教育培训实践中,以学校干部学院为主要阵地,定期举办干部培训班,扩大了培训面。通过干部培训,促进了干部之间的交流,扩大了干部视野,强化了干部的管理创新能力,从整体上提高了干部队伍素质。结合当前政治理论学习需要,每年确定一个学习主题,组织中层领导干部、党支部书记等进行学习培训。如,2016 年为贯彻党的十八届三中、四中、五中全会精神,落实习近平总书记 2016 年上井冈山时提出的“要结合新的时代条件,坚持坚定执着追理想、实事求是闯新路、艰

苦奋斗攻难关、依靠群众求胜利，让井冈山精神放射出新的时代光芒”的要求，大力传承红色基因，扎实开展“两学一做”学习教育，进一步增强政治意识、大局意识、核心意识、看齐意识，坚定理想信念、保持对党忠诚、坚持风清气正、勇于担当作为，充分发挥先锋模范作用，学校党委以“学习革命传统、保持清正廉洁、践行‘两学一做’”为主题的学校领导干部理想信念专题培训班，在井冈山大学举行。

2019 年 7 月，为期 3 天的 2019 年百色学院中层领导干部“不忘初心、牢记使命”主题培训班在深圳大学举行，这是学校一年一度干部队伍建设的重要工作，也是学校坚决贯彻落实党中央在全党开展“不忘初心、牢记使命”主题教育重大部署的具体行动。把培训工作安排在深圳大学，就是要见证改革开放从理论到实践的伟大创举，学习特区改革先行者“大胆地试，大胆地闯”“杀出一条血路来”的政治勇气；同时，深圳大学以敢为人先的特区精神，在全国率先改革传统高等教育体制、探索现代大学制度，取得了令人瞩目的成就，值得我们革命老区、民族地区、边疆地区高校学习和借鉴。处级以上领导干部是学校发展的骨干力量，必须深刻领会开展主题教育的重要性和必要性，通过培训学习深入思考学有所悟，坚持做到学以致用，学校通过主题教育引导全校党员干部把思想、行动统一到党的十九大精神上来，不断提高政治素养，自觉坚持用习近平新时代中国特色社会主义思想武装头脑、指导实践、推动工作，展示新形象、实现新作为，为建成具有百色精神的高水平应用型大学注入不竭动力。2019 年学校党支部书记“不忘初心、牢记使命”培训班在上海交通大学长宁校区开班，通过培训学习，党支部书记们自觉用习近平新时代中国特色社会主义思想武装头脑，筑牢信仰之基、补足精神之钙、把稳思想之舵，进一步解放思想、改革创新、扩大开放、担当实干，不断推动学校高质量发展。

2020 年度百色学院干部学院组织的中层领导干部（党支部）培训如期进行。一是推进大学治理现代化：学校举办推进治理体系和治理能力现代化专题培训班。通过培训，进一步增强中层领导干部贯彻落实党的十九届四中全会精神的思想自觉、政治自觉、行动自觉，提高其政治站位，使其全面准确领会和贯彻落实党的十九届四中全会精神，进一步增强“四个意识”，坚定“四个自信”，做到“两个维护”，切实把思想和行动统一到全会精神上来。同时深刻认识到学校治理体系和治理能力现代化是新时代推进学校内涵式发展、提升综合竞争力的内在需求，也是高水平应用型大学的应有之义，自觉以党的十九届四中全会精神和习近平总书记在全国教育工作大会上的重要讲话精神为指导，通过理念、制度、能力、方法等的革故鼎新，不断完善治理体系、提升治理能力，为学校建成具有百色精神的高水平应用型大学做出应有的贡献。通过培训，学校进一步树立依法民主办学治校理念，建立健全办学治校制度和执行机制，创新工作方法，强化权力监督制约，深化改革转型，提升学校综合治理水平，促进中层领导干部更新育人理念，增强育人能力，更好地服务国家人才需求和地方经济社会发展。二是党支部建设再出发：党支部标准化规范化建设专题培训。为推动基层党支部书记进一步深入学习贯彻习近平新时代中国特色社会主义思想和党的十九届四中全会精神，全面推进党支部标准化规范化建设，切实提升基层党支部书记的综合能力，提高新形势下党建工作的自觉性和主动性，加强学校党支部标准化规范化建设，促进党支部书记政治素质和履职能力提升，进而强化党支部战斗堡垒作用，激发党员在日常工作中更加有效地发挥先锋模范作用，学校专门举办了2020年党支部标准化规范化建设专题培训班。通过培训，党支部书记提高了站位，充分认识党支部标准化规范化建设的重要意义，切实推进党支部建设任务落细落地落实，有助于党支部书记在今后的工作中组织好支部的党内政治生活，切实提高党员干部思想素质和履职能力；助力党支部组织好全体党员在学校的实际工作中有效发挥党支部的战斗堡垒作用和党员先锋模范作用，以党建带动学校各项工作的开展，在工作中开展党的群众路线教育实践活动，带动广大师生在建设具有百色精神的高水平应用型大学的事业中做出更大贡献。

通过培训学习，深刻领会推进学校治理体系和治理能力现代化的目标要求，坚持将党的领导贯穿办学治校全过程，持续巩固党委领导下的校长负责制，继续强化二级单位分党委（党总支）的政治核心作用，继续强化基层党组织建设，加强党支部书记的业务培训，提升党建工作业务能力；坚持依法治校，制度先行，学校领导班子要带头严格执行，做好表率；坚持团结一切力量，建好大学治理共同体，各级领导班子的团结是学校治理体系和治理能力现代化的关键，管理干部是推进学校治理体系和治理能力现代化的重要力量，民主参与和监督是提升学校治理体系和治理能力现代化的重要支撑；坚持强化作风建设，提升干事创业精气神，要通过完善体制机制和强化制度设计，让更多敢于担当的好干部积极主动履职尽责，勇于开拓创新，为了学校事业发展不怕苦、不怕累、不怕受委屈，做到守土有责。

3.百色学院干部考核评价体系建设

（1）新时代干部考核评价要求。

加强党的组织建设，建好建强干部队伍是关键。“为政之要，莫先于用人。”党的十八大以来，习近平总书记从党和国家事业发展全局的战略高度，系统论述了新时代高素质干部队伍建设的重要性，将选人用人作为关系党和国家发展的关键问题来抓，针对干部考核评价的标准和方法提出了许多新论断和新举措，为干部考核评价提供了重要遵循，使干部考核评价更加科学、合理、有效。针对干部考核评价的标准，提出严把选人用人政治关、责任关、廉洁关，为好干部立标杆；针对干部考核评价的方法，提出要全面、历史、辩证地考核评价干部，应“不唯 GDP 论”“不唯票论”“不唯年龄论”。这些新论断、新举措使干部考核评价更加科学、合理、有效，有助于领导干部树立正确的政绩观和工作观；有助于转变政府职能，推进国家治理体系和治理能力现代化；有助于营造良好政治生态，匡正选人用人风气；有助于为坚持和发展中国特色社会主义事业提供坚强的组织保障。

习近平总书记在党的十九大报告中提出“建设高素质专业化干部队伍”，为新时代干部队伍建设指明了方向。何谓高素质？对于在不同领域从事不同工作的人来说，高素质有不同的内涵。但对于党的干部来说，高素质有一个共同的根本性要求，那就是政治素质高。党的十九大报告强调：突出政治标准，提拔重用牢固树立“四个意识”和“四个自信”、坚决维护党中央权威、全面贯彻执行党的理论和路线方针政策、忠诚干净担当的干部。这首先就是从政治素质上要求党的干部，同时深刻揭示了政治素质高的内涵。

2019 年 4 月，中共中央办公厅印发了《党政领导干部考核工作条例》，为新时代干部考核工作提供了基本遵循。要抓好条例的贯彻落实，必须坚持把政治标准放在首位，聚焦实践实干实效，突出考准考实，强化考用结合。① 因此，在当前中国特色社会主义新时代背景下，高校中层干部考核工作要紧紧围绕新时代、新使命、新要求，遵循“忠诚、干净、担当”的好干部标准三要素，把严管和厚爱、约束与激励有机结合起来，把高校中层干部履行岗位职责、解决实际问题和创造工作实绩作为考核的基本内容和评价的基本依据，聚焦中层干部的实践实干实效，完善高校中层干部考核评价机制，以科学考核激发新时代高校中层干部的新担当、新作为。

（2）百色学院中层领导干部考核工作（百色学院 2019 年度处级领导干部和二级学院领导班子年度考核工作方案）。

考核评价内容：德、能、勤、绩、廉。

---

① 人民日报评论员.完善干部考核评价机制的重要举措[N].人民日报，2019-04-22(01).

考核内容突出政治标准、高质量发展导向和实践实干实效等要求，突出领导班子和领导干部特点，全面了解领导班子建设、作用发挥和作风表现情况，全面了解领导干部德、能、勤、绩、廉的情况，重点考察以下几个方面内容：坚持以政治建设为统领，坚定政治信仰，提高政治能力，增强政治担当的情况；认真学习贯彻习近平新时代中国特色社会主义思想，深入贯彻落实习近平总书记重要指示批示精神，以及党中央和自治区党委重大决策部署，坚持和加强党的全面领导，增强"四个意识"，坚定"四个自信"，做到"两个维护"，遵守党的政治纪律和政治规矩等情况；围绕贯彻落实"建设壮美广西，共圆复兴梦想"总目标要求，以及"三大定位"新使命和"五个扎实"新要求，进一步解放思想、改革创新、扩大开放、担当实干，结合实际贯彻新发展理念，创造性开展本单位、本部门工作的情况；围绕实现脱贫攻坚目标，推进脱贫攻坚工作情况；加强学习、勇于实践，提升专业能力和专业精神，依法依规办事，提高制度执行力和治理能力，增强担当能力的情况；落实意识形态工作责任制、加强意识形态管理，防范重大风险，维护稳定大局的情况；突出考核领导班子和领导干部在打赢新冠病毒疫情防控阻击战中的表现情况；在基层组织建设中注重提升组织力，突出政治功能，增强组织优势，建好建强党支部，加强基层党组织带头人队伍建设，持续整顿软弱涣散基层党组织的情况；开展"不忘初心、牢记使命"主题教育取得成效的情况；落实中央八项规定精神和自治区党委实施办法，密切联系群众，坚决反对"四风"，遵守党章党规党纪和廉洁自律准则，执行民主集中制，廉洁秉公用权，树立良好家风等情况；落实二级学院党政联席会议情况；学习保密法律法规知识、执行保密纪律、落实保密责任和履行保密承诺情况；等等。

对领导干部的考察，还要注意结合其个人的工作职责要求开展，在全面考察领导干部履行岗位职责和德、能、勤、绩、廉表现的基础上，突出对领导干部政治标准、专业素养和师德师风的考察。

考核评价程序：年度考核主要通过总结述职、民主测评和评议、评定考核等次等方式进行。

一是撰写领导班子年度工作总结和领导干部个人述职述廉报告。领导班子工作总结和领导干部个人述职述廉报告要按照重点考核内容逐项撰写，内容要实事求是，突出重点，简明扼要，班子工作总结一般不超过3000字，个人述职述廉报告一般不超过1500字。

二是开展民主测评和评议活动。首先，由学校层面组织党政机关、教辅单位处级领导干部进行考核评议。中层领导干部做书面述职后，由相关评议人员以无记名形式填写测评表（A 表由校领导填写，B 表由考核对象所在部门教职工填写，C 表由其他评议人员填写），进行评议。其次，由各二级学院自行组织召开本学院全体教职工会议对二级学院领导班子和处级领导做年度考核评议。二级学院行政负责人代表领导班子做现场述职，处级领导干部采用书面形式述职后，由相关评议人员以无记名形式分类填写测评表。

三是确定评定考核等次。评议得分分初步评议得分和民主测评综合得分。

第一，初步评议得分为参加评议人员按类别填写相关测评表后得出的结果。初步评议得分计算方式：初步评议得分 =（优秀票数×90%+称职票数×70%+基本称职票数×55%+不称职票数×25%）÷有效票数（即四种票数之和）。

第二，民主测评综合得分为参加评议人员根据不同层面初步得分按所占权重计算后之和，具体如下：二级学院领导班子年度工作评议综合得分 = 学校领导评议得分×60%+二级学院全体教职工评议得分×40%；二级学院处级领导干部年度工作评议综合得分 = 学校领导评议得分×60%+二级学院全体教职工评议得分×40%；党政机关、教辅单位处级领导干部年度工作评议综合得分 = 学校领导评议得分×60%+其他评议人员评议得分×20%+本单位科级及以下全体干部职工评议得分×20%。

第三，中层处级领导干部年度考核优秀等次名额。处级领导干部年度考核结果分为优秀、合格、基本合格、不合格四个等次。处级领导干部评议综合得分 80 分以上（含 80 分），一般可初评为优秀等次，得分 80 分以上的人数较多时，按 30%以内比例确定初评为优秀等次的人数。

第四，中层处级领导干部年度考核综合评价。一是党委组织部组织人员对测评结果进行统计，并分类排名。二是党委组织部会同年度考核领导小组，根据处级领导干部民主测评结果，结合当年各二级学院和职能部门的绩效考评以及处级领导干部教学、科研、管理、出勤、纪律等相关事项情况，对考核对象进行全面分析，提出初步评议意见报学校党委审定。三是学校党委会议讨论确定各考核对象考核评议结果。四是市校共管干部的考核等次，由市委组织部汇总上报市委决定；学校党委管理下的处级领导干部考核等次，由学校党委讨论决定，并报市委组织部备案。五是考核结果公示。考核结果在 OA 上进行公示。纪委、党委组织部负责受理群众举报和干部申诉。六是考核结果上报。经公示无异议后，学校党委将考核结果上报百色市委审定及备案。上报材料内容包括学校召开会议进行初评的概况和初评为优秀、合格、基本合格、不合格等次的人员名单;考核对象年度考核登记表;考核对象年度述职报告(同时报送电子版)。

(3)量才录用,任人唯贤,重视考核结果运用。

习近平总书记坚持"德才兼备,以德为先"的干部标准和"任人唯贤"的干部路线,着力培养忠诚干净担当的高素质干部,将党内外、国内外各领域优秀人才集聚到党和国家的伟大事业中来,为坚持和发展中国特色社会主义事业提供了坚强有力的组织保障。

学校党委针对考核评价结果的综合运用,奖勤罚懒、赏优罚劣,鼓励先进、鞭策落后,形成激励干部干事创业的机制,明确考核导向,强化考核结果多渠道的有效运用,坚持考用结合、以用促考、以考促建的原则,让干部考评结果由"软指标"变成"硬杠杆",进一步强化考评结果的分析和运用,形成激励学校中层干部干事创业的长效机制。具体来说,包含以下三点思路:一是形成干部考核评价工作整体合力,把考核结果作为改进学校干部管理工作的重要依据。干部考核工作关键在于考核主体作用的发挥和考核能力的提升。各级党组织要加强对干部考核评价工作的统一领导,整合考核力量,归并考核项目和种类,充分发挥督查检查的助推作用。同时积极引导更多的干部群众参与到干部考核工作中来,提高干部群众对干部考核工作的知晓度、参与度和满意度。通过对中层干部考核结果进行认真客观公正的分析研究,及时总结发现考核评价机制设计是否科学合理,为考核评价方案的不断完善提供依据,同时能够及时发现学校干部管理工作中存在的问题,进行管理监督、问责追责,深入查找原因,制定整改措施,进一步优化学校干部管理工作。二是把考核结果与学校中层干部的选拔和任用、职务的升降以及评优评先等紧密挂钩。把考核结果作为领导班子建设和领导干部使用的依据,畅通干部"下"的渠道,对政治坚定、勇于担当、奋发有为、实绩突出的中层干部进行表彰奖励,对特别优秀并获得群众认可的,优先提拔重用;对明显不称职、不能胜任现职工作的领导干部和职工群众反映问题较多的单位主要领导进行约谈或函询;对在年度考核中不称职票数超过三分之一、工作不在状态的干部进行诫勉谈话,根据情况做出调岗、降职、降级等处理,让有为者有位、无为者让位;对政绩差、乱作为、不作为、群众意见大的,进行谈心谈话,给予警示和诫勉,并督促其改正,如果仍不改正则要及时进行调整,对问题严重的中层干部要依法依纪予以处理。三是把考核结果与学校中层干部的教育培养和管理监督有机结合。秉承"考察考核也是监督"的理念,把强化干部考评作为加强领导班子建设、转变干部作风、巩固执政基础的有力抓手,有效甄别"带病"干部,发现苗头性、倾向性问题,及时进行谈话或者函询;发现轻微违纪问题,及时进行诫勉谈话,并责令其改正。根据干部考核反映出的问题,及时向中层干部个人反馈,一方面,可以让干部了解对自己工作表现的要求和评价,及时改进和提高,扬长避短;另一方面,学校可通过考核发现知识、素质、能力等方面不足者,对其开展针对性的专项培训或者轮岗锻炼,加强学校中层干部队伍建设,以培养更多德才兼备的优秀干部。

4.建立健全干部日常管理制度,坚持从严依法依规管理干部

(1)认真做好年度领导干部报告个人有关事项工作。

领导干部个人有关事项报告制度(简称"报告制度")是党中央近年来出台的一项强化干部监督、促进干部自律的重要制度,是党内法规制度的组成部分之一。党的十八大以来,针对党的建设所面临的严峻形势和艰巨任务,以习近平同志为核心的党中央厉行"党要管党,全面从严治党"的治党战略方针,提出了从严管理监督干部的一系列新理念新思想新要求,强调要以党风廉政建设为切入口,狠抓干部队伍建设。而实行领导干部个人有关事项报告制度,是落实党中央从严治党、从严治吏的一项重要举措和重要创新,做好领导干部个人有关事项报告工作,对加强干部监督管理和廉洁自律,有效防止干部"带病提拔"和"带病上岗"具有重要作用。特别是2017年《领导干部报告个人事项规定》《领导干部个人有关事项报告查核结果处理办法》的出台,切实提高了领导干部对于报告个人有关事项的自觉性,对加强干部日常管理监督发挥了重要作用,标志着领导干部报告个人有关事项工作进入了一个从严从实的新阶段。实施领导干部报告个人有关事项制度,是党中央做出的重要决定,是加强领导干部管理监督、促进领导干部廉洁自律的重要举措。

历史经验告诉我们,"治国先治吏",治吏就是治党,治党是关键,从严治党必须从严格管理党员干部开始,要把做好个人事项报告工作上升到是否对党忠诚的政治高度,全力推动领导干部个人有关事项报告工作的执行,使其成为制度化的反腐利器。报告制度的实施是回应社会关切的重要举措和制度创新,对促进领导干部廉洁自律,特别是健全党内监督制度具有十分重要的意义,我们要将落实报告制度坚持到底,"防腐拒变、防微杜渐",让报告制度真正成为党和国家监管干部的利器,使其在全面从严治党和治吏中发挥更大的作用。

(2)严格领导干部报告个人有关事项工作制度,发挥其在干部监督管理中的作用。

学校认真贯彻《领导干部报告个人事项规定》《领导干部个人有关事项报告查核结果处理办法》有关规定，加大干部的监督管理力度，加强干部队伍管理，强化审核措施。一是严格组织开展领导干部个人有关事项报告集中填报、随机抽查核实、重点对象核查等工作。二是做到干部档案“凡提必审”，个人有关事项报告“凡提必核”，严格执行领导干部个人事项报告等制度。据统计，2017 年中层换届中，有 5 名干部因个人事项填报不实被暂缓提拔。在对拟提拔的处级干部和其他领导干部个人有关事项报告的随机抽查中，对未如实填报的 7 名干部进行了诫勉谈话。2018 年，在拟提拔干部中，有 6 名因不如实报告个人事项被诫勉处理，有 1 名被取消考察对象资格。2019 年，共进行了 5 个批次的重点对象核查，其中拟提拔对象 19 人，进一步使用对象 5 人，做到防止干部“带病提拔”，强化了干部监督管理。

5.严把教师聘用、人才引进政治考核关，严格教师资格和准入制度，建立健全师德考核制度，贯彻落实到位

1938 年在党的六届六中全会上，毛泽东同志明确指出，“政治路线确定之后，干部就是决定的因素”①，并提出“才德兼备”的干部标准和“任人唯贤”的干部路线；邓小平同志明确指出，“中国的稳定，四个现代化的实现，要有正确的组织路线来保证”，并且提出了干部队伍“四化”方针。贯彻新时代党的干部路线，建设忠诚干净担当的高素质干部队伍是关键。习近平总书记在全国组织工作会议上明确提出，要建立素质培养、知事识人、选拔任用、从严管理、正向激励的干部工作体系。学校踏准“培养忠诚干净担当的高素质干部”这个重点，坚持党管干部原则，立足培育、选拔、管理、使用等环节，进一步建立健全素质培养、知事识人、选拔任用、从严管理、正向激励体系，及时选拔任用信念过硬、政治过硬、责任过硬、能力过硬、作风过硬的干部，为推进学校教育事业发展提供有力干部支撑。

（1）加强教师聘用的人才引进考核制度。

根据《百色学院公开招聘教职工实施办法》（百院发〔2019〕287 号）规定，学校新进教职工一律实行公开招聘。公开招聘坚持公开、平等、竞争、择优的原则，按照德才兼备、以德为先的用人标准，把思想政治素质作为公开招聘的首要考核条件，并接受百色市党委组织部、百色市人力资源和社会保障局、百色市委机构编制委员

---

① 《毛泽东选集》第二卷中《中国共产党在民族战争中的地位》“干部政策”（1938 年 10 月 14 日）。

会办公室等相关市直部门的指导与监督。公开招聘的人员必须具备的条件:一是遵守宪法和法律,具有良好的政治素质、思想素质和道德素质;二是具有良好的品行;三是热爱高等教育事业,具有岗位所需要的学历、学位、专业知识和专业技能;四是全程参与学校育人工作,推进立德树人;五是具有适应岗位要求的身体条件。

按照《百色学院“双百英才”引进计划实施办法》(百院发〔2018〕74 号)等文件要求,严格教职员工的招聘管理,按规定的程序严控入口关。

第一,资格审查关。核验应聘者通过网上投递的应聘材料:《百色学院公开招聘名册表》《百色学院公开招聘应聘意向书》《百色学院岗位应聘报名表》《百色市人才引进申报表》《百色学院引进人才家庭情况登记表》等,个人简历(含工作简介和学习履历,学习履历从高中开始)和家庭基本情况(属已婚人士则须附配偶、子女等的情况)以及个人学历证明材料及其他自荐材料,包括身份证、港澳通行证、台胞证(正反面复印件)、学历和学位证(专科或本科、硕士、博士)、教育部学历证书电子注册备案表(未取得毕业证、学位证的博士应届毕业生可提供教育部学籍在线验证报告)或网上查询证明、职称证、各类能力资格证、获得成果相关证明,以及在校期间学习表现、社会实践、获奖情况,发表或出版的主要论文、论著,参与或完成的科研项目的材料等。在港澳台地区取得学历、学位的,须提供由教育部留学服务中心出具的《港澳台地区学历学位认证书》及其他相关证明材料的复印件;在国外取得学历、学位的,须提供由教育部留学服务中心出具的《国外学历学位认证书》、留学回国人员证明及其他相关证明材料的复印件等材料进行一般性审查。经核验后发现有弄虚作假或条件不符的,取消其应聘资格。

第二,专业测试和面试关。通过资格审查的应聘人员,按 1∶3 的比例进入下一轮面试。专业测试成绩按 100 分制评分,专业测试成绩低于 70 分的应聘者不能进入后面的面试环节。面试由试讲和结构化面试两大部分构成。面试成绩采取 100 分制计分,教学岗位的面试内容包括试教、结构化面试两部分。面试成绩低于 70 分的应聘者不能进入下一个应聘环节。

第三,考核关。根据最终成绩,由高分到低分按招聘岗位 1∶1.5 比例确定考核人选,如高分者自动放弃,学校可根据工作需要按最终成绩由高到低顺位递补确定考核人选。这一关着重对应聘者的政治思想素质、道德素质、能力素质、岗位匹配度、获奖情况、工作经历等情况进行考核。

第四,体检关。原则上按最终成绩高低顺序及招聘岗位 1∶1.5 的比例确定人围体检人员名单,入围体检人员名单在学校官网和人事处官网主页的“通知公告栏”公布,由学校人事处负责组织入围体验人员实施体检。体检不合格的考生一律不予聘用,学校可按该岗位入围体检人员的考核次序递补。体检医院为右江民族医学院附属医院,体检标准参照百色市事业单位录用体检标准执行,体检费用由考生本人自理。因个人原因未能在规定时间内参加体检或不按规定时间、地点参加体检的,视为自动放弃体检资格。

第五,公示关。拟聘人员名单将在学校官网和人事处官网主页的“通知公告栏”上进行公示,公示时间为 7 个工作日(公示内容包括拟聘人员姓名、性别、毕业院校、专业、学历、学位等)。对反映有影响聘用的问题并查有实据的,不予聘用;对反映的问题一时难以查实的,待查实并做出结论后再决定是否聘用。

第六,政治审查关。对拟聘人员完成政治审查。政治审查的工作方法分函审和面审两种类型。函审由人事处通过发公函的形式调取拟聘用人的档案,通过档案审核完成政治审查。面审由人事处统筹,安排政治审查工作小组成员与拟聘用人员工作单位的同事或居住地邻居进行调查访问或视频访问,原则上调查访问或视频访问的人员不少于 15 人,经审查无重大问题则原则上通过政治审查。所有拟聘人员的政治审查均须通过函审,其中非应届毕业生还须面审合格,否则不予聘用。审查过程中发现拟聘人员存在违法违纪、有严重问题并查有实据的,不予聘用。

第七,聘用审批关。公示期满无异议或者反映的问题不影响聘用的,政治审查没有发现违法违纪的,正式办理聘用手续,学校人事处按有关规定办理接收手续,如签订三方就业协议书、发接收函等。受聘人员在规定时间内不办理相关入职手续(如不签订三方就业协议书)、不按规定时间办理报到手续或者违约者,视为自动放弃聘用,学校可根据工作需要按该招聘岗位应聘人员的面试最终成绩和考核结果顺位递补确定拟聘人选。

第八,纪律与监督关。招聘工作严格按照公开、平等、竞争、择优的原则,全程接受纪检监察部门和社会各界监督。对在招聘中有违纪行为或不具备招聘资格、弄虚作假隐瞒真实情况的应聘者,一经查实,即取消考试、考核或聘用资格,已聘用的人员,即解除聘用合同,予以清退,并将违纪人员信息按照相关规定进行通报、处理。面试工作实行回避制度,对违反公开招聘纪律的工作人员,视情节轻重予以处理。对造成恶劣影响且触犯刑律的有关人员,移送司法机关处理。

(2)加强教师入职及业务培训制度。

第一,举办师德师风和研究生导师立德树人专题培训会。为加强学校师德师风建设,针对当前高校师德师风建设存在的突出问题,学校举办了师德师风专题培训会,通过培训进一步强化学校教师队伍职业道德建设,从而推进教师队伍建设和办学质量提升,营造积极向上的教育教学氛围,明确高校教师必须有坚定正确的政治立场和治学态度,追求政治上的进步,把健康向上的观点带入课堂,对学生、对学校要有“大爱”,以真挚的情感培育学生成才、推动学校发展。2019 年 9 月 12 日下午,学校师德师风专场培训活动在澄碧校区大学生演艺中心举办。学校党委副书记徐魁峰以“做一名师德高尚的人民教师”为题,为各二级学院全体教职工、职能部门科级及以下工作人员做了师德师风建设专题辅导。徐魁峰在辅导时组织全体参训人员学习了习近平总书记关于新时代教师队伍建设的重要讲话精神,提出教师要明师道、铸师魂、讲师德、怀师爱、强师能、重师智,紧紧围绕“教师是立教之本、兴教之源”这一重要性和特殊性定位,牢牢把握“立德树人”这一根本任务,从爱国情怀、理想信念、道德情操、仁爱之心、扎实学识、改革创新等方面进行深刻阐释;强调全体教职员工要按照总书记关于教师要坚持国家至上、民族至上、人民至上,要坚守正道、追求真理,要涵养心忧天下的情怀、树立经时济世的志向的要求,明道、信道,做到“经师”和“人师”的统一,扮演好社会的代言人、文化的传播者、学生的引路者三大角色;要求学校全体教师坚守师德底线,把握《中共中央国务院关于全面深化改革新时代教师队伍建设改革的意见》的要求,不忘初心、牢记使命,坚持立德树人根本任务,把社会主义核心价值观贯穿教书育人全过程,遵守新时代高校教师职业行为十项准则,坚持对学校的热爱、对教师事业的热爱,树立为人师表的职业形象,做党和人民满意的好老师。

为落实研究生导师立德树人职责,推进学校联合培养研究生工作,2019 年 10 月 31 日,学校邀请桂林理工大学研究生院院长方亮教授做研究生导师立德树人专题培训,研究生导师、学生代表参加培训会。方亮教授解读了《教育部关于全面落实研究生导师立德树人职责的意见》中的有关要求,并结合桂林理工大学研究生导师管理制度、桂林理工大学—百色学院联合培养研究生方案及研究生培养经验,从研究生导师基本素质要求、立德树人职责、评价奖励机制等方面做了全面、具体的阐述。他强调,研究生导师作为研究生培养的第一责任人,既要注重研究生思想政治素质和学术创新能力的培养,也要注重对研究生的人文关怀和心理疏导。联合培养研究生的导师，还需要了解联合培养研究生招生单位的人才培养方案，这样才能开展更有针对性的指导工作。此次专题培训，有助于推进学校研究生联合培养工作，对学校今后独立开展研究生教育工作具有重要的指导意义。

第二，举办新入职教师交流座谈会。每年 9 月，为便于新入职教师尽快了解学校，尽早融入学校，学校都要召开有学校领导班子成员出席的年度新入职教师交流座谈会。学校主要领导向新入职教师介绍学校办学的基本情况、学校建设发展“三步走”战略和校园建设目标，希望新入职的教师做到“以德修身、以德律己、以德树人”，全面提高教师素养，遵守纪律，严于律己，勇于克服困难，努力工作，加强教师教育体系建设和学科专业建设，不断提升教师教育教学质量，为学校培养高素质应用型人才。

第三，举办新入职教师专场培训。为了让新教师尽快了解学校、熟悉工作、融入新集体，学校每年秋季学期开学初都会举行新入职教师专场培训会，校领导亲自授课。比如，2019 年 9 月 7 日—8 日，学校在澄碧校区大学生演艺中心举办主题为“百尺竿头不忘从教初心，牢记使命点燃人生精彩”的新教师入职培训会，共有 193 名新入职教师参加了培训。学校党委书记唐拥军为新入职教师做了题为“认识百院—我与百院共成长”的专题讲座，向新教师解读了学校的发展战略与实现路径，介绍了学校未来的发展愿景和对教职工个人成长与学校发展同向同行的期待。在对培训工作进行总结时，唐拥军认为，培训内容丰富实在，使新教师明确了学校的发展战略，培训要求严谨，有利于新教师尽快适应学校教育教学工作要求，培训的学习氛围浓厚，新教师学习积极性高涨。唐拥军指出，学校以百色精神铸红魂“三全育人”体系培养具有红色精神特质的高水平应用型人才，希望新入职教师要充分发扬百色精神和“石磨精神”，做好职业规划，为建设具有百色精神的高水平应用型大学而共同努力。

学校历来关心、重视教师的培育与发展，竭尽所能为教师营造一个安心从教、热心从教、舒心从教、静心从教的教学环境，助力教师健康、快乐成长。学校希望新入职教师高度重视，增强学习的自觉性，始终坚守教育良知、忠诚教育事业、恪守道德情操；要强化意识，提高学习的主动性，主动适应教育发展新要求，敢于迎接教育改革新挑战；要树立目标，促进成长的策略性，积极参与教育科学研究，致力于成为学习型、育人型、研究型的专家教师。培训课程内容还包括“百色学院人才管理相关政策解读”“应用型本科高校转型与教学管理创新”“项目、经费、奖励——科研管理制度的诠释”“基于学生中心、产出导向、持续改进的教学设计”“树铸红魂教师形象,做新时代‘四有’好老师”“高校有效课堂教学及实现”等系列专题讲座。经过培训新教师清楚了解了学校的办学定位、办学理念和校园文化,收获了许多宝贵的教学、科研和管理经验,并把培训内容内化到教学和科研实际中,使自己尽快适应和发展,争取早日成为一名优秀的教师。高校作为新时代建设社会主义现代化强国人才培养的重要基地,教师是落实立德树人根本任务的基石。学校始终把教师队伍作为学校发展的人才之本,通过各类培训促进教师的职业成长,不断提升师资队伍建设质量,为实现学校建成具有百色精神的高水平应用型大学奠定坚实的人才基础,也为迎接教育部本科教学工作审核评估打好师资队伍基础。

6.加强经费使用管理,科学编制经费预算,确保教育经费投入的育人导向

经费投入是学校改革与发展的物质基础,财政拨款仍是学校最主要的资金来源。为规范学校教育教学经费的使用,提高教育教学经费的使用效率,本着“量入为出,收支平衡”的原则,做好经费收入与支出的统筹管理工作,保障教育经费支出的合理性与有效性,不断提高办学效益,按照“统筹兼顾、保证重点、教学优先”的原则,保证教学日常运行经费和教学专项经费优先投入。

(1)建立和完善经费管理制度,确保本科教学经费优先投入。

一是学校财务管理坚持以教学工作为中心,坚持“教学优先”的经费投入原则。学校不断强化本科教学工作中心地位,努力完善教学经费投入保障机制,确保教学经费及时足额投入到教学工作中。学校积极争取政府专项债券资金和政府专项资金,用于购置和更新教学实验设备以及学校教育教学管理。同时,加强经费预算和支出管理,优先安排本科教学资源建设及日常运行经费,重点保障教学业务、教学改革、实验室建设和更新教学设备、增加图书购置等的经费投入,并保持逐年增长。首先,明确教学经费的使用范围。对划拨的教学经费,各个学院应该做到严格把关,专款专用,不允许有与教学工作无关的开支。其次,加强学校资产管理。对于一些大型的教学仪器、设备的采购,可通过集中采购降低采购成本。同时,清理盘点现有的所有仪器设备,做好设备档案详细记录,以避免重复采购造成资产的闲置和资金的浪费,切实提高经费的使用效率和设备的利用率。

二是完善财务管理制度,规范财务管理。学校先后出台和修订了《百色学院财务管理暂行办法》《百色学院经费预算管理暂行办法》《百色学院学生活动经费使用管理细则》《百色学院本专科业务费使用管理办法》《百色学院科研经费使用报销细则》《百色学院招标采购管理暂行办法》《百色学院票据报销管理办法》等多个财务制度，使本科教学经费投入从制度上得到保障，并对教学经费的使用进行规范和严格的管理，以此避免一些虚假和不必要的开支，充分保障教学经费得到合理使用。此外，注重加强经费支出管理，规范经费报销程序，优化经费支出结构，集中财力支持教育教学工作。同时，优化资源配置，确保教学经费投入效益最大化。

三是强化预算控制，规范教学经费日常管理。学校严格按照预算指标控制教学经费使用，通过定期统计经费执行进度，加强过程管控，确保教学经费按时执行落实到位。对教学日常运行经费及专项经费使用实行项目化管理、单独核算，保证专款专用，实行经费会签、教学单位负责人"一支笔"审签制度，落实责任。通过规范教学经费的管理，教学改革和专业建设不断推进，学校各项办学条件明显改善。

（2）建立健全学校财务内控制度，做好监管制度落实。

财务管理作为保障事业单位资产安全、把控组织成本的重要工具，其管理水平及效率与单位发展息息相关。基于此，学校强化对教育经费使用过程的管理，对于教育经费报销使用等重要环节，加强内控制度建设。何为内控制度？"根据《行政事业单位内部控制规范（试行）》相关解释，行政事业单位内部控制是指行政事业单位为了实现管理控制目标，按照行政事业单位相关制度规范要求，通过制定制度和优化本单位管理体制、流程，防范和控制可预见活动中出现的偏差，从而达到规模与效益相适应、报告结果准确等目的。行政事业单位内部控制目标包括确保本单位经济活动合法合规、保障资产安全有效、保证财务信息真实可靠、防范违规现象以及提高行政事业单位公共服务效率。行政事业单位只有通过实施健全完善的财务内部控制才能取得更好的效益，财务人员和内部管理人员也只有不断提高自身专业能力与内控意识，严格要求自己，才能为社会创造更多价值。"①制定科学、完善的财务内控制度，采取有效的措施对学校国有资产进行管控，保障学校资产的安全；科学规范的财务内控制度能真实反映学校财务信息，促进学校财务信息资源的优化；完善而规范的财务内控制度，能有效提高学校内部的约束力，加强对学校的财务监管，促进学校提高财务管理能力；建立与实施学校财务内控制度，形成人人注重风险防范、处处强化风险责任意识的良好氛围，能使财务内控机制与其他内部

① 樊文娟.行政事业单位财务内控存在的问题及对策[J].行政事业资产与财务，2020(16)：60-61.

监督机制相互协调、相互促进，形成监管合力，从而保障各项经济工作的有序进行。基于此，学校主要采取了以下几方面的内控管理措施：

一是严格内控流程，完善内控体系。学校先后出台了《百色学院财务报销规定及报销流程》（百院字〔2012〕182 号）和《百色学院经费支出审批管理办法》（百院发〔2020〕10 号），对学校各项经济活动明确了经费支出的审批权限和责任，加强财务管理，严格预算执行，规范财务行为，理顺财务关系，明确财务开支审批程序与权限，进一步明确经济责任，调动各方面的管理积极性，提高管理工作效率，进一步规范和加强学校财务管理，推进科学理财，防范资金风险。

二是完善内控手段，加强内控监督。学校根据《百色学院财务管理暂行办法》（百院字〔2007〕103 号）、《百色学院会计人员管理办法》（百院字〔2007〕108 号）、《百色学院财务报销规定及报销流程》（百院字〔2012〕182 号）、《百色学院原始凭证的填制和审核工作规范》（百院字〔2014〕9 号）、《百色学院会计档案管理暂行办法》（百院字〔2007〕111 号）、《百色学院经费预算管理暂行办法》（百院字〔2015〕166 号）等规章制度，落实会计系统控制、预算控制、职责分工控制、信息化控制、绩效考评控制等内控制度，提高内控措施的应用能力，使用多样化内控手段提升内部控制的监督效力。如，加强预算全过程管理，从预算规划入手，确定预算项目、预算标准、预算目标，编制预算方案，及时把控预算执行状况，严格控制预算资金支出。基于学校财务相关职能部门业务范围及工作权限，实现业务办理、会计记录、财产保管、审计监督等不相容岗位人员分离，促使学校各部门员工在工作授权范围内履行工作职责并为工作行为承担责任。使用新的财务管理系统（云杰系统）进行财务信息化控制，是保障信息安全、减少人为操纵的有效方式。同时，学校对绩效考评指标进行优化，将预算指标执行、经费效益等因素融入绩效考评中，并以考评结果为依据进行奖惩，强化各部门员工对内控制度的落实。

三是增强意识，加强员工业务培训，提升内控能力。随着学校办学规模越来越大，学校的经济活动也越来越复杂，全过程监控体系成为内控监督的发展趋势，内控管理要求更高，对学校财务管理人员管理水平提出新要求。学校为适应新时代服务要求，加强管理人员、业务人员及财务人员内控意识培训与内控技能培训等工作，健全内部培训方式，针对培训对象制定培训目标及内容，引导组织成员主动学习、执行内控制度。如，2016 年，按自治区教育厅《关于开展 2016 年度广西高校财务管理暨会计人员继续教育培训计划的通知》文件精神和《中共百色学院委员会落实自治区党委第五巡视组反馈意见整改工作实施方案》整改任务要求，学校组织财务人员分批次参加广西高校财务管理暨会计人员继续教育培训。主要的培训内容包括相关财经政策解读、高校财务管理、财务工作绩效评价、科研经费管理等，通过培训，财务人员强化了财务风险防范意识，对财务分析、科研经费管理以及基础工作规范等方面的财务管理工作有了更深的理解，对细化财务管理工作有了更明确的目标，提高了财务人员对内控工作的认识。2019 年 12 月 10 日下午，学校党委常委、总会计师廖志华以"注重理解把握政策内涵充分激发科研创新活力"为主题，为学校各二级学院院长及分管科研工作的副院长、近几年来新入职的博士就学校科研经费使用和人才引进工作等进行业务培训。廖志华结合近年来中央和自治区有关财政科研经费及项目管理改革政策、人才管理政策等，详细解读了科研经费使用灵活性、建立容错机制、简化高校和科研院所仪器设备采购流程、人才薪酬制度改革试点、松绑横向科研经费使用、最大限度地赋予科研人员财物自主权等政策内容。现行科研项目管理、科研基金管理、激励制度机制等，赋予了科研机构和科研人员很大的自主权，需要高校和科研院所结合实际制定具体的实施细则，细化完善相关措施，进一步激发科研人员的创新活力。培训会鼓励与会人员要用足用活有关人事政策，进一步解放思想、改革创新，从学校"双一流"建设需要出发，不断完善人才引进制度和人才激励机制，切实做好引才、留才、用才工作，充分发挥人才在学校各项事业建设发展中的重要作用。学校党委、行政将坚定不移地支持科研人员依法依规行使科研相关自主权，充分调动科研人员的积极性、创造性，为学校建成具有百色精神的高水平应用型大学做好经费支持和保障。

7.法制教育与人才培养协同推进，促进学校治理体系和治理能力现代化建设

学校按照全面依法治国新要求，认真学习宣传贯彻习近平新时代中国特色社会主义思想，以进一步推进依法治校为中心，加强校园管理，有计划地开展普法和依法治理工作，切实有效地推动普法教育和依法执教工作的全面实施，切实增强法治宣传教育工作的针对性和实效性，推动法治宣传教育工作贴近基层、贴近师生、贴近实际。

(1)立足人才培养，开展法治教育，提升师生法治素养。

一是在专业课中渗透法治教育。根据应用型人才培养的要求，在课程模块中开设与专业方向有关的法律课程，提高大学生职业法律意识和用法的能力。其中法律文秘专业开设了“宪法学”“民法总论”“刑法总论”“法律职业道德”等20门法律相关课程。

二是在思想政治理论课中加强法治教育。根据中宣部、教育部开设思想政治理论课的方案要求，面向全校开设了“思想道德修养与法律基础”“形势与政策教育”“安全教育”等课程，并开设法律类选修课，坚持课堂教学的主渠道作用，把法治教育有机地融入教学中，使大学生法治观念和意识逐步提高，取得了良好的效果。

三是开设法律课程强化法治教育。学校征订《领导干部法治读本》《“七五”普法学习读本》等普法学习材料。开设“宪法”“教育法”“教育法律法规”“民法”“物权法”“合同法”“税法”“经济法”“行政法与行政诉讼法”“民事诉讼法”“婚姻与继承法”“企业法”“建设法规”“财经法规”“新闻法规与职业道德”“法律基础”等近20门课程，强化大学生的法治教育。

四是举办法律知识讲座，在知识讲座中强化法治教育。通过开展“法律进校园”活动，学校经常性举办专题讲座，邀请相关专业人士到校为大学生传授法律知识。如，“扫黑除恶”专题讲座，由百色市公安局右江分局干警为学校师生宣讲“扫黑除恶”专项工作和反诈骗知识，以此提升广大师生的法治意识、安全防范意识和自我防护能力，共建和谐平安校园。“防范电信诈骗安全教育自救”专题宣讲活动，由公安民警为师生做防电信诈骗安全教育主题讲座；由右江区红十字会专业老师为师生讲授安全防范知识和自救技能。银行专业技术人员以“防范不良网贷，恪守契约精神，做诚实守信大学生”为主题为学校师生做诚信教育讲座。所有这些活动，增强了大学生的法治意识，让大学生在法治社会中“学法、懂法、守法、用法”，懂得用法律保护自己的合法权益。

五是在知识竞赛中提高法治意识。学校工会组织《职业病防治法》宣传周线上知识竞赛，普法办组织“保密伴我行，护航新时代”暨“五法”普法知识竞赛，网信办组织“全国大学生网络安全知识竞赛”，政管学院组织“新思入我心，法律伴我行”知识竞赛，通过竞赛师生学习法律，掌握法律知识，遵守法律规范，师生参与达10000多人次。学校师生代表参加的百色市2018年“传承红色基因，强新时代人防”知识竞赛，荣获三等奖。

（2）立足高校优势，开展法律服务及送法下乡活动。

一是聘请专业的律师作为学校的法律顾问，参与学校日常管理，负责学校法律事务以及日常教育教学管理决策中的法律咨询，确保依法治校贯穿于学校工作全过程。同时,学校有 3 名教师被聘为百色市人大常委会立法专家顾问。

二是组织师生开展法律服务及送法下乡活动。如,学校马克思主义学院教师到靖西市人民法院开展法治教育实践活动,就校企合作、共建实践教学创造平台等问题与法官进行交流;学校还组织师生到靖西、平果、德保、田林、右江区、田阳、那坡等县(区)开展宪法、禁毒知识及法规、婚姻法、劳动法、老年人保障法等系列接地气、与人民群众息息相关的法律宣讲和咨询活动。学校政治与公共事务管理学院"宣传新思想,建功新时代"理论普及宣讲团和"禁毒防艾 · 法理壮乡"宣讲团被评为 2018 年自治区级重点团队;"'禁毒防艾 · 法理壮乡'宣讲团走进少数民族村寨"法治宣讲项目入选 2018 年全国大中专学生志愿者暑期"三下乡"社会实践"千校千项"成果"最具影响好项目"。政治与公共事务管理学院被百色市人大常委会确立为立法基层联系点。

(3)打造平台,创新普法宣传教育载体。

一是依托专项活动开展法规教育。学校组织领导班子成员、全体中层领导干部和全体科级干部观看保密违法案例警示教育片;学校开展领导干部家庭助廉主题教育活动;通过学校网站,展播网络安全微视频;组织师生观看禁毒电影《凤凰花开》,强化了师生对遵法守法和对自身保护的意识。

二是开设心理健康教育咨询室,把法治观念培养与心理健康教育结合起来。学校成立大学生心理健康教育咨询室,开展大学生日常心理健康教育与心理辅导,培养大学生积极、健康、阳光的心理,激发大学生守法、培育法治意识内驱动力。

三是建设演练平台,开展法规情景教育。建立联合演练平台,举行消防演练、安全疏散演练活动;建设模拟法庭实验室,开展情景式教学。

四是利用校园文化活动载体,把普法教育与校园文化活动结合起来。学校法学研究协会开展法律辩论赛、模拟法庭大赛等社团活动,通过校园文化活动发动大学生学习法律知识,通过比赛活动提高大学生学法、用法的兴趣和能力。

第三章

学生管理育新人

一、充分发挥大学生管理队伍育人作用

（一）大学生管理队伍建设

学校坚持育人为本，德育为先，根本任务是立德树人，宗旨为“教书育人，管理育人，服务育人”，全面整合辅导员、班主任、学业导师、思想政治理论课教师、优秀大学生干部等队伍资源，形成学生工作队伍协同育人合力，打造一支具有鲜明特色的学习型、创新型、服务型的学生工作队伍。

1.重视育人队伍建设，突出三支育人主力军

在育人队伍建设中，学校将辅导员队伍、班主任队伍和学业导师队伍作为大学生思想教育和管理的主力军，他们是三支相当重要的队伍。在大学生思想政治教育工作中，辅导员队伍为第一线力量，是这项工作的基础和骨干，辅导员队伍自身的思想教育与其职业发展教育需要更多关注。在大学生能力素质提升、思想培养方面，学业导师和班主任也发挥着不可替代的作用。学业导师与班主任这两支队伍主要由学校的专业教师担任，他们的职责侧重于学业上的指导、专业学习的教育、科学研究方面的辅导和职业的发展教育等。这三支队伍在学风建设、校风建设中发挥着重要作用，他们是一个有机的整体，三者之间相互补充、相互支持，三支队

伍不断进行大学生的思想引导、专业学习辅导、心理疏导以及生活方面的指导，在这期间，把专业教育与思想教育相结合、课堂内外的教育相结合、共性与个性教育相结合，在严格管理中通过人格感化来增强自身的育人意识，实现教学双向互动，建立新型的师生关系，促进大学生身心健康、成长成才。学校重视加强对整体学风和育人工作的评价和监控，长期开展并不断完善各类评比活动，比如优秀辅导员（班主任）、优秀学业导师、先进学风集体评比等。除此之外，离退休老同志、教学与科研人员、行政管理人员、后勤服务队伍等也都是高校育人的重要力量，他们也是思想教育、教学管理、服务等育人的有机组成部分。

2.重点发挥辅导员的作用

重点发挥好辅导员在“三全育人”中的作用。目前，在具体实施全过程和全方位育人工作中，高校辅导员和班主任能够直接落实全过程和全方位育人。辅导员具有双重身份，既是专职教师也是行政管理人员，属于“双肩挑”人员，三大职责在身：一是进行课堂教学，二是进行大学生教育与管理，三是进行咨询服务。教育部第43号文件《普通高等学校辅导员队伍建设规定》指出：“辅导员承担着思想理论教育和价值引领、党团和班级建设、学风建设、大学生日常事务管理、心理健康教育与咨询工作、网络思想政治教育、校园危机事件应对、职业规划与就业创业指导等职责。”①此外，大学生党团支部书记大多数由专职辅导员兼任，可以更好地把“三全育人”工作融为一体。“十大育人”体系中的任何一项育人工作都直接与辅导员有关。其中，资助育人体系体现了辅导员是唯一的责任主体，具有不可替代性；而在课程育人体系中，辅导员更是作为直接的责任主体，他们承担的德育方面的课程主要有“形势与政策”“职业生涯规划与就业指导”“心理健康教育”；在主要责任与主体方面覆盖面更多，不论是组织育人、管理育人还是网络育人、文化育人，或者实践育人与服务育人，都体现了主体性，在辅助性责任主体方面，表现在心理育人的体系中。从这些可以看到，每一项育人的工作都离不开辅导员的积极配合和具体落实。整个育人过程，辅导员全程参与，跟踪配合，实施与反馈。辅导员育人内容与范围覆盖了大学生生活的方方面面，对大学生的生活指导、思想引导和心理疏导是全方位与全过程的统一。因此，加强辅导员素质与职业能力建设、推进辅导员职业

---

① 中华人民共和国教育部令 第43号[EB/OL].[2020-05-27].http://www.gov.cn/gongbao/content/2017/content_5244874.htm.

化与专业化发展,是贯彻落实"三全育人"最基础的全局性重点工程。我们要注意的是在全过程与全方位育人中的动力问题:其一,从主体性来说,稳定辅导员岗位与辅导员队伍成长性问题,不能使之流动过快。其二,从政策与制度制定与运行来说,系统性与协同性很重要,要不断推进治理体系和治理能力的现代化。

学校党委高度重视辅导员队伍建设,出台了《关于加强和改进新形势下思想政治工作的实施办法》《辅导员选聘办法》《辅导员工作条例》《辅导员管理办法》等一系列规章制度,建立了辅导员队伍准入机制,面向全国公开招聘优秀硕士生担任辅导员。通过设立辅导员科研专项课题、举办辅导员培训、举办辅导员工作创新的学工论坛、开展辅导员能力提升专题培训、举行辅导员职业能力大赛、培育辅导员工作精品项目、参与"高校辅导员在线"线上交流平台与线上学习等路径,不断提高辅导员的职业素养和工作能力。许多优秀辅导员代表学校参加市级以上辅导员职业能力大赛、教师技能大赛、创新创业大赛,获得优异成绩,学校优秀辅导员入围"第五届全国高校辅导员年度人物"。

3.切实发挥班主任和学业导师的作用

学校凝聚教师智力资源,先后印发了《班主任、学业导师选聘办法》《班主任、学业导师工作条例》,规定青年教师职称晋升必须有班主任或者学业导师工作经历,切实发挥青年教师的育人作用。在专业教师中选聘班主任,加强教师与大学生的直接交流和沟通,有助于教师更深入倾听大学生心声,增强育人服务意识,集聚管理育人合力。学业导师同时组织大学生校外实习、创业实践、就业指导等活动,助力大学生成长成才。

(二)大学生干部培养与管理

高校建设与发展离不开大学生干部队伍建设这个重要环节。新时期,培养全面发展的未来社会中坚力量,就要不断完善高校学生干部队伍建设;此外,大学生思想政治教育、自我管理、自我约束、学生工作和学校发展也需要强化学生干部培养与管理。

1.加强高校学生干部队伍建设

第一,加强大学生干部队伍的建设,强化大学生的思想政治教育。党中央一直以来都高度重视大学生思想政治教育工作,在有关加强和改进大学生思想政治教育的意见中曾经多次提出,高校育人中的重要一课就是思想政治教育。大学生思想政治素质提高和全面发展是一项急切而重大的任务。新时代高校思想政治教育贯穿着育人的整个过程。大学生干部是师生之间的桥梁和纽带，他们来自大学生，更清楚大学生的需求。他们既是活动的组织者与策划者，又是活动的具体执行者，在大学生中起着模范带头作用。第二，加强大学生干部队伍的建设，引导大学生学会自我教育与自我管理。大学生在高校中进行理论学习，提升素质，培养能力，学会自我管理、自我发展等，能够更好地步入社会。大学生干部与普通大学生相比，面临更多的挑战、锻炼和提高机会；大学生干部在许多方面表现出来是佼佼者，也是广大学生的榜样，这有利于大学生干部成为广大学生的引导者，他们更应该在学会自我管理的同时，不断提高自我，更好地引导其他大学生，并不断加强自我教育与自我管理。第三，加强大学生干部队伍的建设，能够更好地促进高校管理工作有序开展。高校学生工作非常繁杂，仅凭单一的学工队伍开展不现实。积极主动的大学生干部是学工管理人员的得力助手。在政策传达、学风建设、实践活动中，大学生干部作为大学生带头者和活动组织者参与各项事务，能够使学工更好地服务大学生。第四，加强大学生干部队伍建设，能够促进高校健康发展。高校和谐稳定才能够健康发展。一支支优秀的大学生干部队伍有利于营造宿舍、班级的和谐氛围，有利于党团支部建设。积极向上、朝气蓬勃、具有创新精神的大学生干部队伍在引领广大学生开展校园文化建设中发挥着良好的促进作用。

学校创新加强大学生干部队伍建设：大学生干部是学生自我管理和自我教育的主要力量，在大学生思想政治教育中有着特殊的作用。为此，学校依托道德讲堂、红城讲坛、学工论坛等平台以及团队拓展、总结表彰、老区大学生学风建设工程等方式，全面培养大学生干部的综合能力。比如，自 2011 年起，学校创新开展了“老区大学生学风建设工程”项目，给予大学生从理论到实践的多向培养，使广大学生干部在思想上进行了一次洗礼，明确了下一步行动的方向，教育入心入脑，发挥大学生干部作用力，传递正能量，带动更广大学生，“凝聚一批人，带动一批人，影响一批人”。

在学校大学生干部队伍的建设中，一是注重制度建设，明确大学生干部职责，出台相应职责制度，注重发挥大学生干部优势发挥，建立团结协作的大学生组织，不断完善管理制度，管理科学化。近年来，学校在完善相关制度的过程中，建立了监督制度，保障大学生基本权益，保证学生工作顺利开展，同时，也起到了规范大学生干部言行举止的作用。二是培训科学化。通过建立平台鼓励大学生干部在实践中亲身体验，提升干部能力，增强“做一名好学生干部”思想。在培训中加强实践，对整个过程实施监督，将监督制度与大学生干部考核制度相结合，高效地达到育人目的，创新形成了“事前重引导、事中有指导、事后善总结”大学生干部培养模式。针对学生会主席、团支部书记、班长等不同性质的大学生干部，在统一的思想教育、人文素养、管理技能等基础上，分门别类加强业务知识、工作重点、职责范围、角色定位等针对业务方面、工作职责、角色特点等分类培养，增强了大学生干部队伍的战斗力。

2.以党小组带班工程加强大学生“三自”教育

高校教育强调大学生“三自”：自我教育、自我管理、自我发展。学校实施党小组带班工程，采取二级学院基层党组织安排大学生党小组带班的工作形式，将党支部的各党小组分配到各个班级带班开展工作。见图 3-1。

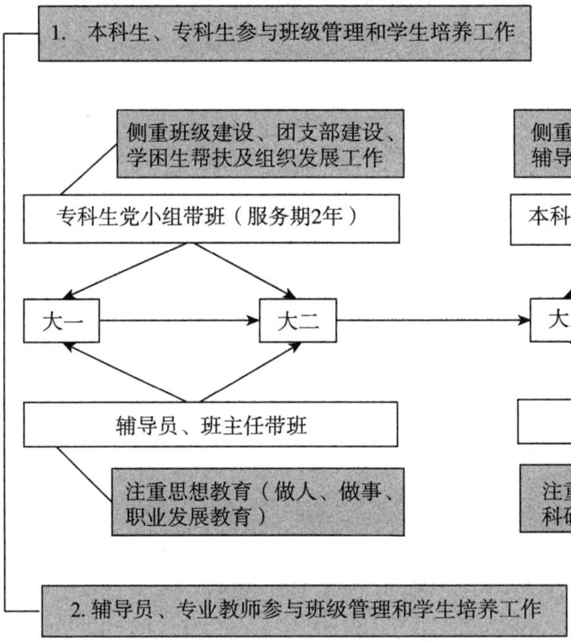

图 3-1 党小组带班工程

（三）抓好大学生社团的建设工作

1.发挥大学生社团育人功能

大学生社团是一种群众性团体，由高校学生自愿组织。大学生社团的定义在《关于加强和改进大学生社团工作的意见》中被描述为：“由高校学生依据兴趣爱好自愿组成、按照章程自主开展活动的学生组织。”①学生社团根据学校的不同情况利用大学生的课余时间开展各种有益于大学生健康成长和有利于学校各项工作的活动，实现自我教育、自我管理和自我服务，促进自我发展。大学生社团是高校不可忽视的一支学生组织，是学校文化构建中的重要力量，也是高校校园文化建设的重要载体和第二课堂的引领者，甚至是具有一定影响力、凝聚力的大学生群体。

学校学生社团得到校党委的高度重视，在学校团委、各二级学院团委的领导下，不断推进大学生素质教育、繁荣校园文化。学校目前的学生社团共有 48 个，其中 4 个理论学习型社团、4 个公益服务型社团、21 个学术科研型社团、19 个兴趣爱好型社团，在这些社团建设过程中，逐渐形成了多元化、规范化、规模化的社团。例如，“大学生邓小平理论读书会”高举邓小平理论伟大旗帜，构筑当代大学生精神支柱；“新时代学习”研究会主要学习实践中国特色社会主义新思想；“未来艺术家协会”“未来企业家协会”“大学生科技协会”富有创新精神，在各项活动与比赛中获优异成绩。这些社团为营造积极健康、和谐文明的校园环境发挥了非常重要的作用，能够从整体上提高大学生的素质和综合能力，为宣传学校、扩大学校社会影响力发挥作用。

2.加强体制建设，促进社团建设规范化

学校团委加大力度支持指导理论学习型社团，发展公益服务型社团，重视学术科研型社团，百家争鸣、百花齐放，营造了一个良好的社团发展环境。学校以“充分发挥社团在培养大学生全面素质中的独特作用，激发大学生自主管理、自主教育、自主发展的动力，以促进大学生全面素质的提高，使大学生社团成为坚定信念、提高道德水平、完善知识结构、学习多种技能、培养综合能力、促进改革、身心健康的崭新天地”为目标，出台了多项与社团相关的制度，使学校学生社团工作有章可循，有规可依，每年开展“优秀社团”评选活动。此外，建立社团活动团支部，与二级学院团委携手做好社团工作，成立“理论学习班”，创设“思想论坛”，开办“学习沙龙”等，形成规范化管理。学校结合实际，开展了各种形式的学习讨论交流活动，同时针对大学生中出现的一些新情况和新问题进行了思考和讨论。

---

① 共青团中央　教育部关于加强和改进大学生社团工作的意见[EB/OL].[2020-05-27].http://www.cqvit.com/html/14/content/20/03/3093.shtml.

3.创新思维，打造社团精品

学校不断总结大学生社团建设经验，创新工作思路和活动载体，确保社团健康、内涵式高效发展，在校园中形成了一派积极向上、充满生机的文化氛围。创新发展大学生社团主要突出三个方面的创新：理论创新、制度创新和实践创新。例如，此前科技学术类社团相比较而言发展缓慢，缺少品牌项目，近年来，学校完善了科技竞赛体系，专业教师参与指导学生社团工作，突出专业特色，通过立项形式，对优秀项目资助并推荐参加校外科技竞赛。其中，多个社团先后参加了全国“挑战杯”大学生创业大赛等多项比赛，获得多项奖励，大学生的创新能力与实践能力大大提升，打造了多个校级精品学生社团。

4.加大支持力度，有效保障学生社团发展

在支持力度上，学校高度重视，不仅仅提供人才支持，还投入一笔社团专项经费，甚至在学校场地有限的情况下给予其照顾。指导老师由之前单一的辅导员或学生工作人员担任，扩展到专业教师和思政课教师也积极参与，社团专业化水平得到提升。学校设立了社团活动专项基金，加强了经费规范管理，加大了经费支持力度。通过整合两个校区的场地，最大限度地为学生社团提供活动场地，确保学生社团活动高效顺利开展。

在学校加大力度建设之下，学生社团在育人中发挥了积极的作用，促进了大学生的能力提升、全面发展，有助于和谐校园的构建，为培育我国社会主义事业的合格建设者和可靠接班人打下良好基础。

二、运用老区红色文化资源，整体提升大学生文明素养

（一）弘扬中国共产党的革命精神

近百年来，中国共产党在历史进程中，取得了光辉的成就。中国共产党带领全国人民历经革命、建设和改革多重艰辛，最终取得了伟大胜利，铸就了具有时代内涵和民族特征的革命精神。中国共产党的革命精神是在特定的历史时期、中国特殊的历史环境下形成的，充分体现了中国共产党人的思想觉悟、道德品质、精神追求等优良传统和革命风范。比如中国共产党革命精神的历史起点——红船精神，还有引导中国革命走向胜利的井冈山精神、长征精神、延安精神以及如今的改革开放精神、抗震救灾精神、载人航天精神、扶贫攻坚精神等。革命精神是中国共产党

的看家法宝、攻坚克难的力量源泉、走向胜利的政治优势。党的十八大以来，习近平总书记对中国共产党的革命精神特别重视，并多次强调，从“革命理想高于天”到“不忘革命初心”，集中体现了中国共产党人对马克思主义革命观的深刻认识、科学遵循与自觉践履。习近平指出，历史是最好的教科书。① 在新时代，革命精神、革命文化激励着广大人民群众投身于实现中华民族伟大复兴的中国梦之中。

百色起义精神也属于中国共产党的革命精神的一部分。“百折不挠、实事求是、依靠群众、团结奋斗”的百色起义精神融会了民族精神与时代精神，是党的优良传统和中华民族精神的财富。百色起义精神更加坚定了我们“四个自信”的底气，激励着我们不断前进。百色拥有丰富的红色教育资源，如中央领导人的一系列讲话、关于百色起义的一批红书、歌颂革命和祖国的一打红歌、一片红色教育基地等。红色教育基地有百色起义纪念馆、百色起义烈士纪念碑、红色码头、红七军红八军旧址、百谷红军村、苏维埃政府旧址等。作为红城高校，学校充分利用地方红色资源开展思想教育活动，坚定共产主义信仰。

1.运用红色资源，多途径培育和践行社会主义核心价值观

深深蕴含着社会主义核心价值观的红色文化资源，是一种优秀的文化资源：一是在国家层面蕴含“富强、民主、文明、和谐”的价值目标；二是在社会层面饱含“自由、平等、公正、法治”的价值追求；三是在公民层面内含“爱国、敬业、诚信、友善”的道德价值。在大学生中培育和践行社会主义核心价值观，红色文化资源有着不可替代的重要作用。学校利用百色红色资源，多途径培育和践行社会主义核心价值观，例如红色资源“三进入”——进校园、进课堂、进教材，培养大学生的高尚情操，使大学生牢固树立社会主义核心价值观，提高认同度，以此达到立德树人目标。

2.用革命精神创新思政教育模式

在开展大学生素质教育中，学校将革命精神作为重点内容对大学生进行教育，有利于大学生更深入地了解中国共产党的革命精神，更好地传承革命精神。第一，改革教学课程体系。红色文化育人的主渠道是思政课，但这并不是唯一的渠道，专业课程也可以融入红色文化教育，在红城百色，开展社会实践教学非常适合融入红色文化。以“课程思政”为目标不断增强专业课程的育人功能，运用“大思政”推动

---

① 在对历史的深入思考中更好走向未来交出发展中国特色社会主义合格答卷[N].人民日报，2013-06-27(001).

课程体系改革,挖掘专业课程的思政教育元素,利用渗透模式进行思想教育。例如,学校外语专业大学生对红色经典图书进行校对和翻译、美术专业学生用画笔描绘革命场馆等。这些活动使大学生能够学以致用,加深对红色文化的理解,也有利于保护红色文化资源。学校在红色经典教育课程体系改革中,将部分专业的主干课程纳入精品课程的建设目标之中,开发红微选修课程,推进实践教学规范化、制度化。第二,挖掘党团课、党团活动育人渠道。党组书记、校长等领导带头上党团课,融入红色文化教育,激发广大学生爱国情怀。利用党日、团日等,组织学生参观百色起义纪念馆和纪念碑等红色教育基地,使大学生在体验活动中受熏陶,坚定理想信念。第三,构建"三位一体"育人联动机制。建立"三位一体"工作机制,"学校+社会+家庭"联合育人,有效避免单一育人模式的缺点,形成合力,共同推进育人工作。学校党委、宣传部、组织部指导意识形态一线工作,学生工作部(处)、校团委等部门之间和各二级学院之间不断加强合作,共同育人。学校还通过不同学院和学科的联动,努力实践育人,上下齐抓共管,积极营造校园红色文化氛围,开展校园红色文化活动。

3.将红色文化厚植于班级建设中

在学校各班级的建设中,融入红色文化。比如,在教室、宿舍中,将红色元素,特别是百色起义与右江革命根据地建设时期的材料,通过装饰物、文字、符号、图案等形式进行展示,突出班级的核心文化与精神风貌,潜移默化地教育大学生,陶冶大学生情操,培养大学生优良品质,引导大学生树立正确的世界观、人生观和价值观,更好地激发大学生的爱国热情和报国之志。此外,班级开展红色体验活动,将文化建设延伸到课外,走向社会,更好地与大学生的社会实践活动结合起来,通过红色体验来增强大学生的理想信念,这样能够起到事半功倍的效果。

4.百色精神教书育人是学校的办学宗旨

百色起义给学校带来丰富的红色文化。学校在百色起义纪念馆建立了爱国主义教育基地,并有效地利用这一"红色课堂"和"鲜活教材"。比如,学校建立了邓小平早期思想研究中心,主要围绕红色文化开展有特色的学术研究,精心打造科学研究品牌。该研究中心被自治区高工委、教育厅确定为"十一五"期间广西高校人文社会科学重点建设研究基地,几年来,中心涌现出了一大批理论成果,出版了一批红色教材和读物,比如《百色起义 · 红色记忆》《左右江革命根据地红色歌谣》《百色起义光照千秋》等图书。

学校党委书记唐拥军指出，作为一所扎根百色革命老区办学的综合性本科院校，以百色精神教书育人一直是学校的办学宗旨，也就是把百色的红色文化资源优势变成教育教学的优势，将百色起义精神融入人才培养、科学研究之中，融入学校大学精神培育之中，努力培养又红又专、“下得去、留得住、用得上、干得好”的人才。

在学术研究和理论层面，学校通过举办壮学论坛、全国原苏区高峰论坛、纪念百色起义周年专题研讨会等学术活动，邀请区内外专家学者参加研讨会，探索新形势下传承红色基因、构筑百色精神高地、建设百色精神家园的方法与路径，加快推进百色革命老区经济社会跨越发展。在弘扬百色起义精神中，学校举办系列文艺活动，通过思政课堂、红城大讲台等平台开展一系列的红色精神育人宣讲活动，用红色精神感召师生，激发广大师生继承和弘扬党的优良革命传统。学校致力于建成具有百色精神的高水平应用型大学，促进地区经济社会更快发展。

（二）大学生学习习惯养成

培根说：“习惯真是一种顽强而巨大的力量，它可以主宰人生。”大学校园，学习仍然是大学生的主要任务，良好的学习习惯体现了良好的文化素养。第一，学校把文明素养教育纳入了课堂教学范畴，主要是嵌入思想政治教育中，让思政课成为大学生文明素养教育的主阵地。第二，在文明素养教育引导中注重隐性教育。不论是专业的任课教师，还是作为大学生管理者的辅导员和班主任，都要学习文明规范，提升教育水平和师德师风修养，言传身教树新风，引导大学生养成良好的学习习惯。第三，传播校园文化正能量。大学生学习生活与校园文化密切相关，学校利用网站、微信、QQ、微博等自媒体，大力宣传文明素养知识和理念，构建良好的校园环境，浓郁的学习氛围能够帮助大学生克服不良习惯，不断提升文明素养。第四，强化管理。良好的文明素养也体现遵守规则。学校制定科学的管理规则规范大学生行为，对认真遵守规则的大学生给予表扬，对违反规则的大学生给予批评和惩戒，在评奖评优、发展入党等方面加以限制，让大学生自觉纠正其不良行为习惯，自觉地遵守规则。

（三）大学生生活习惯养成

1.培养自律精神

大学生提升自身文明素养的关键是有自律精神和良好的习惯。一个人能够从他律走向自律，说明他具有自律精神，能够做到自觉遵守和服从规章制度，自觉为他人利益考虑，对自己的行为负责任。学校一方面加强学校管理和师德师风建设，另一方面开展多种多样的主题教育活动，让大学生在日常生活中保持良好行为习惯，自觉改掉不良生活习惯，培养文明自律习惯。

2.重视大学生宿舍文化建设

高校学生宿舍是大学生生活和休息的重要场所，同时可被称为大学生的“第二教室”。宿舍文化建设在培养大学生素养中发挥着重要作用。不良的宿舍文化会使大学生走向反面。当代大学生的许多不文明行为正是在宿舍中逐步养成的。为此，学校每年开展宿舍文化艺术节活动，将宿舍文化建设常态化，让大学生拥有一个良好的宿舍文化，在宿舍这个小天地学会社会规则，学会与人和谐相处、互相帮助，促进大学生文明素养的提升。

在健全宿舍管理体系方面，第一，学校明确宿舍管理原则，大学生公寓管理部门加强日常管理力度，坚持“以人为本”，把宿舍文化建设融入学校精神文明建设中，增强各部门责任感，改善大学生宿舍软硬件设施，营造一个安全舒适、有益于身心健康发展的学习和生活环境。第二，将宿舍管理队伍列为学生工作部（处）的科室进行管理，不断提高这支队伍的整体素质，提高宿舍管理的水平。同时，学校把宿舍当成进行大学生思想政治教育的主阵地，教师以自己的品格和涵养影响大学生，让大学生心悦诚服地接受教育。第三，建立科学的宿舍管理条例。俗语说：“无规矩不成方圆。”宿舍的规章制度可以约束大学生的日常行为，增强大学生组织纪律性和自律意识，引导宿舍文化教育价值取向，营造和谐健康的宿舍文化氛围，使宿舍成为全面育人的辐射源，成为素质教育的能量库，成为一部无声的教科书。

（四）大学生行为习惯养成

学校长期以来十分注重大学生精神文明建设。在行为习惯养成方面，学校以志愿服务为抓手，提升大学生精神文明素养。学校和各二级学院均成立了青年志愿者服务性组织，志愿者人次为在校大学生人数的90%以上。青年志愿者以“奉献、友爱、互助、进步”为宗旨，为学校、社会提供多种形式的志愿服务，是推动学校精神文明建设的一股重要力量。

1.以志愿服务提高素养

社会实践的磨炼能够更好地提升大学生思想政治素养。学校大学生志愿者经常开展帮扶贫困送温暖活动，长期为孤老病残等弱势群体提供志愿服务，并设置有帮扶基地，定期赴养老院和儿童福利院送温暖，定期深入困难家庭捐款捐物送去关爱与希望，使受助者更加热爱生活，积极面对人生。大学生通过志愿服务接触社会、了解社会，能够切身体会到祖国的辉煌成就，更加了解新形势下人民的真实生活状况，培养公益心，提高思想政治素质。

2.以服务社会展现大学生风采

借地域的优势，学校大学生志愿者经常参加中国—东盟等国际性活动和地方性文化活动。例如，外国语学院自学校升本以来，超过500名大学生亮相中国—东盟博览会、中越青年大联欢、海外华裔寻根之旅等大型国际活动担任外语翻译志愿者，他们通过优质高效的志愿服务向世界展示了学校志愿者的风采，获得了活动举办单位与社会人士的高度评价。大学生文明素养与综合能力在志愿服务过程中得到了有效提升。

3.大学生网络文明素养教育

习近平总书记强调："网络空间是亿万民众共同的精神家园。网络空间天朗气清、生态良好，符合人民利益。网络空间乌烟瘴气、生态恶化，不符合人民利益。"①网络已经成为大学生学习、沟通交流、娱乐的主要载体之一，网络空间亦是当前大学生生活必不可少的一维空间，这一维空间中，大学生的言行对和谐网络的构建日益产生了影响，关系到大学生的思想道德发展及成长成才，也体现出大学生网络素养的文明程度。大学生网络文明素养不仅包括文明上网，还包含其对网络的认知能力、实践参与能力、使用网络的能力，以及辨别信息真实与虚假的能力。学校构建了具有针对性、实效性、立体化的大学生网络文明素养教育实践方略，不断加强新形势下大学生思想教育工作，积极培养能够担当民族复兴大任的时代新人，助力于提升大学生网络文明素养。

（1）充分发挥大学生的主体自觉性作用，引导大学生树立科学网络观。

首先，调动大学生的积极性和主动性，加强自我约束，促进良好网络文明素养养成。网络观对于网络世界正如价值观对于现实社会一样，科学的网络观正如"扣好人生的第一粒扣子"一样。对此，学校积极引导大学生在虚拟的网络空间中树立科学的网络利益观、消费观、娱乐观，传播大众喜闻乐见的网络文化，敢于对消极、反动的网络信息说"不"；引导大学生对网络游戏、网络直播、网络购物等形成理性认识并采取适度原则，自觉提升自身网络道德素养和法律意识，重视网络安全。其

---

① 习近平.在西雅图微软公司总部会见出席中美互联网论坛双方主要代表时发表讲话[N].人民日报，2015-09-24(01).

次,引导大学生主动强化网络学习。网络学习应是全方位的、接续不断的,它不仅包括网络最新技术的学习,也包括选择互联网媒介学习。这些学习方式是课堂教学的有效补充,同时又能极大地满足大学生对未知事物的好奇心和求知欲,极大地培养大学生的创新能力,造就大学生的网络认知和辨别能力。最后,引导大学生主动注重网络道德规范并做到内化于心、外化于行。网络道德规范不是外界强加的,需要每一个大学生在网络生活中注重培养道德修养,注重道德实践;引导大学生慎独自律,尤其是在网络世界里,更应严格要求自己、科学管理自己、合理约束自己、积极服务他人,将现实生活中的道德要求内化为自身行动并应用到网络世界里。

(2)充分发挥学校作为网络文明素养提升主阵地的教育引领作用。

立德树人要发挥学校主阵地的作用,助力提升大学生网络文明素养取得良好教育效果。首先,学校培养高素质的网络文明素养师资队伍。习近平总书记指出:“教师是人类灵魂的工程师,承担着神圣使命。传道者自己首先要明道、信道。高校教师要坚持教育者先受教育,努力成为先进思想文化的传播者、党执政的坚定支持者,更好担起学生健康成长指导者和引路人的责任。”[①]新形势之下,学校领导机构以上率下探索网络信息化教师职业培训的新模式,从意识层面、实操层面提升教师网络文明素养。一方面,集体培训教师网络操作技能,要求教师必须具备网络信息意识、掌握网络信息知识、提高网络信息能力等,并将其渗透教学实践中;另一方面,教师在网络素养培育中更新教育观念,明确教学目标及教学大纲,利用相关教材,在教学实践中体现网络素养内涵的不断扩充与完善,将网络文明素养各种知识传递给每一位大学生。其次,将提升大学生网络文明素养融入思想政治教育课程之中。习近平总书记指出:“做好高校思想政治工作,要因事而化、因时而进、因势而新。”随着互联网的普及,大学生网络文明素养的提升需要依托思想政治教育课程。思想政治教育课程可以利用网络的优势资源,发挥其优势载体与广阔平台的作用。这样,把提升网络文明素养与思政课相结合,并形成良性互动。针对大学生知识水平、网络文明素养等方面的现状,可以通过网络大数据进行调查,有效地提升大学生网络文明素养。

---

① 习近平在全国高校思想政治工作会议上强调:把思想政治工作贯穿教育教学全过程,开创我国高等教育事业发展新局面[N].人民日报,2016-12-09(1).

三、学风建设育新人

学风是高校立校之本，大学精神通过学风来体现。提高教育教学质量要依靠学校优良学风。学校以学风建设为平台，积极推进素质教育，努力构建全员育人、全过程育人、全方位育人体系。着力解决好大学生“为什么学和怎么学”的问题。提出坚持育人为本，以促进大学生的全面发展为着力点，以全面提高大学生的整体学习能力、知识运用能力和创新能力，培养创新精神、团队意识和实践技能为目标，以理想信念教育和人才培养模式改革为抓手，以良好的教风带动学风建设，以严格的要求和不断创新的教育教学活动丰富大学生的学习内容，引导和帮助大学生自觉将个人发展与国家的前途命运紧密结合，树立自强不息、立志成才的远大理想，养成自主学习的良好习惯。

(一)班风建设育新人

1.重视班级建设，突出思想政治教育

班级是学校教育工作的最基层的单位，它对于全面提高大学生的素质，培养新世纪人才，有着十分重要的意义。班级的精神面貌就是这个班级的班风，即长期的教育和训练在全班形成的一种内外结合的风气。良好的班风是大学生成长发展的动力，能够提供一个优良的学习环境；良好的班风显示班级的凝聚力，为班级建立和谐互助的关系，能够营造一个文明礼貌氛围，激发班级学生维护本班荣誉的精神。加强班级建设是进一步推进大学生思想政治教育工作的着力点。

(1)科学严格的规章制度是形成良好班风的保障。

高校里班级风气不容忽视，一个班级拥有良好的班风，能够起到规范作用；而一个班级如果班风恶劣，就会导致班级涣散，必将影响大学生的学习和生活。班风就像一个集体的标准一样，引导大家走向一个共同的目标。学校制定了《学风建设规定》《加强学风建设实施细则》《早操考勤制度》《宿舍管理条例》等。班级坚持每周一次班委会、每两周由辅导员主持一次班会制度，认真组织团课、党课、安全教育课和形势与政策课，班委成员负责《班级日志》记录，认真做好班级日常管理。

(2)注重班级核心文化建设，构建和谐班级。

班级是学校教育教学与管理的基本单位，也是大学生活动的基本场所和大学生成长的精神家园。高校培养的是“全面发展”的大学生，建设良好的班级核心文化不但能培养大学生的兴趣，而且能够更好地调动大学生学习的积极性，促进大学生良好品德的养成。第一，培养大学生的自主能力。学校积极发挥大学生在自我

教育与管理中的作用,引导大学生自愿参加活动,增强大学生自我教育的意识和能力。不断完善考核评价体系,实行目标激励,调动大学生的积极性。在日常管理中设立文明监督岗,班级学生共同监督,养成自觉性。充分发挥大学生干部和大学生党员的模范作用,激发大学生创新思维,加强管理,使大学生学会调节自我,不断完善自己的人格,形成团结友爱、争先创优的班集体。第二,营造良好的大学生发展环境。学校坚持"以生为本"的理念,确保日常教学与管理顺利进行。构造良好人文环境,实现环境育人。例如通过宣传橱窗、网络等大力宣传大学生先进事迹,树典型,弘正气,使大学生在潜移默化中健康发展。第三,搭建实践平台,促进大学生全面发展。学校千方百计为大学生搭建平台,创造条件,提升大学生学习激情和综合素质。例如开展院徽院训、班徽班训设计活动,举办体育运动会、外语角、科技文化艺术节和宿舍文化艺术节等活动,同时以各种社会实践活动为辅,激发大学生的求知欲,促进大学生健康发展,树立正确的人生观,培养集体主义精神。

2."年级辅导员+班主任"负责制

学生工作是高校育人的基础性工作。辅导员是大学生思想政治教育的骨干力量,是大学生日常管理工作的组织者、实施者和指导者。随着时代发展,高校学生价值取向呈现多元化,大学生教育管理工作仅仅依靠辅导员已不再符合实际。

(1)构建联合教育管理机制。

教育部出台的《关于加强高等学校辅导员班主任队伍建设的意见》中指出:"专职辅导员总体上按 1∶200 的比例配备,保证每个年级都有一定数量的专职辅导员,同时每个班级要配备一名兼职班主任。"目前很多高校仍然存在辅导员配备不足导致工作深度和有效性不足的情况,大大影响了思政教育工作的质量。加强大学生教育与管理工作,解决面临的新问题,必须全方位多角度进行联合教育与管理。学校在实践中不断探索,创建了"年级辅导员+班主任+班主任助理""导师制+导生制"相结合的联合教育管理机制。每个年级配备至少 1 名年级辅导员,每个班级配备 1 名班主任,根据专业不同,每个专业至少配置 1 名学业导师,同时,从优秀大学生中或者有志于大学生管理工作的教师中招聘助理辅导员。此外,推行导师制和导生制。导生制是以人为本的教学组织形式,最早由英国国教会的贝尔和公益会的教师兰卡斯特创立,曾为英、美两国普及初等教育做出过重大贡献。它的核心是大学生教大学生,即由一些年龄较大或较优秀的大学生做"导生",把自己刚学的内容教给其他大学生。当前,在我国已经有一些高校开始采取这种管理模式。从学校来说，“导生制”主要是选拔一批品学兼优、德才兼备、综合能力较强的高年级优秀大学生来担任低年级的“导生”，协助学校和辅导员对大学生进行思想教育和学习辅导。学校根据自身办学条件和特点，在大学生管理工作中较早就开始实行“导生制”，从高年级中选拔一批品学兼优、助人为乐、甘于奉献的大学生党员担任“导生”；由二级学院分党委（党总支）直接领导，学工办组织，对这些党员“导生”进行统一培训，使其按照工作要求尽心尽责做好“导生”工作，做到学习模范、创新模范、劳动模范、奉献模范四个模范，发挥大学生党员的先锋模范作用。在实际中，“导生”为其他大学生党员树立了先锋模范形象。

（2）年级辅导员、班主任和班主任助理工作职责。

年级辅导员是分年级设置辅导员，监督管理本年级各班班主任和班主任助理，全程负责教育与管理本年级大学生，比如大学生党团建设、思想政治教育、大学生日常管理、资助工作、心理健康教育和就业指导等。班主任主要负责班内大学生的思想、学习和生活等工作，包括论文指导、考研指导等。班主任助理主要协助年级辅导员和班主任工作。除了相关教师以外，更多是选拔高年级综合素质高、能力强的优秀大学生党员担任，每年开展一次选拔工作。班主任助理从新生入学就进行选拔任职。

年级辅导员、班主任、班主任助理的设置都是为大学生健康成长、成才服务，在实际工作中，工作方法各有千秋，针对性也有所不同。班主任是大学生从高中至大学过渡阶段管理工作的承担者。大学新生的学习能力和生活能力较弱，进入大学后，一些大学生目标不明确，学习动力不够，无法融入大学校园生活。班主任要对这些大学生进行指导，促进这些大学生自身发展。年级辅导员、班主任和班主任助理是大学生思想教育和管理工作中的中坚力量，三者在工作中不断加强联系，按照各自职责全方位育人。

（3）学校辅导员、班主任工作管理办法。

为加强和改进大学生思想政治教育，进一步发挥教师在教书育人工作中的作用，结合实际，制定了《百色学院辅导员工作条例》和《班主任工作管理办法》。

一是学校首先明确了辅导员、班主任工作定位。辅导员和班主任在职责上虽然各有分工和侧重，但是在开展具体工作中相互配合，共同做好大学生思想教育和管理服务工作。对于突发危机事件的处理，采用首问负责制，即第一个人接收到大学生状况后应立即相互通知，赶赴现场处理，并及时反映给学生工作一线负责人乃至学校党委。

二是学校清晰了双方工作职责。例如,班主任工作内容主要有:第一,开展思想政治教育。第二,开展班风、学风建设。第三,掌握大学生思想动态。第四,选拔和培养大学生干部。第五,做好班级学生日常管理与服务工作。班主任在年级辅导员的指导下做好班级建设、大学生操行评定、先进集体和先进个人评选等工作,协助年级辅导员做好其他相关工作。第六,对本班大学生开展职业生涯教育与就业指导服务工作,帮助大学生树立正确的就业观念。

三是学校量化了工作实务。在班主任具体工作中,提出量化要求:第一,每学期初制订班级工作计划,学期末进行工作总结。第二,按要求 100%参加学校和学院组织的相关学生工作会议及活动。第三,每学期深入大学生各宿舍 2 次以上,进行班级随堂听课至少 1 次。第四,每月召开至少 1 次班会,适时召开班委会。第五,每学年对所有大学生进行 1 次以上深度辅导,其中新生班主任要求在开学第一学期对每名大学生进行 1 次深度辅导。第六,每学期与大学生家长联系 1 次,交流大学生学习生活情况,与家长共同做好大学生教育工作。第七,班主任和年级辅导员每两周进行 1 次交流,相互通报班级情况和日常事务工作。

(4)规范选聘流程。

第一,班主任的选聘在学院统一领导下,采取组织推荐、公开招聘和自荐相结合的方式,客观公正地选拔聘用。第二,班主任从思想素质好、政治立场坚定、业务水平高、奉献精神强、本科及以上学历的专业教师中优先选聘,任期应满一届(四年)。符合条件的其他专业技术人员和管理人员也可担任班主任。

(5)严格考核与管理。

第一,班主任的考核采用评优考核的方式进行,综合班主任工作完成情况及加分项,并参考大学生对班主任工作的反馈进行评优考核。加分项根据所带班级的大学生年度奖学金获奖率、大学生科创赛事参与率、先进班集体荣誉等项目综合评定,并结合二级学院工作实际,每年动态调整。第二,班主任评优考核一般安排在每年 12 月进行,评优比例 30%左右,由学院统一颁发证书表彰并予以物质奖励。第三,获得考核评优的班主任,在职务晋升、基层推优、各类计划申报等工作中优先推荐。第四,考核结果公示 5 天。对考评结果有异议者可到学院学生工作办公室申请复议,学生工作办公室 3 个工作日内给出复议结果。第五,二级学院对承担班主任工作的教师发放工作津贴,以学年为单位,待考核完成后,考核合格及以上者一次性发放，不合格者减半发放。

3.充分发挥班级“三支队伍”的榜样示范作用

大学生干部队伍、大学生党员队伍和入党积极分子队伍是做好班级工作的骨干，要重视“三支队伍”建设，充分发挥其榜样示范作用。

(1)充分发挥大学生干部的作用。

第一，要发挥大学生干部的榜样作用。学校各二级学院建立了“学生干部形象工程”，给大学生干部佩戴标志学生干部字样的胸牌，在大学生干部的宿舍里挂牌亮明身份，广大学生可以较好地监督学生干部，以此规范大学生干部的言行举止，塑造大学生干部良好形象，使其成为广大学生的榜样。该项工程的实施增强了大学生干部的责任意识和服务意识，学院的大学生干部整体素质得到了有效提高，真正起到了模范带头作用。第二，发挥大学生干部的组织作用。大学生干部是校园文化建设的重要力量。在开展班级文化、科技文化、宿舍文化和社团文化等校园文化活动中，锻炼和提升了自己的工作能力与自身的综合素质。普通大学生和大学生干部具有共同的语言，容易产生共鸣。大学生干部的组织带动能够使广大学生凝聚在一起，形成积极向上的氛围，有助于大学生健康成长。第三，发挥大学生干部的桥梁作用。大学生干部作为大学生，相比较教师而言，他们更加了解其他同学；同时，大学生干部与老师也有更多的联系。大学生干部作为师生的桥梁和纽带，发挥了上传下达的作用。第四，发挥大学生干部的助手作用。随着高校办学规模扩大，校园环境变得复杂，学生集体意识淡化，给思想政治教育工作带来新的挑战。大学生干部思想觉悟较高，处理问题能力较强，在一定程度上弥补了辅导员和班主任在大学生教育和管理方面的不足，他们是辅导员、班主任的得力助手。

(2)完善大学生干部的培养机制。

第一，严格选拔大学生干部。学校从培养接班人的高度坚持高标准、严要求选拔大学生干部。大学生首先提出个人申请(需要有辅导员或班主任推荐)，辅导员安排谈话，确定候选人，并召开会议进行民主选举，最终选出优秀大学生担任大学生干部。选拔中坚持民主集中制原则，从培养人、教育人、锻炼人的角度选拔品学兼优、能够担当责任的大学生干部。第二，集中培训大学生干部。学校以党校、学校团委、基层党团组织、二级学院作为培训基地，对大学生干部开展培训工作，指导大学生干部掌握科学的工作方法，提高大学生干部的综合素质，增强大学生干部的责任感和使命感。第三，完善大学生干部队伍建设的相关制度。学校建立了一套完善的大学生干部考核制度，比如《学生会管理条例》《学生会部门考核制度》《团委学生会干部聘任制度》《团委学生会干部量化考核细则》《学生干部选拔制度》《班委学生干部职责》《学生干部加分评定制度》《班级委员的管理及考核》《综合测评制度》等，从德、能、勤、绩等方面对大学生干部进行考核，客观评价大学生干部的工作，使他们学会自我反省和自我教育，不断提高能力与素质。

(3)发挥学风建设中大学生党员与入党积极分子的作用。

大学生党员具有大学生和党员的双重身份，他们思想觉悟相对较高，在大学生中影响力较大，“一个党员一面旗帜”。发挥好大学生党员与入党积极分子在学风建设中的示范引领作用，是搞好学风建设的切入点和关键因素。为此，学校不断探索和实践，创新工作机制和方法。

一是健全大学生党员培养制度。学校把大学生入党标准和要求细化到大学生生活各个环节。在严格按照党员标准发展大学生党员的同时，向学习成绩倾斜，即把良好的学习成绩作为大学生被推荐进入党校学习、确定发展对象以及预备期转正等环节的必要条件，以此来激发广大学生学习的积极性，为形成优良学风奠定基础。除了期中期末考试成绩外，我们还坚持把课堂到课率和平时成绩等列入考察内容，确保全面促进大学生优良学风的养成。

二是强化课堂纪律，突出表率作用。大学生党员和入党积极分子在学风建设中具有示范作用。为此，在学风建设中，要求大学生党员与入党积极分子要带头做表率，自觉上好每一堂课，不逃课、不旷课。除此之外，还要带领和督促班里其他大学生（尤其是旷课和迟到的大学生）按时到课堂。通过以先进带动后进的形式，以点带面将良好的学习之风带入课堂。

三是营造宿舍学习氛围，争做宿舍学风先行者。在宿舍里形成良好的学风可以有力地促进学风建设的开展。学校在这方面进行了探索：首先，实行挂牌示范制度。凡是大学生党员或者有大学生党员的宿舍均实行挂牌制度。要求学生党员佩戴党徽，亮出身份；有大学生党员的宿舍张贴“党员示范宿舍”门牌，明确大学生党员的责任。大学生党员不仅要带头做好自己宿舍的卫生安全工作，还要带头在宿舍里学习；不仅要带动宿舍里的其他大学生养成良好的学习生活习惯，还要教育班里其他宿舍，把党员的辐射力和影响力展现出来。其次，开展早起床的温馨提醒行动。学风不正的一个重要原因是大学生早上睡懒觉，不愿意早起学习。针对这个情况，学校设置各栋宿舍楼长、层长，要求担任楼长、层长的大学生干部、大学生党员每天早晨起床后进行早起床提醒，督促其他学生参加早操锻炼、晨读等活动。这样良好习惯的养成，可以保证大学生按时到教室上课，不迟到不旷课。最后，实行定期汇报交流制度。要求大学生党员定期了解并汇报本班宿舍大学生的学习生活情况，对于发现的问题或困难，及时帮助他们解决，做好汇报和交流，真正发挥大学生党员联系大学生、服务大学生、引领大学生的辐射教育作用。

4.营造班级学习文化浓郁氛围

习近平指出："教育是民族振兴、社会进步的重要基石，是功在当代、利在千秋的德政工程，对提高人民综合素质、促进人的全面发展、增强中华民族创新创造活力、实现中华民族伟大复兴具有决定性意义。"[①]班级文化能够为培育大学生核心素养提供基本保障。学校不断创新班级文化建设，在学习文化中营造了浓郁氛围，取得了较好的成效。

(1)理论创新。

在班级文化建设中，学校各二级学院结合自身的实际情况，在班级文化建设中不断进行理论创新，形成了具有学院特色的班级文化建设思路。主要是实施班级制度、营造教室氛围，侧重提高大学生的人文素质、文化底蕴和崇尚科学的精神，让大学生在大学生活中更好地掌握学习方法，提高学习效率，拥有健康心态，学会生活，勇担责任，具有良好的思想品质和较强的实践能力。此外，在创新班级文化建设过程中注重发挥大学生主体作用，鼓励大学生参与管理，有自主权，充分调动大学生积极性，共同培育班级文化。

(2)制度创新。

学校二级学院各班级制度创新主要表现在科学制定和细化相关制度。从班级制度入手，建立健全班级管理体系，不断创新制度建设，用以支撑和保障班级文化的活力。例如，明确了班主任职责，制定了班级管理制度，出台了选拔管理班干部的制度，严格执行了课堂考勤制度，实施了班会制度，设置了大学生在班级表现的奖惩制度等。这些有利于班级工作顺利开展的制度成为大学生在本班学习生活的行为准则，并且有力地保障了班级的可持续发展。我们在完善评价反馈制度中，进行总结，表彰与整改相结合。班级规章制度的制定，采取民主集中制，组织全班大

---

① 习近平在全国教育大会上强调：坚持中国特色社会主义教育发展道路培养德智体美劳全面发展的社会主义建设者和接班人[N].人民日报，2018-09-11(01).

学生召开班会，进行民主讨论，让大学生主动参与到本班级一切事务的管理中，培养集体主义精神，不断提升大学生组织、协调、管理能力等。班级还建立了科学的协调机制，让家长和社会组织能够参与班级建设，共同促进班级和谐发展，让大学生感受到班级如家庭般的温暖。

（3）载体创新。

学校在传统载体的基础上不断拓展班级文化建设。首先，加强集体主义教育。利用学校心理健康教育设施，让大学生通过参与团体心理辅导、心理体验来增强班集体意识。其次，开展各种活动，让大学生亲自参与其中，通过参与实践来亲身体验，在发现问题和解决问题方面，能够更好地促进自身能力和素质的提高。最后，在班级文化建设中重视生涯规划教育。教会学生制订科学的学习计划和职业规划，树立远大志向和理想，为实现中华民族伟大复兴的中国梦而努力。

（4）实践创新。

班级文化建设的理念和制度需要实践来落实。学校班级文化建设的实践创新以立德树人和大学生发展核心素养为目标，按照课程标准，创新实践方式和内容。首先，结合新的教学模式打造活动型课堂。其次，加强家校联动。习近平指出："办好教育事业，家庭、学校、政府、社会都有责任。家庭是人生的第一所学校，家长是孩子的第一任老师，要给孩子讲好'人生第一课'，帮助扣好人生第一粒扣子。"为了增进家校、家长与大学生的互信，在班级管理和活动中，主动邀请家长参与，群策群力，共创先进班集体。最后，将班级文化建设与社会公益相结合，比如开展社会公益专题讲座、开展志愿服务等社会实践活动。

（二）老区大学学风建设工程育新人

为加强学风建设，营造良好学习氛围，拓展大学生综合素质，不断提高教育教学质量和人才培养质量，十几年以来，学校一直实施老区大学学风建设工程。2020年，学校围绕百色精神铸红魂"三全育人"体系建设，以迎接本科教学审核评估工作为核心，以抗击新冠肺炎疫情重大事件为契机，以深入开展爱国主义教育为重点，继续推进老区大学学风建设工程。总体思路和目标是以习近平新时代中国特色社会主义思想为指导，坚持立德树人工作主线，立足百色革命老区，紧紧围绕百色精神铸红魂"三全育人"体系建设，依托学风建设的工程，搭建育人平台，构筑育人体系，打造育人空间，充分挖掘疫情防控育人元素，厚植爱国主义情怀，以强化引导、明晰目标、规范管理、营造氛围、优化服务为理念，以"强基础、抓管理、重养成"为思路，以党委抓总、党政带头、部门联动、全校联网的组织体系为牵引和推动，扎实推进课程育人等“十大育人”工程，促进红色文化在大学生中入耳入脑入心，培养具有“百折不挠、奉献拼搏、团结务实、争先创新”的百色精神特质的老区大学生，形成多元并进、潜移默化的铸红魂育人体系，努力为大学生成长成才创造条件，努力推动学校学风建设工作取得新成效。

1.理想信念教育树“三观”

（1）继续深入学习贯彻习近平新时代中国特色社会主义思想、党的十九大精神，推动落实“新时代讲习所”活动。

加强大学生理想信念的教育，培养大学生“四个自信”。深入学习领会习近平新时代中国特色社会主义思想、党的十九大精神，落实《百色学院关于进一步推进“新时代讲习所”建设工作方案》《百色学院“新时代讲习所”工作制度》《推进百色学院新时代文明实践所建设通知》，开展专题学习活动，加强大学生理想信念教育，培育和弘扬社会主义核心价值观，正确引领社会风尚，激发大学生勤勉学习和创新创业的积极性、创造性。

（2）搭建全员育人平台，组织全体教职员工对大学生开展理想信念和社会主义核心价值观教育。

加强辅导员队伍和宿舍管理员队伍建设，创新新时代大学生教育、管理和服务的路径、方法，提升“三全育人”工作能力。制定“开学第一课”“疫情防控纪律教育”“宿舍卫生评比”“学风纪律督察”等教育活动方案，开展各类教育活动，要求一线学工干部、专任教师和宿舍管理员通过课堂和宿舍在言传身教中助力大学生成长，培养大学生的责任意识和使命担当，推动全员育人工作向纵深发展。第一，上好“开学第一课”，推进运用课程育人的途径培养大学生。深入贯彻落实习近平总书记打赢疫情防控的人民战争、总体战、阻击战的重要指示精神，根据自治区教育厅和学校党委有关工作部署，结合疫情防控工作，一线思政课教师和全体学工干部有针对性地开展课程思政，全体教师上好“开学第一课”，培养大学生的家国情怀、科学抗“疫”思想。第二，加强爱国主义和理想信念教育。依托主流媒体专题网站等平台，经常组织大学生通过网络等各种形式收看抗“疫”专题新闻与视频等，引导大学生深刻认识“一方有难，八方支援”的中国精神和“快速反应，分秒必争”的中国速度以及“万众一心，众志成城”的中国力量，深入体会在党中央的坚强领导下，广大党员干部和医护工作者“祖国和人民利益高于一切”的家国情怀，厚植爱国主义情怀，坚定理想信念，筑牢“四个意识”，坚定“四个自信”，坚决做到“两个维护”。

（3）进行“崇尚科学，反对邪教，共创和谐”的主题宣传教育活动。

加强反邪教宣传教育工作，使大学生深刻认识邪教的本质和危害，主动远离邪教、拒绝邪教、反对邪教，尊重科学，树立正确的世界观、人生观和价值观，倡导健康积极的生活方式，坚定“崇尚科学、反对邪教”的信念，积极行动起来，共同防范抵御邪教，努力构建和谐校园。通过举办专题讲座、观看反邪教视频、举行主题党团班会等一系列活动，提高广大师生识别和抵御邪教的能力，防范邪教对高校的渗透，营造警示教育氛围，切实维护校园和谐稳定。

（4）发扬“石磨精神”，磨砺成才。

石磨是一种物质，也是一种文化，更是一种精神。精神是文化的精华。百色学院将“石磨精神”表述为“团结合作、艰苦奋斗、克难攻坚、磨砺成才”。这16个字有着递进关系。普普通通的石磨看起来却另有一番风采。没有几代人的顽强拼搏，就没有学校的今天。但凡到过学校的领导、学者与学子们，看到石磨后，无不为这普通的实物所感动。这所学校从当年创始人岑永杰先生让人开凿石磨一路走来，一路艰辛，风雨兼程，留下了一段段记忆，创立了一节节辉煌。看到这个石磨，就看到了学校几代人几十年来坚强的信念和坚定的步伐。

在学校几十年的发展历程和办学经验中，克服困难主要靠的是“石磨精神”。老区高校办学的主要目的是培养服务地方经济社会文化发展的人才。我们学校紧跟地方定位和长远规划，在招生办学、毕业生就业和专业建设等方面，必须依据地方产业发展、资源开发与文化传承等。国际化方面，学校积极对接东盟，抓住广西尤其是百色与东盟各国的地缘优势，大力加强与东盟各国高校乃至政府、企业之间的联系，努力把学校建设成为广西与东盟各国文化交流合作的重要平台。目前，学校已经与越南河内国家大学所属人文社科大学、越南河内外贸大学、越南高平省高等师范学校、泰国如诺大学、泰国甘烹碧皇家大学、泰国华侨崇圣大学、美国东方大学以及泰国素攀府、春蓬府等签订了合作协议。学校的建设发展成就是一代又一代百院人艰苦奋斗的写照。团结一致是学校各项事业的基础，艰苦奋斗是我们的精神底色，执着韧性是我们克服困难的动力，培养“下得去、留得住、用得上、干得好”人才是我们追求的目标。

2.红色基因教育铸红魂

在学校的发展过程中，主要面临着人和财均不足的瓶颈，必须在中国共产党革命精神的指引下,凝聚一切可以团结的力量,破解难题,在新时代实现学校建设发展新突破,实现通过合格评估、获得硕士学位授予权、更名为百色大学“三步走”的战略目标,既立德又树人。

(1)讲好红色故事。

作为革命老区高校,传承红色基因,落实立德树人根本任务,就要讲好共产党的苦难与辉煌、革命先烈对强国道路的艰难探索的故事,使大学生深刻理解党的历史和革命精神,树立坚定的共产主义理想信念。同时,通过讲好领导百色起义的邓小平、韦拔群、雷经天、李明瑞等革命领袖的矢志不渝的故事,使大学生深刻理解今天的幸福生活是革命先辈们用血汗和生命换来的。还要结合地方红色资源,讲好右江农民运动、百色起义、龙州起义等广西故事,为大学生树立永恒的红色丰碑。讲好红色故事是落实学校百色精神铸红魂“三全育人”体系建设的体现,要牢记中国共产党人的初心和使命,为建设具有中国特色的社会主义强国培养合格建设者和可靠接班人。

(2)实行体验式教学模式。

红色基因教育采取体验式教学模式更能增强现场感,对传承红色基因有震撼性的教学效果。红色体验式教学是以活动为载体,依托红色文化资源,开展体验式活动。这种体验式教学能够让大学生在亲身体验中加深对革命史的理解,增强共产主义信念。学校开展的红色体验式教学主要有走红军路、唱红军歌、参观模拟战场等活动,学生通过亲身体验中国共产党过去艰苦的日子,感知马克思主义真理,坚定信仰。红色体验式教学模式能够增强思政课的吸引力和感染力,实效性较强,有助于提升大学生的认同感和幸福感。

(3)实施红色育人“六个一”工程。

围绕百色起义精神,学校以百色精神办学育人为理念,实施了红色育人“六个一”工程,即建设一个“红城大讲台”、开设一批“红色课程”、创作一台“红色经典艺术演出”、实施一系列“红色研究工程”、搭建一个“百色起义信息平台”、组织一系列“红城学术沙龙”。此外,学校还广泛开展以传承弘扬百色起义精神为核心内容的“红色”主题教育活动。“六个一”工程不仅传承了红色文化,而且提升了大学生的综合素质,深受师生好评,在广西乃至全国都有一定的影响。

(4)发挥百色起义纪念馆“全国爱国主义教育示范基地”作用。

纪念馆是传承红色基因的载体,承担着开展爱国主义宣传教育的社会职能。

百色起义纪念馆位于百色市东北郊迎龙山,作为“全国爱国主义教育示范基地”,纪念馆里面珍藏着丰富的爱国主义教育题材。一是通过纪念馆的文物等材料,可以深入了解左右江革命的历史与意义。百色起义纪念馆分为五大厅——“序厅”“起义厅”“英烈厅”“功臣厅”“小平厅”,厅内文物、图片、场景、人物等全面展示了百色起义的过程,以及百色起义在中国革命史上的重要地位。二是通过人物故事坚定信念。中国特色社会主义改革开放和现代化建设的总设计师邓小平、壮族人民的杰出代表韦拔群,还有陈洪涛、张云逸、李明瑞等先烈用鲜血换来了革命的胜利,用生命捍卫了共产主义信仰,祖国的繁荣昌盛与民族的复兴强大离不开他们。三是以史为镜,砥砺前行。左右江革命的宝贵经验——土地革命的成功实践、农业合作化促进生产、民族关系处理、坚持真理、求真务实等成为大学生爱国主义教育的重要素材,百色起义精神成为中国革命精神的一部分。当代大学生要传承红色基因,坚守信仰,砥砺前行。

表 3-1 学校“弘扬湘江战役精神传承红色基因”主题征文比赛作品评审结果

序号	征文题目	作者姓名	所在学院	奖项
1	传承红军精神,延续红色基因	彭洁丽	材料学院	一等奖
2	站在时间的洪流里,仰望他们	李翠平	教育学院	一等奖
3	传承红色基因,圆伟大中国梦	兰美艳	旅游学院	一等奖
4	湘江精神川流不息	黄智柳	设计学院	一等奖
5	忆湘江,传红色	李　琳	农学院	一等奖
6	湘江水,染红情	姚彩勤	外国语学院	一等奖
7	不忘湘江精神,传承红色基因	贺明辉	文传学院	一等奖
8	血染湘江	赵陈明	信息学院	一等奖
9	湘江红	李　玲	音乐学院	一等奖
10	论湘江之战,传星星之火	黄城烺	预科学院	一等奖
11	历史不能忘,红色基因要传承	谢紫冰	材料学院	二等奖
12	铭记历史,弘扬革命精神	苏海英	材料学院	二等奖
13	弘扬湘江战役精神,助我成长	覃　怡	工商学院	二等奖
14	那一段岁月	张忠琦	管工学院	二等奖

续表

序号	征文题目	作者姓名	所在学院	奖项
15	回味红色经典，传承湘江精神	杨丝丝	管工学院	二等奖
16	铭记湘江血泪，传承红色基因	潘海贤	化工学院	二等奖
17	血染湘江，红色永存	田仁旺	教育学院	二等奖
18	湘江战魂	李　迪	教育学院	二等奖
19	弘扬湘江战役精神，传承红色基因	黄广凤	旅游学院	二等奖
20	湘江战役	慕丽珍	农学院	二等奖
21	弘扬湘江战役精神，传承红色基因，历经风雨，走向繁荣	韦思思	数统学院	二等奖
22	滔滔湘江水，浓浓红色情	韦雪梅	外国语学院	二等奖
23	我把你追寻——湘江精神	梁清萍	文传学院	二等奖
24	霜打松更青，血染旗更红	黄　超	文传学院	二等奖
25	湘江不会忘记鲜血	杨培格	信息学院	二等奖
26	重顾湘江战，再燃中国魂	陆桂潮	信息学院	二等奖
27	从《血战湘江》看我们的使命	李　瑞	音乐学院	二等奖
28	铭记湘江战役，不负岁月——让风带来湘江的故事	沈诗卉	音乐学院	二等奖
29	传承发展湘江战役精神，实现民族复兴梦	廖宏学	预科学院	二等奖
30	血战湘江，激励前行	罗嘉欣	预科学院	二等奖
31	弘扬湘江战役精神，从我做起	唐雅佳	创新学院	三等奖
32	红军涅槃之战——湘江战役	张定忠	工商学院	三等奖
33	铭记湘江历史，传承红色精神	李秋霞	管工学院	三等奖
34	铭记红色历史，不忘初心	王钧桦	管工学院	三等奖
35	重温湘江战役，传承革命精神	许火宏	化工学院	三等奖
36	传承红色基因，铸就美丽青春	陈梦珊	教育学院	三等奖
37	勇者无惧，砥砺前行	吴永芳	教育学院	三等奖
38	湘江，湘江	张乃文	教育学院	三等奖

续表

序号	征文题目	作者姓名	所在学院	奖项
39	不忘初心，弘扬湘江精神，传承红色基因	黄会英	旅游学院	三等奖
40	铭记历史，传承红色基因	零丽华	旅游学院	三等奖
41	以史为镜，新时代砥砺前行	曹占伟	设计学院	三等奖
42	血雨无阻，唯有前行	曹斌鸿 范荣铮	设计学院	三等奖
43	取一瓢湘江水，念一段红军情	孟紫旭	设计学院	三等奖
44	湘江之战	李路茜	农学院	三等奖
45	红色基因之永不磨灭，唯有传承	农金海	农学院	三等奖
46	重温湘江战役精神	韦华中	数统学院	三等奖
47	湘江战役精神永流传	马金鸿	数统学院	三等奖
48	红色精神永流传	戚兴帅	体育学院	三等奖
49	红色烟火中走出的精神	覃达标	体育学院	三等奖
50	观《血战湘江》有感——爱国主义精神永流传	于国庆	体育学院	三等奖
51	弘扬与传承	农惠露	外国语学院	三等奖
52	湘江，湘江！——牢记历史，牢记湘江精神	王　欢	文传学院	三等奖
53	扬红色精神，奏时代之歌	农春录	文传学院	三等奖
54	湘江激荡英雄气，红色精神心燃起	谭烨声	文传学院	三等奖
55	牢记湘江战役，传承红色基因	陈　倩	音乐学院	三等奖
56	《血战湘江》观后感	李文洁	音乐学院	三等奖
57	以史为鉴，踏浪前行	杨玉囊	政管学院	三等奖
58	弘扬湘江战役精神，传承红色基因——永不褪色的红飘带	谭炳坤	政管学院	三等奖
59	新时代视野下的湘江战役	李燕娇	政管学院	三等奖
60	扬湘江精神，传红色信仰	农泽妹	政管学院	三等奖

3.民族精神传承育新人

(1)打造育人空间,搭建育人平台。

学校致力于打造全方位育人空间,搭建平台促进大学生全面发展。通过红色文化引领、易班网络文化建设、安全管理、资助服务管理、班级学风建设项目立项、第二课堂实践课程等,多方面、多维度推动全方位育人工作向纵深发展。以弘扬民族精神为主题,贯穿红色经典艺术教育内容,开展丰富多彩的校园文化活动,推进运用文化育人的途径培养大学生,铸造大学生高尚的艺术修养。第一,利用百色"革命性、民族性、边疆性"的特点,充分挖掘红色文化资源,深入开展以爱国主义为核心的民族传统文化主题教育活动。第二,利用节日庆典,通过主题班会、讲座及参观体验等活动,让学生了解中华民族五千多年的灿烂文化和壮族的风俗习惯,学习民族英雄气节,继承革命先辈优良传统,并将其内化为学习动力,树立文化自信,提升文化包容,将传承五千多年的民族精神发扬光大。

(2)主题教育活动育人才。

围绕校内外各种重要活动,结合学雷锋、祭扫烈士墓、壮族"三月三"、清明节、端午节以及党的生日、国庆节等重大节日以及新冠肺炎疫情防控等重大事件开展主题班会与班级活动,通过丰富多彩的活动对大学生进行民族传统和民族团结教育,贯穿红色经典艺术教育内容,提升大学生的爱国、爱校情怀,激发大学生的学习热情,使其树立高尚情操和奉献精神,争做新时期创新型人才。

4.学工队伍建设重"三化"

积极探讨新时期大学生教育、管理和服务的路径、方法,加强学工队伍管理和团队文化建设工作,提升管理育人和服务育人能力。高度重视辅导员队伍职业化、专业化的重要性,坚持用马克思主义武装辅导员的头脑,始终坚定其无产阶级立场,实现辅导员队伍建设专业化,全力抓好辅导员做事创业平台建设,推进辅导员职业化、专业化发展,把辅导员队伍建设成为一支政治强、纪律严、素质高和作风正的专家型队伍。

第一,根据学校发展的新常态,牢牢掌握意识形态工作领导权,举办"学工讲坛"系列讲座。以"学习贯彻党的十九大精神,培育和践行社会主义核心价值观"为主题,开展理想和信念教育,弘扬民族精神和时代精神,加强爱国主义和集体主义教育,引导大学生树立正确的历史观、民族观等。

第二,举办辅导员培训班,提高辅导员的综合素质。通过专题培训,加强学生工作队伍的职业道德教育，提高辅导员的思想政治和业务水平；通过素质拓展、座谈交流活动，加强学生工作队伍之间的沟通交流，增强辅导员做好学生管理工作的信心和决心，提高辅导员工作的积极性和主动性。

第三，依托易班平台，通过以赛代训、以赛代练的方式，不断提高辅导员职业技能。结合学校实际，通过比赛提升辅导员的理论水平、专业素养和工作能力，提高辅导员工作的针对性和亲和力，促进辅导员队伍专业化、职业化发展。

5.红色经典诵读香百院

(1)勤读力耕，共创浓厚学风。

开启全民阅读时尚风潮，拓展运用文化育人的途径，培养大学生爱读书读好书的习惯。通过开展读书系列主题活动，引导大学生“不忘初心，以学为本”，读原著、读好书，与书为伴博览同行，品味书香人生，积极主动到图书馆阅读纸质图书，与古人对话，与经典对话，与文明对话。校图书馆要以读书活动为载体，定期向大学生推荐好书，引导大学生阅读红色经典，提高大学生的人文素质和科学素质，提高大学生的阅读兴趣，培养大学生良好的阅读习惯，使大学生广泛吸收人类优秀文化，在知识、能力和素养方面得到协调发展，引领学校的优良学风，提升校园的文化氛围，建设书香校园。一是组织学生社团每学年举办“书香百院”读书节系列活动。二是每生每学期借阅纸质图书不少于30册(其中红色经典不少于5册)，下载电子图书不少于30册，完成读书报告不少于5篇，并将其作为评选“先进集体”“三好学生”等先进典型的重要参考条件。三是做好每月公布班级、个人当月读书活动排名情况的工作，开展读书竞赛评比活动，激励大学生在读书中吸纳先进思想，在读书中弘扬中华传统文化精神。四是创建“图书漂流站”，通过向校友、在校师生开展捐书活动，让图书发挥“余热”、传递“温暖”。“以自由阅读、诚信登记”为主的借阅模式，不仅可以考量大学生的诚信，还可以锻炼大学生的管理能力。“共读共享”一本书，让师生之间有了共同的话题，增强了人与人之间的交流，营造了“人人爱阅读，处处有书香”的读书氛围，对推进学校的学风建设具有良好的促进作用。

(2)开展“百色精神铸红魂读听写讲促廉洁”系列教育活动。

学校举办“百色精神铸红魂读听写讲促廉洁”系列教育活动，传承红色基因，养成廉洁风尚，落实立德树人。“百色精神铸红魂读听写讲促廉洁”系列教育活动主要包括读红色图书、听红色讲座、写心得体会、办演讲比赛四大主题活动。一是读红色图书。分为指定阅读、交互阅读和综合阅读。大学生之间互换图书，资讯共享。同时,鼓励大学生写书评,优秀书评在易班展示。综合阅读即利用多种媒体获取相关资讯进行网上交流。二是听红色讲座。安排校内外专家通过讲座的形式讲红色故事、廉洁故事、红军村故事。三是写心得体会。由所在二级学院评选优秀文章予以奖励。根据需要,将优秀文章结集出版。四是办演讲比赛。选取优秀演讲稿与心得体会一道结集出版。

学校把加强师生廉洁教育作为"三全育人"体系的重要内容和载体,加大宣传,精心组织,层层发动,特别是发挥党员和大学生干部的带动作用,引导广大师生参与到活动当中,具有一定的社会影响力。

6.生涯规划指导立大志

以学业指导为载体,加强学业预警,引导大学生做好学业生涯和职业生涯规划。

(1)强化专业教育和学业指导。

二级学院邀请名师上好新生导学课,激励本科大学生投身科研实验、考研等,积极参加学术讲座和名师讲坛等,扩大学生视野,培养大学生学习兴趣。根据不同年级的不同学习特点进行分类指导,每学期开展1次以"大一养成习惯""大二潜心立志""大三拓展素质""大四实践成才"为主要内容的主题教育活动,进行有针对性的学业指导。加强学业预警,使大学生不断明确各阶段学习目标,学有方向,学有动力,学有所获,最终能顺利毕业、就业。

(2)加强大学生职业生涯规划教育。

加强大学生"思想引领""成才规划""学习规划""职业规划"方面的指导,帮助大学生做好学业生涯规划和职业生涯规划,引导大学生从规范走向自觉,切实提高大学生的学习能力、创新能力、实践能力和生活能力。依托入学教育系列活动,在新生中开设职业生涯规划课程,帮助大学生树立正确的职业价值观,明晰未来职业发展的前景和路径,激发大学生学习的内在动力。指导大学生参加职业生涯规划大赛,促进大学生形成自我规划,明确学习目标,实现自我成长。

(3)加强大学生就业创业指导。

在高年级大学生中开展就业指导课、名师讲座、创业大赛等,组织大学生参加就业招聘会,指导大学生了解就业政策与形势,树立正确的就业观,提升大学生的创新创业能力和就业能力。

7.实践平台搭建强技能

(1)搭建大学生第二课堂、技能竞赛载体平台,充分发挥第二课堂的育人功能。

二级学院根据学科特色和各专业人才培养目标,组织开展专业知识与专业技能竞赛;倡导学有余力的大学生积极参与科技创新,投身科学研究工作;积极搭建交流平台,每年组织开展学术交流会。吸引广大学生自觉地参加实践课程的学习,培养大学生理论联系实际和分析解决问题的能力,提高应用型人才培养质量。

(2)以易班建设为抓手,加强网络思想政治教育。

依托易班平台开展校园网络文化建设活动,打造特色育人途径,推进运用网络育人的途径培养大学生,铸就网络时代大学生自律意识、安全意识,加强意识形态阵地建设。一是建立易班校院两级舆情报送机制,及时把握师生思想动态,按照"线下矛盾—线上引导—线下解决"的路径有效做好思想政治教育工作。二是加强二级学院易班网络文化建设,努力用网络空间涵养大学生的社会主义核心价值观,传播正能量。结合红色、民族文化特点,完善优课网络课堂教育,推进校园网络文化的繁荣,为良好学风的营造助力,发挥易班在班级活动、党团日活动以及学习、生活、娱乐等方面的积极引导作用。三是充分发挥易班已有的育人优势,整合学校网络文化成果,进一步打造具有学校特色的网络思想政治教育的育人途径,助推学校铸红魂育人目标落地。

(3)依托"三批队伍"加强大学生宿舍管理。

在宿舍管理工作中,学校主要依托辅导员(班主任)、宿舍管理员、大学生自我管理委员会和大学生骨干这三批队伍加强大学生宿舍管理,着力打造宿舍文化品牌,创建良好的生活秩序,营造优良的舍风。一是完善相关宿舍管理制度。修订和完善宿舍检查评比方案、辅导员在大学生宿舍值班制度以及楼长、层长协助管理制度,确保宿舍管理制度化、规范化。二是经常性开展宿舍安全检查。相关职能部门每学期不定期联合开展宿舍安全隐患排查,各学院学期初、学期中和学期末定期进行宿舍安全隐患排查。三是督促检查落实晚检制度。由宿舍值班工作人员与大学生自我管理委员会将不按时就寝、晚归、夜不归宿等违规的情况及时报告到学生工作部(处),并及时处理。四是建育人阵地塑魂。每年举办宿舍文化艺术节,将大学生素质锻炼寓于文化活动之中,提高大学生的生活质量和品位,帮助大学生树立正确的生活态度和价值观,培养健康的人格和良好的精神风貌,使宿舍文化建设成为思想政治教育工作的有机组成部分。

(4)搭建专业实践平台。

根据学科特色和专业人才培养目标,搭建平台,充分运用实践育人途径,开展各类专业实践活动。组织开展专业知识与专业技能竞赛;倡导学有余力的大学生积极参与科技创新,投身科学研究工作;积极搭建交流平台,每年组织开展学术交流会。吸引广大学生自觉地参加实践课程的学习,培养大学生理论联系实际和分析解决问题的能力,提高应用型人才培养质量。

8.党建团建创新促学风

加强大学生党员的教育管理,以党建带团建,促进学风建设。组织“党支部建设创新活动”项目申报,开展“学风建设支部帮建工作”活动,充分发挥大学生党员和大学生党支部在构建和谐校园,建设优良校风、学风方面的先锋模范作用和战斗堡垒作用,进一步加强和创新大学生党建工作,树立典型,为建设优良校风、学风提供坚强的政治、思想和组织保证。开展“党员一帮一”“党员宿舍示范”活动,建立“党员学风责任区”,成立“党员学风督导小组”,引导更多的大学生向党员看齐。同时,建立有效激励机制,开展评“学风建设优秀学生党员”和“学风建设优秀学生党支部”活动,树立典型,鼓励先进,并定期开展经验交流,及时总结推广好的做法。

(三)学风建设项目育新人

1.班级学风建设项目

以班级学风建设项目为抓手,营造浓厚的学习生活氛围,推进优良班风、舍风建设。为探索学校学风建设工作新模式,完善学风建设工作机制,丰富学风建设工作手段,打造学风建设工作品牌,提高班级在学风建设中的自主能力及引导作用,切实推进百色精神铸红魂“三全育人”体系建设,学校组织开展了学风建设项目立项工作。

(1)班级学风建设项目主要内容。

一是围绕百色精神铸魂育人、弘扬优秀传统文化、传承红色基因、养成良好学习习惯、树立正确学习观、宿风带动学风、学风建设的方式方法等方面进行选题。二是课题要有一定的前瞻性或实用价值,活动方案要有实效。体现思想育人、活动育人、实践育人、文化育人,营造全员参与学风建设的良好氛围。三是课题可以是调查报告、主题班会、班级实践活动方案等多种形式结合,但必须明确阐述课题所要达到的目标,如班级学习成绩、等级考试、科技活动的预期目标等。四是每班至少上报一项课题,由各班班长担任课题负责人,由班委成员及部分大学生代表组成课题组，全班大学生协助完成，由本班辅导员（班主任）担任课题指导教师。

（2）班级学风建设项目工作程序。

项目设计：要发挥广大学生的积极性和创造性，根据专业特色和本班级的实际，设计活动的具体形式。要形成具体的活动方案、人员分工、活动形式、时间、地点、参加对象、经费预算以及其他保证措施。项目申报：班级将酝酿成熟的项目上报给辅导员（班主任），经审核后上报本学院学工组审查，最终报本学院主要领导审定。项目管理：学风建设项目以一个自然年为一个周期。二级学院学工组负责对项目的执行情况、活动的开展情况等进行监督检查，充分发挥学院级学生会及分团委的作用。

（3）班级学风建设项目工作要求。

第一，加强组织，注重指导。既要有总体工作安排，又要注意倾听学业导师、辅导员、班级学生等的意见，切实将活动抓好抓实。第二，突出特色，力求创新。不同班级要因地制宜，精心设计立项内容，积极创新工作形式，增强针对性和实效性，努力打造特色品牌，避免千人一面。第三，及时总结，注重宣传。以开展“学风建设项目立项”为契机，进一步健全班级建设和班级的教育管理机制，营造良好学风、班风、舍风。

表 3-2 学校 2018 年班级学风建设立项重点项目

序号	学院名称	班级名称	项目名称
1	教育学院	小教专 143 班	点燃读书激情，共建书香班级之读书交流会
2	外语学院	泰语本 16 班	泰学有道，与英同修
3	设计学院	视觉传达本 16 班	动由心生，漫游经典
4	外语学院	英教本 164 班	新东方，新力量！
5	外语学院	越语本 17 班	激越昂扬，知行合一
6	政管学院	思政本 172 班	提高综合能力主题学风建设汇报总结

表 3-3　学校 2017 年班级学风建设立项重点项目

序号	学院名称	班级名称	项目名称
1	教科学院	小教专 141 班	书法传承文化,墨香沁润班级
2	外语学院	英教本 144 班	东方班,应用型,我看行!
3	教科学院	小教本 151 班	树学风班风,强教师技能
4	文传学院	汉语本 153 班	自强创新,锐意进取
5	工商学院	财务管理 152 班	融合中外先进学风,创建优秀特色班级
6	设计学院	视觉传达本 15 班	工多“艺”熟,磨砺“锋”出
7	教科学院	学前本 152 班	扬梦想之帆,行青春之路
8	文传学院	汉语本 151 班	学之六艺,扬起风范
9	旅游学院	旅管本 151 班	筑优良学风,促全面发展
10	教科学院	小教专 151 班	每月强一技
11	外语学院	英语本 152 班	争当学风标兵,共创文明班级

表 3-4　学校 2016 年“学风建设强基创优”校级重点项目

序号	学院名称	班级名称	项目名称
1	外语学院	英教本 133 班	奔跑吧,3 班
2	文传学院	汉语本 133 班	笃诚勤奋,自强不息
3	化工学院	化学本 14 班	锤炼师范生技能
4	农食学院	生物本 142 班	弘扬学风精神,打造特色专业
5	音舞学院	音表本 13 级 1 班和 2 班	“唱我音乐舞动青春”晨练活动
6	教科学院	小教本 132 班	督学制
7	美术学院	视觉传达本 14 班	速写能力提升晨练计划
8	旅游学院	旅管本 13 班	抓学风,促团结,创未来
9	工商学院	财管本 142 班	培养优良学风,共建优秀班级
10	政管学院	2014 级 2 班	本科师范生三笔字技能培养方案
11	信息学院	通信本 152 班	青春之行展我学子风采
12	数统学院	数应本 141 班	创优良班风,从你我做起

2.“三下乡”社会实践项目

早在 2004 年 11 月,《中共中央国务院关于进一步加强和改进大学生思想政治教育的意见》中指出:“社会实践是大学生思想政治教育的重要环节,对于促进大学生了解社会、了解国情、增长才干、奉献社会、锻炼毅力、培养品格、增强社会责任感具有不可替代的作用。”组织大学生开展“三下乡”的社会实践活动是素质教育的重要部分,是我们贯彻落实教育方针、坚持教育为社会主义现代化建设服务的重要途径。

开展大学生暑期“三下乡”活动,让大学生下到基层中、群众中、条件艰苦的环境中,磨炼了意志,提高了组织能力、协调能力和解决问题的能力,提高了综合素质,是培养大学生社会责任感、培育为人民服务意识的重要途径。学校长期坚持开展大学生“三下乡”社会实践活动,并形成了自己的特色,特别是推出了一系列的“三下乡”社会实践项目,取得了较好成绩,得到了社会的认可。例如,2020 年,学校大学生暑期“三下乡”社会实践项目以“脱贫攻坚青力青为乡村振兴青年先行”为主题,旨在深入学习贯彻习近平新时代中国特色社会主义思想,引领广大青年学生在全面建成小康社会的决胜阶段中增强“四个意识”,坚定“四个自信”,做到“两个维护”,在助力脱贫攻坚、服务乡村振兴战略的伟大实践中受教育、长才干、做贡献,培养具有百色精神特质的应用型人才。重点围绕五个选题开展调研活动:一是产业振兴,二是人才振兴,三是文化振兴,四是生态振兴,五是组织振兴。通过开展调查研究,形成调研报告,切实体现新时代青年在以实际行动投身脱贫攻坚、助力乡村振兴战略的生动实践中的真实所见、所闻、所思、所感,突出了实践育人。以项目形式开展“三下乡”社会实践活动,是加强大学生思想政治教育、厚植家国情怀、投身脱贫攻坚、助力乡村振兴的重要途径。学校各级“青马工程”学员、大学生骨干都能够发挥表率作用,积极参与项目。此外,二级学院积极组织专业教师主动参加到实践活动中来,用专业知识和能力指导广大学生围绕主题返乡开展调研,在实践中寻找到有理有据、切实可行的金点子,切实提升“三下乡”项目的针对性和实效性。

后期,校团委组织开展校级大学生暑期社会实践活动评比表彰活动,总结评比社会实践优秀调研报告、社会实践先进个人。一是学校从各二级学院提交的项目中遴选出 100 个项目予以立项,并给予一定的奖励;二是从社会实践调研报告中评选出一、二、三等奖,并分别予以奖励;三是从中遴选出 300 人作为社会实践活动中的先进个人来进行表彰。

表 3-5　国家级暑期“三下乡”社会实践活动的优秀团队

序号	团队名称	奖项名称	主办单位
1	百色学院“助力扶贫”支教服务队	2019 年全国大中专学生志愿者暑期“三下乡”社会实践活动优秀团队	团中央青年发展部
2	百色学院泰国“中泰两国新年传统文化比较”调查队	“丝路新世界 · 青春中国梦”2019 年全国大学生“一带一路”暑期社会实践专项行动优秀团队	团中央青年发展部和中国大学生“一带一路”协同发展行动中心

表 3-6 学校 2019 年暑期“三下乡”社会实践团队立项名单

序号	二级学院	项目类别	团队名称	项目负责人	指导教师	服务地	项目级别
1	政管学院	理论普及宣讲团	百色学院德保县“扫黑除恶”知识普及宣传团	农腾	李容容 郭灿华	德保县	重点
2	美术与设计学院	美丽广西实践团	百色学院河池、崇左“左右江革命根据地文创设计”志愿服务队	高文博	余招文	河池、崇左	重点
3	文学与传媒学院	推普脱贫攻坚	百色学院凌云县“情暖千万户·雅言颂中华”实践队	韦柳奕	李贵锋	凌云县	重点
4	体育学院	健康扶贫青春行	百色学院西林县“健康扶贫青春行”扶贫服务队	陈吟英	郭建明	西林县	重点
5	管理科学与工程学院	村庄规划编制服务活动	百色学院乐业县村庄规划编制志愿服务队	梁宇聪	吕文静 梁彬棋	乐业县	重点
6	教育科学学院	理论普及宣讲团	百色学院那坡县百都乡“青春心·那坡情”志愿服务队	许菊花	王坤 黄耀丽	那坡县百都乡	重点
7	工商管理学院	历史成就观察团	百色学院南丹县里湖乡“千户瑶寨·万户瑶乡”民族电商发展调查队	毛开印	冷思 王晨光	南丹县里湖乡	重点
8	创新创业学院	科技支农帮扶团	百色学院那坡县百都乡农特鲜客农村电商精准扶贫团	闫云芳	何中洋	那坡县百都乡	重点
9	数学与统计学院	教育关爱服务团	百色学院凌云县“爱心支教行，夏日暖童心”服务团队	胡献双	吴广宇 黄玮诺	凌云县	重点
10	旅游管理学院	美丽广西实践团	百色学院隆林县旅游扶贫调查队	张可顺	黄立晓	隆林县	重点

续表

序号	二级学院	项目类别	团队名称	项目负责人	指导教师	服务地	项目级别
11	材料科学与工程学院	教育关爱服务团	百色学院那坡县百都乡教育扶贫服务队	张恒	李朝定	那坡县百都乡	重点
12	信息工程学院	科技支农帮扶团	百色学院田林县“义务维修入壮乡，修物送情暖乡亲”家电义务维修服务团	覃立新	潘玮 覃新颖	田林县	重点
13	农学院	科技支农帮扶团	百色学院乐业县饮食健康调研队	吴敏	张开平	乐业县	重点
14	化工学院	美丽广西实践团	百色学院平果县赤泥堆场周边环境调研实践团队	周成武	黄科瑞	平果县	重点
15	音乐与舞蹈学院	深度扶贫地区青春行	百色学院那坡县红坭村“文艺送下乡，点亮扶贫路”服务团	孙美棋	冯琪 吕文静	那坡县红坭村	重点
16	外国语学院	教育关爱服务团	百色学院右江区“助力扶贫”支教服务队	莫园琼	韦幼玲 李美莲	右江区	重点
17	马克思主义学院	青年观察家实践团	百色学院靖西龙邦口岸“青年学习访边关，强国筑梦新时代”实践队	黄江寅	刘繁荣	靖西龙邦	重点
18	团委	青年观察家实践团	百色学院东兰县“青春心党·建功新时代”青年观察家实践团	王英兴	徐洪刚 黄馨芸	东兰县	重点
19	校学生会	青年观察家实践团	百色学院兴安县“不忘初心、牢记使命”青年观察家实践团	龙汶雨	陈昊 黄静雅	兴安县	重点
20	学工处	教育关爱服务团	百色学院那坡红坭村“关爱心理·助力扶贫”服务队	黄金华	陈晓丽 黎晓萱	那坡红坭村	重点

续表

序号	二级学院	项目类别	团队名称	项目负责人	指导教师	服务地	项目级别
21	政管学院	青少年禁毒防艾宣传	百色学院德保县城关镇西读村大朔屯“走进壮乡·青春拒毒滋”普法宣讲团	李家宜	余群 张南兴	德保县	一般
22	政管学院	新思想宣讲团	百色学院德保县“青春大学习·铸梦新时代”实践队	姚远健	李容容	德保县	一般
23	美术与设计学院	美丽广西实践团	百色学院百色市“广西边疆民族地区红色文化元素调查”实践队	蒋敏兰	文鸿	百色市	一般
24	文学与传媒学院	社会调研类	百色学院田东县“唐皇曲艺文化调研”实践团	覃微福	李萍	田东县	一般
25	文学与传媒学院	青年观察家实践团	百色学院右江区、田东县“追寻红色足迹，重温革命精神”青年观察家实践团	刘冠良	刘娟 郭灿华	右江区田东县	一般
26	体育学院	文化艺术服务团	百色学院南宁市百济镇“新青年，新乡村”助力乡村体育发展服务团	卢春伶	周基营 黄坚	百济镇	一般
27	管理科学与工程学院	爱心医疗服务团	百色学院西林县古障镇农村医疗保险普及调查队	刘思强	韦彩霞 杨梦昌	西林县古障镇	一般
28	教育科学学院	教育关爱服务团	百色学院田林县“情系学前儿童，青春助力成长”学前教育扶贫志愿服务队	叶英	欧育呈	田林县	一般
29	工商管理学院	教育关爱服务团	百色学院龙川县那合村“关爱少数民族留守儿童”服务团	梁琼双	吴春珍	龙川县那合村	一般

续表

序号	二级学院	项目类别	团队名称	项目负责人	指导教师	服务地	项目级别
30	旅游管理学院	教育关爱服务团	百色学院那坡县“义务支教”服务队	王美奇	周万洋	那坡县	一般
31	材料科学与工程学院	理论普及宣讲团	百色学院田阳县“惠及民生·科学宣讲”理论普及宣讲团	蒋翘羽	李朝定 刘建	田阳县	一般
32	信息工程学院	美丽广西实践团	百色学院靖西市旧州绣球“百态绣球，千姿联网”服务团	唐婷婷	吴再群	靖西市旧州	一般
33	农学院	乡村稼穑情·振兴中国梦	百色学院田林县中草药农业调查队	王金荣	李荣峰	田林县	一般
34	化工学院	美丽广西实践团	百色学院平果县赤泥回收利用调研队	邓正婕	赵金和	平果县	一般
35	化工学院	美丽广西实践团	百色学院平果县铝土矿区修复调研队	宾明通	黄科瑞	平果县	一般
36	音乐与舞蹈学院	教育关爱服务团	百色学院西林县古障镇“萤火虫照亮童心”服务队	李桂平	冯琪	西林县古障镇	一般
37	外国语学院	丝路新世界·青春中国梦	百色学院泰国“中泰两国新年传统文化比较”调查队	班家莹	李美莲 劳家朗	泰国	一般
38	社联	科技支农帮扶团	百色学院百色市平果县“关注返乡工人，共创美好生活”调查队	莫启迪	刘娟 郭灿华	平果县	一般
39	非遗	美丽广西实践团	百色学院凌云县泗城镇壮族“七十二巫调”文化调研队	蒙凯	李萍（大）	凌云县泗城镇	一般
40	青协	依法治国宣讲团	百色学院凌云县“隐患处处有，安全时时记”青年志愿者服务队	李文慧	黄燕炜	凌云县	一般

表 3-7　学校 2019 年暑期“三下乡”社会实践项目优秀成果奖

序号	项目名称	等级
1	百色学院东兰县“青春心向党 · 建功新时代”青年观察家实践团	一等奖
2	百色学院右江区“助力扶贫”支教服务队	一等奖
3	百色学院德保县“扫黑除恶”知识普及宣讲团	二等奖
4	百色学院田林县“义务维修入壮乡，修物送情暖乡亲”家电义务维修服务团	二等奖
5	百色学院凌云县“隐患处处有，安全时时记”青年志愿者服务队	二等奖
6	百色学院那坡县百都乡“青春心 · 那坡情”志愿服务队	三等奖
7	百色学院乐业县饮食健康调研队	三等奖
8	百色学院南宁市百济镇“新青年，新乡村”助力乡村体育发展服务团	三等奖
9	百色学院南丹县里湖乡“千户瑶寨 · 万户瑶乡”民族电商发展调查队	三等奖
10	百色学院凌云县“爱心支教行，夏日暖童心”服务团队	三等奖
11	百色学院西林县古障镇农村医疗保险普及调查队	三等奖
12	百色学院田阳县“惠及民生 · 科学宣讲”理论普及宣讲团	三等奖

3.学习型社团项目

大学生学习型社团是通过营造弥漫于整个社团的学习气氛，充分发挥社团成员的创造性思维能力而建立起来的一种成员寻求自我超越、以团队协作为核心，能和谐、持续发展的组织。在思想政治教育领域，大学生学习型社团因其能够培养大学生学习型思维而具有重要意义。学校重视新时代学习型社团的建设，将专业学习与第一课堂教学紧密结合，把开展第二课堂活动作为专业学习配套活动，搭建大学生实习实践平台，帮助大学生充分利用专业技术知识，增强动手能力。即在指导教师的引导下，运用社团的合作学习、行动学习、体验学习等方式，激发大学生学习兴趣，培养大学生自主学习能力，其主要以项目化管理形式开展，由各学习型社团自行申报，经过专家评审后立项，开展实践活动，最后撰写相关总结报告。作为日常的常规活动，主要是让大学生树立终身学习理念，即社团是开展思想政治教育的主阵地，学习型社团通过相关活动的开展向大学生灌输学习知识，让他们树立终身学习理念；培养学生的组织学习意识，社团的存在形式、项目团队式的工作，可以让参与的大学生更深入地学习团结协作,协调个人与团体的关系,铸就系统思考型人才,提升创新创业能力。

学校学习型社团项目于2014年开始。每年的3月至4月,由校团委组织发布项目申报通知,由全校的学习型组织展开申报。项目流程如图3-2。

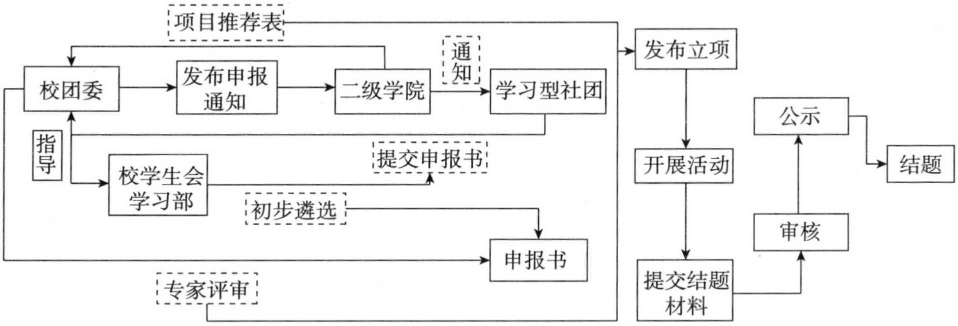

图3-2 学习型社团项目流程图

2014年至2020年,学校学习型学生社团项目总立项180余项,项目资助金额达36万元。项目的开展获得良好成效:

(1)学习型社团是第二课堂活动的有效载体,也是“三全育人”的重要途径。

学习型活动项目立项丰富多彩。实践育人类型,如青年马克思主义研究会的“重温红色记忆,感悟红色精神”——纪念百色起义90周年人物访谈活动等;科研育人类型,如材料科技协会的“全国金相技能大赛”百色学院选拔赛、数学建模协会的模拟全国大学生数学建模竞赛等;文化育人类型,如红色短剧社的纪念“百色起义90周年”红色短剧演出,习近平新时代中国特色社会主义思想学习会的学习习近平新时代中国特色社会主义思想系列活动等;服务育人类型,如阳光心理健康协会的心灵守护活动等。

(2)有利于培养大学生的实践创新能力。

学习型社团建设的主要目的是学以致用。引导大学生独立开展专业学习与交流活动,改变学习中的被动接受状态,学会主动探求知识,把学习理论与社会实践相结合,提高实践创新能力。例如,旅游文化研究协会的导游服务技能大赛,翻译学会的英语商务翻译大赛,营销协会的“芒果杯”新媒体营销大赛,经贸社团的国际贸易专业技能大赛等,以竞赛的方式,让大学生的专业技能水平得到提升,寓教于乐,让大学生在社团氛围下获得实践能力的增强。

(3)拓宽思想渠道,推动学风建设。

以社团的形式增强学习意识,提升自主学习能力。通过课外的专业探索,让大学生对自身的专业认识更深刻,亲自加入社团项目,对大学生的专业竞争力有直接影响作用。例如,数学建模协会的模拟全国数学建模大赛、视觉传达协会的各项设计大赛等都能在一定程度上增强学校学生的专业竞争力,校内的比赛为学生参加校外更大规模的比赛奠定了坚实基础,很大程度上也促进了学校学风建设。

(四)学风榜样引领育新人

1.学风先进集体评选

优良学风班级的建设对于每位大学生都极为重要。班级学风优良一方面可以帮助大学生抵制各种不良的生活习惯;另一方面,能够促使大学生积极地投入到学习中,高质量圆满地完成学业。在建设中要重视评选学风优良的班级,及时对先进班集体与优秀个人事迹进行宣传,带动全体大学生创先争优,营造浓厚的优良学风。学校为了进一步推进优良学风建设,提高大学生自觉学习、自我管理的能力,增强大学生的自律和自强意识,创建一个文明健康和谐的学习生活环境,弘扬良好的道德风尚,通过评优,表彰先进、树立典型,激励大学生努力学习和立志成才,从本校学生工作实际出发,每学年在全校范围内开展学风先进集体评选活动,涌现出一批批学风先进集体。

2.大学生先进个人评选

为了更好地树立大学生榜样典型,发挥优秀大学生的示范引领作用,营造争先创优、积极向上的大学校园氛围,学校开展了大学生先进个人评选活动。

(1)加强典型选树宣传。

深入挖掘一批在学风建设中表现突出的先进个人,加大表彰和宣传力度,充分发挥典型示范作用,营造教师重教、大学生向学的良好风气。学工部门结合学年总结表彰国家奖学金获得者、国家励志奖学金获得者以及"学风建设先进班级""学风建设先进个人""学风建设优秀学生党员""学风建设优秀学生党支部""学习达人"和各类活动比赛的先进集体、个人等,收集优秀大学生的事迹材料,举办优秀大学生风采展示活动,举办"优秀学生报告会"等,树立学生典型;宣传部门通过校报、网络、橱窗等媒介加强对学风建设先进典型和经验的宣传,传递正能量。

(2)"榜样引领计划"。

邀请思想品德优、学业成绩好的高年级大学生,面向低年级大学生一对一或一对多开展面对面的学业辅导；举办年度“我身边的榜样”优秀大学生事迹宣讲会，充分发挥榜样引领作用。

（3）优秀大学生报告会。

为贯彻落实党中央、自治区党委和学校党委开展“不忘初心、牢记使命”主题教育活动的精神和要求，加强大学生思想教育工作，让新生能科学规划大学生活和职业生涯，尽快转换角色，适应大学生活，养成良好的学习、生活习惯，学校连续数年都开展了优秀大学生的事迹宣讲会。

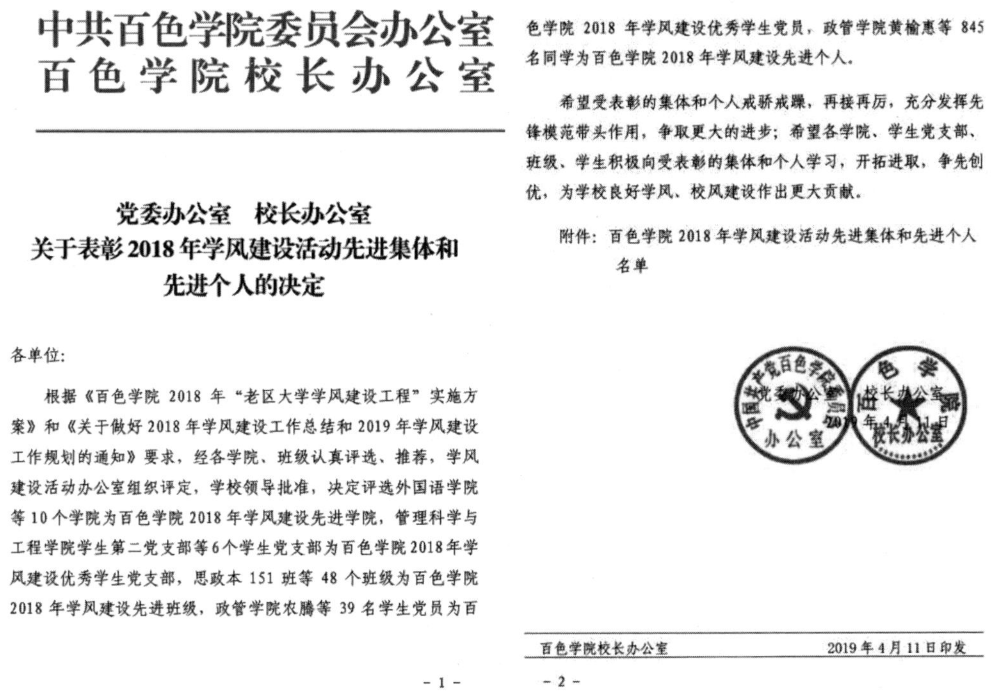

中共百色学院委员会办公室
百色学院校长办公室

党委办公室　校长办公室
关于表彰2018年学风建设活动先进集体和先进个人的决定

各单位：

根据《百色学院2018年“老区大学学风建设工程”实施方案》和《关于做好2018年学风建设工作总结和2019年学风建设工作规划的通知》要求，经各学院、班级认真评选、推荐，学风建设活动办公室组织评定，学校领导批准，决定评选外国语学院等10个学院为百色学院2018年学风建设先进学院，管理科学与工程学院学生第二党支部等6个学生党支部为百色学院2018年学风建设优秀学生党支部，思政本151班等48个班级为百色学院2018年学风建设先进班级，政管学院农腾等39名学生党员为百

- 1 -

色学院2018年学风建设优秀学生党员，政管学院黄榆惠等845名同学为百色学院2018年学风建设先进个人。

希望受表彰的集体和个人戒骄戒躁，再接再厉，充分发挥先锋模范带头作用，争取更大的进步；希望各学院、学生党支部、班级、学生积极向受表彰的集体和个人学习，开拓进取，争先创优，为学校良好学风、校风建设作出更大贡献。

附件：百色学院2018年学风建设活动先进集体和先进个人名单

2019年4月11日

百色学院校长办公室　　2019年4月11日印发

- 2 -

图3-3　百色学院开展学风先进集体和个人评选活动

第四章

优质服务育新人

一、部门联动服务

（一）“雪中送炭”办实事，服务大学生“十大工程”

为深入开展“不忘初心、牢记使命”主题教育活动，扎实推进领导班子建设提升年活动，针对师生集中反映的问题，贯彻落实学校“以德为先，以生为心，以师为本”理念，不断改善学校办学条件，提升学校服务水平，助推学校百色精神铸红魂“三全育人”体系建设，学校实施2019年度服务大学生“十大工程”。

第一，东合校区大学生公寓空调安装工程。在东合校区大学生公寓1#、3#、4#、5#、6#、9#、10#和附中1#、附中2#、附中3#安装空调。

第二，完善大学生公寓水电设施工程。在旧的抽水房原址建设新的抽水房，保证抽水设施正常运转；安装2台抽水机，实现抽水机组一用一备；选取当地具有资质、技术力量雄厚的单位，作为学校配电设施的维保单位，确保配电设施安全、稳定运行；把总开关更换为不带漏电保护装置的断路器；楼层开关更换为漏电断路器；在水箱前的进水管处加接管道，如遇停电，可利用高位水池自然水压给公寓供水；澄碧校区大学生公寓安装的直饮水设施一旦发生故障，及时安排人员排除故障，做到当天修复并正常供水。

第三，大学生公寓水电木设施及时维修工程。对小型水电木维修（如水龙头、水管、水阀、床板、门、窗、灯管、插座、热水花洒等）实行假期统一维修。日常设备报修，总务处在接到报修4小时内立即组织人员维修，并将维修服务内容列入大学生公寓水电木维修工的月考评内容。空调如果出现故障，相关部门通知服务商及时到现场处理、维修。

第四，大学生公寓设施完善工程。在澄碧校区三期大学生公寓主干道，制作5块宣传栏；在澄碧校区二期大学生公寓1069间公寓，新装5796个插座，满足每一个大学生配备一个生活插座的要求；在澄碧校区二期大学生公寓生活阳台上，安装长为3米的DN20热镀管，方便大学生晾晒衣服。

第五，电动车管理工程。出台电动车管理制度，进行规范管理。在澄碧校区三期大学生公寓区建设3个公共电动车充电站，方便两轮电动车充电。

第六，校园生活垃圾分类管理工程。制定并实施垃圾分类管理制度，推动学校生活垃圾分类工作；增加学校公共卫生区域垃圾箱数量；制作垃圾分类说明提示牌，在学校公共卫生区域张贴宣传生活垃圾分类和环保提示语；在澄碧校区二期大学生公寓9#旁建设生活垃圾中转站，安装除臭系统和排污系统，并在中转站内进行生活垃圾分类，解决校内生活垃圾分类问题。

第七，食堂服务提升工程。督促食堂服务商改善食堂服务环境。增加空调安装数量，提高就餐环境的舒适性；在食堂大厅内安装大屏幕电视，在就餐时间播放央视等主流媒体的电视节目，强化食堂环境育人功能；按照“明厨亮灶”标准配备相应设施设备，提高食堂环境档次和增加食品安全保障；在每一个用餐大厅摆放餐巾纸、牙签等。督促食堂服务商将肉类价格每份统一降价0.5元，素菜价格每份统一降价0.1—0.2元；对所有饭菜实行明码标价；为提高服务质量，确保食品安全和饭菜质量，组织师生对各食堂服务、菜品进行评价评比。规范食堂内超市经营行为，如发现学校食堂超市内的物品高于市场价格的，要求商家限期整改，否则给予停业整顿处理。在每一个食堂设立意见箱，鼓励师生对食堂服务多提意见、建议；建立食堂问题反映和处理公示牌，及时公示师生反馈的问题和处理情况等。

第八，智能化安防、消防标准化建设工程。开展学校智能化安防指挥中心建设工程、澄碧校区监控建设工程、智能化门禁系统建设工程、智能化消防系统及博物馆二期安防建设工程等，提升学校安全防范能力和水平。

第九，澄碧校区大学生生活配套设施改善工程。开展大学生公寓区商铺建设工作，进一步为大学生日常学习、生活、购物提供便利条件。

第十，智慧校园基础网络升级改造及校园通信信号覆盖工程。与三大运营商合作，加快澄碧校区大学生公寓区通信微站的立项和建设工作，抓紧与铁塔公司确定落实澄碧校区通信宏站的选址和建设工作，建设和改造澄碧校区教学区域的网络基础，升级改造中心机房的软硬件设备等，努力解决澄碧校区大学生公寓通信信号全覆盖、澄碧校区全光网络建设和通信信号全覆盖问题。

表 4-1　学校 2019 年度服务大学生“十大工程”实施表

序号	工程名称	子项目名称	
1	东合校区大学生公寓空调安装工程	(1)	空调安装配电改造
		(2)	空调采购及安装
		(3)	安装空调后墙体受损维修
2	完善大学生公寓水电设施工程	(1)	澄碧校区抽水房建设
		(2)	澄碧校区抽水站新装 2 台抽水机
		(3)	澄碧校区配电设施保运托管
		(4)	澄碧校区一期、二期大学生公寓(共 24 栋)楼层开关改造
		(5)	澄碧校区二期 A 区大学生公寓二次供水管道改造
		(6)	大学生公寓热水系统维修
		(7)	大学生公寓直饮水项目建设与维修
3	大学生公寓水电木设施及时维修工程	(1)	小型水电木维修(如水龙头、水管、水阀、床板、门、窗、灯管、插座、热水花洒等)
		(2)	空调维修
4	大学生公寓设施完善工程	(1)	大学生公寓区宣传栏建设项目
		(2)	澄碧校区二期大学生公寓插座改造项目
		(3)	澄碧校区二期大学生公寓增设晾衣杆项目
5	电动车管理工程	(1)	出台电动车管理制度
		(2)	建设澄碧校区三期大学生公寓区电动车充电站

续表

<table>
<tr><th>序号</th><th>工程名称</th><th colspan="2">子项目名称</th></tr>
<tr><td rowspan="3">6</td><td rowspan="3">校园生活垃圾分类管理工程</td><td>（1）</td><td>按垃圾分类，增设垃圾箱</td></tr>
<tr><td>（2）</td><td>建设校内生活垃圾中转站</td></tr>
<tr><td>（3）</td><td>出台垃圾分类管理制度</td></tr>
<tr><td rowspan="4">7</td><td rowspan="4">食堂服务提升工程</td><td>（1）</td><td>改善食堂服务环境</td></tr>
<tr><td>（2）</td><td>饭菜和换购商品价格控制</td></tr>
<tr><td>（3）</td><td>食堂性价比评价</td></tr>
<tr><td>（4）</td><td>食堂同类菜品性价比评价</td></tr>
<tr><td rowspan="4">8</td><td rowspan="4">智能化安防、消防标准化建设工程</td><td>（1）</td><td>智能化安防指挥中心建设（设备采购及装修）工程</td></tr>
<tr><td>（2）</td><td>澄碧校区监控建设（设备采购及安装）工程</td></tr>
<tr><td>（3）</td><td>智能化门禁系统建设工程</td></tr>
<tr><td>（4）</td><td>智能化消防系统及博物馆二期安防建设工程</td></tr>
<tr><td>9</td><td>澄碧校区大学生生活配套设施改善工程</td><td>（1）</td><td>大学生公寓区商铺建设</td></tr>
<tr><td rowspan="2">10</td><td rowspan="2">智慧校园基础网络升级改造及校园通信信号覆盖工程</td><td>（1）</td><td>澄碧校区大学生公寓通信信号全覆盖</td></tr>
<tr><td>（2）</td><td>澄碧校区全光网络建设和通信信号全覆盖</td></tr>
</table>

（二）“锦上添花”建平台，书香校园收获丰

为引导学校学生积极开展图书阅读活动，创建书香校园，提高图书使用效率，充分发挥图书育人功能，学校开展“书香校园・阅读圆梦”系列评选活动。主要活动内容如下：

1.网络征文评选

第一，作品内容须为读后感，大学生结合所阅读的优秀图书，阐述对党的十九大报告中提出的“不忘初心、牢记使命”“为实现中华民族伟大复兴的中国梦不懈奋斗”的认识、理解和感悟，并结合自身经历和见闻，深刻表达自己对实现国家富强、民族复兴、人民幸福、自我完善的使命和担当，以及为之不懈奋斗的理想和追求。第二，作品要求主旨积极向上、主题明确、观点正确、情感真实。第三，每位参赛大

学生仅限提交一篇参赛文章，征文必须为原创作品，文责自负，严禁抄袭或剽窃他人作品。第四，文章题目自拟，文体不限。文章篇幅1500字左右。第五，参赛大学生按照要求填写姓名、年龄、所在学院和班级以及指导教师姓名、参赛文章题材、阅读图书书名等信息。作品正文内不允许出现学院、班级、姓名等内容，否则不予通过。第六，各二级学院至少推荐3篇文章参赛。

2.经典诵读评选

第一，诵读作品须紧扣主题，为古诗词、儿童诗、经典诗歌、经典美文、国学经典等经典诗文。可以诵读整篇经典诗文，也可节选某个篇章。第二，视频作品应为作者本人原创，是老师、家长或大学生本人为大学生个人录制的诵读视频。若涉嫌假冒顶替行为，一律取消参赛资格。第三，每位参赛大学生限报一件完整的参赛作品。第四，视频内不允许出现学院、班级、姓名等内容，否则不予通过。第五，参赛者须真实填写姓名、年龄、所在学院和班级以及指导教师姓名、诵读诗文标题等信息。第六，视频要求：视频时长不超过2分钟，不要有与诵读无关的内容；此外，视频质量、录像设备、录制场景都有相应要求，主要能够展示更好的画面、音质等效果。作品允许配乐，但切忌喧宾夺主。

（三）“齐抓共管”同努力，智慧校园育新人

为推进学校智慧校园建设，不断提升学校管理水平和办事效率，学校于2019年底正式启动“一站式”网上办事大厅建设工作。在相关单位密切配合、共同努力下，经过一段时间的建设，现已完成相关网上办事流程的开发设计，2020年6月11日开始上线试运行。

第一，智慧校园网上办事大厅简介。网上办事大厅是实现业务线上办理的“一站式”服务平台。在该平台上，师生可以清晰地查询到办理各项事务所需的流程和材料等要求，可随时提交申请，随时查阅办事进度和结果等，减少师生在部门间、校区间奔波和表格重复填写等问题，提高学校信息化应用服务水平。

第二，网上业务流程。本次上线试运行34条流程，涉及校长办公室、人事处、学生工作部（处）、党委宣传部、教务处、总务处、资产管理处、校团委、教师发展中心、校工会、武装保卫处、网信办等相关管理部门的业务服务流程。

第三，操作步骤。（1）电脑端登录：学校官网→门户（或直接输入门户网址http://www.bsuc.edu.cn）→工号或学号登录→办事大厅→进入相应流程填写表单→提交；（2）移动端登录：通过微信扫码关注百色学院企业号或者下载安装企业微

信 App→工作台→办事大厅→进入相应流程填写表单→提交。

网上办事大厅建设是一项长期、系统工程,涉及面广。广大师生在使用中遇到问题都能够及时与网信办联系,获得及时改进,使网上办事大厅更好地服务广大师生。

二、强化业务培训

(一)建立具有百色精神的服务型队伍

1.着力建设党员志愿服务队伍

党的十九大报告提出,转变政府职能,深化简政放权,创新监管方式,增强政府公信力和执行力,建设人民满意的服务型政府。要建设服务型政府,也要锻造服务型党员干部队伍。高校基层党组织作为党的路线、方针及政策落实的贯彻者与执行者,为了适应经济发展的时代要求,要深刻领会服务型基层党组织的定位,提高服务型党建工作水平,更好地服务于广大师生,开辟高校科学发展的新局面。现代社会,志愿服务是文明程度的重要标志,党员志愿服务是践行为人民服务宗旨和社会主义核心价值观的有效载体与提升党员党性修养的良好平台。高校党员开展志愿服务活动,既是发挥先锋模范作用、践行党的宗旨的重要途径和有效形式,又能更好地服务师生,传播正能量。学校通过多年实践,从提升党员干部的服务品格、服务思路、服务方法等几个方面作为切入口,积累了良好的党员志愿服务经验,打造了一支服务群众能力强的服务型党员队伍,为师生提供精准化、精细化服务,帮助群众办实事、办好事。

从学校层面来看,主要发挥领导效能,围绕育人根本任务,全面提高办学水平,建立并完善科学的队伍,发挥服务效能,确保学校科学发展。党员志愿服务队伍在学校党委的领导下,开展全方位的全校性的服务活动。比如,疫情期间,设置了党员先锋岗,每天轮流值班对入校人员进行体温监测等;在新生入学接待工作中,学校专门设置党员先锋接待站,积极帮助新生提行李、办理入学手续;在精准扶贫工作中,长期开展党员“一对一”帮扶活动,帮助贫困大学生解决家庭经济困难问题,此外,每年至少下乡入户两次开展走访慰问,为常年患病、家庭困难的老人送去米、面等慰问品,并与他们亲切交谈,鼓励他们以乐观积极的心态面对生活,同时千方百计帮助贫困户脱贫等,深受百姓欢迎,获得社会较高评价。

从学校各部门各单位层面来看,主要是以基层党支部为单位组建党员志愿服务小组，开展志愿服务工作。学校组织部和宣传部充分借助新媒体和校园网、QQ群、微信平台等，推进党建网络信息工作的顺利开展，以及互联网服务平台的构建，线上与线下结合，统筹服务。学校各二级学院党组织围绕师资建设、教学科研以及学科建设等具体工作，满足师生的现实诉求，通过建设服务载体，为师生发展构筑好的平台。此外，建立帮扶机制，为困难师生党员的生活提供帮助，完善党员联系服务群众制度，每一个党员对应一个群众，开展手拉手工程。善于倾听来自师生的声音，全面反映并解决师生的现实诉求，鼓励师生党员积极参加学校内外、区内外各种有意义的志愿服务活动，提高师生志愿服务活动的水平。例如，图书馆党员志愿服务活动：为充分发挥党员的先锋模范带头作用，更好地为师生读者服务，学校图书馆党支部积极开展了“党员先锋岗志愿服务”的主题党日活动。此次活动中，图书馆党支部全体党员利用双休日休息时间，在服务读者一线岗位值班，为读者办理借还书、测量体温、咨询业务等服务活动，党员们率先垂范，进一步展现了图书馆“全心全意为读者服务”的宗旨，提高了服务读者的力度和质量，为广大职工树立了榜样，深受广大读者及图书馆员工的好评。

学校党员志愿服务活动进一步增强了党员服务群众、奉献社区的责任感、使命感和荣誉感，集中展示了党员的先锋模范带头作用，增强了凝聚力，有力推进学校更好更快发展。

2.精心培育大学生志愿服务队伍

志愿服务指的是任何一个人根据个人意愿，志愿贡献自己的时间和精力，在没有任何物质报酬的情况之下，愿意为改善社会、促进社会进步而提供的服务。大学生志愿服务具有育人功能。其一，志愿服务能很好地培育和弘扬社会主义核心价值观，开展志愿服务活动能有效激发大学生的爱国、为民情怀，培养敬业精神，增强奉献精神、集体主义意识、社会责任感和感恩意识。其二，志愿服务体现了理论联系实际的理念，大学生在服务社会的过程中，将所学专业知识等学以致用，促进能力提升，通过在实践中学习，不断完善知识结构和弥补自身不足，提升素养，增强义务服务精神。其三，志愿服务活动让大学生形成心理认同感，学会自我评价，坚定意志，塑造健康人格，树立正确的人生发展目标。

学校广泛开展大学生志愿服务活动。大学生可以通过多种渠道、多种方式了解志愿服务内容，乐于加入志愿服务行列，树立为民服务理念，培养无私奉献精神。为确保大学生志愿服务活动健康稳定发展，学校建立并不断完善相关体制机制。

第一，组织管理机制。建立详细的志愿者服务档案，不断地规范志愿者招募与培训、管理以及嘉奖等各个环节的工作，提高志愿服务活动的质量。同时，为大学生志愿者提供广泛的成长环境，构建大学生能够自由发挥才干的服务平台。学校团委和二级学院团委不断挖掘志愿服务项目，合理匹配大学生志愿者，创新推进活动顺利开展。此外，大学生在学校期间积极参与志愿服务活动，毕业就业过程中会获得实质性奖励。第二，教育培训体系的建立。志愿者参加一定的培训活动，主要是为了更好地发挥个人优势、实现自我价值。在志愿者培训过程中，按照不同志愿者不同学习专业与不同个人兴趣爱好，我们进行了分类培训、专项培训，结合现实，多样化培训志愿者，使其能够充分实现自我价值，有利于志愿服务工作的专业化。培训过程中与培训结束后，学校都会及时评估培训效果，不断调整和改进培训方案，完善志愿者培训机制，更好地提升志愿者综合素质。

学校大学生志愿服务队伍主要有对内、对外两大职能。从对校内师生服务来看，有服务于教学的学生教学信息员队伍、服务于大学生管理工作的学生助理（比如辅导员助理、班主任助理、资助工作助理、就业工作助理、心理健康教育助理等）、服务于大学生事务性工作的“一站式”大学生事务服务中心队伍、服务于大学生宿舍管理工作的大学生自我管理委员会，还有专门的后勤学生服务队伍（监管食堂服务，督促大学生养成文明饮食习惯）等。从带有校外社会服务性质方面来看，有义务维修家电服务队伍、扶残助残志愿服务队伍、“三下乡”社会实践团队、外语翻译志愿服务队伍、导游服务队伍、理论宣讲服务队伍、社区服务队伍等。每一种类型的大学生志愿服务队伍内部机构设置都是依据相关工作分工，结合工作职责而设立的。除了校级服务队伍，各二级学院也组建了相关服务队伍，具体负责二级学院的相关工作。

（二）服务人员能力提升之校内培训

在全国高校思想政治工作会议上，习近平强调了“全员育人、全过程育人、全方位育人”。高校应将育人融入各个方面，特别在服务管理上要有更暖心的举措、更贴心的关爱。高校育人工作系统中，后勤是不可分割的重要组成部分，是大学生思想政治教育与生活一个重要的阵地。后勤育人具有间接性和隐性的特点，以日常管理服务作为主要载体，在养成大学生的思想道德、情感体验与行为规范等实践能力方面，发挥着思想教育与引导的作用，促进大学生的身心健康与个人发展。学校后勤改革模式始终坚持“服务育人、管理育人”的出发点，不断探索育人功能的途径,开展丰富的后勤育人实践活动。

第一,坚持“雪中送炭”,为家庭经济困难的大学生尽所能、办实事、办好事。食堂每天提供低价菜和免费汤,疫情期间为师生提供免费特制茶水;照顾有特殊需要的大学生和家长,包括安排家长工作、安排大学生在后勤部门兼职、为生病大学生提供煎中药场所、提供冰箱存放药物、送餐上门服务等。学校后勤的人文关怀产生了良好的社会效益。

第二,努力“锦上添花”,为大学生提供多种实践平台。搭建有利于提高大学生就业能力的平台,提供勤工助学岗和见习岗给大学生,大学生可以以团队形式申报服务项目;搭建有利于民主管理的平台,与学生工作部(处)、学生会联动,成立大学生自我管理委员会,大学生代表担任后勤服务信息员、督察员。

第三,不懈“齐抓共管”,做好大学生文明行为管理工作。总务处后勤管理主要阵地是大学生宿舍。后勤工作人员履行自己管理的职能,不定期做好宿舍安全卫生检查工作,做好大学生在宿舍打闹等不良行为的引导和管理工作。在管理制度方面,学校修订了大学生宿舍管理办法,完善了住宿协议,让大学生养成良好的遵守制度的意识和行为规范。

此外,其他部门也积极组织参加校内各种培训。比如,学校党委宣传部组织开展校园宣传队伍培训。培训使大学生更清楚认识到从事校园新闻宣传工作的重要性,能促进大学生更加深入了解学校的办学定位,深刻认识高校立德树人的根本任务和新闻宣传工作在引导青年学生成长成才中的教育作用。再如,百色学院“铸红魂”特训班。特训班是学校干部学院和旅游管理学院为积极响应学校应用型人才转型目标和以学生为本的培养理念,进一步提升学校在区内外干部培训和红色旅游领域的影响力而联合举办的。又如,为提高学校档案工作管理水平,增强档案工作人员的业务能力,学校举办档案工作培训会,邀请自治区档案局专家谢富辉先生到校作专题培训。通过校内各种培训活动,服务人员素质和能力得到进一步提高。

(三)服务人员能力提升之校外培训

学校每年组织人员参加校外各种培训,培训内容和形式多样化。

第一,开办行政管理人员管理能力提升培训班。学校高质量发展的核心是人才培养质量的提高,而管理队伍能力的提升是其重要基础。一所学校的“一流和高水平”,需要方方面面的“一流和高水平”来支撑。学校针对行政管理人员领导力与执行力、沟通与人际关系、公文写作实务、履职尽责四个维度安排专题培训,培训主题贴合实际，课程信息量大，专家们高质量的授课得到了参培人员的高度评价与肯定，取得预期成效，对学校管理队伍专业化和业务能力提升发挥了积极的促进作用。

第二，开展“学文秀、争优秀”现场教学活动。学校干部学院分批组织百色市2020年村民合作社社长培训示范班199名学员前往乐业县新化镇百坭村开展“学文秀、争优秀”现场教学活动。培训班学员认真聆听了黄文秀同志的先进事迹，并观看了2019年感动中国十大人物之黄文秀片段。“青山不语，流水呜咽，苍天含泪，泪水倾盆”，黄文秀同志的先进事迹深深打动了培训班每一位学员。通过现场教学活动，培训班学员领会到黄文秀同志不忘初心、牢记使命、勇于担当、甘于奉献的精神，并有效地将黄文秀精神内化到脱贫致富工作中，着力构筑百色精神高地，建设百色精神家园，为加快建设富裕幸福魅力生态和谐百色，凝聚强大合力。

第三，开展创业能力培训。随着境内疫情形势趋缓，全国复工复产步伐加快，学校在做好校内疫情防控和开学各项工作的同时，主动为地方经济复苏和发展发挥更加积极的作用。以国家级众创空间为抓手，加强与地方合作，开展符合各县区实际情况和经济发展需求的创业能力培训，为地方经济进一步复产联手打造人才加油站。学校领导相继带队与平果县、德保县有关部门对接、洽谈，就校地携手开展全链条式系列帮扶和资源整合项目合作，共同推进青年创客和农村创业带头人等创业人群培训进行协商。

第四，开展防疫防控工作培训。为进一步贯彻落实上级主管部门和学校对疫情防控工作的部署和要求，强化提升大学生宿舍管理员的疫情防控技能，进一步加强大学生公寓管理工作，确保学校全体师生开学返校后的身体健康和生命安全，切实维护校园安全和谐稳定，学生工作部（处）分批组织开展东合、澄碧两校区大学生宿舍管理员防疫培训。培训工作使宿管员强化了安全意识，提高了防疫防控能力。

三、保障大学生权益

（一）大学生代表大会

大学生代表大会（以下简称学代会）是代表大学生的一个群众性组织，也是学校与大学生之间联系的桥梁和纽带。学代会体现了学校的民主管理和民主监督，大学生有参与民主管理的权利。在校党委领导下，学代会按照学代会章程独立开展相关工作，履行权利和义务。

学校学代会全面落实立德树人根本任务，持续推进百色精神铸红魂“三全育人”体系建设，不断深化高等教育综合改革，强化在“不忘初心、牢记使命”主题教育活动成效背景下，着眼学生会体制改革，聚焦青年学生成长成才过程中的思想引领，凝聚青年力量，发挥青年学生的创造力，为学校建设具有百色精神的高水平应用型大学的宏伟事业做贡献。近年召开的百色学院学代会修正了《百色学院学生会章程》，学校全面学习党的十九届四中全会精神、团的十八大精神和学校第三次党代会精神，贯彻落实习近平新时代中国特色社会主义思想中关于青少年工作的重要指示精神，围绕学校中心工作，不断深化改革，提高服务大局和服务大学生成长成才的能力，团结带领广大学生为建成具有百色精神的高水平应用型大学贡献青春力量。学校各级学生会组织政治立场坚定，组织纪律严明，富有朝气和创新精神，是学校与青年学生联系沟通的桥梁和纽带，是学校党委和行政管理人员的得力助手。

在学校党委的正确领导和校团委指导下，校学生会不断强化思想引领，开启改革新局面，完善制度，增强战斗力和凝聚力，不断创新，增强服务大局能力，完善职务职能，发挥桥梁和枢纽作用，坚持精品品牌效应，创造校园精品活动。

（二）团员代表大会

百色学院团员代表大会号召广大团员青年自觉担负起历史赋予的神圣使命，积极投身建设富裕文明和谐新广西的伟大事业，奉献青春，开拓奋进，做出无愧于时代的新贡献。团的主要工作：一是统一思想、提高认识，认真做好大会各项工作；二是锐意进取、奋发有为，明确学校共青团、学生会工作的地位和作用；三是严格要求、科学管理，进一步加强对团学组织的管理和团学干部的培养；四是充分发挥团学组织的政治优势，积极引导青年学生在实践中学习领会邓小平理论和“三个代表”重要思想、习近平新时代中国特色社会主义思想；五是充分发挥团学组织的育人作用，大力推进素质教育，积极促进广大青年学生在学习和实践中茁壮成长、健康成才；六是严格要求、大胆创新，进一步加强自身建设，在实践中塑造和完善自己，充分发挥先锋模范带头作用；七是以人为本，加强服务，充分发挥桥梁和纽带作用。校团委在学校发展的征程中，不辱使命，勇担重任，勇于创新，开拓进取，不断开创学校共青团、学生会工作的新局面，取得了突出成绩。

（三）就业创业指导

学校毕业生就业创业工作以服务大学生、服务学校、服务社会为宗旨，采取有效措施,进一步完善“以市场为导向、政府调控、学校推荐、大学生与用人单位双向选择”就业工作机制,助推毕业生充分就业,提高用人单位和毕业生的满意度,在保持高就业率的基础上,稳步提升就业质量。学校积极开拓就业市场,不断拓宽毕业生的就业渠道,加强对毕业生的就业指导,积极倡导毕业生将个人价值与祖国需要结合起来,鼓励毕业生面向基层单位就业。学校为毕业生提供具体的就业指导、咨询与服务,为毕业生充分择业创造良好环境。

学校毕业生就业创业工作实施学校、学院两级“一把手”工程。学校党政主要领导是学校毕业生就业创业工作的第一责任人,分管毕业生就业创业工作的领导是学校毕业生就业创业工作的直接责任人,统筹协调全校的毕业生就业创业工作。各学院党政一把手是本学院毕业生就业创业工作的第一责任人和直接责任人,统筹安排本学院毕业生就业创业的日常管理工作,健全学院毕业生就业创业工作体系,对本院(系)的就业创业工作负总责。

学校成立以学校党委书记、校长为组长,以分管毕业生就业创业工作的副校长和分管学生工作的副书记为副组长,以党办、党委宣传部、校办、教务处、学生工作部(处)、招生就业处、校团委等部门主要负责人为成员的毕业生就业创业工作领导小组,主要职责是根据国家的就业方针、政策和规定,以及上级主管部门的工作意见,出台学校就业创业工作细则,明确学校就业创业工作的具体办法,领导全校毕业生就业创业工作。

招生就业处是学校负责毕业生就业创业工作的职能部门。其主要职责为:

第一,负责制订学校就业工作计划,做好年度就业工作评估、总结、表彰和就业状况分析报告。

第二,负责全校全日制专科(高职)生、本科生的职业生涯发展教育、就业创业指导课程的建设和实施。

第三,组织开展就业市场考察和调研,建立就业市场,拓宽就业渠道;统筹优化各学院就业渠道,收集就业供需信息,建立和维护学校就业工作网站。

第四,监督、指导、检查各学院就业指导、就业咨询、职业测评、就业推荐等活动的开展情况。

第五,负责毕业生就业宣传,信息收集、整理、发布等工作。

第六,负责大型“双选会”及校内招聘活动的组织与管理。

第七,负责大学生创业指导和服务工作,负责大学生创业孵化基地和大学生创业园的建设和管理工作。

第八,负责组织开展毕业生就业跟踪调查工作,及时了解学校毕业生在其工作单位的具体情况,同时深入了解用人单位与毕业生对学校就业工作的满意度,掌握用人单位对学校人才培养、教学质量、毕业生综合素质等方面的反馈意见和建议。

第九,负责毕业生就业的其他日常工作。

各学院成立毕业生就业创业工作领导小组,以学院党委或党总支书记、院长为小组组长,分管毕业生就业工作的学院党政副职为副组长,其他党政领导及教研室主任、辅导员、团委书记等为成员。

学院在毕业生就业工作中主要履行以下职责:

第一,根据学校制订的就业工作计划,制订本学院就业工作实施计划,完成学校布置的就业工作任务。

第二,建立就业基地,收集、发布就业信息,做好毕业生就业的教育工作,开展系列就业培训活动。

第三,负责组织开展本学院毕业生就业指导、就业宣传工作,保障毕业生就业工作中的人、财、物需要。

第四,组织本学院的毕业生招聘会,组织和指导本学院大学生参加校内外招聘活动。

第五,做好本学院毕业生的政审、综合测评、推荐就业和毕业鉴定。

第六,做好本学院的毕业生文明离校工作。总结本学院毕业生就业工作,向学校上报各专业就业状况分析报告。

第七,负责毕业生就业统计、毕业生鉴定,就业协议的录入、管理工作。

第八,做好毕业生跟踪调查,就业资料、档案收集整理等各项工作。

第九,负责本学院毕业生的毕业教育及日常管理工作。

学校对毕业生的主要要求:

第一,认真学习国家、自治区等上级部门关于毕业生就业创业工作的相关政策和规定。遵守、执行国家就业方针、政策和规定以及学校有关规定。

第二,认真完成专业课程的学习,完成毕业论文的撰写,做好毕业答辩工作,毕业考试顺利通过,最后取得毕业资格。

第三,填写学校毕业生就业推荐表,向用人单位作自我介绍,进一步了解用人单位的用人制度,表明就业意向。

第四,接受学校、学院开展的毕业教育和就业指导。

第五,积极参加校内外的招聘活动,落实就业的单位。

第六,毕业生与用人单位认真协商,达成一致意见后签订三方就业协议书或者劳动合同。

第七,加强自身职业道德修养,诚信择业,信守合同,维护双方利益和学校名誉。

第八,认真填写百色学院毕业生登记表,向用人单位如实介绍自己的情况,并做出大学四年(三年)的个人鉴定。

第九,遵守校纪校规,安全文明离校。

第十,执毕业生就业报到证在规定时间到工作单位报到。

毕业生就业工作程序和流程:

招生就业处根据上级的统一部署安排和指导各二级学院毕业生就业工作。主要工作程序为:

第一,进行毕业生的毕业资格审查。

第二,收集整理并及时发布供需信息给毕业生。

第三,就业指导工作和就业推荐。

第四,供需见面及双向选择。

第五,签订就业协议书。

第六,编制建议性就业方案并上报上级主管部门。

第七,按自治区教育厅下达的就业方案办理毕业生就业手续。

第八,组织毕业生文明离校。

第九,调整及遗留问题处理。

毕业生就业工作流程:

第一,9—10 月。

制定《年度毕业生就业工作计划》等毕业生就业工作文件。

印制并向相关单位寄发《毕业生资源手册》,走访用人单位,收集用人信息,开拓就业市场。

更新就业网站数据,毕业生录入电子简历。

走访用人单位,广泛收集社会需求信息。

第二,11 月—次年 4 月。

召开年度毕业生就业工作总结会。

举办就业指导讲座,开展就业咨询服务。

主要针对毕业生开展“就业推进月”活动。

组织毕业生填写毕业生就业推荐表,发放就业协议书。

全校毕业生就业推荐工作开始,组织全校大型招聘会。

积极组织毕业生参加网上招聘等多种形式的择业活动。

继续联系用人单位,主动收集整理发布就业需求信息。

继续走访用人单位,广泛收集社会需求信息。

开展集中咨询和日常性的咨询活动。

第三,次年 5 月。

整理、审核毕业生签订的就业协议书。

落实毕业生的就业意向,排查毕业生的实际就业情况,制定全校毕业生就业工作方案。

第四,次年 6—8 月。

确定毕业生就业工作方案,着手办理毕业生的报到证。

召开毕业生离校工作协调会,做好毕业生离校工作安排。

组织毕业生离校,发放就业报到证。

办理毕业生档案转递手续。

办理毕业生改派手续。

处理毕业生遗留问题。

毕业生就业工作资料的整理及归档工作。

回访用人单位,调查学校毕业生在用人单位的情况。

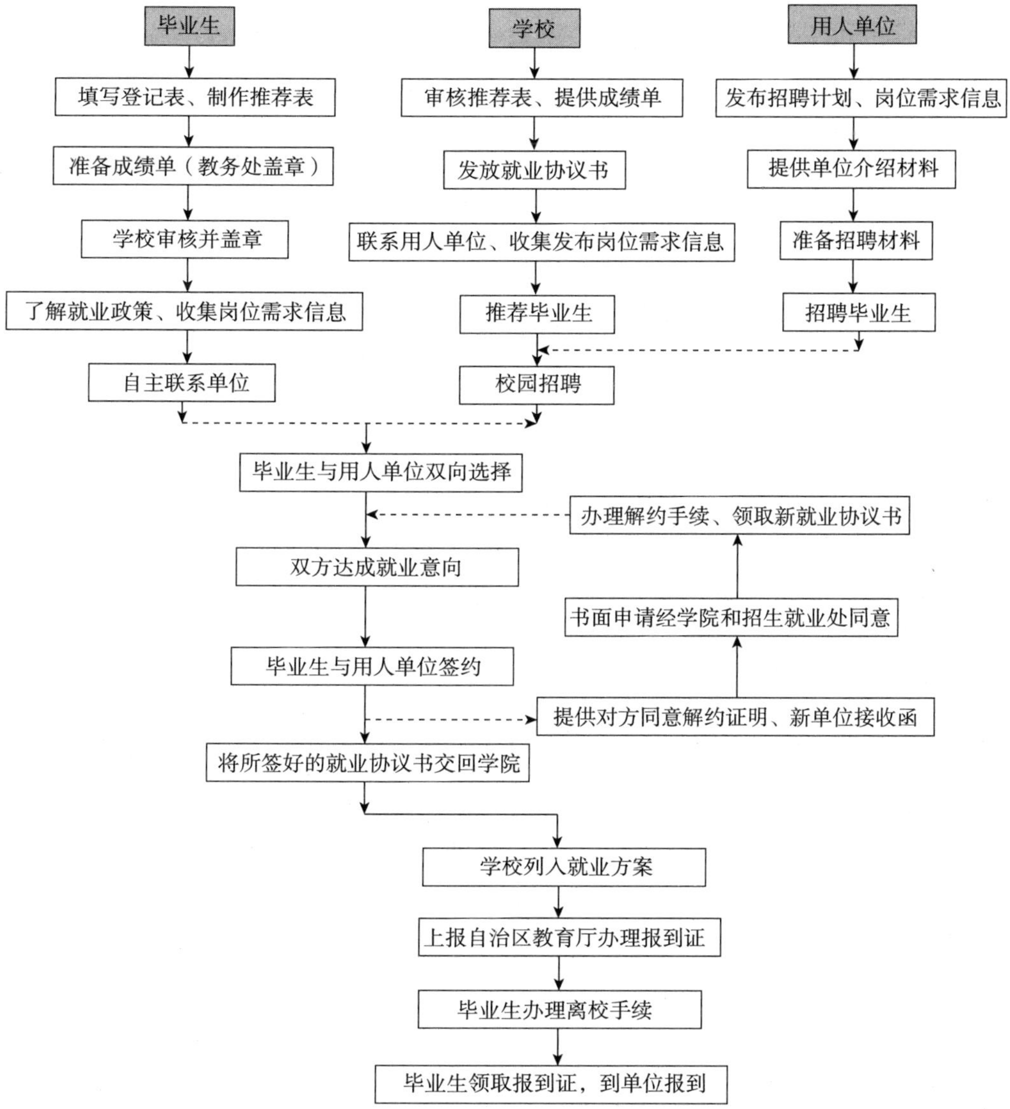

图 4-1　百色学院毕业生就业工作流程图

四、注重专题教育

（一）新生入学教育

关于高校思想政治教育，新生入学教育是其重要组成部分，大学生在大学期间的成长直接与入学教育的好坏相关。开展新生入学教育旨在让大学生进一步了解所学专业情况，学习好的学习方法，培养好的学习习惯，尽快适应大学学习生活，从思想上和行动上完成从高中到大学的转变。科学合理的入学教育起到引导大学生树立正确的世界观、人生观、价值观的作用，为大学生的全面发展打下良好基础。

1.高校新生入学教育主要内容

高校的新生入学教育包括以下四个方面内容：一是法律法规与校纪校规的教育。学习校纪校规，了解基本要求，提高遵纪守法的自觉性。二是校情校史与院情院史的教育。通过介绍学校学院的发展史，了解教学科研、专业建设等情况，结合爱校教育，培养大学生集体荣誉感。三是大学生活与学习教育。大学生通过大学学习任务、学分制、人才培养方案等，明确进入大学后的学习目标。大学期间大学生的主要任务仍然是学习，要能够适应大学的学习环境，养成积极主动、自主学习的好习惯。四是各种主题教育与专项教育。大学生的主题教育活动较高中而言要更加丰富。例如，爱国爱党爱校教育、专业思想专业学习教育、安全文明卫生教育、心理健康教育、职业生涯规划与就业指导教育等，主题都比较明确，有针对性地解决新生遇到的各方面的困难和问题。

2.学校对本土新生的入学教育

学校拥有光荣的革命传统、鲜明的办学特色、较强的教学科研实力、雄厚的师资力量和良好的办学条件，为大学生的全面发展奠定了基础。2019 年的学校新生入学教育大会，就如何在新环境开启大学的成长成才之路重点对新生提出了五点要求。一是做规划。大学生在大学生活中制定好学业规划，做好职业规划，多走出宿舍、走出校园、走入社会，跟其他大学生交流、跟社会交流。二是抓学习。要勤奋学习，学会学习，学会读书，懂得在正确的时间、正确的地点做正确的事情。三是强体魄。鼓励大学生要多参与室外运动，多进行体育锻炼，做到劳逸结合，保持身体健康。四是养素质。要求大学生在学习知识的同时，提高自身素质和修养。五是尚礼仪。要讲文明、懂礼貌，做到尊敬老师、关爱同学和孝顺家长。新生入学教育有利于大学生自觉遵守学校“志远行敏、德高业精”的八字校训，传承“百折不挠、实事求是、依靠群众、团结奋斗”的百色起义精神，在学校展开绚丽多彩的大学生涯。

3.学校对来华留学新生的入学教育

在来华留学生新生开学典礼暨新生入学教育中，校领导给全体留学生新生介绍学校的办学特色和人才培养目标，并希望全体留学生在校学习期间遵纪守法，认真学习，不断进步，祝愿全体留学生新生在学校快乐生活，学有所得，顺利完成学业，解读学校以及学校国际教育学院的发展理念，展望留学生教育的发展蓝图，希望留学生在学习期间严守纪律、注意安全,明确目标、勤奋学习,文明礼貌、团结互助,主动了解中国文化,不断丰富学习经验。

总之,学校新生入学教育整个过程体现了四个特点:一是注重入学前教育,从大学生收到录取通知书开始,直到进入学校报到这段时间,学校就已开展了相关内容的入学前教育。二是入学教育时间长期化,整个大一期间都是以红色为底色,将百色精神贯穿到大学生的思想教育中。三是入学教育内容规范化、课程化与科学化。学校新生入学教育属于教学内容的一部分,是新生开学的第一门必修课程,有相应的学分。入学教育形式多样,教学过程是一个动态的变化过程。四是加强对新生的心理健康教育和挫折教育。新生入学后,学校专门对新生进行一次全面的心理健康排查,并针对普遍存在的问题开展心理咨询与讲座,引导新生融入大学生活。此外,学校及时建立新生心理健康档案,对存在的突出个别问题进行单独的心理辅导。

(二)安全主题教育

在安全主题教育方式与内容上,学校挖掘和整理百色红色文化,充分运用红色资源开展特色的安全教育活动。

1.设计安全知识红色绘本

在安全知识教育中,如果仅仅通过枯燥的讲座、单纯的文字进行教育,就难以使大学生产生共鸣。学校通过设计安全知识红色绘本进行安全知识教育,让人耳目一新,绘本里挖掘革命红色元素,更好地展示充满正能量的人物形象。绘本采用信息技术手段,电脑绘制,突出艺术效果,增强人的视觉感受,满足当代大学生创新学习方式的要求,使他们更有兴趣学习,安全知识能够入脑入心。

2.制作急救安全红色视频

我国的传统教育习惯上采用知识教育。尽管当前安全教育工作得到高度重视并且有了宣传板报、横幅等形式宣传安全知识,但过多的是纯理论教学。户外急救安全知识实践性较强,仅依靠理论学习是不够的。我们将急救安全知识制作成视频,更逼真直观地让大学生掌握相关知识与技能。结合百色起义时期革命先贤丰富的户外生存知识,学校在制作急救安全知识视频的过程中,将相关知识与红色革命精神结合起来,通过丰富的镜头语言再现百色起义的革命先烈在恶劣环境中坚强的意志。

学校不断寻找和探索适合新时代大学生安全教育的方法,将安全教育与心理健康教育相互渗透，在实践中增强大学生身心健康的安全意识，鼓励大学生积极参加各种红色活动，促进大学生身心健康发展。百色起义纪念馆作为学校红色教育基地，给大学生提供了红色安全教育场所与材料，大学生在接受安全教育的同时也接受红色教育，有利于坚定理想信念。

百色学院安全文明公约

一、热爱祖国，热爱人民，热爱百色，建设百色。

二、弘扬传统，团结务实，奉献拼搏，争先创新。

三、崇尚科学，破除迷信，尊重知识，自强不息。

四、关心集体，爱护公物，诚实守信，热心公益。

五、美化校园，陶冶情操，讲究卫生，保护环境。

六、团结友爱，尊师爱生，助人为乐，扶贫解困。

七、文明礼貌，热情待人，优质服务，健康向上。

八、爱岗敬业，教书育人，管理育人，服务育人。

九、遵纪守法，维护稳定，见义勇为，弘扬正气。

十、解放思想，实事求是，与时俱进，开拓进取。

（三）诚信主题教育

第一，开展诚信教育。根据《百色学院大学生诚信档案管理办法（试行）》，学校各二级学院组织开展形式多样的诚信教育活动，负责大学生诚信档案的建立和管理，不断强化大学生诚信意识，自觉抵制考试作弊、抄袭作业、剽窃他人论文等学术不端行为，让诚信成为一种生活习惯。

第二，完善奖助学金评审体系。在各类奖学金评审过程中，学校倡导“以学为主、全面发展”，学习成绩在大学生综合测评中所占份额不能低于 70%；落实诚信档案管理制度，出现诚信问题的大学生不能享受奖学金；完善奖助学金体系，激励大学生努力学习、全面提升综合素质。

第三，加强学生资助管理服务工作。抓好精准教育扶贫，开展感恩教育，培育大学生优秀品格。学校认真贯彻落实国家精准扶贫各项政策，做实做细抓准建档立卡户家庭困难大学生的帮扶工作，确保应扶尽扶，高质量高效率完成学生资助各项工作。重点实施资助育人教育，组织开展资助征文、资助演讲比赛、微电影等活动,推进资助育人教育内容的落实。

第四,加强考风考纪管理。通过加强考前纪律教育、完善考试过程监管,加大考试违纪处理力度,最终实现大学生“不愿作弊、不能作弊、不敢作弊”。各二级学院试点创建“诚信考场”,对获得“诚信考场”称号的班级给予一定的奖励。

第五,深入开展心理健康教育的实践活动,促进在校大学生身心健康发展。加强心理健康教育,推进二级学院心理辅导站的建设,充分发挥辅导员和专兼职心理咨询师的作用,提高大学生的心理健康水平,增强抗挫折的能力。通过讲座、报告会、校园网、广播、文娱活动等多种形式,开展“5·25”心理健康教育活动月活动和新生入学教育活动;加强心育干部的知识培训,提高心理健康教育的成效;普及心理健康知识,让心理健康教育融入生活。

(四)孝老、爱校、尊师主题教育

教育是国之大计、党之大计。作为革命老区高校的百色学院,要根植百色,服务广西,面向全国,对接东盟,以百色精神办学育人。学校开展以红色为主线的形式多样的主题教育活动,不分时段、不分批次进行爱国主义教育,让大学生在活动中接受红色精神教育和洗礼。

1.学习英雄事迹,弘扬百色精神

百色精神是新时代百色、广西乃至全国改革发展的强大精神力量。学校广大党员干部和师生员工学习英雄事迹,弘扬百色精神,把百色精神贯穿于日常学习工作中,推进百色精神铸红魂“三全育人”体系构建工程,加快实施科研工作、学科建设“高质量发展”工程,强力推进马克思主义理论“一流学科”建设工程,勇于担当,开拓创新,为加快学校高质量发展做贡献,为推动地方经济社会发展服务。一是抓好先进典型学习。学习黄文秀、黄大年等人的先进典型事迹,学习他们把爱国之情、报国之情融入祖国的发展中,开展好高校教育、高校扶贫工作。二是抓好基层党建工作,提升人才培养质量和学科建设水平。用百色精神铸魂育人是学校的办学定位,也是学校人才培养的鲜明特色。

2.深入开展“我的中国梦”主题教育活动

重点开展十大活动:“写”——“我的中国梦”征文比赛活动;“讲”——组织专家开展宣讲活动;“建”——开展以“我的中国梦”为主题的校园文化建设;“行”——组织大学生开展主题社会实践活动;“美”——开展“美丽中国、美丽广西”摄影作品大赛;“说”——开展“我的中国梦”主题班会活动;“评”——开展大学

生先进典型的培育，树典型，以德树人；“省”——开展以勤俭节约为主题的活动；“读”——开展“阅读开启梦想，翰墨香校园”的读书活动；“品”——开展中华经典诵读活动，品味经典作品，展示健康向上、积极有为的形象。统筹安排，把“我的中国梦”主题教育活动融入学校教育教学活动中。做到五个结合：与教育部、自治区教育厅布置的主题活动结合起来，与未成年人思想道德教育、大学生思想政治教育结合起来，与各学科课堂教学结合起来，与大学生个人梦想结合起来，与教育系统开展的正政风、学风、教风、行风教育活动结合起来，教育和引导大学生全面准确地理解党的路线、方针和政策，凝聚实现中国梦的正能量。

3.党史国史校史教育

作为社会主义核心价值观教育的主要阵地，高校要教育和引导大学生继承和发扬革命传统，自觉肩负起中华民族伟大复兴的历史重任。学校是在右江革命老区建立起来的一所综合性本科院校，诞生于抗日救亡烽火之中。学校承载着百色起义的光荣传统，高度重视革命传统教育和爱国主义教育。每到清明时节，学校都组织开展“缅怀革命先烈，传承红色文化，践行社会主义核心价值观”等祭奠英烈的主题教育活动。学校学生工作部（处）、校团委以及各个二级学院组织师生前往百色起义纪念碑向革命先烈敬献花圈，缅怀革命先烈。师生们重温入党誓词，庄严宣誓：继承先烈遗志，传承百色起义精神，践行社会主义核心价值观。全校转载学习“缅怀革命英烈重温烈士诗篇”“重读抗战家书缅怀民族英雄”等党史国史教育的专题内容，重温革命烈士为了民族独立和解放，舍小家为大家、舍生取义的壮烈情怀。通过党史国史专题讲座、观看红色影片，教育青年学生勿忘国耻，为报效祖国而努力学习、奋斗。通过组织大学生开展红色教育实践活动，培育爱国主义情怀，使大学生自觉践行社会主义核心价值观。在高举党旗、参加志愿服务社会活动中，鼓励大学生勇于创新，敢为人先，增强大学生适应社会发展能力，学好本领，为实现中华民族伟大复兴而奋斗。

“英烈为国死，投笔亦从戎，我当守其志，壮怀兴中华。”缅怀先烈是以先烈的遗志激励终生。学校将以烈士遗志为指引，满怀爱国情感，坚定“四个自信”，秉承校训，为振兴革命老区发挥光和热。

4.发挥校内平台作用

利用学校道德讲堂平台开展“传承孝义”“责任、孝行、感恩”等讲座。借用古典故事和传统文化知识，根据孔子论道、荀子道德观等理念讲解道德的内涵，从智、仁、勇等精神风貌详述道德范畴，详细讲解孝道的基本内涵，即养亲、敬亲、爱亲、礼亲、谏亲、显亲、延亲七个方面的内容，认为儿女孝顺父母是天性，应多为父母分忧，列举了古代孝道人物典范，提出弘扬传统孝道的必要性和重要性，号召大家学习他们的孝道，孝敬父母。

（五）信息素质教育

信息素质教育指为增强信息意识、提高信息能力和信息道德水平而进行的一系列教育培训活动。信息素质教育的目的重在培养人们对现代信息环境的理解能力和应变能力，提高综合素质。皮介郑指出："信息素质教育就是以提高人的信息素质为目的的各类教育活动。具体而言，就是要培养受教育者具备利用包括计算机、网络等信息技术在内的各种方法和手段有效获取、评价和利用信息的能力，使受教育者在信息意识、信息观念、信息知识、信息技能和信息道德等诸方面达到和信息化社会相适应的水准"。① 信息对现代社会人们的生活来说越来越重要。在 21 世纪，信息增长速度、传播速度加快，技术量和复杂性也不断增加。信息已经渗透经济、政治、文化等各个领域中，信息甚至成为一个国家综合国力的评判标准之一。

1.大学生信息素质教育内容

当今社会，信息素质成为大学生综合素质的重要组成部分，也是衡量大学生全面发展的内容之一。信息素质教育主要包括信息意识、信息能力、信息安全、信息道德四个方面，而信息意识和信息能力是其中的主要教育内容。随着网络技术的快速发展，互联互通的世界，人人既是信息的制造者，也是信息的传播者。网络是当代大学生学习的重要平台，但网络欺诈层出不穷，网络安全问题越来越被人们重视。大学生如何对这些有清醒的认识或者懂得防范知识，也是高校信息素质教育的重要内容。

2.大学生信息素质培养目标

大学生信息素质培养目标：其一是大学生应具有敏锐的信息意识，对信息保持敏感的关注度，并对自身的信息需求有着清醒的认识和判断能力；其二是大学生应具备较强的信息能力，熟练地使用信息工具获取信息，并能对得到的各种信息进行分门别类，通过分析和评价解决实际问题；其三是大学生应具有良好的信息道德，

---

① 皮介郑.信息素质理论与教育研究[D].北京：中国科学院研究生院，2003.

规范自己的信息行为，合法获取和利用信息；其四是大学生应具有保障个人与他人信息安全的防护能力，自觉抵制不良信息的侵袭。

3.利用现代信息技术进行思想教育

2018 年 4 月 20 日，习近平总书记在全国网络安全和信息化工作会议上强调："信息化为中华民族带来了千载难逢的机遇。我们必须敏锐抓住信息化发展的历史机遇""发挥信息化对经济社会发展的引领作用"。在 2019 年学校思想政治理论课教师座谈会上，习近平总书记指出："思想政治理论课是落实立德树人根本任务的关键课程。"百色学院全面落实立德树人根本任务，传播马克思主义科学理论，坚持不懈用习近平总书记系列重要讲话精神武装师生头脑，利用现代信息技术进行思想教育，增强时代感和吸引力，如通过新媒体新技术开展活动，让广大学生参与其中，实现潜移默化的教育目的。

4.建设"数字化校园"

为深入贯彻落实《中华人民共和国网络安全法》，切实推进学校网络安全体系建设和"数字化校园"全面快速发展，根据上级"原则上工作网站应纳入网站群管理"的要求，学校由信息办牵头，组织建设了一套具有统一安全标准体系的网站群管理系统平台。新网站群系统采用"主站+子站"的站群式管理模式，可同时支持至少 80 个 PC 站点和移动站点。本项目还对学校门户网站进行重新设计，同时对原有二级网站利用新模板进行迁移，原始数据安全、完整地迁入新平台进行统一管理和维护，全面提升学校网站的安全防护能力和管理维护水平，减轻学校各单位网站建设和维护的压力。新上线的网站群系统可以便捷地进行模板管理、栏目管理、内容管理、组件管理和站点管理，具有统一管理、方便维护、易于扩充等特点。按照"统一规划、统一建设、分级管理、各负其责"的原则，站群系统各二级网站的功能与设计需求、内容维护与内容安全由网站所属单位负责。

学校在信息素质教育中取得优异成绩。比如，在 2017 年全区师范生信息化教学应用大赛中，学校获一等奖 12 项、二等奖 32 项、三等奖 44 项，学校同时获优秀组织奖，彰显了学校师范办学能力和水平。2019 年，学校学生获全区师范生信息化教学应用大赛二等奖 2 项、三等奖 3 项，获全国大学生电子设计竞赛广西赛区选拔赛暨广西大学生电子设计竞赛本科组一等奖 1 项、本科组三等奖 6 项。

（六）毕业生教育

在党的十九大报告中，强调了建设教育强国是中华民族伟大复兴的基础工程。

习近平总书记指出，“教育强则国家强”。高校肩负着培养德、智、体、美、劳全面发展的社会主义事业合格建设者和可靠接班人的重要任务，对在校大学生要根据实际进行教育。毕业生教育是“三全育人”的要求，也是大学生毕业前夕的教育要求。学校秉承“志远行敏，德高业精”的校训，坚持“以关爱为源、以学生为本”的理念，一直以来坚持开展毕业生教育活动，增强大学生的母校情结和感恩意识，进一步展现学校育人的成果，推进平安校园、文明校园与和谐校园的建设。在疫情期间，学校结合线上线下的方式做好毕业生的教育和管理工作。

1.毕业生思想教育

第一，“扎根基层，不忘初心”主题教育活动。引导大学生坚定理想信念，将青春梦融入中国梦，将个人的奋斗方向与社会的需要、祖国的发展和未来结合起来，鼓励大学生积极参与志愿服务西部计划、大学生应征入伍、选调生、教师特设岗计划、大学生创业等项目。利用线上线下互动形式，组织开展交流会活动，传承百色学院“石磨精神”，引导毕业生积极践行社会主义核心价值观。第二，诚信教育活动。针对大学生贷款以及违约等现象，有针对性地开展诚信教育，教育大学生信守承诺，认真履行合同，引导大学生对社会和他人要讲诚信，培养良好的诚信习惯，维护学校形象。在毕业生中开展“网络诚信”教育活动，提倡文明上网的自觉性，积极引导毕业生不在网络上发表不负责的言论，坚决做到“不信谣、不传谣”。第三，毕业生党员教育活动。对毕业生党员进行专题教育培训，大学生党支部通过线上或线下组织毕业生党员上好离校前最后一次党课，进行党组织关系转接管理等的学习教育，进一步增强大学生党员的党性意识，引导毕业生党员模范遵守校纪校规，切实发挥好党员先锋模范作用。第四，毕业生心理健康教育活动。学校高度重视毕业班大学生心理健康教育，全面及时掌握毕业生的思想动态，通过开展线上线下多种形式的专题心理辅导活动，帮助毕业生解决好毕业考试、求职择业、情绪调节、环境适应等方面的具体问题，增强毕业生心理承受及社会适应能力，重点关注困难毕业生。第五，“感恩百院”文明离校宣传教育活动。引导大学生回顾自己的成长历程，感恩母校、老师、家长的培育之恩，强化尊师爱校意识，传承弘扬“志远行敏，德高业精”的校训精神，给学弟学妹树立好榜样，给老师留下欣慰情怀，给同学留下浓浓友爱。第六，举办毕业生红色文艺晚会。践行社会主义核心价值观，传递学校对毕业生的关心和祝福，学校为全体毕业生营造一个健康、和谐、文明、有序的毕业氛围。学校多年来举行的庆“七一”暨欢送毕业生文艺晚会都以红色题材为主。比如2014年毕业生文艺晚会,整台晚会分为红色记忆、多彩民族、编织梦想三个部分。红色记忆篇章中合唱《大江东去》《千姿百色》拉开晚会序幕,歌声嘹亮,唱响红色记忆,传承和发扬革命老区的优秀传统文化;人物表白《共产党员"密劳代"》讲述了百色起义中陈洪涛、韦拔群、阮觉民、黄美伦等同志的内心独白,感人肺腑,催人泪下,演员以高昂的语调、饱满的感情,诠释了先辈们为人民为党而奋斗、不惜牺牲自己的革命精神;红色短剧《恒里岩记忆》再现了革命先烈勇于拼搏、不怕牺牲和大无畏的奉献精神,激励着一代又一代的壮乡人民。

2.毕业生管理工作

第一,重视毕业生返校管理,切实落实学校防控工作要求。加强宣传教育,严格要求大学生如实报告个人健康状况、假期出行和参加聚会情况,提前申领健康码,辅导员(班主任)要逐一进行统计核查,全环节、全链条掌握大学生返校前健康监测、返校途中健康防护、返校后健康管理等情况,确保一个不漏、一个不少,保障毕业生安全有序入校。第二,毕业生离校期间的安全稳定工作。制定毕业生离校期间突发事件的安全预案,加强指导和管理;主管学生工作领导要定期值班督促检查,发现问题及时处置和报告,杜绝不稳定事件的发生;要安排人员值班,及时了解和掌握毕业生思想行为动态,及时了解大学生的思想动向,帮助毕业生处理各类问题。要加强毕业生安全法治和文明离校教育,认真组织毕业生学习学校各项规章制度;加强毕业生求职过程和文明离校中的人身安全、交通安全、财产安全、防火防盗等安全知识教育,特别要提醒毕业生注意求职安全防范,警惕网络招聘骗局和就业创业金融贷款诈骗等。第三,掌握班级学生动态,了解大学生去向。对毕业班全体大学生进行专项点名,掌握信息,了解去向,分类管理,并保持与家长的沟通渠道畅通。第四,发挥大学生骨干和学生党员的模范带头作用。通过多种形式分别召开学生党员、学生干部会议,强调文明离校要求,积极发挥毕业班大学生党员和大学生骨干的作用,站好最后一班岗,带头营造文明健康的毕业文化,及时与辅导员(班主任)沟通班级存在的问题隐患,使大学生安全健康离校。

第五章

资助管理育新人

2017 年 12 月，中共教育部党组印发的《高校思想政治工作质量提升工程实施纲要》提出，要“全面推进资助育人”。作为“十大育人”体系之一的资助育人，其目标是“着力培养受助学生自立自强、诚实守信、知恩感恩、勇于担当的良好品质”。这些育人目标与红色文化中的革命精神和优良传统内涵一致。因此，充分挖掘利用红色文化资源，从中汲取精神动力，对做好资助育人工作有重要的理论和实践意义。

一、打造全员资助育人格局，健全资助育人工作机制

随着社会经济的快速发展、国家财政资金投入的不断加大及资助政策的日益完善，高校基本形成了“奖”“助”“贷”“勤”“减”“补”“缓”“绿”等多种助学形式并举的混合资助体系，基本可以保障家庭经济困难大学生的就学。

（一）建立三级资助工作育人体系，落实政策资助

多年来，国家各级政府及高校党委和行政十分重视家庭经济困难大学生资助工作，采取了一系列措施，建立和完善了各级学生资助管理体系，各高校也成立三级资助育人体系，如学校学生资助工作由学生工作部（处）、财务处负责组织实施，

其他职能部门密切配合,各二级学院、班级层层落实,并把开展帮扶家庭经济困难大学生工作取得的成绩作为各部门、各教职工考核评优的重要依据,以此调动各部门、各教职工的积极性,打造全员资助育人格局,确保家庭经济困难大学生帮扶工作顺利进行。在此基础上做好各项学生资助工作,从而解决家庭经济困难大学生的实际困难,收到良好效果,从根本上实现教育公平。

1.领导重视,建立健全三级学生资助管理体系,为学生资助工作提供组织保障

家庭经济困难大学生的资助工作实行学校、二级学院、班级三级管理。三级大学生资助育人管理体系在《百色学院家庭经济困难大学生资助管理办法(2018年修订版)》(百院发〔2018〕102号)中有明确规定。

第一,成立学校学生资助工作领导小组,领导学校的学生资助工作。组长由校长担任,副组长由分管学生工作的校领导担任,成员由有关职能部门负责人及各二级学院分管学生工作领导担任。学生资助管理中心挂靠学生工作部(处),由学生工作部(处)部长直接分管学生资助工作。学生资助管理中心现有科长1名、科员2名,具体负责学生资助日常工作,为进一步做好学生资助工作提供组织保障。

第二,成立二级学院学生资助工作领导小组,领导二级学院的学生资助工作。组长由二级学院分管学生工作领导担任,成员由辅导员(班主任)、团委书记、大学生代表担任。

第三,成立班级学生资助工作领导小组,领导班级的学生资助工作。组长由辅导员(班主任)担任,成员由班级学生代表担任,不少于班级总人数的10%。

2.建立健全资助政策体系,为学生资助工作提供政策支持

(1)2007—2016年学生资助体系建立的基本情况。

从2007年到2016年,学生资助工作处于一个黄金发展时期,系列资助政策得以制定并实施,从根本上转变了资助工作与教育发展需求之间的矛盾。

2007年5月,国务院印发了《国务院关于建立健全普通本科高校高等职业学校和中等职业学校家庭经济困难学生资助政策体系的意见》(国发〔2007〕13号),揭开了资助工作体系全面发展的序幕,除原有的实施项目外,于同年又新增了贫困大学生资助制度和中等职业教育国家助学金、高校国家助学金和奖学金等资助政策;2008年,新出台了普通高中“滋蕙计划”助学金、中职特定专业第三年生活费补助、中职自治区人民政府奖学金3项政策;2009年,新出台了中职免学费、高校应征入伍学费代偿、边远地区就业学费代偿3项政策;2010年,新出台了普通高中国家助学金、库区移民子女和“国贫县”高中免除学费2项政策;2012年,新出台了学前教育入园补助金、彩票公益金、贫困大学新生资助和研究生国家奖学金3项政策;2014年,新出台了研究生学业奖学金和国家助学金2项政策;2016年,新出台了免除建档立卡贫困户子女幼儿园保教费和普通高中学杂费等政策。经过10年的发展,国家实施的学生资助政策从2007年的9项增加到2016年的21项,学生资助工作的新体系已基本形成,资助政策项目个数实现了从少到多,资助标准实现了从低到高,资助范围实现了从窄到广的转变,这些都极大地促进了我国教育事业的稳定发展。

根据教育部及自治区教育厅的相关文件,学校也陆续制定并出台了《百色学院家庭经济困难大学生资助管理办法》《百色学院家庭经济困难大学生认定工作实施办法》《百色学院国家奖学金管理办法》《百色学院国家励志奖学金管理办法》《百色学院自治区人民政府奖学金管理办法》《百色学院国家助学金管理办法》《百色学院勤工助学管理办法》《百色学院新生享受“绿色通道”的有关规定》《百色学院学生缓交学费的有关规定》等一系列学生资助管理规定,为学生资助工作提供了制度保障,建立了包括助学金、奖学金、勤工助学、特殊困难补助和学费减免在内的“奖、助、补、勤、减、免”的资助政策体系。

(2)2007—2016年高校学生资助政策体系的主要内容和特点。

家庭经济困难大学新生入学补助项目对参加高考并被全日制普通高等院校(含高职)录取的高中(含职业高中)应届毕业生中家庭经济困难的大学生,按区内院校录取的贫困新生一次性补助500元、区外院校录取的贫困新生一次性补助1000元的补助,主要补助贫困新生从家庭所在地到被录取院校之间上学所需路费及入学后的短期生活费用。此外,每年普通高校录取的高考成绩排名靠前的1万名建档立卡贫困户大学新生还享受“泛海助学行动”项目资助,每人一次性获得资助5000元。

在普通高校本专科教育阶段,主要实行国家奖学金、国家励志奖学金、国家助学金、自治区人民政府奖学金、国家助学贷款、基层就业学费补偿贷款代偿、应征入伍服义务兵役学费补偿贷款代偿及学费减免、直招士官学费补偿贷款代偿、退役士兵教育资助、勤工助学、校内资助、“绿色通道”等政策。国家奖学金用于奖励特别优秀的全日制普通高校本专科(含高职、第二学士学位)二年级以上在校生,每生每年 8000 元。国家励志奖学金用于奖励资助品学兼优、家庭经济困难的全日制普通高校本专科(含高职、第二学士学位)二年级以上在校生,每生每年 5000 元。国家助学金用于资助家庭经济困难的全日制普通高校本专科(含高职、第二学士学位)大学生,平均资助标准为每生每年 3000 元,分两档,一等助学金每生每年 4300 元,二等助学金每生每年 2300 元。自治区人民政府奖学金用于奖励资助品学兼优家庭经济困难的全日制普通高校本专科(含高职、第二学士学位)在校生,包括当年考入普通高校全日制本专科生,每生每年 5000 元。

国家助学贷款主要帮助贫困大学生解决在校期间的学费问题,每学年贷款金额原则上不超过 8000 元,贷款期限最长不超过 20 年。国家助学贷款利率执行中国人民银行同期公布的同档次基准利率,不上浮,贷款大学生在校期间的贷款利息全部由财政贴息,毕业后的利息由大学生支付,并按约定偿还本金。我区家庭经济困难大学生申请国家助学贷款主要有两种模式:一是校园地国家助学贷款,即通过就读学校向经办银行申请;二是生源地信用助学贷款,即通过户籍所在县(市、区)的学生资助管理机构向经办银行提出申请。

我区高校毕业生(普通高等学校全日制本专科生,含高职)、研究生、第二学士学位毕业生,以及成人高校招收的全日制本专科毕业生自愿到县以下(不含县城)基层单位就业,服务期达到 3 年以上(含 3 年)的,实施学费补偿或国家助学贷款代偿,补偿代偿金额根据毕业生在校期间每年实际缴纳的学费或获得的国家助学贷款确定,本专科生每生每年最高不超过 8000 元,研究生不超过 12000 元,每年补偿或代偿总额的 1/3,分 3 年补偿代偿完毕。

应征入伍服义务兵役学费补偿贷款代偿及学费减免:对应征入伍服义务兵役的高等学校在校生及毕业生在校期间缴纳的学费或获得的国家助学贷款实施一次性补偿或代偿,对退役后复学的高校在校生(含高校新生)实行学费减免,补偿代偿金额根据大学生在校期间每年实际缴纳的学费或获得的国家助学贷款确定,退役复学学费减免金额按照实际收取学费确定,每生每年最高不超过 8000 元。直招士官学费补偿贷款代偿:对直接招收为士官的高等学校学生,入伍时对其在校期间缴纳的学费实行一次性补偿或对其获得的国家助学贷款实行代偿,补偿代偿金额根据大学生在校期间每年实际缴纳的学费或获得的国家助学贷款确定,每生每年最高不超过 8000 元。退役士兵教育资助:对退役一年以上、考入全日制普通高等学校的自主就业退役士兵,给予教育资助,学费资助标准每学年每生最高不超过 8000

元,生活费及其他奖助学金资助标准,按国家现行高校学生资助政策的有关规定执行。

学校可在校内设置勤工助学岗位,为大学生提供勤工助学机会,家庭经济困难大学生优先考虑。学校可将从全日制大学生实际缴纳学费总额中按一定比例提取的资助资金以及社会团体、企事业单位和个人捐助资金等设为校内奖学金、助学金、困难补助金等,开展校内资助。学校建立"绿色通道",对被录取入学无法缴纳学费的家庭经济困难新生,先办理入学手续,然后再根据大学生实际情况,分别采取不同办法予以资助。

(二)健全四级认定工作机制,实现贫困生动态管理

1.学校家庭经济困难大学生整体基本情况

学校地处经济欠发达的革命老区,由于地缘的关系,许多大学生来自贫困山区或贫困县市。学校多年来经济困难大学生人数均占全校大学生总数的40%左右,如2019年11月学校全日制在校生23224人,家庭经济困难大学生总人数为9969人,占在校生总人数的42.92%;建档立卡贫困户子女学生总数为4800人,占在校生总人数的20.67%,占家庭经济困难大学生总人数的48.20%。学校家庭经济困难大学生呈现的明显特点是人数多、比例高、分布广、困难程度大。

2.建立家庭经济困难大学生四级认定工作机制

要做好家庭经济困难大学生的资助工作,必须先做好这些大学生的家庭经济困难情况的摸底以及身份认定。要做好精准的家庭经济困难大学生认定工作,只有做好此项工作,学校对大学生的各项资助才有针对性。为了做好认定工作,学校在2008年出台了《百色学院家庭经济困难大学生认定工作实施办法》,2018年又对此实施办法进行了修订,出台了《百色学院家庭经济困难大学生认定工作实施办法(2018年修订版)》。根据实施办法,学校学生资助管理中心每年9月组织各二级学院对学校家庭经济困难大学生进行认定。为了更好地组织指导开展此项工作,学校每年都印发学校家庭经济困难大学生认定工作方案,在方案中明确了家庭经济困难大学生四级认定工作机制。

(1)个人申请。

大学生本人自愿提出申请,如实填报综合反映大学生家庭经济情况的材料。

(2)班级认定。

各班级要成立以辅导员为组长、大学生代表担任成员的认定评议小组,负责班

级的认定民主评议工作。认定评议小组成员中,大学生代表人数应不少于班级总人数的10%。认定评议小组成立后,其成员名单应在本班级范围内公示;班级认定评议小组对所有申请贫困生认定的大学生认真进行评议,将班级评议结果与申请大学生的日常消费行为以及影响其家庭经济状况的有关情况结合起来,确定班级各档次的家庭经济困难大学生资格。

(3)二级学院审核。

一是二级学院成立以分管家庭经济困难大学生资助工作的学院领导为组长、辅导员与学院资助工作负责人等担任成员的认定工作领导小组。该认定工作领导小组负责学院的家庭经济困难大学生认定工作的具体组织和审核。

二是二级学院家庭经济困难大学生认定工作领导小组审核通过后,要将家庭经济困难大学生名单及档次,以适当方式、在适当范围内公示5个工作日,公示不得涉及大学生个人及家庭的隐私。如师生有异议,可通过有效方式向本学院认定工作领导小组提出质疑。认定工作领导小组应在接到异议材料的3个工作日内予以答复。如对学院认定工作领导小组的答复仍有异议,可通过有效方式向学校学生资助管理中心提请复议。学校学生资助管理中心应在接到复议提请的3个工作日内予以答复。如情况属实,应及时做出调整。

三是二级学院家庭经济困难大学生认定工作领导小组填写审定意见报学生工作部(处)学生资助管理中心。

四是学生工作部(处)学生资助管理中心审核,公示5个工作日后报学校学生资助工作领导小组审批。

3.实现贫困生动态管理

学生资助管理中心和二级学院学生资助工作领导小组每学年对家庭经济困难大学生进行一次资格复查,并不定期地随机抽选一定比例的家庭经济困难大学生,通过信件、电话、实地走访等方式进行核实。如发现弄虚作假现象,一经核实,取消资助资格,收回资助资金。情节严重的,学校将依据有关规定进行严肃处理。学校要求各二级学院要以百色学院贫困生申请表和高等学校学生及家庭情况调查表、身份证复印件建立家庭经济困难大学生档案,每年进行一次贫困生资格复查以及不定期随机抽选大学生,通过电话、实地走访等方式核实并及时更新档案资料,实现贫困生档案动态管理。

二、多措并举精准资助，创新精准资助工作模式

（一）扎实做好资助常规工作扶贫

做好家庭经济困难大学生资助工作，是坚持党中央提出的“立党为公，执政为民”根本要求的具体体现，是实施“科教兴国”和“人才强国”战略的重要保证，是为维护学校乃至社会稳定，增强大学生对党和国家热爱之情，努力办好让人民满意的教育的重大措施。解决好学校贫困家庭大学生的经济困难问题是我国政府的责任，直接关系到我国教育事业的持续、健康发展和学校乃至社会的稳定，直接关系到教育收费制度改革的发展，直接关系到广大公民机会均等地接受教育的权利。学校在建立健全学生资助工作领导机构及人员、制度保障后，扎实抓好学生资助常规工作，抓实抓细，让国家的资助政策和学校的措施真真正正落实到有需要的大学生身上。

1.认真做好学校家庭经济困难大学生的认定工作

2012—2017 年，学校认真做好家庭经济困难大学生的认定工作（包含建档立卡贫困户大学生的认定工作）。随着学校学生人数的不断增加，每年通过认定的大学生人数也在不断增加，通过认定的大学生人数具体见表 5-1。

表 5-1　2012—2017 年学校通过认定家庭经济困难大学生人数

序号	年份（年）	通过认定家庭经济困难大学生人数（人）
1	2012	3616
2	2013	4043
3	2014	4611
4	2015	5238
5	2016	6144
6	2017	7572

2.认真做好国家奖助学金的评审及发放工作

学校严格按照评审程序进行评审，首先由大学生个人提出申请，各班级进行无记名民主评议推荐，各二级学院评审小组进行评审，并在二级学院里公示 5 个工作日（原 3 个工作日）以上，然后报学生工作部（处）学生资助管理中心审核，并在全校范围公示 5 个工作日以上，公示无异议，报学校评审领导小组审批，再报上级部门

审批。在评审过程中,学生工作部(处)分成小组,分别到各二级学院进行了解和指导,及时纠正评审过程中存在的问题,确保评选结果公平、公正,并按照要求走完流程,然后按照规定时间,全部经费足额发放给相关大学生。

2012—2017 年,学校各类奖助学金的受助面越来越广,其中建档立卡贫困户大学生(2016 年 3207 人,2017 年 3601 人)确保百分之百受助。学校各类奖助学金评审、发放金额情况如表 5-2。

表 5-2 2012—2017 年学校各类奖助学金评审、发放金额

序号	年份(年)	国家奖学金(人)	国家励志奖学金(人)	自治区人民政府奖学金(人)	国家助学金(人)	奖助学金发放总额(万元)
1	2012	16	304	33	2863	1040.5
2	2013	16	325	62	2984	1101.5
3	2014	17	354	67	3340	1226.15
4	2015	17	393	70	3605	1327.16
5	2016	23	499	85	5133	1996.6
6	2017	23	535	78	6072	2159.9

3.贯彻落实建档立卡贫困户大学生资助政策

在学校贫困生的资助工作中,如何落实好建档立卡贫困户大学生的资助政策是重中之重的工作。学校每年都会进行专项的排查、核实,确保不漏一个该当资助的建档立卡贫困户大学生。

第一,2017 年春季学期,学生资助管理中心组织各二级学院开展新增贫困户大学生排查工作。经排查、审核,学校全日制本专科建档立卡贫困户大学生 61 人目前未享受最高档次的资助。为了进一步贯彻落实建档立卡贫困户大学生资助工作,确保应助尽助,学校给予 55 人按照每生 4000 元的标准、6 人按照每生 2000 元的标准(6 人已获国家二等助学金)发放助学金,共发放了 23.2 万元。

第二,及时做好 2017 年春季学期建档立卡贫困户大学生资助情况的报送工作。根据桂教办〔2017〕857 号文件,学校严格按照要求通过广西学生精准资助管理信息系统报送学校 2017 年春季学期建档立卡贫困户大学生的资助信息。学校 2017 年春季学期建档立卡贫困户大学生 3252 人,受助 3260 人次。

第三,认真做好学校 2017 年秋季学期建档立卡贫困户大学生的资助工作。经排查、审核,学校 2017 年秋季学期全日制本专科建档立卡贫困户大学生共 3601 人,其中 3 人同时获国家奖学金和国家一等助学金,108 人同时获国家励志奖学金和国家一等助学金,16 人同时获自治区人民政府高等教育奖学金和国家一等助学金。学校建档立卡贫困户大学生 3601 人无须参加班级评议,直接进入公示环节,直接获国家一等助学金。相关资助情况于 2017 年 12 月 1 日前通过广西学生精准资助管理信息系统报送。

4.积极开展勤工助学工作

第一,认真设置勤工助学岗位。按照高等学校勤工助学管理办法和百色学院学生勤工助学管理办法的要求,学校积极开展勤工助学活动,组织贫困大学生在校内从事一些力所能及的管理、服务工作,如设置图书馆管理员、行政秘书、教室管理员、信息员等岗位,并及时组织各用工部门列单发放勤工助学酬金。

第二,提高学校学生勤工助学酬金标准。根据《关于进一步落实我区高等教育学生资助政策的通知》(桂财教〔2017〕103 号)和《广西壮族自治区人民政府关于调整全区职工最低工资标准的通知》(桂政发〔2015〕13 号)文件的相关要求,经学校领导批准,学校学生勤工助学的酬金标准由原 8 元/小时提高到 10 元/小时,从 2017 年 9 月起实行,适用于学校所有参加勤工助学岗位的全日制在校大学生。

2012—2017 年,学校设置的勤工助学固定岗岗位和临时岗小时数以及勤工助学岗位报酬发放呈稳步增长的趋势,具体情况如表 5-3。

表 5-3 2012—2017 年学校勤工助学情况

序号	年份(年)	勤工助学固定岗岗位(个)	勤工助学临时岗小时数(个)	勤工助学岗位报酬支付(万元)
1	2012	200	30000	44.472
2	2013	210	31000	45.272
3	2014	328	38000	50.408
4	2015	260	34000	83.36
5	2016	300	34000	101.9627
6	2017	352	67800	143.584

5.细心做好入伍学费代偿的相关工作

学校每年有几十名大学生报名并通过体检服义务兵役，还有大学生成为士官，每年也有不少的大学生退役复学，这些大学生都需要进行学费贷款或者学费资助申请。学校做好每年学生应征入伍服义务兵役国家资助材料的报送工作，让这些大学生放心去服兵役或回校复学就读。

6.做好生源地信用助学贷款毕业生确认工作，以及贷款大学生的回执录入、到账确定工作

根据国家开发银行广西分行的要求，学校积极做好各项生源地信用助学贷款工作，配合生源地信用助学贷款获贷的毕业生在毕业离校前登录“生源地助学贷款信息管理系统”进行毕业确认，每年及时为贷款大学生录入回执，并整理分类到账明细提供给财务处配合对账，同时还开展生源地信用助学贷款政策及流程、还款等的各种宣传教育。

7.开设“绿色通道”，缓交家庭经济困难大学生学费

学校在每学年新生入学时，开设“绿色通道”，对被录取的家庭经济困难大学生现场办理缓交学费、入学等手续，使新生能按时报到入学，确保学校多年来无一人因贫辍学。

8.加强学生资助政策的宣传力度

(1)完善资助政策宣传机制。

学校进一步完善了“学校—二级学院—各班级”三级宣传机制，宣传方式由上而下，层层传达，及时反馈效果。

(2)不定期召开各二级学院资助工作人员业务培训会。

学校让各二级学院资助工作人员在充分了解资助政策的基础上，及时召开班会传达和解读政策，并组织各班级严格按照政策的要求开展相关工作。

(3)把资助政策的宣传作为一项重要内容列入新生入学教育活动中。

学校把资助政策的宣传作为一项重要内容列入新生入学教育活动中，并在发放录取通知书时寄送一份学生资助政策简介给新生，让每一位新生都知晓相关的资助政策。

(4)开展学生资助政策宣传月教育活动。

每年4月到5月，学校开展资助政策宣传月活动，通过海报宣传、主题班会学习、资助征文比赛、资助政策网络知识竞赛、建档立卡贫困户大学生资助育人先进事迹宣传活动、资助政策宣传板报比赛、诚信教育主题活动等形式，进一步加深大学生对资助政策的本质认识，提高资助育人的水平。在每年的全区资助征文比赛中，学校均有大学生获奖，指导老师被评为优秀指导老师。

（5）开展学生资助诚信教育主题活动。

各班级召开“诚实守信、勤俭节约”主题班会，在班会中积极宣扬诚信立身、节约光荣、浪费可耻的观念；组织大学生参加“校园贷与大学生金融安全”金融知识专题讲座，讲座由瀚华金控伙伴集群广西分公司李乾经理主讲，告诫大学生应该合理消费，正确认识校园贷，拒绝高利贷的校园贷，提高防骗意识，树立正确的消费观和正确的诚信价值观。此外，在学校学生资助诚信教育主题手抄报比赛中，设多名奖项，比赛生动展示了生源地信用助学贷款相关政策、诚信教育的成效和重要意义。

（6）开展暑期辅导员家访活动。

每年暑假期间，学校组织学工队伍共 10 多个团队赴梧州、玉林、靖西等地对学校部分大学生（包括贫困生、优秀大学生、问题大学生）进行家访，并在岑溪市、百色德保县分别组织召开家长座谈会。家访分为两个层面，即学校层面、二级学院层面。学校层面由学生工作部（处）牵头，二级学院层面以各二级学院为单位成立 1 个小组，每个小组由 1 名学工组长和 1—2 名辅导员组成，选择一个家访点 2—3 名贫困大学生进行家访。家访活动中，学校深入了解受助大学生的家庭经济困难情况，并向家长详细介绍国家及学校的相关资助政策，从多渠道多方面宣传资助政策，得到家长们的一致认可。

（7）开展暑期学生资助政策基层宣传实践活动。

组织学校相关学生资助工作人员以及大学生社会实践团队成员，利用校团委组织开展的大学生暑期社会实践活动的契机，进一步开展学生资助政策的宣传工作。活动选拔出 20 支优秀团队，每支团队给予一定的活动经费，用于开展相关活动。学生资助政策宣传实践活动紧紧围绕“宣传”二字进行，活动内容至少包含以下四个方面：分发学生资助政策宣传册子、搭设学生资助政策咨询台、挂至少 2 条横幅进行宣传、慰问当地 1 名建档立卡贫困户优秀大学生。

（8）开展年度家庭经济困难大学生“十大自强之星”评选活动。

为进一步贯彻落实《关于加强和改进我区高等学校家庭经济困难学生资助工作的若干意见》（桂教〔2008〕13 号）、《关于做好建档立卡贫困户子女学生资助项目组织实施工作的通知》(桂教规范〔2016〕8 号)精神,在学校树立克难攻坚、奋发向上的贫困生励志典型,激励更多家庭经济困难大学生努力拼搏、实现梦想,学校开展年度家庭经济困难大学生“十大自强之星”评选活动,每年有 10 名大学生获“十大自强之星”荣誉称号,多名大学生获“十大自强之星”提名奖荣誉称号。学校给 10 名“自强之星”的获奖大学生每人发放 2000 元的助困奖学金奖励,给获“十大自强之星”提名奖的大学生每人发放 500 元的助困奖学金奖励。

9.做好其他奖学金、补助的评定、发放工作

第一,进行学校学年度优秀学生奖学金评定工作。学校共有 391 名大学生荣获 2016—2017 学年度优秀学生奖学金,每人 1000 元,共计 39.1 万元。

第二,做好中等职业学校毕业生升入高等学校就读的家庭经济困难大学生学费补助工作。学校共有 39 名大学生获 2017 年中等职业学校毕业生升入高等学校就读的家庭经济困难大学生学费补助,每人 2000 元,共计 7.8 万元。

第三,做好学校学年度校长奖学金评定工作。学校共有 100 名大学生荣获 2016—2017 学年校长奖学金,每人 2000 元,共计 20 万元。

10.做好资助管理的其他各项工作

第一,建立和规范家庭经济困难大学生的资助档案。学生资助管理中心连续下发了《关于整理装订学校 2017 年家庭经济困难大学生认定、国家奖助学金材料的通知》《关于整理装订学校 2017 年中等职业学校毕业生升入高等学校就读的家庭经济困难大学生学费补助材料的通知》《关于整理装订学校 2016—2017 学年校长奖学金材料的通知》《关于整理装订学校 2016—2017 学年优秀学生奖学金评定材料的通知》等通知,对如何科学规范地建立家庭经济困难大学生的资助档案提出了明确的要求。

第二,严格按照自治区教育厅的要求,按时收发、处理广西学生资助网公文,并按规定时间、程序和要求,及时、规范上报学生资助相关材料,努力做到上报材料无差错。

(二)设置助教、助管和助研岗自强扶志

勤工助学是指大学生在学校的组织下,利用课余时间以及自身的劳动增长才干、提升综合素质的同时,取得一定的合法报酬,并用于改善学习、生活条件的社会实践活动。勤工助学作为高校资助工作的重要组成部分,不仅仅是为贫困大学生提供解决生活困难的有效途径,更是高校开展德育工作的有效途径,是大学生进行

社会实践活动的一种有效形式,对造就和培养大学生全面提升综合素质、成长成才具有极其重要的作用。

学校自2007年以来,为了进一步做好大学生管理和服务工作,解决部分家庭经济困难大学生的生活困难问题,协助校内各单位做好相关工作,设立勤工助学岗位,对考研困难大学生进行培训、给予路费补助,帮助贫困大学生自强自立。

1.设置助教、助管和助研等勤工助学岗位

2012—2017年,学校设置的勤工助学固定岗岗位和临时岗小时数以及勤工助学岗位报酬发放呈稳步增长的趋势,具体情况如表5-3。

2.举办CET培训班、研究生入学考试培训班

为落实家庭经济困难大学生资助政策,更好地帮助家庭经济困难大学生学习英语,增强英语学习自信,提升英语综合运用能力,学校对家庭经济困难大学生进行学习帮扶,提高“三全育人”实效,举办了全国大学英语四、六级考试培训班(CET培训班)、研究生入学考试培训班,共有200多名家庭经济困难大学生参加了培训。

3.给予建档立卡贫困户子女考研大学生路费补助

为了鼓励贫困大学生继续求学,同时也减轻他们的经济压力,学校给予报名参加考研的贫困大学生每人200元的路费补助。

三、宣传教育引导到位,发挥资助工作育人功能

高校基本形成了“奖”“助”“贷”“勤”“减”“补”“缓”“绿”等多种助学形式并举的综合资助体系,基本可以保障高校家庭经济困难大学生的就学。但目前的高校资助育人工作还存在重资助、轻育人,育人工作理念滞后,路径单一等问题。党的十九大报告提出,要“坚持大扶贫格局,注重扶贫同扶志、扶智相结合”。高校资助育人的工作对象是家庭经济困难大学生。这个群体的教育需求有着一定的特殊性。今后高校资助育人工作的方向应转向内涵式发展,注重培养家庭经济困难大学生的政治信仰、人格意志、价值取向等内容,使其找到正确的人生发展方向,而加强红色文化教育在一定程度上满足了他们的成长成才需要。

把红色文化融入资助育人工作,采用多样化的模式对家庭经济困难大学生进行有针对性的理论教育和思想引领,能够激发受助大学生在资助育人工作中的主体意识和主人翁精神,引导和鼓励大学生进行自我教育、自我管理、自我服务、自我

"造血",同时正确认识自身所肩负的社会使命和家庭责任,积极加入帮助他人的行列,从而实现资助育人的深层次目标。

(一)资助政策宣传助学

为进一步加大对家庭经济困难大学生资助政策的宣传力度,加强大学生的诚信感恩教育和廉洁教育,促进和谐文明校园建设,营造优良校风,促进大学生全面发展。学校每年开展以"感恩祖国、助学筑梦、励志成长"为主题的学生资助政策宣传月系列活动,并贯穿整个学年的教育实践活动,抓好宣传,营造资助政策人人知的氛围。

1.建立组织开展学生资助政策宣传月活动的领导小组

为了让国家学生资助政策家喻户晓、深入人心,确保各项政策更好地顺利实施,学校成立了学生资助政策宣传月活动的领导小组。领导小组下设办公室,办公室设在学生工作部(处),具体负责工作方案的组织实施与协调工作。各二级学院成立相应的工作小组,学院主管学生工作的党委副书记为本学院工作小组组长。从 2011 年开始在学校开展学生资助政策宣传月活动,该项活动持续至今。

2.开展学生资助政策宣传月活动

第一,学校在信息公布栏张贴学生资助政策宣传海报,并组织各二级学院、各班级召开主题班会,认真学习《高等学校学生资助政策》宣传资料,提高认识,让每一位大学生都了解国家资助政策内容,使资助政策深入人心。此外,学校还通过学院展板、主题班会、易班、微信公众平台、校园网等渠道加强对各项资助政策的宣传。

第二,开展"资助政策易起答"知识竞赛。认真组织受助大学生参加每年"资助政策易起答"资助政策网络知识竞赛。网络知识竞赛在大学生中大力普及了诚信知识,提升了大学生对诚信、感恩的认识,有利于鼓励广大学生努力学习,励志成才,报效祖国,同时也在大学生中深入宣传了党和国家资助政策。

第三,举办学生资助政策宣传板报比赛。开展学生资助政策宣传板报比赛,各二级学院以学院名义参赛,上交参赛作品,并把板报摆放在本学院所在区域的明显地方,大力宣传国家奖学金、国家励志奖学金、国家助学金、自治区人民政府奖学金、国家助学贷款和入伍服义务兵役代偿等资助政策。学生资助政策宣传板报比赛进一步加大了学生资助政策的宣传力度,有助于提升学生资助政策的宣传效果。

（二）励志教育活动筑梦

1.开展获资助优秀校友回校宣讲活动

为挖掘和宣传大学生积极进取、奋勇拼搏的青春励志典型模范，营造可信、可学、可比的良好校园氛围，同时也为加强对国家学生资助政策的宣传，加强大学生思想教育工作，学校近年来邀请了不少优秀校友回校进行宣讲活动。学校积极发动贫困家庭大学生参与此活动，同时做好相应的宣传工作，让广大学子进一步了解国家资助政策，树立克难攻坚、奋发向上的贫困生励志典型。

2.开展家庭经济困难大学生“十大自强之星”评选活动

为进一步贯彻落实《关于加强和改进我区高等学校家庭经济困难学生资助工作的若干意见》（桂教〔2008〕13 号）、《关于做好建档立卡贫困户子女学生资助项目组织实施工作的通知》（桂教规范〔2016〕8 号）精神，学校结合实际情况每年组织开展家庭经济困难大学生“十大自强之星”评选活动。首先各二级学院自行开展相应的家庭经济困难大学生“自强之星”评选活动，每个二级学院遴选 1 名“自强之星”并在学院官方网站进行宣传和报道，其次由学校组成评审组对各个二级学院上报的“自强之星”的先进事迹进行评审，再次确定 10 名为学校家庭经济困难大学生“十大自强之星”，最后将学校家庭经济困难大学生“十大自强之星”的先进事迹公开发布在易班网站进行宣传。

3.开展“感恩祖国、助学筑梦、励志成长”主题演讲比赛活动

学校每年都开展“感恩祖国、助学筑梦、励志成长”主题演讲比赛活动，各二级学院开展受助大学生“感恩祖国、助学筑梦、励志成长”主题演讲比赛活动。各二级学院结合本学院的专业特色及大学生特点自行组织开展大学生“感恩祖国、助学筑梦、励志成长”的主题演讲比赛活动。通过校级比赛遴选出表现优秀的大学生参加全区比赛，并取得不错的成绩。

（三）诚信感恩教育活动铸人

学校多年来高度重视大学生诚信教育，积极组织开展了系列诚信教育活动，引导全体大学生以诚待人、以信立身，在全校上下形成了诚信为本、操守为重的良好校园风尚，为全面建设良好校风，促进大学生全面发展，营造良好的思想道德氛围，促进和谐文明校园建设发挥了重要作用。

第一，邀请学校、百色市、全区的专家开展诚信教育巡回讲座活动。为进一步

加强对国家学生资助政策的宣传，加强大学生对助学贷款相关知识的了解，加强贷款毕业生的诚信意识，做到诚信还款，促进和谐文明校园建设，营造优良校风，促进大学生全面发展，学校每年都会邀请学校、百色市、全区的专家为大学生做诚信、还贷、感恩等主题的巡回讲座。

第二，开展“感恩在心　诚信在行”主题微电影比赛，并将优秀作品刻录成DVD光盘给各学院自行组织展播；开展诚信、还贷、感恩等主题的巡回讲座。

第三，参加全区高等学校受助大学生主题为“励志·感恩·诚信·奉献”的资助政策网络知识竞赛。为进一步加大我区高校家庭经济困难大学生资助政策的宣传力度，推进国家助学贷款工作健康持续开展，增强广大学生的感恩和诚信意识，结合全区学生资助政策宣传月活动安排，学校每年都组织全校受助大学生参加全区高校资助政策网络知识竞赛，同时鼓励非受助大学生也参加竞赛。

第四，开展“感恩祖国、助学筑梦、励志成长”主题征文比赛。组织全校大学生，特别是曾获得国家奖学金、国家励志奖学金、国家助学金、自治区人民政府奖学金、各种社会资助或国家生源地信用助学贷款等资助政策资助的家庭经济困难大学生参加，进一步推进家庭经济困难大学生资助政策的宣传工作，宣传家庭经济困难大学生通过资助政策成长成才的先进事迹。学校还从评选出的优秀作品中遴选作品报送自治区教育厅参加全区评选。

学校教育活动的形式丰富多彩，除了以全区组织开展的活动为主以外，根据学校实际，还组织了诸如校际交流会、“十大自强之星”评选等活动，对资助政策的宣传方式起到很大的宣传作用。

各专业班级认真组织“资助政策人人知”诚信感恩主题班会，通过宣讲、辩论赛、知识竞赛等形式宣传国家资助政策，有效地提高了大学生的诚信、感恩意识。

以“诚信”为主题，以“立德树人”为主线，结合易班建设等活动，通过举办宣讲、诚信征文、演讲、板报比赛等活动，以及基于易班平台的资助政策知识竞赛等方式，广泛宣传国家资助政策，宣讲诚实守信，促使大学生树立诚信观念、增强法律意识，及时履行国家助学贷款合同，将诚信教育转化为大学生自觉的素养与行为，达到资助育人效果。

第六章

铸红魂管理服务资助育人成效彰显

高校管理育人成效是指高校的管理部门以及高校工作人员围绕立德树人根本任务，通过政策、规章、制度、机构、措施等将思想政治教育融入学校管理之中，进而培养大学生坚定的理想信念、良好的思想品质、高尚的道德情操、严谨的法律素养，以及规范其日常行为，促进大学生全面发展。《育人工作指南》明确指出要将管理育人的理念融入各类管理活动中，准确把握管理育人的主要内容，完善各类管理制度，形成良好的管理氛围，在管理工作中培养大学生良好的行为习惯和思想品德，通过一系列教育活动最终实现立德树人的目标，培养一批具有百色精神特质的大学生。

一、铸红魂管理育人成效

（一）初步形成了管理育人制度体系，完善了学校管理育人的相关制度

习近平总书记在2018年全国教育大会上指出“要深化教育体制改革，健全立德树人落实机制，扭转不科学的教育评价导向，坚决克服唯分数、唯升学、唯文凭、唯论文、唯帽子的顽瘴痼疾，从根本上解决教育评价指挥棒问题。要深化办学体制

和教育管理改革，充分激发教育事业发展生机活力”。2018 年全国教育工作会议上，教育部部长陈宝生在就落实党中央、国务院关于教育体制机制改革时指出“改革进入‘内部装修’阶段，必须在实处、细处、深处发力，抽丝剥茧、层层深入，找准病根、找准对象，对症下药、精准突破”。由此可见，新时代高校制度建设是很多高校必须面对的首要问题。

学校自 2006 年升本以来，在高校管理育人制度的探索、研究与建设方面取得不断进步，学校管理育人制度逐步完善，管理能力和治理水平不断提升，出台了教学、科研、人事、学生管理等一系列制度，其中 2019 年印发了《百色学院百色精神铸红魂“三全育人”体系建设管理办法》。

（二）大学生参加各类创新创业竞赛成绩显著

自 2006 年升本以来，在“大学生奥林匹克”赛事的“挑战杯”竞赛中，学校从 2009 年第一次参加之后，成绩逐年提升，共获得全国三等奖 3 项、全区一等奖 10 项、全区二等奖 44 项、全区三等奖 103 项，学校也先后 7 次获得“优秀组织奖”。

学校在文艺实践方面育人成效显著。2010 年，学校选送的《姑娘的酒窝》演唱节目参加由文化和旅游部文化科技司、广西壮族自治区文化厅、广西壮族自治区教育厅联合举办的 2010 · “红铜鼓”中国—东盟艺术教育成果展演广西地区选拔赛，获得音乐类三等奖；选送彭资江参加广西第三届中华经典诵读大赛，获大学生组第二名、二等奖，并获全国预赛资格；选送彭志鹏、王扬莲“嘎呦嘎”组合参加中央电视台第十四届 CCTV 青年歌手电视大奖赛广西赛区总决赛，获优秀奖。

2011 年，学校获得“2011 年广西大学生社会实践优秀组织奖”荣誉称号，一批社会实践先进个人受到表彰。

2012 年，学校获得教育部颁发的“全国第三届艺术展演活动优秀组织”。

2013 年，学校获得广西大学生暑期社会实践“优秀组织奖”；学校原创节目“铜鼓响来绣球飞”舞蹈登上央视舞台，受邀参加由中宣部、教育部、共青团中央主办的“五月的鲜花——我们的中国梦”全国大学生校园文艺会演，会演由中央电视台综合频道直播，学校是广西高校中唯一受邀参加演出的高校。

2014 年，学校获得广西大学生暑期社会实践“优秀组织奖”。

2015 年，学校获得全国无偿献血促进奖单位奖、广西大学生暑期社会实践“优秀组织奖”等，组织实施应用型人才提升工程，为人才培养提供示范工程。针对常规教学中涌现出来的拔尖大学生和特长生，创建了“家电维修班”“主持人班”“书法班”“红色合唱团”“舞蹈队”“男子足球队”“男子篮球队”“女子篮球队”八个应用型人才提升团队。一年来，各培训队在聘请校内骨干教师、校外专家进行广泛培训的基础上，引导大学生开展各类创新活动，积极参加各类校内外实践活动和竞赛，取得了丰硕的育人成果。一是申报了一批专利。共申报了27项专利和2项软件著作权，已获得3项发明专利、3项实用新型专利。二是大学生专业技能得到了较大提升，参加各类竞赛屡获佳绩，获得全国信息技术应用水平大赛全国一等奖、全国大学生电子设计竞赛二等奖、“挑战杯”全国竞赛三等奖、广西校园足球联赛第四名等多项荣誉。三是服务地方经济社会发展。学校选送3000余幅春联和书法作品下乡，义务维修了1000多件家电，举办了诗词朗诵会、红色歌曲合唱会等多场文艺演出。

2016年，学校获得“2016年全国大中专学生志愿者暑期‘三下乡’社会实践活动优秀团队”“2016年度广西五四红旗团委”等多项荣誉。学校校级学习达人唐成勇同学，荣获2016年度“中国电信奖学金 · 天翼奖”暨“践行社会主义核心价值观先进个人标兵”称号。该活动由共青团中央、中国电信集团公司、全国学联共同组织开展，广西高校仅有2人获奖。

2018年，学校作为全国185个高校项目办、全区7个高校项目办之一，受到全国大学生志愿服务西部计划项目管理办公室的通报表扬。创新创业学院2016级企业管理专业16班团支部被评为2017年全国高校“活力团支部”。

百色有着丰富的红色资源。学校在丰沃的红色资源的滋养下，培养出一批又一批具有百色精神特质的优秀红城学子。学校团委历年来多次被评为自治区级“五四红旗团委”。（2017年、2018年未得，因为评选条件改革，增加了一条“最近三年获得过‘区级五四红旗团委’者不得参加评选”，学校校团委未参加评选）

（三）大学生参加大学生学科竞赛获奖情况

学校每年大力宣传动员大学生参加大学生学科竞赛，参赛等级包括校级、市级、省部级、国家级、国际级，获奖大学生人数逐年递增。

表6-1　学校2011—2018年大学生学科竞赛获奖情况统计表

（获省部级以上）

年份	2011	2012	2013	2014	2015	2016	2017	2018
获奖数量（项）	133	166	178	204	307	413	474	795

二、铸红魂服务育人成效

学校实施服务大学生“十大工程”及 31 个子项目,大学生住宿条件、食堂就餐环境等得到明显改善,全面提升水电木的维修效率,加强大学生宿舍安全管理,完成日常门诊医疗服务,加强对食堂经营、食品安全和饮水安全的监管,确保食堂卫生安全和饭菜价格稳定;加强疾病和群体突发事件的应急处理,提升后勤服务质量,对师生反映的后勤事务问题能够迅速处理。

(一)2019 年度服务大学生“十大工程”显成效

第一,装空调、修水电,加快完善大学生公寓基础设施。全面安装空调,改善大学生公寓住宿条件,各部门协同努力完成空调安装配电改造和空调采购工作;完善大学生公寓水电设施;完善大学生公寓其他设施;对报修的小型水电木设施和空调故障,及时安排、协助、督促各管理处维修人员完成检修维护。各项基础设施项目陆续竣工,极大改善了大学生的宿舍居住环境,提高大学生学习生活环境的质量。

第二,招商铺、通网络,积极改善校园生活配套设施。大学生公寓商铺招租营业,学校官网发布《百色学院澄碧校区铺面招租公告》,面向社会公开招租,依法进行公开招标,商铺招租已全部完成;澄碧校区升级改造智慧校园基础网络,大学生公寓通信信号已完全覆盖;积极改善校园生活配套设施,进一步为大学生日常学习生活购物提供便利条件,加快学校智慧校园的建设进程,为更好地服务师生提供了有效保障。

第三,出办法、引智能,提升校园安全管理服务水平。校领导多方调研,以补短板为重点,加快完善校内安全管理。确定实施智能化安防、消防标准化建设工程,安装智能化门禁系统,安装智能化消防系统,建设智能化安防指挥中心,下坡路段增设减速带,规范校园内电动车停放和充电管理,重新划分停车区域,健全校园停车收费制度,保障学校师生安全有序出行,进一步提升学校安全防范能力和水平,为师生提供优质服务。

第四,整环境、治卫生,做好垃圾分类,提升食堂服务。做好校园垃圾分类管理,安装生活垃圾箱;建设校内生活垃圾中转站;针对大学生集中反映的学校食堂的食物质量和价格问题,学校领导班子多次实地检查、深入师生,与相关部门制定应对方案,重新装修改造澄碧校区第三食堂,经过试运营已开餐营业;量化考评办法,完善食堂管理委员会管理办法,呼吁师生共同参与管理,组织师生不定期对各食堂进行打分;加强从业人员业务培训,进一步规范食堂员工日常行为,提高学校食堂服务质量;开展评选优质服务窗口,评选优秀窗口、优秀食堂,表彰食堂先进管理人员,树立榜样,进一步提升校园环境卫生,保障食品安全,为广大师生营造良好的生活环境和就餐体验。

第五,对大学生宿舍、图书馆、食堂、消防重点单位加强消防检查,健全“人防、物防、技防”联动的校园治安防控体系。加强信息网络建设与网络安全监控,投入499.09万元用于校园安防和技改,学校安保和技防水平得到进一步提升。2019年校园内没有发生重大案件或恶性案件,校园周边也没有发生重大刑事案件和事故。

第六,完善学校基本设施建设。学校基本建成建筑面积达36万平方米的澄碧校区,实现了在澄碧河畔再造一个百色学院的战略目标,大大改善了学校的教学和办公条件。2019年,澄碧校区扩建工程完成投资约3.91亿元。一是亚行项目全部竣工验收,并投入使用。二是三期大学生公寓3#、5#、6#楼及其附属用房竣工并投入使用,新增2760个床位,解决了大学生床位不足的问题。三是大学生服务中心、活动中心、学生食堂及其他附属设施配套工程竣工验收合格后投入使用。四是大学生公寓8#楼至田径场道路扩建、8#大学生公寓东侧道路扩建等工程相继完工,并投入使用。

学校将坚持每年实施服务大学生“十大工程”,切实解决师生最关心、集中反映的问题,以钉子精神解决发现的问题,为广大师生提供良好的学习生活条件,推动学校发展,为建成具有百色精神的高水平应用型大学不懈奋斗。

(二)后勤工作细致、周到,服务水平大大提高

1.打造书香校园

学校图书馆围绕立德树人的根本目标充分发挥图书馆职能作用,不断提高服务水平与能力,努力满足广大读者的需求,为打造优质信息服务平台,构建良好的校园文化发挥了积极作用。

文献资源建设工作稳步推进。一是每年采购纸质图书递增,2019年下半年,逐步完成中文纸质图书的采购入库工作,共计新购图书10万册,金额400万元,为学校的教学科研工作提供强有力的文献保障;二是认真做好各项常规工作,保证购入各类文献资源及时入库使用,电子资源数据库正常使用,期刊、报纸正常到馆流通,图书的编目数据工作顺利开展,两校区到馆新书都能及时验收入库流通;三是紧密联系教学和科研需要,实行教师参与图书采购工作,如2019年先后7次组织馆员及各二级学院专业骨干教师参加全国各书市图书现场采购,保证文献采购质量,满足

学校教学和科研需求；四是每年组织文献资源建设座谈会，如2020年召开讨论2020年图书、期刊、数据库采购方案，科学合理建设馆藏文献资源体系，为学校教学、科研提供优质的服务；五是积极联系各二级学院及相关部门，制订地方文献建设工作方案，努力推进馆藏文献资源的特色化建设；六是配合读者服务部做好馆藏布局的调整，在馆舍面积不足的情况下，保证到馆新书及时上架流通；七是配合资源推广部做好新书通报工作，让读者及时了解新书入库情况，为提高馆藏文献资源利用率做出贡献。

读者服务工作能力不断提升，读者服务工作是图书馆的日常工作之一，也是办馆水平和效益的直接体现。全体图书馆员工始终坚持“读者第一，服务至上”的服务理念，认真履行岗位职责，热情周到提供咨询、外借、阅览等服务。一是完成每周开馆时间98个小时；二是进馆大学生人数较多，如2019年11月底，读者进馆人数为248139人次，借还书量共计412290册，电子资源阅览室接待读者上机人数为15308人次，充分发挥了图书馆是大学生第二课堂的教育功能；三是完成回答读者各种咨询、拷贝班级借阅量、修改密码、手把手教读者登录个人图书馆、数据库登录访问、帮读者找书及宣传移动图书馆的登录等工作；四是完成每年新生入馆教育工作方案及入馆教育工作，如2019年大学生参与率达99.07%，测评合格率达100%，新生入馆教育取得圆满成功。

资源推广力度逐渐加大。一是开展馆藏资源推广调研。如2019年5月至6月走访调研材料科学与工程学院、农业与食品工程学院和化学与环境工程学院，针对图书馆目前购买的海研全球科研项目数据库和正在试用的SciFinder数据库的使用情况进行意见收集，宣传图书馆的电子资源，帮助二级学院教师了解图书馆的数字资源，引导教师利用图书馆资源助力科研工作。此外，还针对文学与传媒学院2016级汉语言专业的三个班级开展了宣传推广馆藏资源调研活动，主要了解大学生对专业文献资源的需求，征求对图书馆文献资源推广利用的意见和建议等。2019年10月21日，图书馆周美英副馆长率领资源建设部黄桂宪主任、陶冶和资源推广部潘卫荣主任、黄璐宁老师到马克思主义学院开展图书馆资源建设和推广的调研活动。通过与马克思主义学院师生的深入交流和探讨，在资源建设上图书馆调研人员得到了启发，图书馆调研人员表示会继续努力在文献建设上支持学校一流学科、重点学科的建设。二是多次举办数据库资源培训。如2019年3月至6月，邀请中国知网、超星数据库、起点考研网、维普数据库等数据库商家分别在东合校区图书馆二楼报告厅和澄碧校区实验中心报告厅开展数据库专题培训讲座总计 6 场次，培训全校各学院各专业约 2000 人，讲座内容主要以数据库检索技巧为主；2019 年 6 月，邀请海研数据库、SciFinder 数据库商家到校针对信息工程学院、化学与环境工程学院、材料科学与工程学院、农业与食品工程学院的领导和老师进行培训，主要内容为检索方法和专利专题检索，以及数据库在课题申报和科研中起到的作用；2019 年 9 月至 10 月，邀请笔杆网、人大复印报刊全文库、就业和创业图书馆数据库商家到校开展数据库专题培训，帮助大学生利用馆藏电子资源撰写学术论文。三是读书节系列活动精彩纷呈，学校每年都会举办主题读书会，如 2019 年从 3 月起开始策划并以 2019 年“红城百色书香百院”为主题的“书香百院”读书节系列活动，完成读书节启动仪式、寻书比赛、微宣传、百色学院首届文化创意产品设计大赛、广西壮族自治区图书馆首届文化创意产品设计大赛、红色海报、手抄报制作比赛、书非“荐”不能读——全国百所高校好书推荐活动、毕业季捐书活动、数据库线上活动、特荐图书展板、第一届广西高校图书馆“学问杯”影评大赛、书法比赛、演讲比赛。举办丰富多彩的读书节活动，打造了校园文化品牌，营造了良好的读书和学习氛围。

2.自动化管理与维护工作扎实推进

图书馆技术部坚持每天对图书馆机房设备进行常规检查，完成每月 4 次的图书馆机房设备、局域网及系统运行的全面检查，并填写相应的检查记录表。如 2019 年完成机房设备及系统（含图书馆自动化管理系统、门禁管理系统、数字资源管理系统）运行维护 41 次，完成馆内工作机维护 31 次，对馆内设备和系统在使用过程中出现的故障或问题做到及时处理，并填写相应的维修记录表。坚持每天做好图书馆自动化管理系统的数据备份工作，重新安装设置东合校区和澄碧校区电子阅览室 109 台计算机，对全馆计算机进行勒索病毒漏洞检测和打补丁处理，为图书馆业务工作提供技术保障。

3.就业工作迈上新台阶

学校历年来高度重视大学生就业服务工作，一直以来团结协作、凝心聚力、锐意进取圆满完成每年的就业工作。如 2019 年科学研判当前招生就业创业面临的新形势、新任务，精心谋划 2020 年工作目标和任务，推动学校招生就业工作迈上新台阶。学校荣获 2019 年“全区普通高校毕业生就业创业工作突出单位”荣誉称号。

一是加强组织领导。每年均出台《百色学院关于调整毕业生就业创业工作领导小组成员的通知》《关于印发百色学院毕业生就业创业工作实施方案的通知》等，为毕业生就业创业工作的开展提供组织和制度保障；深入实施就业创业工作“一把手”工程；不断完善毕业生就业创业工作“613 工程”和“5+5 工作机制”；加强学校、二级学院两级就业创业工作队伍建设。

二是完善就业创业网络信息平台。加强“招聘信息发布平台、就业管理工作平台、职业辅导资源平台、就业指导咨询平台、网络招聘平台”五位一体的服务平台建设；引进“就业信息收集系统”，提高毕业生就业数据信息收集的准确度和效率；引入“新锦成教育网络平台”，加强就业创业指导课程的线上线下互通学习；全面推广使用教育部“全国大学生就业服务一体化系统”，动员毕业生网上注册，动员用人单位到学校站点注册并发布就业信息，目前在学校站点注册的用人单位已达 1200 多家。

三是开展一系列就业招聘活动。如承办 2019 年广西高校毕业生春季双选百色分会场双向选择洽谈会；与百色市人力资源社会保障局联合承办公共服务进校园暨广西 2019 届高校毕业生双选会（百色学院站）招聘活动；组织参加 2019 年广州市校企合作洽谈会；开展“传递就业关怀共筑理想人生——百色学院 2019 年毕业生就业创业服务月活动”及“赢在职场 · 筑梦启航”2019 届毕业生系列校园招聘活动；举办 100 多场校园宣讲会或供需见面会。通过系列就业招聘活动，向毕业生提供了 23845 个岗位需求信息，就业供需比达 1 ∶ 5.35。

四是加强就业创业指导服务。将“职业生涯规划与就业指导”和“创业基础”课程纳入公共必修课；加强就业创业队伍建设，如 2019 年度派出 8 人次就业创业指导教师外出学习；与广西壮族自治区人才办、百色市人力资源社会保障局、百色市人才办等联合举办大学生职业规划大赛，邀请校外专家、用人单位代表、校友等到校举办大学生就业创业各类专题报告会 10 多场次。

五是加强面向基层就业项目的指导服务。通过舆论宣传、政策引导、项目帮扶、就业见习等一系列举措，积极配合有关部门充分宣传和推进“农村教师特岗计划”“选聘高校毕业生到村任职”“大学生志愿服务西部计划”“三支一扶计划”“社区党建组织员”“农技特岗”，面向基层考录公务员和招聘事业单位工作人员及各类项目的招募工作。

六是做好困难群体就业帮扶工作。出台《百色学院关于调整农村建档立卡贫困户家庭普通高校毕业生就业帮扶工作领导小组成员的通知》《关于做好毕业生就业精准帮扶和未就业毕业生统计服务工作的通知》等文件，加强校级、院级建档立卡贫困户毕业生就业指导帮扶，制定有效帮扶措施，确保百分之百就业。

七是加强就业统计核查监督工作。根据国务院督查组、自治区教育厅有关毕业生就业状况统计核查工作要求，通过电话、网络等方式以学校、二级学院为单位对已就业毕业生进行了全覆盖的就业情况核查，确保就业统计数据真实、准确，经得起核查考验。

4.出办法、引智能，提升校园安全管理服务水平

校领导多方调研，以补短板为重点，加快完善校内安全管理。确定实施智能化安防、消防标准化建设工程，安装智能化门禁系统，安装智能化消防系统，建设智能化安防指挥中心，下坡路段增设减速带，规范校园内电动车停放和充电管理，重新划分停车区域，健全校园停车收费制度，保障学校师生安全有序出行，进一步提升学校安全防范能力和水平，为师生提供优质服务。

（三）大学生生活服务满意度调查情况

为了深入了解大学生对目前学校提供的生活服务的满意程度如何，进一步提高服务大学生质量，学校针对 11104 名在校大学生开展了网络问卷调查。本次调查结合学校办学理念，以生为本，提高服务能力和服务水平，努力让师生满意。本次调查主要涉及学校资助育人工作、学校学生管理工作、学生后勤服务工作、学校宿舍管理工作、学校就业创业指导工作五个方面内容。在此，我们以部分调查结果进行分析举例。

1.对辅导员工作的满意度

在校大学生管理与服务工作离不开辅导员的辛勤付出，在调查大学生对辅导员满意度时，有 25.46%的大学生表示非常满意，有 49.68%的大学生表示满意，有 21.78%的大学生表示一般，有 1.81%的大学生表示不满意，还有 1.27%的大学生表示非常不满意。（见图 6-1）从数据中可知，绝大部分大学生对辅导员的工作是满意的，这是对辅导员队伍在教育、管理、服务学生工作中的认可。

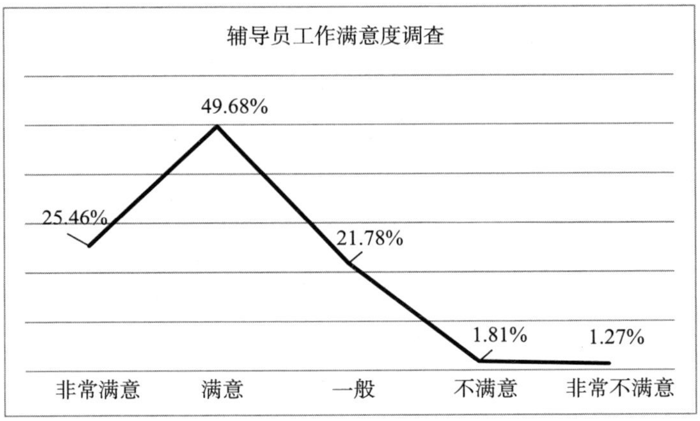

图 6-1 您对辅导员满意度如何

2.对大学生宿舍管理工作的满意度

宿舍的管理离不开宿舍管理员的辛勤付出，本次调查在问及大学生对宿舍管理员的工作满意度时，11.47%的大学生表示非常满意，54.85%的大学生表示满意，31.21%的大学生表示一般，仅有 1.65%和 0.81%的大学生分别表示不满意或者非常不满意。（见图 6-2）从调查数据看，大部分大学生还是很满意宿舍管理员开展的工作，宿舍管理员的工作也得到了大学生的认可。在问及大学生总体上对学校宿舍管理工作的满意度时，52.48%的大学生表示满意，仅有0.92%的大学生表示非常不满意。

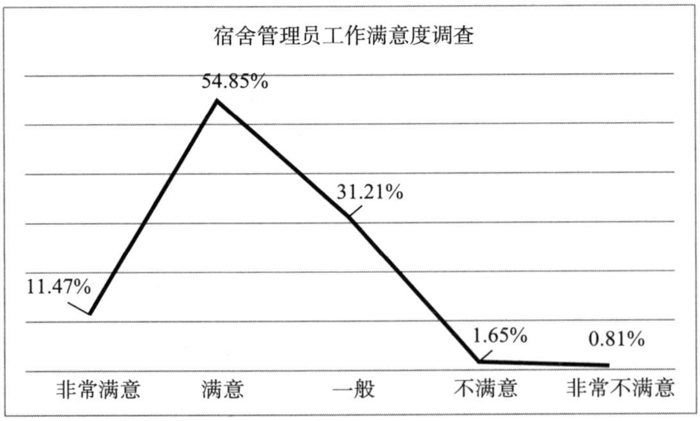

图 6-2 您对宿舍管理工作满意度如何

本次调查问卷反映，大学生对学校宿舍管理的各方面工作大多持满意的态度，同时，大学生对宿舍管理过程中某些方面工作也提出中肯意见和建议。

3.大学生后勤服务工作满意度

第一，三供（供水、供电和供网）服务。对在校大学生来说，校园水、电和网是学习、生活的保障。本次调研结果显示，供水（见图 6-3）方面，58.46%的大学生持满意或者非常满意的态度；供电（见图 6-4）方面，61.23%的大学生持满意或者非常满意的态度；供网（见图 6-5）方面，仅 26.79%的大学生持满意或者非常满意的态度，40.06%的大学生认为供网方面表现一般。这说明学校在供水、供电、供网方面的服务还有待提升。

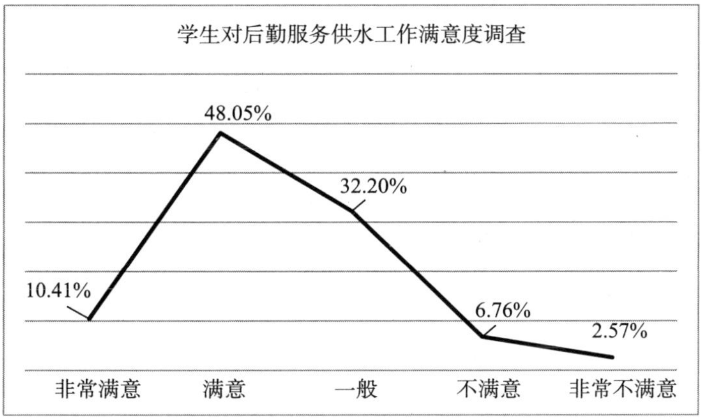

图 6-3　您对学校的供水情况满意度如何

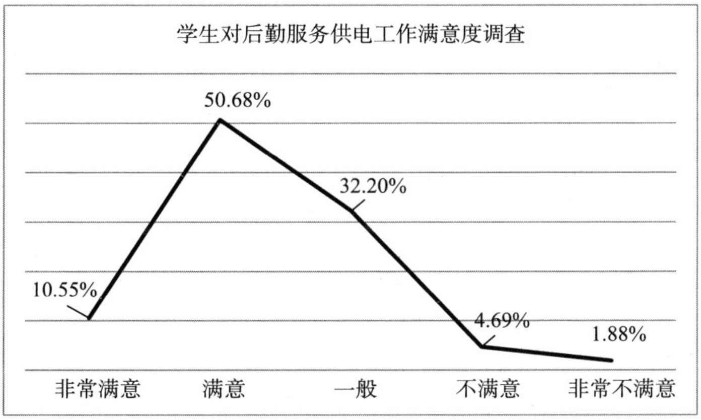

图 6-4　您对学校的供电情况满意度如何

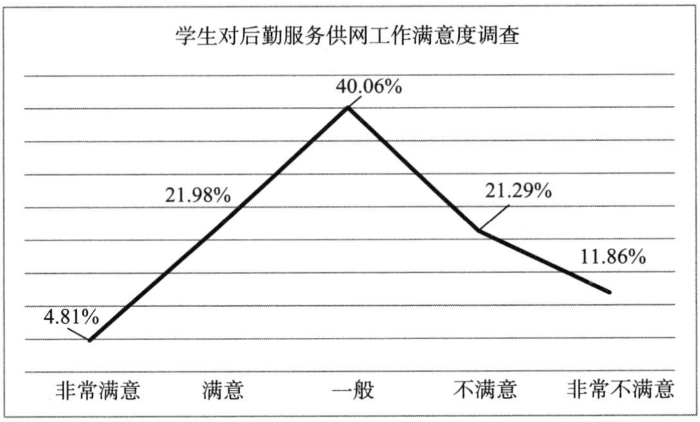

图 6-5　您对学校的供网情况满意度如何

第二，食堂服务。调研数据显示，39.74%的大学生对食堂硬件条件持满意或者非常满意的态度（见图 6-6），43.83%的大学生对学生食堂服务、管理情况持满意或者非常满意的态度，部分大学生对学生食堂硬件条件、食堂服务、管理情况是比较认可的。

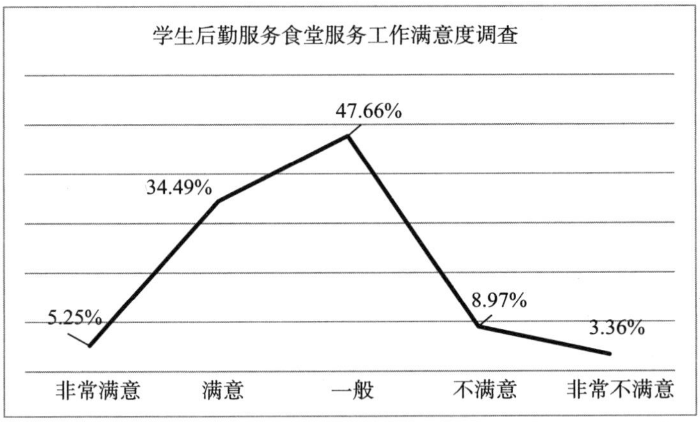

图 6-6　您对学校学生食堂硬件条件的满意度如何

4.校园设施、环境和其他服务方面

为了广泛倾听大学生的心声，本次调研我们针对学校维修服务的便捷性和及时性，校园环境与绿化，教学楼、实验室、办公楼、体育场馆、道路等公共区域的卫生保洁情况，学校的校内医疗、交通等方面进行了调研。调研数据显示，绝大部分大学生对上述内容表示满意或者一般，部分大学生表示非常满意，但有部分大学生表示不满意。最后,问卷还显示了大学生对学校后勤服务总体满意度(见图6-7),49.19%的大学生对学校后勤服务持满意或者非常满意的态度。这说明学校的后勤服务还有一定的上升空间。

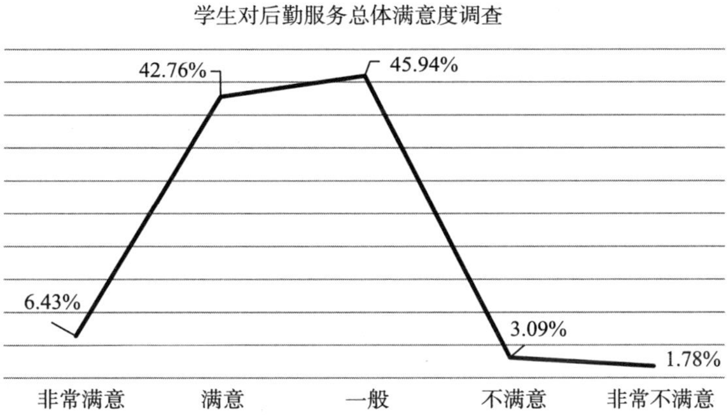

图6-7　您对学校后勤服务总体满意度如何

三、铸红魂资助育人成效

(一)为贫困学子提供就读保障,确保学校多年来无一大学生因贫辍学

历年来学校党委高度重视学生资助工作,多次在会上强调,虽然学校地处贫困地区,大学生来源多为贫困地区,贫困大学生面较广,但是我们必须做好资助工作的最底线最基础的工作,要确保学校不能有任何大学生因贫辍学。在学校党委领导下,学校资助工作成绩显著,构建并完善了“奖、助、贷、勤、补、免”六位一体的学生资助政策体系。大学生根据在校表现和家庭经济困难情况,可获得国家奖学金、国家励志奖学金、国家助学金、国家助学贷款、学费减免、困难补助、生活补贴、勤工助学等多种形式的资助,真正做到“不让一个学生因家庭经济困难而失学”。目前,学校已经形成以国家助学贷款和国家奖(助)学金为主,以勤工助学、特困助学金、临时困难补助、物价(节日伙食)补贴等一系列校内助学措施和校外资助(助学金)为辅的资助体系。新生报到时,学校以“绿色通道”、国家助学贷款申请等形式帮助新生办理资助申请并为其入学提供便利。大学生在读期间,学校积极组织贫困大学生申报国家奖学金、国家励志奖学金、国家助学金和国家助学贷款等资助项目。校级补助方面,学校以校内外勤工助学、临时困难补助为主,辅之以各类专项补助,

表 6-2 2012—2019 年学校学生各类资助情况统计表

年份	国家奖学金(人)	国家励志奖学金(人)	自治区人民政府奖学金(人)	国家助学金人数(人)	奖助学金发放总额(万元)	勤工助学临时岗(小时)	勤工助学固定岗岗位(个)	勤工助学报酬支付(万元)	入伍学费代偿(人)	入伍学费代偿金额(万元)	生源地信用助学贷款(人)	信用贷款金额(万元)	其他资助(人)	其他资助金额(万元)
2012	16	304	33	2863	1040.5	30000	200	44.472	26	29.83	3412	1338.983	563	53.52
2013	16	325	62	2984	1101.5	31000	210	45.272	17	19.784	4275	1752.871	752	65.4
2014	17	354	67	3340	1226.15	38000	328	50.408	16	7.236592	5112	2326.517	1252	110.53
2015	17	393	70	3605	1327.16	34000	260	83.36	48	42.75203	5647	2800.304	4582	185.37
2016	23	499	85	5133	1996.6	34000	300	101.9627	27	35.059204	6893	3837.037	14850	285.358
2017	23	535	78	6072	2159.9	67800	352	143.584	57	75.236001	8062	4508.88369	21820	413.09174
2018	24	567	77	6061	2371.7	90500	557	200	79	103.664024	9091	5053.3236	25056	831.56925
2019	33	692	90	8084	2873.565	90500	636	230	79	102.864024	9961	6153.5842	27086	892.5247

如考研大学生路费补助、春节慰问费、路费补助、“绿色通道”等，充分考虑大学生日常学习生活的方方面面，实现学校“不让一个学生因家庭经济困难而失学”的郑重承诺。

近 8 年（2012—2019 年）来，学校为大学生开展各项资助工作（见表 6-2），确保了经济困难大学生不仅能够通过“绿色通道”就学，还能在国家助学贷款、勤工助学等物质资助的支持下顺利完成大学学业。

（二）涌现了一批自强励志先进大学生

教育部部长陈宝生 2018 年 3 月 1 日在《人民日报》发表署名文章《进一步加强学生资助工作》，其中指出：切实发挥学生资助育人功效，坚持育人导向，将育人作为资助工作的出发点和落脚点，构建物质帮助、道德浸润、能力拓展、精神激励有效融合的长效机制。要把社会主义核心价值观融入资助育人全过程。在奖学金评选发放环节，培养学生争先创优的奋斗精神；在国家助学金申请发放环节，深入开展励志教育和感恩教育；在国家助学贷款办理过程中，深入开展诚信教育和金融常识教育；在勤工助学活动环节，着力培养学生的劳动意识和自强自立精神；在基层就业、应征入伍学费补偿、贷款代偿等工作环节，培育学生树立正确的成才观、就业观和价值观。

榜样教育是做好大学生思想政治教育工作的有效途径。为激励百色学院学子自立自强，奋发成才，进一步挖掘、宣传大学生积极进取、拼搏奋进的感人事迹，在青年学生中树立一批勤奋学习、不畏困难、勇于进取的先进典型，引导更多的大学生向身边的榜样学习，努力成长为中国特色社会主义的合格建设者和可靠接班人，在前几年工作的基础上，根据共青团中央、全国学联的要求，结合学校实际继续组织开展大学生“自强之星”评选活动，并推荐参加全国评选。开展评选“自强之星”这项活动的目的在于弘扬革命老区的革命精神，树百色学院学子自立自强、奋发成才的先进典型，鼓励大学生发现身边自立自强、奋发成才的典型和榜样，树立广大青年学生身边可亲、可敬、可信、可学的榜样，引导广大青年学生学习自强不息、艰苦奋斗和扶贫济困的精神。评选的对象主要是在压力、挫折和磨难面前表现出顽强的毅力、勇于与命运抗争，或者有较长时间勤工助学经历，政治思想素质好，为人正直、积极进取、乐观向上，具有勤俭节约、诚实可信的优秀品质，学习态度端正，成绩优秀的在校大学生。在往年的“全国大学生自强之星”的评选中，学校 4 人获得“中国大学生自强之星”称号，分别是陆秋玲（2007 年度）、张琼玉（2014 年度）、黄海秋(2016年度)、周泳臣(2018年度);8人次获得“中国大学生自强之星”提名奖,分别是吴庚敏(2009年度),马凤超(2011年度、2012年度),陆康(2013年度),黄小倩(2015年度),李妙哉、梁宇霞、陈春燕(2017年度)。

附录1

自强之星——陆秋玲

选自广西新闻网2008年05月04日

网址链接:http://gxnews.com.cn/staticpages/20080504/newgx481cd8e8-1470442.shtml

逆境谱就“青春曲”——“中国大学生自强之星”陆秋玲

当今青年应如何面对困难,自强不息?

在“五四”青年节即将到来之际,百色学院举行报告会,介绍“中国大学生自强之星”获得者陆秋玲的事迹,震撼了不少师生的心灵。

2007年,陆秋玲被共青团中央评为“中国大学生自强之星”。2008年1月,她奔赴北京领奖,团中央书记处胡春华接见了她,鼓励她迎难而上,继续奋斗下去。百色学院书记周炳群号召百色学院所有学生向陆秋玲学习。

(一)

原来,在百色学院,不少人只知道陆秋玲是系里的学生干部,是班长,是优秀学生,可很少知道她有个不幸的家庭。

2007年3月,班上有一个学生为了报自考缺钱,求助于陆秋玲,陆秋玲二话没说,马上把身上仅有的100元借给了他。还有一次,班里一位学生为了过英语四级,急着买一台复读机练习听力,想来想去,找“有钱”的陆秋玲借钱,陆秋玲毫不犹豫地借给了他。

陆秋玲每年都获奖学金,而且还获得了中国大学生自强奖学金、国家励志奖学金、广西区政府奖学金等。“最高的奖学金,一次6000多元。”一学生羡慕地说,“陆秋玲肯定有钱!”

直到陆秋玲因父亲在家无人照料,她把瘫痪的父亲背到学校时,同学们才惊奇地发现这个弱小女子背后竟如此坎坷。

陆秋玲5岁丧母,14岁时奶奶瘫痪,19岁时父亲瘫痪,除奶奶、父亲之外,别无长亲。面对家徒四壁和两个重病老人的困境,她抚养老人,乐观生活,完成了初中、高中、大学的学业，谱写了一曲感人的“青春之歌”，向人们展现了新时代大学生的形象。

（二）

陆秋玲的母亲患病去世后，她父亲为了偿还母亲治病欠下的医疗费，外出打工，她和60多岁的奶奶相依为命。上学后，每日放学归来，听奶奶唱山歌，吃萝卜干，喝粥，做功课。这对陆秋玲来说已是世界上最美满的生活了。然而，天意捉弄人，上帝连这个最质朴的快乐也不愿意送给她。

2000年，她奶奶突然瘫痪，失去了劳动能力。懂事的陆秋玲没有抱怨生活，她一边照顾奶奶，一边帮助打工归来的父亲做家务和农活，并靠暑假打工，支付自己读高中的学费和生活费。

2005年6月10日，高考过后第二天，她豪情满怀，畅想着美好的未来。然而，坏消息再次传来，继奶奶之后，父亲又瘫痪了。这个消息，如一声闷雷，把她震翻在地。“完了，一切都完了。”那一瞬间，陆秋玲觉得所有的梦幻都破灭了。自5岁以来的种种磨难，像电影蒙太奇一样在她大脑里回放，她想大哭一场，却哭不出来。

邻居们说：“可怜的孩子，她的日子怎么过啊！”

陆秋玲的日子照过，而且在困难面前，她把生命之花开放得更加灿烂。2005年8月，陆秋玲接到了百色学院的录取通知书，也面临着抉择：选择读书，预示着选择更多困难；而放弃，则意味着自己一生只能守护在家乡这片贫瘠的土地。几经思考，她决定先把父亲和奶奶托于亲戚照顾，毅然带着500元钱，来到百色学院，在学校的帮助下，她以缓交学费入了学。

入学后，为了生活，她提前盘算好了：“用勤工俭学赚生活费和为奶奶、父亲治病的钱，用奖学金缴纳学费。”当别的学生无忧无虑地逛街购物和抱怨大学生活无聊时，陆秋玲却在拼命赚钱。

她拾捡教室和楼梯口垃圾筐里的废纸、塑料壳、矿泉水瓶、易拉罐等，每周能卖七八块，一些学生还为此瞧不起她。为了扩展“财源”，陆秋玲还代销电话卡，每张能赚0.5元。下课后，她就到各个宿舍推销电话卡，楼上楼下，逐个宿舍跑，有时跑了整栋宿舍楼，上上下下累计上百层。陆秋玲说：“最多的时候，一天能赚30多块。但有时颗粒无收，还吃不少闭门羹。”周末，她就到社会上找兼职，打杂工。有时候，兜里没有钱啦，她就紧紧腰带，忍受着饥饿忙功课。

日子难过，她从不诉苦，她说：“强者不需要怜悯，又何必诉苦？”

2006年,她奶奶去世了。2007年9月,委托照顾父亲的亲戚出去打工了,无奈的陆秋玲经过学院领导批准,把父亲接到了百色学院,她的家庭情况也展现在学生面前,学生惊讶之际,称她为“最牛的贫困生”。

“艰难困苦,都只是戴了面具的幸运之神。”陆秋玲说,“没有这些经历,我不会这么努力,没有这些经历,我也没有这么自强。”大学3年,她几乎摘取了各种校内荣誉。“3年的学费我都是靠奖学金来交清的。不仅这样,我还把剩余的奖学金拿回去给父亲治病。”

因为经历多,陆秋玲在学生中像“大姐大”,担任过班长,系学生干部,别人有困难,她都会主动帮助。

附录2

人才!申请20项国家专利的他从小就有一个发明梦——百色学院周泳臣

选自腾讯网2020年11月25日

周泳臣,男,汉族,中共党员,百色学院农业与食品工程学院设施农业科学与工程专业163班学生。活跃的思维、细致的观察、极强的自律性让周泳臣成了一名高效率的“发明家”,用他的话说,“每个月我都会申请专利”。

在校期间,周泳臣紧盯世界科技前沿,围绕国家发展战略需求和服务百色老区产业需要,多次攻克农业技术领域难题,成效显著。获得2018年度“中国大学生自强之星”、首届广西青少年科技创新自治区主席奖、第五届中国“互联网+”大学生创新创业大赛广西赛区金奖等荣誉,并申请了20项国家专利(发明专利13项,实用新型7项)。

#从小就有发明梦#

周泳臣回忆,还在上小学的时候,他就有了搞发明的想法,直到高二才将想法真正付诸实践。

但是他的学习生活并不顺利,母亲肢体四级残疾,父亲在2018年动了一场大手术,常年服药,大笔的医疗费用让家庭不堪重负,周泳臣不得不挑起家庭的重担,但他没有忘记自己的目标:要成为对国家、对社会有用的人。

周泳臣第一个拿去申请专利的发明是“可贴电子表”。在发明过程中,他得到了家人、老师鼓励和支持,获得国家知识产权局颁发的“一种多功能手机壳”实用新专利证书。

#长期钻研成就新发明#

周泳臣选择了设施农业科学与工程专业，他说：“我希望能在专业上深造，将来能在更高级的农业技术领域有所成就。”

2019年，周泳臣和他的团队研发“防堵塞滴灌装置发明专利”，解决现在农业种植中所用滴灌装置存在的堵塞问题，提高滴灌装置使用寿命，具有很强的实用性。该发明拿下第五届中国“互联网+”大学生创新创业大赛广西赛区金奖。

无论是生活中发现的一些小创意、小点子，还是向专业领域探索更实用的发明，周泳臣都充满热忱。“我每天只要一有空，就会去思考，只要发现一个点子就会一直钻研下去。”长期下来，他养成了很强的自律性，时时都有新的发现，引发新的奇思妙想，发明也渐渐成为他生活中不可缺少的一部分。

#律己助人志向远大#

“我承诺，尽己所能，不计报酬，服务社会，锻炼自己。”

作为大学生，周泳臣认为不仅是要学好知识，更要懂得奉献，他经常参加志愿服务。

疫情期间，百色市招募疫情防控志愿者，周泳臣第一时间报名参加，每天对村民进行体温测量，提醒村民佩戴口罩，协助开展秩序维护工作。

除此之外，他还参加环广西公路自行车赛、“关爱老人，从我做起”等志愿服务，给孤寡老人送去温暖。

他乐于助人，带动同学朋友尝试发明创造。“中国发展需要先进技术的支持，在与同学相处交流中，我会将自己一些获得发明创造的心得和他们分享，希望带动身边更多的同学、朋友，为我们伟大的祖国建设发展做出我们新一代青年人的贡献。”

“现在我已经有10项专利授权了，还有10项专利在实审中。对新事物的发明创造已经成了我生活中不可分割的一部分。”周泳臣说。

他探索不止，力求让自己的发明造福更多的人；他不断进取，要求自己能够在发明创新领域有更好的成绩，以此报效祖国。

（三）贫困学子参赛获奖情况

学校每年积极组织贫困大学生参加校内外各类各级比赛，如在全区高等学校受助大学生当中开展的主题为“励志 · 感恩 · 诚信 · 奉献”资助政策网络知识竞赛、“感恩在心　诚信在行”主题微电影比赛、“感恩祖国、助学筑梦、励志成长”主题征文比赛、“感恩祖国、助学筑梦、励志成长”主题演讲等，并获奖。

表 6-3　学校 2009—2019 年大学生竞赛获奖情况

年份	获奖情况
2019 年	在 2019 年全区“感恩祖国、助学筑梦、励志成长”主题演讲决赛中，覃彬同学获得三等奖；“诚信在我身边”主题宣传标语和电子板报比赛，张成妃同学《以诚相贷，以信融爱；理性借贷，诚信还贷》荣获最佳宣传标语作品奖，周栩兰同学《树诚信意识，做诚信学子，建诚信校园，创诚信社会》获得优秀宣传标语作品奖，邓金梅同学《诚信伴我行》获得优秀电子板报作品奖；2019 年全区“感恩祖国、助学筑梦、励志成长”主题征文比赛，李吉薇荣获高校组三等奖
2018 年	在 2018 年全区“自立自强、诚实守信、知恩感恩、勇于担当”主题征文活动中，覃丝同学获高校组二等奖
2017 年	在 2017 年全区“助学筑梦　励志成才　担当有为”资助征文比赛中，凌彩庆老师、莫凡老师被评为“优秀指导老师”，陆慧敏同学获得二等奖，班贵盛同学获得三等奖
2016 年	杨昌华同学获评 2016 年广西高校励志典型人物；在 2016 年全区“国家资助励志成才”资助征文比赛中，潘能玲的《感恩国家资助，圆我成才之梦》获得一等奖，彭德磊的《助学筑梦，助我成才》获得二等奖
2015 年	在 2015 年全区“国家资助励志青春”资助征文比赛中，伍玲秀、王娜、巩夏辉同学均获得三等奖，张年凤老师被评为“优秀指导老师”
2014 年	在 2014 年全区“国家资助助我飞翔”主题征文比赛活动中，杜晓玲老师、李艳萍老师、宋贝老师被评为“优秀指导老师”，陈艳华同学获得二等奖，廖小玉同学获得三等奖，封钊明同学获得优秀奖
2013 年	在全区高等学校“助学政策助我成才”征文比赛中，袁碧珍的《寻找心的落点》、张辉伟的《学会沉淀，学会感恩——感恩之心伴我行》获二等奖，甘大清的《喝水不忘挖井人，滴水之恩定相报》获三等奖

续表

2011 年	韦增璧的《怀感恩心，做诚信人，走自强路》和蓝柳娜的《在磨难中微笑感恩》，在全区高等学校“助学政策助我成才”征文比赛中均获二等奖
2010 年	包丽婷的《漫漫修远求学路，助学政策伴我行》在全区高校“助学政策助我成才”征文比赛中获得二等奖，冯英梅的《携手助学政策，爱与我同行》以及刘敏连同学的《春日雨夜心绪》获得三等奖
2009 年	苏冬玲同学的《待化羽的毛毛虫》获得全区“助学政策助我成才”征文比赛二等奖

附录 1

参赛获奖学生作品(一)

资助之情，绵长又深深

求学之途遇断粮，好在国家还有党。资助政策慰我心，砺志笃行莫忘情。

——题记

总是在题海中遇到一道道难题，认真思考都不觉落寞；总是在老师旁追问一个个定理，细心聆听也会豁然开朗；总是在花树下背诵一篇篇英文，秋日萧瑟也能闻夏花；总是在晚风中奔跑一圈圈球场，无边黑夜亦能赏繁星；总是在台灯下修改一遍遍论文，雨打纱窗亦能听夜曲；总是在资助里行走一个个站点，砺志笃行不怕远。

春风化雨，夏月蝉歌，秋知落叶，冬去春来。我乘着国家资助的翅膀，心怀国家资助的浓情，砺志笃行，唱响青春。

执笔追忆，艰难岁月

怀揣着梦想踏进大学的校门，大学很美。碧草生辉，繁花似锦，林间万点绿，木棉无数红，笔墨书香，诗情画意。这里有逛不完的建筑物，这里有赏不腻的花，这里有看不够的图书，这里有渊博学识的老师，这里也有奋斗不息的学子……这里的一切，都很美好。

我特别喜欢，清晨迎着温暖的风看着学校的天空，因为这里的天空特别蔚蓝，洁净无纤尘。

老舍先生说：“生活是一种律动，须有光有影，有左有右，有晴有雨，趣味就在这变而不猛的曲折里，微微暗些，再明起来，则暗得有趣，而明乃更明。”

也许，太过蔚蓝的天空偶尔也会飘浮几朵灰色的云朵。恍惚中，时间轻轻弹，细雨纷纷飞。求学之途遇断粮，忘不了那段艰难的时光。

我和孪生弟弟同读大二，于父母而言，我们的每一份支出都是双倍，日子也还算过得去。可是，就在大二第一个学期的时候，爸爸病了，整个家庭的重担全压在妈妈身上。

那段时间，我与妈妈的电话联系变得越来越少，总是寥寥数语便挂了电话。我知道，妈妈在拼命加班，我很想很想替妈妈分忧。可是我明白，只有努力学习，将来找到一份好工作，才是我目前应该做的事情。

我连续三周早餐只吃了一个馒头，晚餐只喝了一碗白粥，这些我都没有跟妈妈说，因为我知道，每一个月妈妈都会按时打生活费给我。如果推迟了，那说明妈妈是忙到忘记了，或者是因为手头上实在是没有多余的钱，而且我也已经习惯粗茶淡饭了。

那天黄昏，妈妈打来电话，电话那头是妈妈关切的话语，妈妈问道可还有生活费，我认真地“嗯”了一声。因为我知道，我还可以再坚持两周。

夕阳的余晖打在我脸上，朦胧间，我仿佛看到远在外省打工的妈妈在工厂重复着枯燥无味的工作，厂长时常巡查，告诉工人们继续加班的消息。我的心狠狠地触痛了，眼眸泛起泪珠。

描摹资助，温暖时光

走过艰难的岁月，迎来崭新的时光。第七周的周一，我的卡里突然间多了几百块钱，不是妈妈打的，而是师范生补助金。这几百块钱的师范生补助金仿佛一场大雨冲刷了艰难的岁月，现今呈现一派葱茏的光景。回想起那段岁月，恍然一场梦，清晰又真实。

林风阵阵，吹拂我的眼眸，裙摆轻扬。我知道，师范生补助金是党和国家对我们师范生的关怀，看着手机里师范生补助金的短信，眼泪像掉了线的珠子，瞬间模糊了手机屏幕，可是我清楚地知道，那是感动之泪，那是幸福之泪，那是感恩之泪。

流萤点点，灿若星光。我迎着图书馆窗外眺望万家灯火，恍然间，笔尖划过一行字。我细看，原以为是我擅长的一堆煽情文字，结果却是简简单单的几个字“幸运是我遇见你——师范生！”

师范生，是我多年来的一个梦，从小立志做一名人民教师，站在三尺讲台，用粉笔写下隽秀的字迹，用自己的话语传递知识，用自己对教师的爱丰富自己的情感，用自己的真心呵护每一个学生的成长。“为人师表，行为世范”，用心在“教师”这片土地上开垦种植，等待未来桃李满天下。

师范生补助金，是我们党和国家给予我们每一个师范生的支持、鼓励以及信任，更是一份寄托。我知道，师范生补助金，让我不再饥饿，不再彷徨，不再无助，让我可以安心在“教师”这片光荣而神圣的领土里，爱我的生，行我的职，听从我心，无问西东。

师范生补助金，温暖了青春流年，盈润了大学岁月，风华了师者姿容，烙在我心底，凝成最美的情。

书写感恩，砺志年华

感恩是一幅色彩斑斓的风景画，远山含黛，春色连波，草长莺飞，纸鸢翔空，燕影剪水，垂柳依依。感恩，是填不完的词，是唱不厌的歌，是描不尽的画，是道不够的情。励志，是披荆斩棘的豪迈，是勇往直前的气魄，是无畏得失的洒脱。我只想在七彩的青春里，赴一场砺志年华。

大学至少该有的姿态，是持着资助的感恩而全力以赴，不怕遥远，不怕艰难，不怕挑灯夜战，甚至不怕风雨路，只想在我最美的年华里，去奋斗。

今夜，月华如水，波光粼粼，微风渐起，就让我借一支感恩的小楷笔，去描绘、去勾勒、去书写自己砺志年华的点滴。

因为这份感恩，拒绝了最爱的韩剧；因为这份感恩，拒绝了一切网络游戏；因为这份感恩，拒绝了一切想要虚度的理由。

于是，我担任生活委员，处理各种烦琐复杂的事务，磨炼自己的毅力，坚持与毅力是教师职业必备的锦囊；我参加多次演讲比赛，均获得不错的奖项，锻炼自己的胆量，为未来站在三尺讲台培养自信与勇气；我坚持练习跆拳道，强身健体，因为我知道健康的体质是未来备课授课必备的法宝。

每一个学期期末，大学不挂科似乎是很多大学生心中的期望，而我，只要优秀。

从大一至今，我都名列前茅，看着自己满意的成绩单，我告诉自己：“加油！感恩资助，不负师者，无悔青春，报效祖国！”

优异的成绩单背后，藏着我的努力与汗水。

当别人在宿舍里看韩剧，而我在图书馆看书；当别人在KTV唱歌，而我在自习室写作业；当别人在约会看电影，而我在为专业打下坚实的基础。

当一篇篇文章刊登在校刊及院刊上的时候，当参加的征文比赛获得区级一等奖的时候,当印有自己名字的奖状颁发到自己手中的时候,当站在舞台弯腰接下获奖证书及听到老师鼓励的时候,当听到现场雷鸣般掌声响起的时候,我知道所有的坚持与放弃都是值得的。

长风万里,笙歌轻起,我听到资助的歌声,悠扬飘荡;陌上花开,莺歌燕舞,我看到资助的美景,如诗似画;宣纸百尺,手持丹青,我写上感恩的真心,砺志笃行!

丝丝缕缕的感恩,如同荷花的幽香,在月光下清浅地浮动;如同飞燕的舞步,在石桥边轻巧地掠过;如同光阴的笔墨,在指尖下宁静地流淌!

资助之情,绵长又深深,若说是一幅画,其间却有流淌的意象;若说是一首诗,其间却有婉转的吟唱;若说是一支曲,其间却有无声的流云;若说是一杯酒,其间却有清醒的思念;若说是一帘梦,其间却有可以触摸的温度!

感恩之心诉不完,努力拼搏剪不断!都说流年似水,可是时光知味。时光会明白,每一个努力付出的人;时光会懂得,每一次奋斗的汗水;乘着国家资助的翅膀,砺志笃行,愿时光不会辜负,那些如金子般闪闪发光的梦想!

(作者:教育科学学院覃丝,获 2018 年广西全区“自立自强、诚实守信、知恩感恩、勇于担当”主题征文活动高校组二等奖)

参赛获奖学生作品(二)

感恩国家资助,圆我成才之梦

鲜花感谢雨露,因为雨露滋润它健康成长;苍鹰感谢长空,因为长空让它自由飞翔;我感谢祖国,因为祖国的资助让我励志青春。求学的路上,感谢国家资助,感恩有你,让我励志成才,让我成功圆梦。

我出生在广西合浦县的一户普通的农户家庭里,家里人多地少,从小生活一直很艰辛。父母亲都是憨厚老实的农民,他们含辛茹苦地把我们几个兄弟姐妹拉扯大,一直为着我们的学费和生活费而日夜操劳着。父母亲在我的记忆里,简单到只有每天辛苦劳作的身影。为了我们几个兄弟姐妹,他们披星戴月,不舍昼夜,却不曾后悔和放弃。小时候的我真的很不懂事,常常闯祸,也给父母亲增添了不少的麻烦,年幼无知的我根本不能体会父母亲的艰辛,也不能感受父母亲的劳苦,我只知道他们天天都要工作,却很少有时间管我。当看着小伙伴的父母亲总是带他们去玩,当看到小伙伴们总是穿着父母亲给他们买的漂亮的衣服鞋子的时候,天真的我总埋怨父母亲不管我，也不理我，甚至一点都不爱我，那时候我的心里感觉挺委屈的。

直到我渐渐长大，直到我读书的时候才明白，原来他们不是不管我，也不是不爱我，而是真的没有时间陪我。在我读小学六年级的时候，我的一个大姐刚好考上了大学，二姐和三姐要读高中，一个哥哥要读初中，那时候还没有任何的国家资助政策，也没有任何的困难补助，家里所有的重担都压在父母亲已经弯曲了的背上，其中也欠了不少的债务，但这些债务基本上都是借来的学费。所以父母亲每天都很辛苦，很忙碌，在农忙时候，他们就出去干农活，农忙完了之后就去给别人家做工换取一些生活补贴。他们早出晚归，我似乎没有太多的关于父母亲年轻模样的记忆。对于父母亲的艰苦，其中最令我心疼的是每年寒风刺骨的冬天的晚上。当别人已经进入了甜甜的梦乡的时候，我的父母亲依然在茫茫的大海上奔波，漫长的黑夜竟染红了他们的双眼，当我看着父母亲那被凛冽的寒风吹裂了的双唇，当我看着父母亲那被冰冷的海水冻伤了的双手，当我看着父母亲那满头被风霜染白了的头发，而他们却依然用充满温柔的、充满慈爱的眼神望着我微笑，这时候，我用颤抖的双手摸着自己的胸口微弱地问着自己，我有什么理由责备父母亲没有时间陪我，我有什么资格说父母亲不爱我，我还有什么勇气去埋怨我那劳苦的父母亲？当我转身用手轻轻地抹下愧疚而悔恨的泪水的那一刻，我暗暗地下决心，一定努力勤奋读书学习，不辜负父母亲的期望。所以从小学开始，我一直发奋努力学习，成绩一直名列前茅，获得的奖状证书让那小小的房子贴不下了。

然而，不幸的是我最亲爱的父亲，因为长期的操劳过度和长期的饮食不规律，而患上严重的胃病。有几次因为严重胃出血而被送进医院进行紧急抢救。那时候的我真的很害怕，我害怕失去父亲，我害怕我会失学，但是我更害怕，善良的母亲会伤心欲绝。还好，上苍感受到我的祈祷，让父亲平安归来，但是，我的父亲却比以前苍老了很多很多，而我的哥哥身体欠佳，也加重了家庭的生活负担。高三那段时间，也许因为担心家里，担心父母，担心哥哥，一向成绩优异的我在考试时发挥失常，没能考出我理想的水平。不过幸运的是，我最后被百色学院录取了，从此开始了我的大学征程。

自从我踏入了大学之门之后，我深刻地明白，读一所大学，很不容易，对于自己，对于父母，对于家庭，都是任重而道远的。随着年龄的增长，我变得日益年轻活力，而父母亲却日渐苍老，所以我加倍珍惜这份来之不易的大学生活，非常珍惜这次来之不易的求学机会。然而当我看着父母亲额头上明显的丝丝皱纹，当看着父母亲那显眼的缕缕白发，当看着父母亲那痕迹斑斑的双手，我想开口要生活费的话却硬生生地又被吞了下去，虽然我通过做一些兼职能够获得少许的生活费，但这对于上涨的物价实在是杯水车薪，曾经的我也常常因为生活费而苦恼，却不敢向任何人倾诉，包括我那最亲爱的父母亲。

但是，在学校里，和我一样困难的学生有很多，他们有的比我优秀，有的比我开朗积极，有的比我还勤奋努力，在他们身上我也学到了很多，我哪里有理由让自己自卑，哪里有借口让自己自暴自弃。幸运的是，大学期间，我获得了国家的资助，正是因为有了国家的各种资助，使我得以在校园里更加安心学习，认真工作，并更好地提升自己各方面能力。我不会再常常因为各种生活琐事而耽误学习，我从不迟到早退，而是积极参加各种校园文化活动，参加社团工作等。正因为有了奖助学金的相伴，我前进的道路更加宽广，我的心灵不会再孤寂与无助，我成才的梦想更加坚定。我相信，平凡的我因为有了感恩的心而不再平凡。

因为感恩国家资助，我选择了奋斗。作为承载未来和向往明天的大学生的我，秉承中华民族自强不息的宝贵精神，以顽强的斗志、务实的行动书写着理想的青春答卷。因为获得了国家的资助，所以我决定用实际行动去表达我内心满满的感激，用我的真情去回报社会，用我的奋斗去担起我肩上的那份大学生应有的责任。大学的我，从参与班委各种工作到担任社团干部和学生会干部的锻炼，从参与社会实践到执行各种工作任务等，在这些事务中，我的各方面能力都得到了有效的锻炼与提高，包括组织能力、沟通能力、协调能力以及个人胆量等。也因为这样，2014 年我被评为“优秀社团之星”和“优秀社团干部”。大学的课程很多，但是我认为这不是我们作为大学生可以挂科的理由，而是应该作为认真学习科学文化知识的奋斗目标。所以，我上课时会认真听课并积极回答课堂提问，下课后我会积极参加各种学术研讨活动等，因为各方面表现突出，2015 年我被评为“广西壮族自治区三好学生”和百色学院“校级十佳学习达人”等。我始终相信，越努力越幸福。

因为感恩国家资助，我选择了坚强。人生中总是不能避免沧桑，但爱心总能给荒芜的沙漠播下新的希望；生活中总是不能一帆风顺，但爱心总能给失落的心灵以坚强的力量，而国家的资助就是一座点亮我生命、让我坚强勇敢的灯塔。大学时期是奋斗努力最好的时期，也许充满坎坷，也许充满血泪，也许充满迷茫。很多时候，繁重的学业和繁忙的工作任务常常会让我不知所措，曾经的我一度也想过放手，给自己自由快活。但是,当我想起我年迈的父母亲,当我想起国家资助为我解决了那么多的困难,我不该就这样轻易选择放弃,我不能辜负父母亲,我不能辜负党和祖国对我的关切与期望,不管遇到多少艰难困苦,我都要坚强,要勇敢。因为我相信暴风骤雨总是暂时的,不管有多大的艰难险阻,只要我足够坚强,只要我足够勇敢,只要我能够坚持,总有一天我会迎接最美的彩虹,迎接那最温暖的太阳。

因为感恩国家资助,我选择了奉献。自从获得国家资助后,我心中充满了感激,我会利用课余时间和放假时间积极参加各种公益活动,包括去养老院为孤单的老人们送去关怀,去特殊教育学校为那些被上帝折断了翅膀的天使送去温暖与欢乐,我还积极参加"彩虹桥"等志愿服务行动。2015 年我被评为"广西壮族自治区彩虹桥行动优秀志愿者"。大学时候的我利用课余时间认真努力学习了毛笔书法,每到寒假,我会积极响应百色学院"应用型人才培养工程"的号召,多次代表学校带队到乡下义务送春联,发扬百色学院的"石磨精神"和百折不挠的精神,运用自己所学,通过自己的技能回报社会,表达百色学院的人文精神关怀。我们下乡义务送春联的活动,每次都能获得当地群众的一致好评。获得国家资助之后,因为我常常参加各种公益服务活动,所以 2015 年我荣获百色学院"道德风尚奖"。奉献感恩的点点滴滴,常常让我收获成长与感动。

成才之路,因为感动,所以感恩,因为感恩,所以快乐。或许人生就是一段孤独的旅程,走过的路,都是我们自己编织的生活,也许我们无法预知未来,但是我们却可以创造未来,也许我们无法选择出身,但是我们能选择改变自己的命运。我非常感谢党、感谢政府、感谢国家资助、感谢学校、感谢父母亲、感谢老师、感谢同学、感谢所有帮助过我的人。成长的路上,正因为有了他们的支持,有了国家资助的相伴,我才能更好的成才,努力让自己成为一个心怀感恩、乐于奉献并对国家对社会有用的栋梁。

珍惜才能拥有,感恩才能天长地久。国家助学政策为我插上了理想的翅膀,让我能够更顺利的成长、成才。祖国在我最困难的时候帮助了我,我很感动、我很珍惜,但我更感恩。我也很希望所有获得国家资助的同学朋友们,都能立志做一个对社会有用的人,自立自强、诚信感恩,为建设祖国而奋斗,将来能够更好地回报祖国,回报社会,做一个真正的、合格的社会主义建设者和可靠接班人。而我,也将在今后的学习工作中继续努力奋斗,争取将来能够为祖国、为社会做出更大的贡献。

(作者:百色学院政治与公共事务管理学院潘能玲,获 2016 年广西全区"助学

筑梦,励志成才”主题征文活动高校组一等奖)

(四)学生感恩母校回馈社会活动

诚实守信是中华民族的传统美德。习近平总书记在不同场合对诚信的重要性作了多次阐述,他说:“对突出的诚信缺失问题,既要抓紧建立覆盖全社会的征信系统,又要完善守法诚信褒奖机制和违法失信惩戒机制,使人不敢失信、不能失信。对见利忘义、制假售假的违法行为,要加大执法力度,让败德违法者受到惩治、付出代价。”习近平总书记的讲话为诚信感恩教育在高校开展提供了基本遵循。习近平在中共中央政治局第三十七次集体学习(2016 年 12 月 9 日)时强调,大学生是推动社会发展的生力军,是实现中华民族伟大复兴中国梦的重要力量。感恩教育也是诚信教育的内容之一,高校开展感恩教育,培养大学生的感恩情感,激发他们对美好事物的追求,让他们能够主动思考、实践人性中的善良和爱。要增强大学生的感恩意识,提升大学生的道德修养,全面发展大学生的素质,为国家培养出更多的优秀人才,促进国家发展,提升国际竞争力。

学校多年来在学生资助工作中开展诚信感恩教育活动,使大学生懂得诚信为本、操守为重,进一步明确诚信教育的价值标准,明确什么是真善美,什么是假恶丑,明确应该提倡什么、反对什么,肯定什么、否定什么,切实营造良好的诚信教育氛围,也使大学生懂得“知恩知报”和“施恩应当”的道理,做到既有报恩之心,更有感恩之行,在家庭尽孝心,在学校献关心,在社会献爱心。学校每年都涌现大学生感恩母校回馈社会的各种公益活动,学校受资助大学生及家长对学校由衷地感激并写了感谢信等。

1.大学生感恩母校的活动

在学校 2018 年的 80 周年校庆中,许多在校生及校友均纷纷为学校捐赠钱款或者物资。各二级学院结合本院实际,组织开展形式多样、丰富多彩的庆祝活动。有本学院的办学成果展、校友座谈会、校友励志讲座、校友学术讲座、校友企业合作洽谈会、校友班级聚会等,非常热闹;图书馆和部分二级学院还开展了校友主题捐赠活动。校庆期间,校友捐赠踊跃,学校收到捐赠资金共 147 万多元(截至 12 月 18 日),其中收到在线捐款 7 千多人次共 46 万多元,现金和银行转账捐款 101 万多元;收到图书、书画作品捐赠 640 多册(幅);收到的实物捐赠主要有校训石、校友林木、石桌椅等;收到的其他捐赠物品还有红木船舵 1 个、坭兴陶瓶 2 个、电脑 6 台、打印机 6 台、碎纸机 3 台、音箱 3 台、古筝 1 台。

2. 大学生反哺社会的活动

（1）学校自强社开展的“善行 100”活动。

“善行 100”是中国扶贫基金会发起的大型志愿者筹款活动，活动倡导志愿者开展公益宣传和筹款，通过善行传递百分百善心，汇聚全社会爱的力量，关爱贫困地区的孩子。该活动由学校大学生自强社具体承办。学校大学生自强社是在中国扶贫基金会下注册的公益社团，在学校学生资助管理中心指导下运作。自强社成立于 2012 年 6 月，以“传递社会关爱，锻造自强之才”为宗旨，以“感恩、笃学、求是、务实、自强”为口号，是由热爱公益的大学生组成的自我成长、自我锻炼、回报社会的社团组织，在学校学生资助管理中心的指导下，充分发挥高校智力和人才优势，定期开展形式多样的义工服务和其他方式的社会实践活动，以此增强受资助大学生回报社会的爱心意识及社会责任感，提高受资助大学生的综合素质和能力。社团主要活动有“善行 100”活动、爱心宿舍活动、“关爱留守儿童，用爱播散阳光”公益活动、雷锋月活动、“敬老院之行”活动、“9・9”公益等活动，其中“善行 100”的影响力最大，每年社团为山区孩子们募捐到数万元的善款，如：

2017 年“善行 100”最终成绩为 78000 元；

2018 年“善行 100”最终成绩为 62000 元；

2019 年“善行 100”最终成绩为 100700 元。

多年来社团的无私奉献获得了来自各方的高度赞扬和一些荣誉，如：

2017 年荣获由中国扶贫基金会颁发的“爱心团体”荣誉称号；

2018 年获评学校社团“四星级”社团；

2018 年获评“最佳志愿服务组织”；

2018 年获评“最佳志愿者服务项目”；

2018 年荣获由中国扶贫基金会颁发的“爱心团体”荣誉称号；

2018 年荣获由中国扶贫基金会颁发的“有爱行动家队伍”荣誉称号；

2019 年荣获庆祝中华人民共和国九十周年海报比赛最佳人气奖；

2019 年荣获由中国扶贫基金会颁发的“优秀社团”荣誉称号；

2019 年中国扶贫基金会开展“2019 公益未来・‘9・9’公益活动”，学校自强社在全国 310 个高校社团中排名第六。

中国扶贫基金会(函)

中扶会函字[2019]398 号

关于表彰 2019 年善行 100 · 温暖行动优秀团队和个人的通报

百色学院：

2019 年，善行 100 · 温暖行动在各方的努力下取得了丰硕成果。2019 年 10 月 20 日-12 月 8 日，全国有 141 所高校 79851 名大学生志愿者参与活动，志愿服务 1292471 小时，累计为爱心包裹项目筹集善款 1067.8 万元。成功帮助贵州、云南、甘肃、四川、河北、山西、陕西、湖南、青海、湖北 10 省 26 县的 53 所小学 76731 名乡村小学学生圆梦。

贵校在本次活动中积极动员，广泛参与。累计组织志愿者 4000 人次，服务 6859 小时，筹集善款 100700 元。经我会研究决定，授予王璐等 8 名同学“优秀服务者”称号，授予董玉凤等 3 名同学“二星级志愿者”称号，授予黄虹瑜等 115 名同学“一星级志愿者”称号，授予新长城百色学院自强社团体“爱心团体”称号。

感谢老师和同学们对活动的辛苦付出，期待 2020 年能够继续支持善行 100 活动。

附件：

1. 2019 善行 100 · 温暖行动百色学院表彰名单
2. 2019 善行 100 · 温暖行动百色学院帮扶学校名单

中国扶贫基金会

2019 年 12 月 25 日

联系人：朱超

电话：010-82872688-263/18910554234

邮箱：shanxing100@fupin.org.cn

官网：shanxing100.fupin.org.cn

中国扶贫基金会　　2019 年 12 月 25 日印发

图 6-8　2019 年学校“善行 100”活动获表彰情况

(2)学校电子科技俱乐部义务维修献爱心。

学校电子科技俱乐部成立于 1992 年，是一个学术性、公益性和实践性相结合的具有强烈社会责任感的大学社团组织。在校团委和信息工程学院的直接指导和关怀下，以“承担责任、服务社会、锻炼自我”为宗旨，以“爱心献给社会，信心留给自己，体验农民苦心，普及科技知识”为己任，走过 19 载的风雨历程，目前拥有会员 202 人，多年来多次为校内外师生群众义务维修，得到了广大师生群众的赞扬。

表 6-4　2016—2019 年学校电子科技俱乐部开展义务维修的家电维修记录

时间	地点	参与人数（人）	维修家电数量(件)	修好家电的数量(件)	备注
2016 年 11 月 26 日	百色市建华厂	120(新生及会干)	128	72	大型家电:空调、电视机、电脑主机
2017 年 3 月 18 日	百色市糖厂	50(会干及部分会员)	81	65	部分会干上门维修电脑和洗衣机
2017 年 11 月	百色学院澄碧校区	60 人	50	46	主要维修物件为耳机、电脑和数据线
2018 年 9 月 23 日	百色学院东合校区	48 人	40	33	主要维修物件为电风扇
2018 年 10 月 29 日	百色学院澄碧校区	48 人	65	58	维修耳机、数据线,指导老师现场指导
2018 年 12 月 16 日	百色市建华厂	156	110	98	指导老师现场指导,大三、大四师兄指导
2019 年 3 月 23 日	百色市糖厂	136	136	110	指导老师现场指导
2019 年 4 月 20 日	百色市大华厂	128	108	98	指导老师现场指导
2019 年 5 月 29 日	鼎盛中央公园	70	128	124	已毕业的校友过来现场指导

(3)具有百色精神的党员志愿服务队伍。

学校通过多年实践,从提升党员干部的服务品格、服务思路、服务方法等几个方面入手,探索和积累了良好的党员志愿服务经验,打造了一支服务群众能力强的服务型党员队伍,为师生提供精准化、精细化服务,帮助群众办实事、办好事。

例如图书馆党员志愿服务活动:为充分发挥党员先锋模范作用,更好地为读者服务,图书馆党支部开展“党员先锋岗志愿服务”的主题党日活动。活动中,图书馆党支部全体党员利用双休日休息时间,在读者服务一线岗位值班,为读者办理借还书、测量体温、咨询业务等服务活动,党员们率先垂范,进一步展现了图书馆“全心全意为读者服务”的宗旨,提高了服务读者的力度和质量,为广大职工树立了榜样,深受广大读者及馆职员工的好评。

学校党员志愿服务活动进一步增强了党员服务群众、奉献社区的责任感、使命感和荣誉感，集中展示了党员的先进性和模范带头作用，增强了凝聚力，有力推进学校更好更快发展。

附录 1

学生学员志愿服务喜获佳绩（新闻报道）

喜讯：学校“助力扶贫”支教服务队荣获 2019 年全国大中专学生志愿者暑期“三下乡”社会实践活动优秀实践团队称号

12 月 11 日，团中央青年发展部下发《关于 2019 年全国大中专学生志愿者暑期“三下乡”社会实践活动的通报》，学校“助力扶贫”支教服务队荣获 2019 年全国大中专学生志愿者暑期“三下乡”社会实践活动优秀实践团队称号。

校团委积极推进百色精神铸红魂“三全育人”体系建设，2019 年共组建 40 支大学生“三下乡”团队到基层开展精准扶贫、乡村振兴、环境治理、理论政策宣讲、公益支教、文化下乡等实践活动。其中，外国语学院“助力扶贫”支教服务队前往百色市右江区深圳小镇开展支教活动，举办“携手联欢 · 成果汇报 · 爱心圆梦”晚会，百色新闻网、百色电视台、右江日报等媒体对活动进行了报道。

据悉，2019 年共有 400 个全国大中专学生志愿者团队获得暑期“三下乡”社会实践活动优秀团队称号，其中广西高校共有 10 个团队获此殊荣。

百色学院先锋党旗红平台

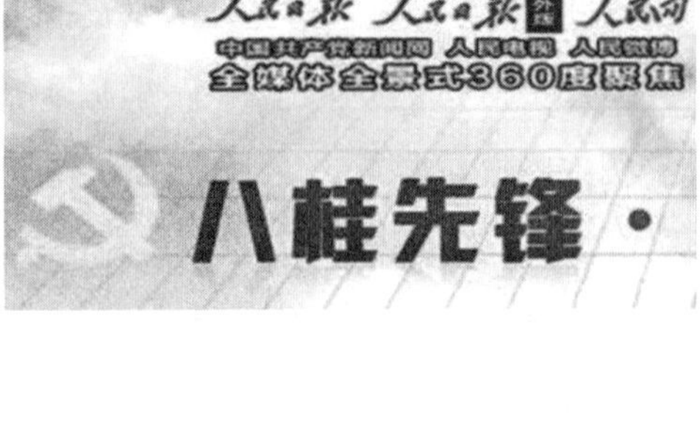

人民网 >> 广西频道 >> 科教文卫

"我是党员志愿者，我在战'疫'一线"

2020年02月15日22:14　　分享到：

百色学院志愿者在为群众测量体温。杨建波摄

2月11日起，响应百色市委号召加入防疫志愿者队伍的百色学院党员干部或走进社区，开展疫情排查和宣传工作，或在物资装卸场为防疫物质及时送达战场挥洒汗水，彰显了百色学院党员干部面对疫情决不后退的责任担当。

图 6-9　学校学生学员志愿服务喜获佳绩

（五）贫困生及家长致学校感谢信

学校多年来对学生资助工作的高度重视及扎实工作得到了大学生及家长的高度肯定，我们选取了几位贫困学生和学生家长给学校的感谢信。

感谢信一（学生篇）

尊敬的领导、老师们：

你们好！

首先，我要发自肺腑真诚地向一直关心我们生活、学习、家庭的学校领导说一声："谢谢你们！是你们让我的家庭懂得什么是温暖！"

有一种温暖，叫精准扶贫；有一种责任，叫大家行动；有一种鞭策，叫促使我进步。近几年来，各高校、单位精准扶贫行动开展得如火如荼。我们百色学院也不例外，为了把扶贫工作更好地落到实处，为了让每个贫困家庭不再贫困，学校为我们贫困家庭免费送出慰问礼物，我的心里十分温暖而又感慨万千。

作为一名建档立卡贫困家庭的受助者，我能为生长在这样温暖的社会主义大家庭，能在宽敞明亮的高楼大厦里学习，而感到无比幸福和激动。我家住在那坡县百都乡感怀村马荷屯，通往家乡的是一条"羊肠小道"。我是单亲家庭的孩子，为了生计，妈妈每天不得不起早贪黑地干活，除了照顾好这个家，一有空就去做事，为的是可以多挣些钱补贴家用。这一切，我看在眼里、疼在心里，多么希望自己能快快长大，能成为家中的"顶梁柱"，让妈妈能安适地睡个好觉。

廖承业书记作为我们百色学院的代表到我们村担任第一书记，他挨家挨户体察民情，他穿着朴实、为人善良、工作认真，做什么事都考虑得非常周到，有什么好政策第一时间通知我们，对待村民如同对待家人般和蔼温暖，我们真真正正地感受到了政府、学校对我们的关怀，当他知道我家庭有困难时，第一时间想办法提供帮助，帮我们解决了很多生活难题（房屋改造、教育补贴、雨露计划、生活补助等），这点点滴滴我也是看在眼里，在政府、学校的帮助下，我家脱离了生活困难，他们是真真正正做到了为人民服务，我们非常感谢。

在廖书记一次次向我的家庭伸出援助之手时，给予我们的不仅仅是物质金钱的帮助，更多的是代表学校领导对我家庭的亲切关怀。这几年来，我们学院的领导老师每逢过节都会来看望我们，大包小包的（如慰问金、衣服、油米、被子等），还有御冷的棉衣、棉裤，进门就嘘寒问暖；学院领导、老师时常会主动关心我家里以及我生活学习的情况，希望我在党和政府的关心、帮助下，克服困难，摆脱贫困，重建家园，也鼓励我在国家资助政策的扶持和学校师生的帮助下，安心学习，努力成长成才，这点点滴滴温暖而励志的话语，都会让我深深感受到你们对我的家庭无微不至的关心。

尊敬的学院领导、老师们，是你们在百忙之中还惦念着我们，是你们给我梦寐以求的衣服，是你们的关爱让我们感受到了冬日的暖……你们亲切的问候，像甘露般滋润着我的心田，你们那和蔼的目光，如慈母一样给予我安慰，给予我力量，给予我自信……

滴水之恩，当涌泉相报。今后，我会以你们为榜样，像你们关心我一样尽自己所能去关心身边需要帮助的同学，让他们知道，其实在我们遇到困难的时候，背后有很多人和我们站在一起；作为未来青年教师的我会用实际行动，努力学习，多学文化知识、多学本领，将来用自己所学，回报社会，为乡村的教育事业贡献微薄之力。

最后，祝领导、老师们工作顺利，心想事成！

此致

敬礼

教育学院学生：梁彭康

2020 年 5 月

感谢信二(学生篇)

尊敬的学院领导、老师们:

你们好!我是食品本181班的韩淑丹。此时此刻,我唯一能用的言语就是感谢,感谢一年多来关心、爱护我成长的国家、学校、学院领导和老师们,感谢生活上给过我莫大帮助的同学们。

我原本有一个经济困难的家庭,你们的帮助使我的生活变得美满。2017年之前,我们还住着"屋外下大雨,屋里下小雨"的木架结构的房子,2017年底我们的新房就建好了,它虽然不大,但是可以为我遮风挡雨。我家的情况也得到了很大的改善,虽然这两年自然灾害频发,导致家中收入严重减少,但是学校、学院领导和老师们想方设法地帮我改善,商量怎样脱贫,给我指点迷津。我的父亲前几年因工受伤,左手活动不如从前了,身体也大不如前。

目前,我在读本科,我的弟弟还在读小学。我能进入大学学习和生活,多亏了国家生源地信用助学贷款政策的实施。贫困是不幸的,但幸运的是,国家设立了贫困助学金,学校也把这项政策实施得很到位,这在经济上给了我很大的帮助,在此我真诚地感谢国家、学校的政策,感谢各位领导、老师及所有帮助过我的人。助学金意味着我家里可以少给我一点生活费,减轻家里的经济负担,同时还可以买一些学习及相关的物品。国家生源地信用助学贷款和国家助学金,给予我的不仅仅是物质的帮助,更多的是给予我信心与勇气。

鉴于以前的学习生活,我不是幸运的,但万幸的是,我得到了大家的帮助,对于之后的生活有了更明确的目标追求,我会积极参加社会实践活动,为增加自己的社会经验打下基础,使自己变得更成熟。在思想上,我会认真学习马克思列宁主义和毛泽东思想、邓小平理论、"三个代表"重要思想、科学发展观、习近平新时代中国特色社会主义思想,保持共青团员的先进思想,起到模范带头作用,为加入中国共产党做好准备。

现在,我还是一个在校的学生,我没有更好的办法甚至不能用自己的实际行动来回报社会对我的帮助。但是如今我在学校不甘落后,利用课余的时间自力更生、勤工俭学,解决我的部分生活费,这样不仅减轻了家庭经济负担,还学会了一些书本上不曾有的知识。

对于来自国家、学校、学院领导和老师们的帮助我铭记于心,无论走到哪里都不会忘记,这些都是我取之不尽用之不竭的财富。

此致

敬礼

受助学生:韩淑丹

2020年5月23日

感谢信三(家长篇)

尊敬的领导、老师:

你们好!

首先感谢学校和国家对我们的帮助与支持,在此向你们表达最诚挚的谢意!在这美好的季节里,你们如春日里温暖的阳光照亮了我们的心,把希望的曙光带到我们身旁,让我们获得了知识的洗礼,感受了知识带来的快乐。你们的爱心让我们在艰苦的生活中感受到国家、社会、学校的温暖和无私的爱。正是国家的各类资助政策,消除了我们这些贫困家庭子女上学读书的后顾之忧,同时也减轻了我们的家庭经济负担。

我是一位受资助学生的家长,今天我怀着感恩的心写下这篇感谢信,感谢学校和国家对我孩子学业上的支持。我们来自农村的一个贫困家庭,地处偏远山区,经济发展缓慢,交通不便,家里的经济来源主要靠一两亩地,再加上孩子的父亲早年过世,家里的重担全压在我一个人身上,我又常年患病很难维持家里的日常生活,也很难支付起孩子大学四年的学费和生活费。如今,国家出台很多资助政策,如国家奖助学金、国家开发银行生源地助学贷款、校长奖学金以及物价补贴等多种方式并举的资助政策体系,同时还开通了家庭经济困难新生入学“绿色通道”。这些帮助了我们这个贫困家庭,使我们感受到国家和学校带来的温暖,把我们从生活的黑暗里拉了出来。对于我们这些贫困家庭来说,虽然生活给我们带来了很多的不幸,但是能得到国家和学校的资助,我们是无比的幸运。

为打赢脱贫攻坚战,国家出台的一系列资助政策切切实实地帮助贫困家庭解决了子女上学难的问题。脱贫攻坚战期间,各单位派出工作人员驻村,全力帮助贫困村、贫困家庭脱贫致富,积极带动村民搞产业种桑养蚕,成立养蚕产业园区,带动村民发家致富,为贫困家庭争取低保、产业奖补,努力解决基本生活问题。党和国家的这些政策对于贫困家庭来说是一件喜事,能够有效地帮助我们解决生活上和心理上的问题。作为一名贫困学生的家长,我有着深刻体会,通过国家的资助,贫困生不仅解决了生活上的困难,而且还间接地解决了因贫困而产生的自卑心理等问题。在此,我要感谢党和国家、学校对贫困生的关心与关注。

转眼间大学四年即将结束,孩子在学校也接受了国家和学校四年的资助,在学校和国家给予助学金和其他资助政策的情况下,我的孩子顺利完成了她大学四年的学业。孩子在校期间积极参与学校开展的学生资助政策宣传活动,如“十大自强之星”“诚信在我身边”主题宣传标语和电子板报评选活动等，回家的时候也跟我提及学校的各类资助政策宣传活动。通过这些活动，孩子以及家长更进一步了解国家资助政策，培养孩子的感恩之心，激励孩子自信自立、励志进取，提高孩子的认识，使资助政策深入人心。同时，学校为进一步加强学校与家庭的联系，密切与学生家长的沟通交流，了解学生家庭经济和生活情况，掌握学生思想动态、实际困难与需求，为进一步做好学生教育、资助和帮扶工作奠定良好的基础。学校通过走访学生家庭为学生送温暖、送爱心，让我们感受到学校送来的温暖与关怀，在此表示衷心的感谢。同时，还要感谢每一位任课老师以及辅导员，不仅传授给孩子们课本上的专业知识，还教会他们树立正确的世界观、人生观、价值观，让孩子懂得感恩，牢记自身使命和责任，老师们的恩情我将永远铭记于心。感谢和孩子朝夕相处的同学，他们给予她的帮助，愿友谊长存。

感谢百色学院，是学院给了孩子一个学习的机会，让孩子的人生画上浓墨重彩的一笔；感谢百色学院，给予孩子一个学习、锻炼、提升自己的良好平台，不断完善和丰富孩子的人生。百色学院，感谢有您，愿您越办越好，再创辉煌，桃李满天下。

此致

敬礼！

管理工程学院规划 16 班　李莉家长

2019 年 11 月 10 日

感谢信四（家长篇）

尊敬的百色学院领导们：

你们好！我是金属材料科学与工程学院材料本 162 班冯丽江学生的母亲，感谢学校及各位老师对我女儿这四年的关心与栽培。

我们是六口之家，虽谈不上富裕，但是却过得充实。2014 年一场意外，我失去了丈夫，四个孩子也从此失去了父亲。我从此独自抚养四个孩子，实属不易，今年大女儿丽江已经大四，即将毕业，二女儿在柳州读大三，小女儿目前辍学在家，最小的儿子在第二小学读五年级。四个孩子读书的费用是家里最大的开支，而我的收入远远不足以支付这笔巨资，即使这样，在最困难的时候我也未曾想过让孩子放弃学业，这也要感谢国家及学校的各种资助政策，才让我们克服困难，一直坚持到现在，看到了希望。

我两个女儿读大学，每年的学费都是通过助学贷款缴纳的，这很大程度上给我们减轻了负担，可以不用为了学费而东拼西凑、四处借钱。学费解决以后，剩下的就是生活费，孩子的生活费也是一笔不小的开支，所幸孩子们都很独立，没有让我太操心。我没有什么过硬的技能，文化水平也不高，平时是去工地做水泥工，辛苦不说还不稳定，受天气和工程的多少影响，做完了一个工地后也许会很久都没有活干，在政府的帮助下，我现在在县初中的小卖部里做售货员，虽然工资不高，但是工作稳定，也相对轻松一些，可以维持家里的日常开支。

女儿丽江的学费是贷款的，她的生活费四年以来从来没有开口问我要过，她也深知我的不容易及家里的处境，但我偶尔也会给她一些。她生活费的来源是学校发放的助学金，在校期间，从大一到大四，她每学期都获得国家一等助学金，加上每个寒暑假她都会做兼职，平时也比较节俭，助学金及兼职的工资足够她一个学期的生活费了，生活上没有负担便可除去后顾之忧，专心学习。大二的时候，她获得了国家励志奖学金，她对这笔钱做了一些使用计划，一部分留给自己，用于学习和考证，把剩下的部分给了我，用于补贴家用，我感到很欣慰。学校除了给予她资助以外，还提供了勤工俭学的岗位，这既可以锻炼她自己又可以积攒经验，还可以挣取一定的费用，这让她的校园生活变得丰富而充实。

四年时间，转眼就过去了，女儿即将毕业，走入社会。现在我们家慢慢地往好的方向发展，感觉所有的苦都是甜的，所有的付出都是值得的。想想当初，若是没有助学贷款政策，也许孩子会因为交不起学费而无法踏入学校的大门，若是没有各种资助政策，也许孩子会为了生活费发愁而无法安心学习，这后果将是我及孩子都不敢想象的。孩子的求学之路，之所以那么平顺，即将圆满结束，是得益于国家及学校给予我们的支持。党和政府是我们坚强的后盾，让我们在困难面前有勇气前行。

孩子在这里学习、成长，是你们给予她莫大的支持与鼓励，让她融入百色学院的大家庭里，成为其中一员。感谢国家及学校对贫困学子的各项资助政策，感恩学校领导及每一位老师的关心与帮助，我们会把这份感激之情化为行动，回报社会。

家长：张条

2019 年 12 月 19 日

感谢信五（突发困难获助学生感谢信）

感　谢　信

致旅游学院全体教师：

我叫韦玉丽，是旅游管理学院2017级酒店管理专科班学生，来自广西来宾市兴宾区迁江镇高龙村委龙安村一个农村家庭。2020年5月18日我母亲因意外车祸重伤住进来宾市人民医院ICU抢救，由于家庭贫寒，在ICU抢救费用极高，本就困难的家庭难以应付这样困境，于是想到水滴筹社会救助的方式筹款抢救母亲。没想到我们旅游学院的领导老师知道此次事情，立即组织老师为我母亲捐款，不到两天时间就把两千多元钱转到我手上救助母亲。

执笔此刻我们全家人依旧处在感动情绪中，非常感谢旅游学院所有老师们给我们家献出的这份爱心，在学校我只是一名普通学生；我也知道各位老师家有老小，收入不高；能在这个时候给予我的帮助既物质更是精神的，这份雪中送炭的爱心给予了我莫大的帮助。我作为一名即将毕业的大学生，我保证走上社会努力工作来报答老师们的教育之恩，为国家为社会贡献自己的一份力量。感动之余也希望旅游管理学院的师弟师妹们好好地向老师们学习我们中国优秀的传统文化，学习现代科技知识，将来走上岗位能够发光发热，实现中华民族的伟大复兴。

再次谢谢旅游学院全体教师的爱心！深情鞠躬

感谢人：韦玉丽

旅游学院酒店专17班学生

2020年6月22日

图6-10　感谢信五（突发困难获助学生感谢信）

百色学院旅游管理学院 2017 级学生韦玉丽的妈妈突遇车祸，急需大笔医疗救助经费，该学院发动所有老师为其捐款，韦玉丽学生深受感动，写了上面这封感谢信。

◆ 第七章 ◆

铸红魂管理服务资助育人的反思与展望

一、铸红魂管理育人的反思与展望

（一）铸红魂管理育人的主要经验

《高校思想政治工作质量提升工程实施纲要》指出：把规范管理的严格要求和春风化雨、润物无声的教育方式结合起来，加强教育立法，遵守大学章程，完善校规校纪，健全自律公约，加强法治教育，全面推进依法治教，促进教育治理能力和治理体系现代化，强化科学管理对道德涵育的保障功能，大力营造治理有方、管理到位、风清气正的育人环境。① 高校管理育人是指高校的管理部门及其工作人员，通过多种途径和中间环节对被管理者施加规章制度、行为规范、政治素质等方面的影响，使之趋向学校德育目标的过程。近年来，学校严格贯彻落实国家的各项政策措施，从加强师德建设、完善各项规章制度，规范大学生日常行为，到“全员、全过程、全方位”践行管理育人理念，不断完善管理育人质量提升体系。

---

① 中共教育部党组关于印发《高校思想政治工作质量提升工程实施纲要》的通知[EB/OL].[2020-05-27]. http://www.moe.gov.cn/srcsite/A12/s7060/201712/t20171206_320698.html.

1.提高高校管理人员的政治站位、师德水平，明确其职责，是落实高校管理育人的关键

为此，学校分别开设了“红城大讲台”“道德讲堂”“学工讲坛”等专题讲座，聘请校内外专家学者向广大高校管理者、教师、大学生讲授“中国故事”“百色故事”“百色学院故事”，大力宣传习近平新时代中国特色社会主义精神，宣传新时期国家的路线、方针和政策，宣传百色精神，宣传学校的“石磨精神”，弘扬中华民族的优良传统，传承红色基因，锻造高素质的高校管理队伍。

当前，要组织高校管理人员进一步认真学习习近平新时代中国特色社会主义思想，认真学习习近平总书记在“不忘初心、牢记使命”主题教育工作会议上的讲话精神，坚持学思用贯通、知信行统一，推动广大高校管理人员全面系统学、深入思考学、联系实际学，不断增强“四个意识”，坚定“四个自信”，做到“两个维护”，筑牢信仰之基、补足精神之钙、把稳思想之舵。[①] 鼓励广大管理工作者敬业爱业，勇于创新，为人师表，视管理育人为己任，不断提高高校管理者管理育人的质量和水平。

2.建立健全各项规章制度，为落实管理育人提供制度保障

近年来，学校从办学的社会主义方向出发，先后不断完善了教师聘任制度、教师考评制度、教师绩效奖励制度、干部任用制度、百色学院安全文明公约、百色学院校园行为规范、百色学院学生操行评定办法、百色学院学生综合素质测评管理办法、百色学院学生考勤管理办法、百色学院学生宿舍管理规定、后勤的各项管理考评制度等，不断优化、提升管理育人体系，取得了积极的效果。

俗话说，无规矩不成方圆。要想培养出德、智、体、美、劳诸方面合格的人才，就必须根据培养要求，制定出相应的规章制度、行为规范、管理措施。制度不健全不完善，学校教育的使命就难以达成。德国教育家赫尔巴特说过：“如果不坚强而温和地抓住管理的缰绳，任何功课的教学都是不可能的。”这里的缰绳指的就是一定的制度、措施等。邓小平也曾经提出：“人与制度相比，制度更重要，更带有根本性，制度有毛病，好人也要犯错误。”管理制度规定了师生该做什么、不该做什么，提倡什么、反对什么，所以管理制度本身具有鲜明的导向作用，是一种有形的教育方式，

---

① 习近平总书记在“不忘初心、牢记使命”主题教育工作会议上的重要讲话意义重大、振奋人心——筑牢信仰之基　补足精神之钙　把稳思想之舵[EB/OL].[2020-05-27].http://dangjian.people.com.cn/n1/2019/0603/c117092-31116641.html.

是育人的重要手段。新形势下，要进一步加强和改进高校管理育人工作，有效改变重教学轻管理、重业务轻思想道德的倾向，必须对管理育人实施更加科学化的管理，进一步完善顶层管理育人制度建设，促进管理育人工作科学化、制度化、规范化。

3.扎实开展内涵丰富的实践活动，是落实管理育人的重要途径

学校结合实际，扎实开展了形式多样、丰富多彩的实践活动，让管理育人融入学校开展的各项活动中，让大学生在活动中得到锻炼、得到教育，不断提高大学生的综合素质，为培养新时代合格大学生打下坚实的基础。

为了让大学生养成良好的生活习惯，促进大学生身心健康发展，使大学生精力充沛地开始一天的生活，学校实行大一、大二学生出早操和大一新生广播操比赛制度。生命在于运动，身体是革命的本钱，“每天锻炼一小时，幸福生活一辈子”。通过出早操和开展广播操比赛，锻炼了大学生的体魄，提高了大学生的心理品质，升华了大学生的意志品质，培养了大学生坚强的意志和克服困难的勇气，形成了较强的组织和纪律观念，丰富了校园文化建设，促进了校园积极的学风和校风的形成。

为弘扬传统经典文化，学校开展了晨读活动，利用晨读的时间，引导大学生诵读经典。“花香何及书香远，美味怎比诗味长?”朱自清在《经典常谈》中曾精辟地指出:“在中等以上的教育里，经典训练应该是一个必要的项目。经典训练的价值不在实用而在文化。”钱穆也曾在《国史大纲》中告诫我们，一国国民不可“对其本国已往历史抱一种偏激的虚无主义”，而当有“一种对其本国已往历史之温情与敬意，其国家乃再有向前发展之希望”。经典文化是民族的灵魂和社会的精神给养。建设民族共有的精神家园，建设社会主义核心价值体系，归根结底都是要以文化为载体的。而经典文化永远都是文明发展的根基、创新的土壤和发展的动力。所有的智慧花朵和精神文明成果都是在经典文化的基础上生根、发芽并茁壮成长起来的。站在新时代的起点上，回顾历史，放眼未来，我们会惊奇地发现，中华文化不仅是保持中华民族和谐发展的重要基石，还是中华民族自尊自信地屹立于世界的思想底蕴，更是走向未来的不竭精神源泉。通过诵读经典这一活动，大学生再一次接受经典文化的洗礼，陶冶情操，健全人格，塑造灵魂，镂刻着当代大学生的形象，规范着当代大学生的生活秩序，指引着当代大学生的人生旅程。经典文化是我们每个人和整个民族的思想源头、精神内涵和智慧源泉，是我们每个人的意识圭臬、社会灵符和生活范式。

开展每周升国旗和国旗下发言活动。国旗是国家的象征，反映国家的政治特色和历史文化传统。1949 年 9 月 27 日，全国政协第一届全体会议通过决议，选定曾联松设计的五星红旗为中华人民共和国国旗。决议指出："中华人民共和国的国旗为红地五星旗，象征中国革命人民大团结。"中国国旗中的大五角星代表中国共产党，四颗小五角星分别代表工人、农民、小资产阶级和民族资产阶级四个阶级。旗面为红色，象征革命，星呈黄色，表示中华民族为黄色人种。五颗五角星互相连缀、疏密相间，象征中国人民大团结。每颗小星各有一个尖角正对大星中心点，表示人民对党的向心之义。通过升国旗，大学生一次又一次地面向国旗，了解了国旗的历史，也就了解了国旗的含义，了解了国家的历史，产生国家认同感，自然而然地产生为国家振兴而努力读书的强烈愿望。

组建学生自我教育管理委员会。学生自我教育管理委员会是协助学校建设良好学习生活秩序和环境的非营利性校级学生管理组织，学生自我教育管理委员会以"自我教育、自我管理、自我服务、自我约束、自我监督、自我提高"为宗旨，培养大学生的自我管理能力、自我教育能力，做到"引导学生、服务学生、树立形象、共同进步"的工作目标，全心全意为大学生的成长成才服务，维护大学生的正当权益，动员和组织全体大学生为学校的建设发展做出自己应有的贡献，让大学生在自我实践中得到锻炼、得到教育、得到成长。

设立主题班会制度，结合实际定期召开主题班会。主题班会是以班级为单位的大学生的会议或活动。它既是辅导员（班主任）对大学生进行引导、管理和教育的重要途径，又是培养和展现大学生组织能力和交往能力、增强大学生主人翁意识的重要形式，是学校开展德育活动的一个重要载体。学校学生主题班会的主题主要有：季节性主题班会，按照一年的时令、节日和纪念日选定主题，如清明节、端午节、中秋节、重阳节、雷锋纪念日、教师节、国庆节等；问题性主题班会，如网贷、网上赌博、诚信教育等；时事性主题班会，针对国际国内出现的最新热点话题或重大事件设计主题，如每年的国家两会、学校重要活动或重要会议等；知识性主题班会，根据大学生实际开展一些微课堂形式的主题班会，向大学生传授一些科普知识等，如心理学方面的知识、学习方面的知识、礼仪方面的知识等。通过系列主题班会，既可以发挥大学生的主动性，提高大学生的认识，又可以增加大学生的知识，提高大学生的综合素质，建立良好的班风、学风。

另外，学校还制定了规范的学生请假制度、宿舍管理制度、社团活动制度等制度。通过一系列制度的实行,既完善了学校的办学规范,又收获了良好的管理育人的效果。

(二)铸红魂管理育人的主要不足

第一,管理育人角色定位不准,育人意识淡薄。学校行政管理、后勤管理等部门虽然常常把“教书育人”“为人师表”挂在嘴边,但在实际工作中又对管理育人认识不够深刻,落实管理在育人过程中的重要作用不到位。部分管理人员忙于上传下达、起草文件、会议安排等事务性的工作,忽略了管理育人的功能;部分管理人员也没有得到应有的重视和认可,导致以育人作为主要职责的部分管理人员“身在曹营心在汉”,经常闹着要调岗做专任教师;部分管理人员认为育人只是专职教师的事情,和管理人员无关。因此,他们往往不大注重自身形象的塑造,不注意自身的言行对大学生产生的影响。如此种种,导致管理人员队伍的稳定性比较差,管理人员变动频繁,从而也给高校管理育人功能的正常发挥造成了负面影响。

第二,部分管理人员的综合素质能力不足,不能适应新时代管理育人要求。为满足学校发展,学校在引进一些紧缺型人才或高学历、高职称人才时,作为一项优惠条件,同时将他们未能满足学校学历、学位要求的配偶也安排到学校管理部门工作,加之未能及时对他们开展考核和培训,造成部分管理人员学历、素质及能力等达不到基本的管理育人要求。

第三,新型民主管理体系建设不完善,民主管理氛围不足。实行民主管理是学校管理的一个基本原则,是发扬民主、调动全校师生积极性和创造性、发动和组织师生参与学校管理的重要手段,是提高学校育人管理水平,提高决策效率,实现决策科学化、民主化的重要途径。按照新型的学校民主管理理论,师生是学校的主人翁,拥有广泛的参与学校事务管理的权利,在管理学校事务中地位平等、权利平等,在学校建设和发展的重大问题上,拥有知情权、参与权、监督权。学校各部门应广开言路、群策群力、集思广益,做到知民情、重民意、集民智、聚民心,真正体现民主参与、民主决策、民主监督。然而现实中,一方面学校层面能做到民主管理、民主决策,但二级学院层面,虽然建立了党政联席会议制度,但实行起来不顺畅,存在“一言堂”的现象,教授治学未能得到充分体现;另一方面,师生参与民主管理的意识不强,积极性不高,大部分师生甘愿处于管理的从属、被动、附庸地位,消极地听命和服从,对学校事务少有参与、决策和监督,甚至连基本的知情也谈不上。

第四,依法治校意识有待进一步加强。实现“两个一百年”奋斗目标,建设成社会主义现代化强国,需要实现教育优质化,最终实现育人优质化。这是习近平新时代中国特色社会主义教育的重大战略任务,落实到高校管理育人工作中,就是要在坚持依法治校理念下,实现管理育人优质化,为祖国建设培养优秀的合格人才。依法治校,不仅能够让学校发展更持续更稳定,而且能够让师生成长为具备法治观念的合格的社会公民。随着国家法治建设不断加强和完善,一方面,大学生与学校的法律关系问题日益凸显;另一方面,学校实际管理工作仍然存在处理大学生违纪等问题时不重程序,制定规章制度时重在对大学生的“管”而轻视对大学生权益的维护,考虑管理者自身需要较多,考虑大学生需要较少,把方便、服务大学生当成一种麻烦、一种负担,甚至一些制度措施因没有与时俱进与现行国家法律法规产生直接冲突,损害大学生利益,诸如此类,都是依法治校意识薄弱的表现。

第五,管理方式不够灵活多样,“硬度”大,“软性”不足。现代教育提倡人的全面发展与个性发展的统一,要为多样化、个性化、创新型人才培养提供良好环境和机制。这就要求学校要实施并强化人文性、引导性、宽容性的“软”管理。但在管理工作开展过程中,实际的管理工作往往忽视管理育人这个工作的核心,不论是认识上还是具体管理操作上,工作的开展过于制式,强制性的“硬”管理仍是当前学校管理的主流。管理理念上仍是希望每个大学生都循规蹈矩,把“听话”“服从”作为评价“好学生”的标准。这种把“听话”“服从”当作目标追求的管理模式,结果是把人管“死”,难以培养有创新性和有个性的人才,难以适应新时代社会主义现代化建设对各种各样人才的需求,不利于建设创新型国家。

(三)对铸红魂管理育人的思考

高校管理育人是指高校管理人员、专业教师、后勤服务人员等高校管理者在“以人为本”理念的指导下,依据管理制度,开展规范化管理活动,并潜移默化、润物细无声地将思想政治教育融入管理活动之中,培养大学生良好的思想品德和行为习惯,最终实现立德树人的育人目标。长期以来,高校重教学工作轻学生工作,以教学代替教育,学生管理工作依靠行政指令,管理行为直接、生硬,管理理念创新意识不足、定位不准、重视不够,虽取得了一定的教育效果,但难以实现大学生自发的思想转变和形成良好的自我约束机制,无法满足当今社会培养多样化、个性化人才的需求,也很难发挥育人功能。因此,必须不断增强学校办学实力和育人竞争力,优化创新学生管理模式,建立行之有效的管理育人长效机制。

第一,强化党建引领,以党建促管理,牢固树立管理育人理念。管理育人既是学校立德树人任务的重要内容，也是学校党建的重要组成部分。要想推动管理育人科学发展，就必须强化党建引领，突出党建的导向作用；要想改善高校管理育人工作，就必须真正认识到管理育人的重要性，从思想上重视，切实转变观念。专职教师抓好课程思政，管理人员做好管理，二者相辅相成，潜移默化地影响大学生的思想品德、价值观念、知识技能，把管理育人落实、落细。

第二，强化顶层设计，推进治理体系和治理能力现代化建设，建立运行高效的管理育人机制。管理育人具有广泛性、渗透性、间接性和全方位性的特点，紧紧围绕"党委领导、校长负责、教授治学、民主管理、社会参与"五个方面，从系统管理角度，构建科学规范的管理育人体系，打造素质过硬的管理团队，才能以高水平的管理促进各办学要素的优化配置、各职能部门协调融合，推进高校治理体系和治理能力现代化深入发展，加快构建充满活力、富有效率、有利于学校发展的管理育人机制。

第三，健全管理育人制度体系，为管理育人机制运行提供坚实的保障。要想培养大批德、智、体、美、劳各方面全面发展的人才，就必须制定系统、完善的规章制度并严格执行，贯彻落实党和国家相关教育要求，认真梳理相关管理制度，结合学校和师生实际，在广泛征求广大师生意见与切实尊重和保护广大师生员工合法权益的基础上，强化管理部门的育人意识，稳定管理部门队伍建设，提高管理部门人员待遇，增加管理部门人员的晋升通道。

第四，以人为本，创新服务理念，增强服务意识。从本质上说，教育的本质是培养人。努力把每一位大学生都培养成合格的社会公民，既是我国高等教育的出发点也是归宿点。因此，管理部门及管理人员在开展各项工作的过程中，应始终坚持以大学生为中心，努力为大学生服务，做到一切为了大学生，为了一切大学生。托尔斯泰说过：如果教师只有对事业的爱，那么，他是一个好教师。如果把对教育的爱和对大学生的爱融为一体，他就是一个完美的教师。热爱大学生，热心为大学生服务，是改善高校管理育人工作的重中之重。从根本上来说，管理的过程和服务的过程是内在统一的，都是育人的过程。

第五，引导大学生参与管理。在高校管理育人过程中，积极发挥大学生的作用，引导大学生积极参与到各项管理工作中来。变被动的接受式管理为主动的参与式管理，是做好高校管理育人工作的一大诀窍。在实际工作中，我们可以以各种助理、实习生、轮值干部等形式来引导大学生参与学校各项管理。在高校管理工作中，管理人员要尽量由“独唱者”角色过渡到“领唱者”“指挥者”角色。实践表明，引导大学生参与高校各项管理工作，有利于培养他们的主体意识和责任意识，锻炼并增强他们的组织能力和综合素质。

二、铸红魂服务育人的反思与展望

（一）铸红魂服务育人的经验

当前，关于服务育人的理论研究及实践探索不断涌现，也不断显现其在理论创新与发展及实践应用上的生命力。《中共中央关于改进和加强高等学校思想政治工作的决定》中指出：搞好服务育人是高等学校思想政治工作的重要方面。《高校思想政治工作质量提升工程实施纲要》指出：把解决实际问题与解决思想问题结合起来，围绕师生、关照师生、服务师生，把握师生成长发展需要，提供靶向服务，增强供给能力，积极帮助解决师生工作学习中的合理诉求，在关心人、帮助人、服务人中教育人、引导人。所谓服务育人是指服务主体在向服务对象提供各种服务的过程中，以丰富的物质和文化满足、熏陶、感染大学生，并通过优质服务及服务者的良好形象，塑造一个真、善、美的育人环境，从而对大学生的世界观、人生观、价值观和道德品质的形成起到暗示性、渗透性和潜移默化的作用。服务育人的直接作用是在为大学生提供某种物质需要的同时也提供必要的精神需要，使物质文明和精神文明互补。服务育人既是大学生生活教育的重要内容，也是大学生思想政治教育的重要补充；既是大学生能力素质培养的重要渠道，更是我国高等教育发展的时代要求。

“一切为了学生，为了学生一切”是学校贯彻服务育人办好大学的一个重要理念。从大学生入学到大学生毕业，少则三年多则五年，学校始终如一地在服务育人上狠下功夫，为大学生创造良好的生活、学习环境，帮助他们度过人生最宝贵的时光。

入学伊始，各二级学院就安排对新生进行一对一接待，引导新生按报到程序办理各项报到手续，帮新生拿行李、找宿舍；针对家庭困难而一时交不上学费的大学生安排入学“绿色通道”，让他们不至于因交不起学费而辍学；免费开通报平安电话，给家人、朋友报一声平安；免费提供矿泉水。给远离家乡，远离父母、亲戚、朋友的学子家庭般的温暖，让新生感受学校的关怀。

选拔优秀的大二、大三学生担任新生班级辅导员（班主任）助理，对新生进行跟班指导，与新生交流大学生活的经验和体会，并及时向辅导员反映新生在大学生活适应期遇到的困惑，帮助新生尽快适应新环境，熟悉大学生活。

积极开展大学生心理辅导和心理素质拓展活动，增强大学生的心理健康意识，提高大学生的心理健康水平。学校设有大学生心理健康教育与咨询中心，每年都会结合学校实际开展丰富多彩的心理素质拓展活动，陶冶大学生的情操，疏解大学生在学习、生活、交友方面遇到的困惑和压力，为大学生及时提供心理援助服务。

建立学业导师制度。根据教育部发布的《深化本科教育教学改革相关意见》，学校在原有学业导师制度的基础上进一步建立健全本专科生学业导师制度，选拔责任心强、教学能力强、与大学生沟通能力强的优秀教师担任学业导师，导师帮助大学生制订更具个性化的人才培养方案和学业生涯规划，并对大学生进行分类指导，及时解决大学生在学业上遇到的问题。建立学业导师制度不是替代大学生做学业规划，而是引导大学生如何正确认识自我，分析自我存在的问题，根据自己的个性、能力、兴趣，确定适合自己的发展目标，并制订计划去实现发展目标。大学生在实施计划时，不断调试、反省，提高自己的执行力。从大学生全面成长、生涯发展角度重视大学生教育，矫正当前我国教育中存在的"玩命中小学，快乐大学"现象，补上大学生涯规划教育的缺失。

建立毕业生"一对一"就业指导制度。目前，促进大学生就业是社会面临的一个重要问题，为更好地促进大学生高质量就业，学校建立了大学生就业"一对一"指导制度。承担指导的教师的主要任务是：帮助大学生树立正确的就业观和人生观，指导大学生做好职业生涯规划，提供相关就业信息和咨询服务，向用人单位推荐等。"一对一"就业指导工作满足了大学生差异化的需求，体现了大学生的主体性特征。

总之，学校把"服务育人"贯穿在"全员育人、全过程育人、全方位育人"中，让大学生的思想或性格不知不觉受到感染、影响而发生变化。《庄子·天道》中提到"语之所贵者意也，意有所随。意之所随者，不可以言传也"。通过广大师生的以身作则，言传身教，告诉大学生什么事可以做，应该怎么做，什么事不可以做，为什么不可以做。采取换位思考、将心比心、晓之以理、动之以情的方式，像关心自己的孩子和眼睛那样，关心大学生，爱护大学生，想大学生之所想，急大学生之所急，及时帮助大学生解决生活中的各种困难和现实问题。用博爱、宽容的胸怀去关心大学生；用心与心的真诚交流，用心与心的坦荡沟通不断缩短与大学生的距离，达到服务育人的目的。

（二）铸红魂服务育人的主要不足

第一，服务育人机制不健全，未能形成全员、全过程、全方位服务育人机制。当前，学校已充分认识到服务育人在学校建设和人才培养中至关重要的地位，但在实际实施过程中仍然存在条块分割现象。一是教学部门、行政部门和后勤部门未能形成合力，各自为政、各行其是，在制定规章制度时，往往习惯从自身利益出发，本位主义现象严重，缺乏协调性、前瞻性和整体性。二是虽然建立了服务育人领导、管理、监督和奖惩机制，但是在实际操作中缺乏执行力和奖惩力，服务育人体系不完整，存在灰色拦阻带，未能全过程关注大学生思想、学习、生活、心理、毕业、就业等各个方面，未能为师生提供全方位、全过程服务，对大学生行为的引导和约束效果不甚理想。三是后勤服务潜移默化、言传身教式的育人功能被严重弱化。由于缺少对后勤工作的了解，没有实践经历体会后勤工作的烦琐和酸甜苦辣，大学生群体对高校后勤服务育人概念处于“集体无意识”状态，只知有后勤服务，不知后勤服务中还蕴含育人的功能。配套机制的实践滞后，新的高校后勤服务育人体系构建不完善，工作状态受利益驱动，评价机制尚不健全，是造成目前学校服务育人不足的主要原因。

第二，服务育人主体整体素质有待提高，服务育人文化环境氛围不浓厚。高校教职员工的文化素质和业务素质，在某种程度上反映了高校的文明程度、管理水平和服务水平。目前学校教职员工的整体素质正逐步提高，育人环境正逐步改善，但仍存在诸多亟待解决的问题。一是后勤服务由于实行承包制，员工素质参差不齐，具有高学历的不多，职工队伍老龄化严重，对新事物、新观点接受能力相对较弱。二是高校教职员工尽管工作的侧重点有所不同，但其工作性质和工作目的都是为大学生服务。目前学校某些教职员工缺乏“为学生服务”“管理也是服务”“服务必须育人”的意识，在工作中态度较差，未能做到热情服务、真诚服务，在服务过程中未能满足大学生多元化的需求，未能为大学生提供人性化、个性化的服务，从而导致大学生不满，甚至出现校园舆情事件。三是服务育人的文化环境不浓厚，注重人造生态环境建设，缺乏服务文化育人环境建设。这就要求学校应努力提高每一位教职员工的整体素质，从而使每一位教职员工都有强烈的事业心和责任感，养成服务育人的观念，主动为大学生提供优质的服务。这要求学校重视服务育人的文化环境建设，努力强化文化氛围的引导和宣传。

第三，服务育人目标定位缺乏针对性。受传统的教书育人、管理育人和服务育人思想的影响，当前学校有些部门仍然认为服务仅仅是后勤部门的事情，自己做好本职工作就可以了，培养大学生是教师的事情，与自己无关，这种观念在一定程度上割裂了学校服务育人的整体性，没有认识到学校各项工作的本质。服务育人缺乏深度和广度，也没有形成“大服务育人”的观念，服务育人的目标定位缺乏针对性和科学性，仍然习惯于用传统的教育模式，用统一的模式、统一的标准、统一的方法来要求所有大学生，教育目标只有高度，没有形成梯度，忽略大学生个性化、多元化的需求，没能有针对性地解决大学生实际问题，导致服务育人的针对性不强，实效性不高。按照现代管理学的观点，管理本质上是一种服务。教师通过课堂教学向大学生传授知识，是在提供教学服务；后勤部门的职责就是为大学生学习和生活提供优质服务。由此可知，高校各项工作都是围绕培育大学生成长成才，向大学生提供教学、生活、思想引导等服务而开展的。所以，新时代的高校应在传统的“三育人”理念基础上树立“大服务育人”理念。全体教职工应认识到“领导就是服务，管理也是服务，服务必须育人”。

（三）对铸红魂服务育人的思考

服务是高校育人的重要载体，服务育人是高校的重要职能之一。高校服务育人要“坚持教育为人民服务、为中国共产党治国理政服务、为巩固和发展中国特色社会主义制度服务、为改革开放和社会主义现代化建设服务”。在办学教学和日常管理中，要坚持“四个服务”的宗旨不动摇，坚定“立德树人的根本任务”不动摇，建立全员育人、全过程育人、全方位育人的“三全育人”长效运行机制。

1.建立党委统一领导和各职能部门联动的协同服务育人运行机制

首先，全体教职工是高校服务育人的主体，要强化服务育人意识和责任担当，把立德树人作为根本任务，在工作中秉承服务育人理念，发挥思想价值引领作用，做到在教育中服务育人，在工作中服务育人，在学习中服务育人。人人既是服务者又是育人者，互相服务，互为主体，共同进步。突出大学生主体地位，把解决实际问题与解决思想问题结合起来，围绕大学生、关照大学生、服务大学生，把握大学生成长发展需要，提供靶向服务，增强供给能力。积极帮助大学生解决学习生活中的困难，在关心人、帮助人、服务人中引导人、塑造人、教育人。

其次，服务育人要贯穿教育教学全过程和大学生成长成才全过程。高校服务育人、教学育人、管理育人，三者之间应全程相融相通，服务育人理念贯穿大学生成长的每一个阶段、成才的每一个方面，贯穿每一项工作、每一个环节，环环相扣，步步深入，形成全过程服务育人持续效力。从学科建设服务于大学生的成长成才，组织建设服务于立德树人这个根本任务出发，创新服务育人机制，协调建设全部门服务，提升服务育人工作效度。从大学生入校到毕业所涉及的教学工作、管理工作、心理辅导、就业培训等各个方面，予以全过程服务帮助，在服务中营造关心型文化，关心大学生、走近大学生，关注服务对象的个人成长，注重道德情感的激发。将服务渗透大学生学习和生活的方方面面，使服务时时刻刻对大学生产生积极的影响，使服务育人的成效在大学生不自觉中得以实现和发挥，最终把大学生培育成具有强烈服务意识的社会主义人才。从享受育人服务、自我服务到服务他人、服务社会，实现全过程服务育人。

最后，服务育人是高校思想政治工作的重要内容，需要充分发挥家庭、学校、政府、社会的教育功能，努力形成四位一体、多维并进、互补互动、综合融通的“大育人”的协同育人格局。加强校内各部门联动，加强家庭和学校联动，加强学校和政府相关部门联动，加强学校和社会相关企事业单位联动，家庭、学校、政府、社会齐抓共管，通力合作，形成育人合力，共同营造和谐的育人氛围。

2.加强服务育人监督运行机制建设，完善服务育人保障机制

高校服务育人运行机制建立后，运行效果如何？是否发挥了应有的作用？要通过对服务育人工作各环节的检查、监督和考核才能体现出来，因此需要完善服务育人监督机制的建设。一是设立专门的工作机构，对学校相关职能部门服务育人工作的落实情况以及实际的工作效果进行监督和考核，确保服务育人工作不缺位、不缺项。二是强化服务育人人员队伍保障。一方面要调整人员队伍的存量，加强培训，合理分配，充分利用，达到最佳人员配置状态；另一方面要积极实施教职工素质提升计划，在现有工作队伍的基础上，根据服务育人的需要，补充人员，优化工作队伍，面向广大教职工宣传全员育人的育人理念，提高全员育人的积极性，增强其归属感和责任感，切实提高服务育人能力。

3.构建多维立体的评价体系，完善服务育人激励和约束机制

服务育人工作机制是一个复杂的系统，涉及多个部门、多个方面的协作与配合，需要一套科学的评价指标体系。要坚持定性分析和定量分析相结合、工作评价和效果评价相结合、激励和约束相结合。评价过程由评价、反馈、激励（约束）、优化四个环节构成。根据评价结果与反馈分析，实施机制优化，之后再进行新一轮的评价,从而形成“评价—反馈—激励—改进—再评价”的循环过程。在此过程中,需要实现评价指标体系科学化。既要设置多层次体系又要突出重要方面、重要环节;既要遵循统一的标准,又要根据本校情况和大学生实际进行具有代表性、针对性和实用性及个性的设计;既要强调发展性指标,又要在确保目标一致的基础上,实现社会发展与个人需求的有机结合;既要根据大学生的发展需求和特点,科学设立权重和对应的分值,又要注重可视化评价,将隐性的指标转化成显性的、可视的和可测量的项目来进行定量测量,从而提高评价结果的准确性、真实性。同时,通过大数据分析,重新构建出思想政治教育的行为、场景和结果,从而拓展其评价机制的方式方法,为相关院系的大学生评奖评优、推优入党等考评活动提供数据支持。评价结果与优化机制相衔接不仅要体现在激励奖惩约束制度上,更要形成服务育人的正向激励,从而使得广大教职工更加积极主动地参与服务育人工作。

三、铸红魂资助育人的反思与展望

(一)铸红魂资助育人的经验

资助育人是高校学生资助工作的最终目标,国家始终把“培养什么人、如何培养人”这一重大课题摆在重要位置。2004 年《国务院办公厅关于切实解决高校贫困家庭学生困难问题的通知》提出,将“资助”与“育人”有机地结合起来,把解决高校贫困家庭大学生困难问题同加强大学生思想政治教育紧密结合起来,形成勤奋好学、团结互助、自强自立、艰苦奋斗的好校风。2017 年,为大力提升高校思想政治工作质量,全面提高人才培养能力,《高校思想政治工作质量提升工程实施纲要》提出一体化构建高校思想政治工作质量体系,形成全员、全过程、全方位育人格局,要求充分发挥课程、科研、实践、文化、网络、心理、管理、服务、资助、组织等方面工作的育人功能,切实构建“十大育人”体系,推动将高校思想政治工作融入人才培养各环节,首次在高校思想政治教育框架内明确提出全面推进资助育人、构建资助育人质量提升体系。在 2018 年全国教育大会中,习近平总书记再次强调了教育工作的根本任务以及教育现代化的方向目标是培养德、智、体、美、劳全面发展的社会主义建设者和接班人。资助育人作为理想信念教育与品德教育的一部分,在以立德树人为核心的人才培养任务中占有举足轻重的地位。学校近年来在资助育人方面取得了一定的经验,主要有以下几个方面。

第一,做好制度建设。学校先后完善和修订了《百色学院家庭经济困难大学生资助管理办法》《百色学院家庭经济困难大学生认定工作实施办法》《百色学院国家奖学金管理办法》《百色学院国家励志奖学金管理办法》《百色学院国家助学金管理办法》《百色学院自治区人民政府奖学金管理办法》《百色学院勤工助学管理办法》《百色学院新生享受"绿色通道"的有关规定》等规章制度,做到学校的各项资助政策有规可依、有章可循,促进资助工作更好地为大学生服务。

第二,建立健全学生资助管理体制。学校成立以校长为组长,分管学生工作的校领导担任副组长,有关职能部门负责人及各二级学院分管学生工作的领导为组员的领导小组;各二级学院成立以分管学生工作领导为组长,辅导员(班主任)、团委书记及学生代表为成员的学生资助工作领导小组;各班级成立以辅导员(班主任)为组长,大学生代表担任成员的学生资助评议小组,负责班级家庭经济困难大学生认定的民主评议工作。

第三,完善资助工作的评审机制。学校层面成立奖助学金评审领导小组及评审委员会,根据相关申请条件和自治区财政厅、教育厅下达的国家奖助学金分配名额以及社会各种奖助学金名额,负责对全校各二级学院报送的国家助学金及社会各种奖助学金初评结果进行评审;各二级学院成立以分管学生工作的领导为组长,辅导员(班主任)、团委书记、大学生代表为成员的奖助学金评审领导小组,负责本学院奖助学金的评审工作;各班级成立以辅导员(班主任)为组长,大学生代表担任成员的班级奖助学金评审小组,负责班级奖助学金评审工作。

第四,积极开展丰富多彩、富有教育意义的资助活动。为进一步加大资助政策宣传力度,提升学生资助政策宣传效果,让大学生更好地了解国家资助政策,促进政策的贯彻落实,让家庭经济困难大学生感受到党和国家的深切关怀,鼓励广大学生努力学习,励志成才,报效祖国,学校结合实际,充分应用易班网络资源,在易班优课开展"资助政策易起答"活动。为进一步提高大学生诚信意识,增强资助育人成效,促进国家助学贷款工作的顺利开展,构建以诚信为荣的校园文化氛围,学校举办"感恩助学 诚信还款"知识讲座。为进一步培养当代大学生感恩祖国、回报社会的优良品质,抒发受资助大学生对国家资助的感恩之情,学校开展"感恩祖国、助学筑梦、励志成长"主题征文比赛。另外,学校还举办资助政策宣传板报比赛、"十大自强之星"评选活动、受资助的优秀校友回校宣讲活动,开展家庭经济困难大学生家访活动等。

通过一系列的制度建设、机制建设和开展系列资助活动,明确了资助对象及申请资助的基本条件,确定了主要资助方式,基本实现了对资助对象的精准识别、精准管理和精准帮扶。同时,把资助育人寓于活动之中,内化于心,外化于行,起到既资助又育人的良好效果。

(二)铸红魂资助育人的主要不足

第一,重“经济援助”,轻“德育教育”,资助育人成果模糊。虽然高校资助工作经过几十年的发展,已建立了比较完善的资助体系,但也存在在给予贫困生经济援助的同时,对资助育人工作重视程度不够、后续跟踪教育不到位、育人环节设计缺失的问题,致使在无偿资助条件下,大学生自助的主体意识淡薄、梦想缺失、不思进取、缺乏奋斗目标和社会责任感、艰苦奋斗精神淡化、感恩意识淡薄。同时,由于资助育人教育形式单一和思想政治教育与道德教育的弱化,导致大学生参与热情低,无法真正实现育人功效。少数受助大学生没有充分感悟来自国家、学校、社会等各方面的关怀与力量,更无从体会各方寄予他们的期望以及自身应尽的责任与义务,甚至滋生了“不拿白不拿”“等、靠、要”的想法。特别是在国家助学贷款的还款环节上,部分大学生连续出现违约现象,诚信问题凸显。

第二,资助育人定位和育人体系构建尚未完善,未形成健全的“三全育人”体系。随着高校资助政策的日益完善和资助投入力度的日益扩大,高校家庭经济困难大学生顺利完成学业已有了基本的物质保障,但在资助育人体系构建层面,仍停留在经济帮扶、国家主推、高校主导、院系实施的局面,学生资助项目仍以生活保障性的经济资助为主,资助体制机制还不够健全,学生资助育人体制机制不顺,存在各自为政的现象。主要表现在:一是学生工作部(处)学生资助部门主要负责资助实际工作,学生资助育人职能分散在学校宣传部、学生工作部(处)、团委、院系等部门,缺乏统一协调的部门,而且高校学生工作部(处)学生资助管理工作量大,大多停留在资助事务处理上,实际中与大学生思想政治教育工作的结合度不高。二是学生资助育人体系不够健全,存在校内校外脱节的情况,较少制定学生资助育人规划或者方案,形成了只管校内,校外大家都管却体系不健全、不畅通的情况,在工作中相互之间没有沟通合作,没有形成合力,缺乏国家、社会、高校、家庭合力育人,协同育人机制。三是对“育人”的理解往往局限于基础的帮扶助困、优良品质的培育。对大学生价值观的形成、理想信念的树立、思想道德的教育与综合素质的提升未能足够重视,未能投入足够的精力和物力,存在“资”而“不育”现象,育人实际效果低于预期。四是对大学生的能力培养与发展性支持相对欠缺。对提高大学生创新精神与实践能力的发展性需求，对大学生海外学习与交流的支持，实施力度有待加大。

第三，日常工作人文关怀不足。家庭经济困难大学生大多来自农村家庭，闭塞的成长环境和拮据的生活经历使他们更容易产生自卑心理与同龄压力，而往往在资助工作上，高校大多侧重资助项目的评定与款项的发放，有时为了体现资助的公正性，部分高校在家庭经济困难认定的环节中，要求大学生上交贫困材料，进行公开评定，采用简单的公示操作，未能对大学生进行充分而有效的人文关怀和心理疏导。这不仅导致受助大学生心理压力增大，而且对其自尊心造成严重的损害。因此，资助工作不只关乎大学生经济上的帮扶，更要对受助大学生提供心灵上的人文关怀和及时的心理疏导，既要解决他们的“经济贫困”，也要化解他们的“心理贫困”，促进其身心健康、协调发展，帮助他们完成个人价值塑造。

第四，缺乏科学、合理的认证体系，对家庭经济困难大学生资格认定不够精准。对家庭经济困难大学生的身份认定是实现高校资助育人公平的重要基础。由于资格认定部门对政策的解读不透彻和认定操作的过程不规范，使贫困生认定工作存在不够精准、地区差异和标准不统一的问题。大部分高校是以大学生所提交的生源地家庭经济情况调查表和民政部门所出具的贫困证明为依据，但由于资助经费并不是地方支付，且有的生源所在地的民政部门的工作人员对高校资助工作缺乏足够的认识或没有全面掌握大学生家庭实际经济情况，在开具家庭经济困难证明时把关不严，没有经过充分调查核实就在证明材料上盖章。这就造成一些不讲诚信的大学生获取虚假贫困证明，冒充家庭经济困难大学生，骗取国家资助。另外，除了需要提供相应的困难生证明材料之外，学校还需要大学生主动和自愿申请，一些有实际困难的大学生因自尊心过强，或者其他特殊原因，不愿意主动寻求帮助，因此未提出申请，造成部分真正困难的大学生享受不到应有的国家资助。同时，由于我国地区之间的发展不平衡，在资助对象的认定上，只有原则性的标准，操作的弹性比较大。

（三）对铸红魂资助育人的思考

资助育人作为高校思想政治工作质量提升工程的重要内容，在取得较大成绩的同时，也面临许多全新的挑战。高校学生资助工作亟待转型升级，把“扶贫”与“扶智”、“扶贫”与“扶志”结合起来，建立发展型资助体系，实现保障型资助到发展型资助的转变。处理好资助与育人的关系对推进学生资助工作至关重要。资助只是育人的手段,育人才是根本目的。伴随着时代的发展,资助育人的宗旨与内涵正在逐渐立体化、完善化,对高校资助工作发挥着核心价值引领的作用。只有扎实推进资助工作,保障大学生顺利完成学业,进而培养受助大学生的思想品德、精神人格、人文科学素养和综合素质,才能让大学生真正成为社会发展进步所需的新型人才。

第一,创新资助育人理念,转变新时代学生资助思维。以习近平新时代中国特色社会主义思想为指导,贯彻落实党的十九大、全国高校思想政治工作会议及全国教育大会精神,从国家发展战略高度认清资助的地位和作用,牢牢把握为实现中华民族伟大复兴中国梦而奋斗的时代主题,紧紧围绕立德树人根本任务,培育和践行社会主义核心价值观,尊重贫困大学生个性特点,照顾其利益,由助人向育人推进,由助困向助力深化,扶贫、扶智、扶志齐头并施,引导贫困生坚定理想信念,不忘初心、牢记使命,成长为中国特色社会主义事业的合格建设者和可靠接班人。

第二,建立“三全育人”视角下的资助育人长效机制。“三全育人”作为一个系统性的全面育人的指导思想和原则,其教育内涵随着时代的发展不断深化创新,对加强高校思想政治工作的实效性、实现立德树人的人才培养任务具有重要意义。“三全育人”资助模式是指由学校、家庭、社会、大学生组成的四位一体育人机制。全员育人强调从人员上进行整合,动员多方力量参与资助育人工作。全体成员都应该承担育人的责任、发挥育人的作用。学校应不断加大资助育人工作的投入力度,举办形式多样的教育活动,使资助育人成为高校资助工作的常规化内容,提高立德树人的思想政治教育效果。在宣传国家资助政策的同时,展示学子的青春风采,激励广大受助大学生奋发自强、励志成才、感恩诚信,以便取得良好的育人成效。

第三,整合发展型资助资源,构建发展型资助体系。优化学生资助顶层设计,整合国家、社会、学校、大学生各方力量,加强校内外合作,挖掘社会发展性资助资源,鼓励社会捐资助学,提供实习、培训及就业机会,开展自我教育和朋辈辅导,引导困难学生自助助人。在现有资助体系中增设“专项计划”,提高发展型资助占比;增加发展型资助资金投向;强化发展型资助的系统性,确保目标明确化、内容丰富化、方法多样化、平台特色化及保障立体化;重视发展型资助效能;推进发展型资助精准化、信息化、国际化建设;强化发展型资助的系统性,构建发展型资助体系。

第四,做好家庭与学校互动机制,发挥家庭教育在资助育人中的作用。家庭教育对大学生的健康成长至关重要。习近平总书记在2018年全国教育大会重要讲话中指出,家庭是人生的第一所学校,家长是孩子的第一任教师。家庭教育在潜移默化中对大学生心理素质培养、生活方式养成、人格品质塑造、生涯发展选择等多方面发挥影响作用。为更有效地发挥家庭这一主体要素的育人作用,学校应定期与受助大学生的家庭进行沟通,利用假期进行经济困难大学生家庭走访活动。走访活动在为大学生增添温暖的同时,也为学校创造向家长及时介绍资助政策、反馈大学生在校学习和成长情况的机会,能以最直接的方式了解家长的有效建议,共同做好资助育人工作。

第五,尊重、激发、调动受助大学生的积极性、主动性,实现大学生自我管理、自我教育、自我服务。勤工助学是高校传统的资助项目,也是受助大学生实现自我管理与自我服务的有效手段。大学生不仅可以通过自己的劳动获得报酬,而且在辛勤付出中,可以树立劳动服务意识,培养自强自立精神,提高组织管理能力,掌握各项工作技巧。此外,受助大学生可以自发成立公益社团,积极组织公益活动,通过行动回馈社会、传递爱心,实现自我提升和资助育人的功能。

进入新时代,高校资助工作在习近平新时代中国特色社会主义思想和“三全育人”教育理念指导下,逐渐从“粗放型”转为“精准型”,从“保障型”转为“发展型”,从而实现资助的初衷,促使贫困生真正的成长成才,将立德树人贯穿教育全过程,从而实现资助育人的最终目标——培养大学生全面发展。

参考文献

［1］毛泽东.毛泽东选集：第一卷［M］.2 版.北京：人民出版社，1991.

［2］毛泽东.毛泽东选集：第三卷［M］.2 版.北京：人民出版社，1991.

［3］邓小平.邓小平文选：第二卷［M］.2 版.北京：人民出版社，1994.

［4］中共中央文献研究室.习近平关于社会主义政治建设论述摘编［M］.北京：中央文献出版社，2017.

［5］章志光.社会心理学［M］.北京：人民教育出版社，2008.

［6］［英］塞缪尔·斯迈尔斯.品格的力量［M］.刘曙光，宋景堂，李柏光译.北京：北京图书馆出版社，1999.

［7］张耀灿，陈万柏.思想政治教育学原理［M］.北京：高等教育出版社，2001.

［8］郑永廷.思想政治教育方法论［M］.北京：高等教育出版社，1999.

［9］文静.大学生学习满意度实证研究［M］.北京：教育科学出版社，2015.

［10］郑雅萍.服务育人：高校后勤育人的理论与实践［M］.杭州：浙江人民出版社，2009.

［11］凌绍崇.论百色起义精神的科学内涵［J］.百色学院学报，2010（2）.

［12］徐魁峰.开展红色体验教学　提升思政课程魅力——以百色起义红色资源为例［J］.教育评论，2011（3）.

［13］吕延勤.习近平关于中国共产党革命精神重要论述简析［J］.嘉兴学院学报，2019（1）.

［14］朱平.高校“三全育人”体系协同与长效机制的建构——以全员育人为中心的考察［J］.思想理论教育，2019（2）.

[15]林宇晖.关于高校学生干部队伍建设的思考[J].教育探索,2010(12).

[16]冉槐.高校学生干部队伍建设浅探[J].教育探索,2012(2).

[17]李迅."90后"高校学生干部队伍建设探析[J].电子世界,2013(4).

[18]刘玉.加强高校学生社团建设的新思路:提升高校学生社团的育人功能[J].科技信息,2014(15).

[19]朱建彬,张德.加强学生社团建设 全面优化育人环境——湖州师院学生社团建设的实践与探索[J].湖州师范学院学报,2003,25(Z1).

[20]韦蔚.高校学生社团发展的作用、问题及对策研究[J].江苏教育学院学报,2013,29(4).

[21]张泰城.红色资源是优质教育资源[J].井冈山大学学报·社会科学版,2010(1).

[22]张泰城.论红色文化资源[J].红色文化资源研究,2015(1).

[23]肖发生.论红色资源在高校思想政治教育中的价值与运用[J].井冈山大学学报(社会科学版),2010(2).

[24]杨义芹.十八大以来关于社会主义核心价值观的研究述要[J].理论与现代化,2013(4).

[25]梅贻琦.大学一解[J].清华大学学报,1941(1).

[26]梁栋材,邱其荣,李凤玉.运用百色起义革命精神 深化爱国主义教育[J].广西右江民族师范高等专科学校学报,1999(4).

[27]高玉平.培养大学生文明习惯 提升全民族文明素养[J].高等函授学报(哲学社会科学版),2007(10).

[28]王昊.新形势下大学生的网络文明素养提升研究[J].思想理论教育导刊,2018(1).

[29]张艳伟.高校院系学生教育管理机制探析[J].湖北经济学院学报(人文社会科学版),2011(1).

[30]陈刚.红色文化资源与高校青年教师师德师风建设[J].红色文化资源研究,2016(2).

[31]赵文辉,孙杨,刘晓东.塑造学生干部良好形象在高校学生管理工作中的作用[J].承德石油高等专科学校学报,2008,10(2).

[32]李福涛,张春伟.大学生文明素养提升的价值与路径[J].沈阳师范大学学报(社会科学版),2016,40(4).

[33]沈现斌.百色起义精神的五重维度[J].桂林师范高等专科学校学报,2020(1).

[34]何龙群.百色起义精神及当代价值[J].传承,2019(4).

[35]罗中昌.教育部高等学校中国共产党革命精神与文化资源研究中心“纪念遵义会议召开80周年座谈会”学术探讨述要[J].遵义师范学院学报,2015(1).

[36]邓丽.中国共产党革命精神在高校思想政治教育中的创新发展[J].湖北开放职业学院学报,2019(17).

[37]刘梅.高校管理育人略论[J].盐城工学院学报(社会科学版),2005(4).

[38]王俐,王前.“三全育人”视角下高校资助育人长效机制构建研究[J].教育评论,2019(5).

[39]阮显政,钟晓砺.对高校管理育人工作的认识[J].重庆与世界(教师发展版),2012(6).

[40]刘建国.浅谈学校民主管理[J].课程教育研究,2018(6).

[41]胡庆燕.实施民主管理　创建和谐校园:学校民主管理的实践与思考[J].科学咨询(教育科研),2015(9).

[42]张莉.在依法治校理念下实施育人优质化管理的实践与思考[J].中国教育学刊,2020(A1).

[43]胡荣山.高等学校实施管理育人的再思考[J].中国成人教育,2012(17).

[44]王潇.高校行政管理向服务型管理模式转变存在的问题及对策[J].造纸装备及材料,2020(3).

[45]张丹平,王洪飞.高校后勤服务育人工作存在的问题及对策[J].沈阳航空航天大学学报,2011(6).

[46]杨芳.新时代高校树立服务育人理念的思考[J].河南教育(高教),2019(2).

[47]薛俊珍,杨建宝.新时代背景下中国大学生资助育人研究现状[J].农村经济与科技,2020(13).

[48]梁玉丽,刘占卿,田海勇.高校资助育人研究的回顾与展望[J].衡水学院学报,2020(4).

[49]兰小红.效率导向下高校资助育人工作模式的优化路径研究[J].中外企业家,2020(21).

[50]王晓莉.新形势下高校资助育人长效机制研究[J].法制博览,2020(22).

[51]陈思杭,丁佳俊,肖慧.基于协同视角的高校资助育人体系研究[J].现代

商贸工业,2020(23).

[52]郭兆云,黄文婷.影响高校贫困生认定公平性的因素及对策[J].学校党建与思想教育,2016(18).

[53]吴海燕.高校学生精准资助的路径探索[J].学校党建与思想教育,2018(23).

[54]徐月梅.高校学生管理创新模式研究[J].现代商贸工业,2020(25).

[55]李洁,吴乔,张珊.基于管理育人视角的高校学生自律能力培养研究[J].黑龙江教育(高教研究与评估),2020(7).

[56]任媛媛,张昶,王少宾,等.加强高职院校管理育人与服务育人机制建设的思考——以石家庄邮电职业技术学院为例[J].文教资料,2018(33).

[57]舒坤尧.新时期高校育人机制研究[J].中共郑州市委党校学报,2011(2).

[58]卢凯,梅运彬.高校服务育人的内涵与实践路径研究[J].黑龙江教育(理论与实践),2020(4).

[59]孙冰红,杨宁宁.新时代高校思想政治工作服务育人机制研究[J].中国高等教育,2020(7).

[60]张锡钦,肖海茵.立德树人:新时代高校资助育人质量提升对策[J].教育教学论坛,2020(34).

[61]蔡颖.新时代家庭经济困难大学生发展型资助实现路径研究[J].黑龙江教师发展学院学报,2020(8).

[62]谢泽涛,康宇.全面发展视域下大学生资助育人体系的构建[J].科学大众(科学教育),2020(7).

[63]戴晓云."三全育人"视野下高职院校管理育人的实现路径[J].广西教育,2019(15).

[64]柴家玉,冉冉.高校管理育人内涵界定与实践路径研究[J].青年与社会,2019(26).

[65]李璟.治理现代化视域下高校管理育人的实践路径[J].继续教育研究,2018(12).

[66]胡家俊.坚持管理育人原则 强化立德树人根本[J].黄山学院学报,2018,20(1).

[67]冯跃飞.高校管理育人研究[D].宜昌:三峡大学,2006.

[68]庄海龙.新时期高校红色文化育人研究[D].扬州:扬州大学,2018.

［69］共青团中央，教育部.共青团中央、教育部关于加强和改进大学生社团工作的意见［Z］.中青联发〔2005〕5号.

［70］教育部，共青团中央.教育部、共青团中央关于加强和改进高等学校校园文化建设的意见［Z］.教社政〔2004〕16号.

［71］习近平.青年要自觉践行社会主义核心价值观——在北京大学师生座谈会上的讲话［N］.人民日报，2014-05-05(002).

［72］习近平.习近平在全国教育大会上强调 坚持中国特色社会主义教育发展道路 培养德智体美劳全面发展的社会主义建设者和接班人［N］.人民日报，2018-09-11(01).

［73］习近平.弘扬"红船精神" 走在时代前列［N］.光明日报，2017-12-01(01).

［74］习近平.决胜全面建成小康社会 夺取新时代中国特色社会主义伟大胜利［EB/OL］.［2020-12-05］.http://www.qstheory.cn/2019-07/01/c_1124694838.htm.

［75］中共教育部党组关于印发《高校思想政治工作质量提升工程实施纲要》的通知［EB/OL］.［2020-12-05］.http://www.moe.gov.cn/srcsite/A12/s7060/201712/t20171206_320698.html.

［76］《普通高等学校辅导员队伍建设规定》［EB/OL］.［2020-12-05］. https://lvshi.sogou.com/article/detail/7P9ETLCMNRBY.html? gf=102.

［77］习近平.做党和人民满意的好老师——同北京师范大学师生代表座谈时的讲话［EB/OL］.［2020-12-05］.http://politics.people.com.cn/n/2014/0910/c70731-25629122.html.

［78］深化学生管理联动机制 打造全员育人新局面［EB/OL］.［2020-12-05］.https://wenku.baidu.com/view/6167bd20fe00bed5b9f3f90f76c66137ee064fa7.html.

［79］长沙环境保护职业技术学院加强学生工作队伍建设 实施"五个一"工程的方案［EB/OL］.［2020-12-05］.http://www.worlduc.com/blog2012.aspx? bid=1702309.

［80］学校着力推进学生工作队伍协同育人［EB/OL］.［2020-12-05］.https://www.swpu.edu.cn/xgb/info/1153/7451.htm.

后 记

在中国共产党建党100周年之际，在学校党委的大力支持下，在编写团队（均是一线从事学生思想政治教育管理与服务的相关专家和教师）的共同努力下，“百色精神铸魂育人体系构建与运行丛书”之《管理育新人　服务铸红魂》终于出版了。

学校自2006年升本以来，扎根革命老区，积极开展以百色精神办学育人的探索与实践，全面实施《高校思想政治工作质量提升工程实施纲要》精神，大力提升学校思想政治工作质量，增强“全员育人、全过程育人、全方位育人”工作的主动性、自觉性、科学性和有效性。自2007年9月学校决定以“志远行敏、德高业精”为校训以来，学校2011年提出以“革命性、民族性、边疆性”为办学区域特色，2013年提出以“百色精神办学育人”为办学要求，2016年提出以“建设具有百色精神的高水平应用型大学”为办学定位，2018年实施《百色精神铸红魂“三全育人”体系建设管理办法》，多年来持续深入开展“百色精神铸红魂‘三全育人’体系”建设。“百色精神铸红魂‘三全育人’体系”，就是百色学院立足百色革命老区，以落实党的教育方针为使命，以立德树人为根本任务，以培育和践行社会主义核心价值观为原则，以弘扬包含百色精神（百折不挠、奉献拼搏、团结务实、争先创新）在内的中国共产党革命精神为主要内容，以综合开发、创设或熟练运用红色微型课程、红色网络思政、红色经典艺术、红色科研及信息平台建设“四红特色”为重点，以党委抓总、党政带头、部门联动、全校联网的组织体系为牵引和推动，形成多元并进的教育合力，促进革命精神在大学生中入耳入脑入心，潜移默化铸就红魂的育人体系。简而言之，学校以百色精神办学育人就是以中国共产党革命精神办学育人，体现了学校鲜明的地域特征和办学特色，“百色精神铸魂育人体系构建与运行丛书”的编写，就是对百色精神和中国共产党革命精神在学校育人工作的构建和运行情况进行全面总结，对百色精神铸红魂取得的成效进行全面梳理，不断丰富和完善学校未来的育人体系。

进入新时代，将“育人”主线贯穿管理、服务、资助工作的始终，充分调动各方资源，发挥育人合力，更好地帮助培养老区大学生成长成才，是学校育人工作的重点和难点。站在新的历史起点上，《管理育新人 服务铸红魂》是对学校升本以来育人工作理论与实践的总结、凝炼与提升，希望对广大高校思想教育政治工作以及高校学生管理工作提供一些经验借鉴和启发参考。

本书由“百色精神铸魂育人体系构建与运行丛书”编委会主任，学校党委书记唐拥军、校长金长义，以及编委会副主任、学校党委副书记徐魁峰等领导负责编写策划与学术指导，同时，他们还对初稿提出了许多宝贵的意见和建议。本书编写团队的全体成员--林汉文、韦幼玲、李艳萍、王勇、翟淑娟付诸了大量的辛勤劳动，进行了大量的资料搜集和整理分析，还多次对书稿进行修改与完善。学校的许多老师和同学，无私地提供了相关的个人心得体会文章，以丰富本书的第一手素材。此外，编写团队还摘取了一些关于本校的新闻报导，参阅并引用了一些专家学者的研究成果。在此一并致谢！

本书的出版得到了广西师范大学出版社领导和工作人员特别是董春燕编辑的大力支持与指导，在此对他们表示衷心的感谢！

受现有资料和编者学识水平的限制，书中难免有疏漏或不足之处，恳请专家、同行和读者批评指正。

作　者

2021 年 3 月